2010 대한민국 트렌드

LG경제연구원 지음

한국경제신문

Copyright ⓒ 2005, LG경제연구원

이 책은 한국경제신문 한경BP가 발행한 것으로
본사의 허락없이 이 책의 일부 또는
전체를 복사하거나 전재하는 행위를 금합니다.

■ 서문

미래란, 모르는 자에겐 두려움이고
아는 자에겐 즐거움이다

시간이 정지하지 않는 한 진정한 현재란 없다. 우리가 현재라고 인식하는 모든 것들은 쉴새없이 과거로 흘러간다. 불과 1시간 전에 겪었던 일도 이미 과거요, 역사다. 그러나 우리는 지나간 과거를 제대로 안다고, 감히 말하지 못한다. 간단히 정리하기가 어려운 많은 일들이 벌어지기 때문이다. 때론 이념적·정서적 편향 때문에 색안경을 낀 채 과거를 대하거나, 같은 눈으로 과거를 바라보면서도 잣대가 다른 경우도 있다. 더욱 오래 된 과거일수록 이런 현상은 더 많이 생긴다.

과거와 현실이 이러할진대 미래는 두말 할 것도 없다. 불과 몇 시간 뒤도 알 수 없는 우리들이 몇 년 후를 내다본다는 것, 게다가 한 개인의 미래가 아닌 여러 사람이 빚어내는 인류의 미래상을 현실에 투영하고자 시도하는 일은 분명 인간의 영역이 아닌 '신의 영역'일 것이다.

그러나 사람들은 오래 전부터 이와 같은 도전을 포기하지 않았다. 고대 문명기엔 신의 대리인을 자처하는 이들에게 자문을 구하거나, 신의 세계를 엿볼 수 있다는 사람들의 능력을 빌렸다. 철저히 신탁에 의지한 것이다. 예측할 수 없는 미지의 세계가 두려웠던 탓에 당시의 인류는 "신의 뜻대로!"라고 외치며 신의 섭리와 운명에 스스럼없이 몸을 맡겼다.

과학문명의 발달은 인간의 탐욕, 그리고 정치적 야심과 무관치 않다. 이 과학기술이 인간의 가시(可視)한계를 조금씩 확장시켰다. 망원경과 항해술의 발달이 신대륙 발견으로 이어졌듯이 사람들은 미래에 대한 두려움을 과학문명이라는 무기를 가지고 조금씩 극복해 나갔다. 과거의 연장선상에서 미래를 내다보기도 하고, 인간 사회의 화학적·물리적 상호작용이 스스로를 어떻게 변화시키는지 관심을 쏟기 시작했다. 이런 과정이 하나둘씩 쌓이면서 객관적이고 논리적인 근거를 통해 앞날을 그려보는 미래학이 떠오르기 시작했다. 고대시기 이후 점성가나 사제들의 소유물이던 미래라는 주제가 5000여 년이 지난 뒤 마침내 과학자의 손으로 넘어온 것이다.

트렌드(trend)라는 단어의 뜻은 논리적·추세적으로 가까운 시일에 나타날 것이 유력한 현상을 의미한다. '유력하다'는 말을 바꿔 얘기하면 그렇지 않을 수도 있다는 뜻이기도 하다. 처음부터 틀릴 수도 있음을 시사하는 셈이다.

현대는 인터넷 시대다. 그러나 10년 전 현재의 컴퓨터 전성시대를 예언한 사람들조차 우리 사회가 '인터넷 환각증'에 걸릴 정도로 큰 소용돌이에 휘말릴 것이라고는 예상하지 못했다. 또한 우리 경제는 1997년 외환위기 이후 아직도 그 후유증을 완전히 털어내지 못한 실정이다. 그러나 외환위기가 시작되기 직전 수출전선에 비상이 걸리고, 외화보유액이 줄 때에도 국가부도 위기의 가능성을 구체적으로 언급한 전문가는 거의 없었다. 신용카드가 거품을 일으키던 2001년 당시엔 가계부채가 우리 경제의 발목을 잡게 될 것이라고 경고했던 전문가도 드물다.

비즈니스의 세계도 마찬가지다. 세상을 떠들썩하게 했던 사업 모델이 불과 일 년을 못 버티는 대신, 천덕꾸러기 신세를 면치 못했던 기술적 발견이 회사를 회생시키기도 한다. 모두가 외면한 개발도상국 시장(市場)이

노다지로 떠오르기도 하며, 너도나도 뛰어든 중국 시장이 우리 기업들을 막다른 길로 내몰기도 한다. 연 수익률 최고치를 구가했던 주식 펀드가 이듬해 시장에서 환매 압력에 시달리는 경우를 우리는 숱하게 지켜보았다.

우리는 집 밖에서 휴대폰을 이용해 난방기를 켜고, 달리는 기차 안에서 인터넷을 즐기며, 지구 반대쪽 증시의 등락을 실시간으로 중계하는 세상에 살고 있다. 정치인, 정책 당국자의 한 마디 말에 실시간으로 수천 개의 댓글이 붙고, 또한 정치적 결사(結社)도 인터넷을 통해 빠르게 진행되는 게 우리 사회다. 그 역동성과 즉시성은 극복하기 힘든 불확실성이란 장막을 드리운다.

하지만 불확실성이 없는 세계란 또 얼마나 무미건조한 곳인가. 모두의 예측대로 미래가 다가온다면 현재를 개선하거나, 미래 세계를 바꾸려는 어떤 시도도 무의미하다. 경쟁도 사라지고, 사회발전도 없을 것이다. 무엇보다도 사는 재미가 없을 것이다. 하지만 불확실한 세상에서도 변화의 단초는 있게 마련이다. 그 단초가 작은 흐름이 되고, 걷잡을 수 없는 유행병처럼 번지고, 거역할 수 없는 시대의 조류가 됐을 땐 이에 대응하기가 쉽지 않다. 이런 맥락에서 《2010 대한민국 트렌드》는 우리 사회 변화의 단초와 거역할 수 없는 시대적 흐름을 담으려 노력했다. LG경제연구원 구성원들의 브레인스토밍을 거쳐 주요 키워드를 발굴한 뒤, 각종 데이터와 현상분석을 통해 미래의 모습을 조심스럽게 그려본 책이다.

지금 우리 사회는 세계화·정보화·민주화라는 세 가지 메가 트렌드(mega trend)의 영향권 아래 놓여 있다. 간단하게 외환위기 전과 지금을 비교해 보자. 사람과 자금의 해외진출, 외국기업 및 자본의 국내 시장 진입, 인터넷 등 IT 강국으로의 도약, 정치 지형의 급변 등은 누구나 인정하는 우리의 자화상이다. 그러나 10년 전엔 그 누구도 이 같은 트렌드를 제대로 집어내지 못했다. 이 책은 이들 세 가지 큰 흐름이 복합적으로 상호작용하면서, 우리의 경제와 사회가 빚어내고 있는 갖가지 트렌드(Trendlet)들로 살을 붙였다.

2010년이라면 불과 5년 뒤다. 5년 후의 한국을 예측하는 일은 앞서 말했듯 오류를 피하기 어려운 작업이다. 그러나 가능한 미래상(象)을 그려 놓고 다가올 5년을 준비하는 진취적 노력을 포기할 수는 없다. 기대에 못 미치는 미래라 할지라도 5년 동안의 준비는 또 하나의 경쟁력으로 남을 것이다. 그런 도전의식과 실천력을 갖춘 사람에게 이 책을 권하고 싶다.

이 책은 특히 세계에서 입지를 넓혀가는 우리 기업들이 염두에 둬야 할 선진 경영조류와 날로 까다로워지는 소비자들의 기호를 충실히 반영하고자 했다. 저성장 기조가 더욱 두드러질 수밖에 없는 우리 경제의 숙명과 과제도 다뤘다. 이는 일선 경영현장에서 컨설팅 경험으로 무장한 전문가 집단과 냉철한 경제분석가들이 LG경제연구원에 포진하고 있기에 가능한 일이었다.

연말 각종 프로젝트에 쫓기면서도 흔쾌히 저술작업에 동참해 준 연구원들에게 이 지면을 빌려 깊은 감사를 전하는 바다.

마지막으로 한 가지 아쉬운 대목은 북한이라는 초대형 변수를 다루지 못한 점이다. 북한의 핵개발 의혹을 둘러싼 한반도 주변의 역학관계, 김정일 정권과 북한 사회주의 경제의 앞날 등을 예단하는 작업은 너무나 리스크가 컸다. 하지만 LG경제연구원이 적절한 기회를 살펴 남북관계를 정리, 조망할 날이 있으리라 믿고 그 때로 미뤄두었다.

여의도 트윈타워에서
LG경제연구원 원장
이 윤 호

2010 대한민국 트렌드
CONTENTS | 차례

■서문 003

CHAPTER 1
소비 트렌드 | 소비자 속에서 길을 잃다

01	최고를 찾아 떠나는 서비스 투어리즘	012
02	느린 삶이 더 좋은 다운시프트	017
03	두 마리 토끼를 원하는 가치 소비	023
04	안전하게 즐기는 디지털 코쿠닝	028
05	문화를 파는 컬덕	032
06	사이버 세상의 자아, 웹 아이덴터티	037
07	갈등을 없애주는 소비 큐레이터	042
08	적은 비용으로 큰 만족을 찾는, 작은 사치	047
09	하얀 얼굴이 좋은 메트로 섹슈얼리즘	051
10	바쁨을 먹고 사는 도우미	056
11	움직이는 소비자, 트랜슈머	060

CHAPTER 2
산업 트렌드 | IT · BT가 이끄는 첨단 코리아

12	시공간에서 자유로운 유비티즌의 하루	066
13	신용카드를 밀어내는 전자화폐	074
14	궂은 일도 마다 않는 로봇 가정부	079

15	자동차의 개념을 바꾸는 e-Car	084
16	피부처럼 예민한 **지능형 소재**	091
17	150살도 거뜬한 인체 부품	096
18	토마호크보다 정확한 스마트 필	100
19	젊게 늙고 싶은 샹그릴라 신드롬	105
20	연금술사도 울고 갈 나노 테크놀로지	111
21	산소보다 귀한 수소	116
22	방송과 통신의 만남, TPS	122
23	통신 시장을 뒤흔들 인터넷 전화	127
24	단말기가 기지국이 되는 바이러스 이동통신	132
25	나눌수록 더 커지는 그리드 컴퓨팅	136

CHAPTER **3**
사회·문화 트렌드 | 폭발하는 한국인의 다양성

26	전염병처럼 번지는 소송 만능주의	144
27	새로운 관계 맺기, 사이버레이션	150
28	더 이상 안전하지 못한 전문직	155
29	외설로도 부족한 역치 상승의 시대	160
30	다중 작업에 능한 디지털 네이티브	165
31	세대를 가르는 인터넷 랭귀지	170
32	다시 분출되는 여성 해방	176
33	개인주의와 뭉치는 자기중심적 웰빙	180
34	호모 후모아의 전성시대	185
35	디지털 디바이드의 그림자, IT 낙오자	190
36	확장되는 외인 지대	195
37	모자라는 신입생, 망하는 대학들	200

CHAPTER **4**
인구 트렌드 | 늙어가는 한국, 역삼각형 사회로

38 나이가 두렵지 않은 액티브 시니어 —————————— 208
39 가치관 변화에 따른 핵가족의 재분열 ————————— 214
40 고령화 충격을 해소하는 단계적 퇴직제도 ——————— 219
41 하나뿐이기 때문에 더 소중한 코리안 소황제 —————— 224
42 합리적 개인주의를 추구하는 포스트 386 ——————— 228

CHAPTER **5**
경영 트렌드 | 패러독스와 퓨전 경영

43 기업 가치 향상의 지름길, 환경 경영 ————————— 236
44 주주 자본주의의 보완, 이해관계자 자본주의 —————— 241
45 새우가 고래를 잡는 와해성 혁신 ——————————— 246
46 너도 나도 혁신하는 차세대 식스 시그마 ——————— 250
47 합칠수록 강해지는 퓨전 경영 ———————————— 254
48 소비자의 마음을 사로잡는 크리스탈리즘 ——————— 259
49 적응력을 배가하는 동서양 경영의 만남 ——————— 264
50 모순을 관리하는 역설의 경영 ———————————— 269
51 세계 경제의 신대륙, 저개발국 ———————————— 274
52 지속 성장을 위한 기술 이식 ————————————— 278
53 기업 가치를 상승시키는 CEO 브랜드 ————————— 283
54 생산성을 위협하는 최대의 적, 스트레스 ——————— 288
55 불황일수록 빛나는 감성 경영 ———————————— 293
56 인적 자원의 손익계산서 ——————————————— 297
57 블랑카의 성공 시대 ————————————————— 301
58 위대한 기업은 사회복지 센터 ———————————— 305

CHAPTER 6
국내 경제 트렌드 | 돌다리도 두드려라

59 인구학적 변화가 초래할 성장신화의 종언 —————— 312
60 척박한 현실이 초래한 위험기피형 사회 ———————— 318
61 저성장 시대의 슬픈 자화상, 소득양극화 ——————— 322
62 집으로 평생을 살아가는 평생주택소비 ———————— 327
63 간접투자로 변화하는 재테크 지형도 ————————— 333
64 몰려오는 중국 기업들 ———————————————— 337
65 삶의 질을 찾아 떠나는 한국탈출 신드롬 ——————— 343
66 일과 취미가 하나되는 취미 노동자 ————————— 349

CHAPTER 7
글로벌 트렌드 | 아시아, 거인으로 등장하다

67 잠에서 깨어나는 아시아 ——————————————— 354
68 미국을 바짝 좇는 유라시아 ————————————— 359
69 네오콘을 필두로 한 팍스 아메리카나 ———————— 364
70 석유시장 불안으로 인한 에너지 전쟁 ————————— 368
71 신소비대국으로 가는 중국 —————————————— 372

chapter 1

소비 트렌드
소비자 속에서 길을 잃다

최고를 찾아 떠나는 서비스 투어리즘
느린 삶이 더 좋은 다운시프트
두 마리 토끼를 원하는 가치 소비
안전하게 즐기는 디지털 코쿠닝
문화를 파는 컬덕
사이버 세상의 자아, 웹 아이덴터티
갈등을 없애주는 소비 큐레이터
적은 비용으로 큰 만족을 찾는, 작은 사치
하얀 얼굴이 좋은 메트로 섹슈얼리즘
바쁨을 먹고 사는 도우미
움직이는 소비자, 트랜슈머

정용수 amaretto@lgeri.com

01

최고를 찾아 떠나는 서비스 투어리즘
소비자들의 욕망은 무한하다

폐암 초기 진단을 받은 김완치씨. 2005년 중국 상하이에 개설된 미국 앤더슨 암센터 지원(支院)에서 수술을 받고 완치됐다. 회복기까지 동반했던 김씨 가족들은 병원측이 간병인을 제공하는 덕에 틈나는 대로 상하이 시내 관광까지 즐길 수 있었다. 김씨는 굴지의 대기업 회장들이나 상대하는 줄 알았던 앤더슨 센터에서 비교적 저렴하게 치료를 받게 될 줄은 상상하지 못했다.

주말에 호주로 골프 투어를 다녀온 황미나씨 부부는 캐나다의 C 초등학교에서 보내온 막내 딸의 연주회 동영상을 보며 워싱턴 주 A고교에 다니는 큰딸 걱정이 앞섰다. SAT 점수가 기대만큼 나오지 않은 탓이다.

최근 필리핀 여행에서 다이빙 라이선스를 취득한 사회 초년생 장빛나씨. 내년 여름 휴가 때 뉴욕 등 미국 동부를 렌터카로 순회하기로 친구와 계획을 세웠다. 유명 브로드웨이 뮤지컬은 친구가 미리 예약하기로 했다. 주머니 사정은 넉넉하지 않지만 휴가 때마다 휴가지 교통체증에 시달리는 선배들의 경험을 참고하기로 했다.

위 사례가 먼 미래로 느껴지는가. 그렇다면 우리 사회의 변화에 눈

감고 있는 것이다. 국내 일부 계층에선 이미 현실이다. 의료·교육·관광 등 해외에서의 서비스 쇼핑이 점차 사회 전반으로 확산될 조짐이다. 단순히 '보고 오는' 관광의 차원에서 벗어나 해외에서 특별한 체험을 '겪는' 관광의 시대가 열리고 있다. 선진국에선 일반적인 해외 서비스 쇼핑을 '서비스 투어리즘'이라 부른다.

해외이민이 상품으로 팔리는 시대

양담배를 꺼내 물면서 주변 눈치를 살핀 적이 있었다. 불과 10여 년 전 얘기다. 외제라면 눈총을 받던 시절. 하물며 해외 여행이라니….

1989년 해외여행 자유화가 갓 이루어졌을 즈음, 외국에서 찍은 '증명사진' 몇 방이면 주변의 시샘과 부러움을 한껏 받을 수 있었다. 딱히 뭔가를 하고 온 것도 아닌데 남들이 갈 수 없는 곳에 다녀왔다는 사실만으로도 어깨가 으쓱하던, 그래서 약간은 거리감이 느껴지던 대상이 바로 해외여행이었다.

그러나 지금은 어떤가. 국적을 불문하고 좋은 제품을 쓰는 게 당연하다고 여기는 사람들이 주류다. 해외여행? 주변을 둘러보라. 대학생의 어학연수는 기본이고, 해외이민 상품이 TV 홈쇼핑에서 판매되는 시대가 되었으니 이제 외국에 다녀왔다는 것이 큰 자랑거리가 되던 시절은 지나갔다. 한두 다리 건너보면 해외에 나가 있는 친척·친구가 있는 시대, 그만큼 외국은 우리와 가까워졌다. '해외'라는 어휘가 주는 거리감이 사라졌고, 더 이상 물 건너 나가서 서비스를 체험한다는 것이 생소하지 않은 상황이다.

우리 사회의 다양해진 소비 욕구도 서비스 투어리즘을 앞당기고 있다. 늘어난 매체를 통해 다양한 정보를 얻다 보니, 가지고 싶은 물건이 생기고, 듣고 싶은 음악, 보고 싶은 공연, 그리고 체험해 보고 싶은 서비스의 수준이 높아지고 종류도 다양해졌다.

높아진 눈 탓일까. 불황 속에서도 잘 팔리는 명품은 존재한다. 발끝부터 머리끝까지는 아니더라도 시계 하나, 가방 하나, 하다 못해 짝퉁 하나쯤은 내 것이 있는 게 요즘 세태다. 그런데 문제가 있다. 명품을 비롯한 재화에 대한 소비욕은 수입하면 해결된다. 그러나 해외에서만 향유할 수 있는 서비스 상품은? 외국에 대한 거리감도 사라져가는데다 이제 소득 수준도 어느 정도 올라섰다. 서비스 투어리즘이 뜨는 것은 어쩌면 당연한 일이다.

단기유학, 여행, 그리고 의료 서비스 순으로

2004년을 보자. 영어 교육을 위한 단기유학이 선두에, 레저·예술 서비스를 위한 해외여행이 그 뒤, 그리고 의료 서비스가 그 다음을 잇는 모양새로 서비스 투어리즘의 전조가 형성되고 있다. 사실 이러한 흐름은 우리 사회뿐 아니라 세계적인 현상이다. 세계 각지의 대학에서 교환학생이 증가하는 일, 일본과 대만의 한류 팬들이 배용준과 이병헌을 찾아 한국을 방문하는 일, 질병 치료를 위해 수십 만 외국인이 태국의 유명 종합병원을 찾는 일 등은 무엇을 의미하는가.

우리나라에서 장래 서비스 투어리즘으로 가장 활성화될 분야는 역시 교육이다. 이제까지 일부 고소득층 자녀들의 조기유학은 한 해 1만 명 선을 넘었다. 이들이 '선발대'였다면 이제는 중산층이 단기연수·단기전학 등으로 '본대'를 꾸리고 있다. 유례 없는 불황이 지속되고 있는 상황에서도 비교적 고가인 단기연수 프로그램은 지속적으로 인기다. 유명 유학원의 연수 설명회는 자녀를 내보내려는 학부모들로 붐빈다. 우리나라 부모들의 열성적인 교육열과 중고가격대의 다양한 상품 개발은 교육 서비스를 위한 단기여행을 더욱 촉발할 것이다.

인천공항 출국장에 가보라. 동남아·중국·일본행 체크인 카운터엔 골프 클럽을 든 여행객들이 어김없이 줄을 서 있다. 국내에선 부킹이 하늘에 별따기라지만 동남아 등지에선 몇백만 원이면 한 달 내내 골프를 즐길 수 있다. 최근 젊은 세대 사이에서는 스킨스쿠버, 스키, 번지점프, 패러글라이딩 등 해외에서 즐기는 레저 상품이 인기다. 계절에 관계 없이 레포츠를 즐기려는 소비자의 욕구는 레저 투어리즘을 더욱 강화시켜 줄 것이다. 조만간 대학가에서도 배낭여행과 더불어 스릴과 모험을 즐기는 익스트림(extreme) 스포츠 투어가 유행할 것이다.

다음으로 예술 분야를 살펴보자. 공연이나 전시 등의 문화 상품, 그리고 유명 스타에 대한 선호는 국경을 뛰어넘었다. 외국 소비자들을 보면, 단순한 선호의 차원을 넘어서 자신이 좋아하는 스타를 직접 만나보기 위해 찾아 떠나는 모습도 쉽게 찾아볼 수 있다. 2004년 말, 병역 비리에 연루된 국내 스타 연기자의 입대를 지켜보기 위해 몰려든 일본 팬들이 있었다. 국내의 소비자들이 브로드웨이의 캣츠(Cats) 공연이나 일본 유명가수 우타다 히카루의 노래를 직접 듣기 위해, 스페인 토마토 축제나 영국의 에든버러 축제에 참석하기 위해 여행을 떠나는 일이 현실화될 날도 시간 문제다.

'췌장암 수술 + 3개월 입원 + 왕복 항공료 = 8,000만 원'

국내 언론이 소개하는 뉴욕의 유명 병원 치료단가다. 여유만 된다면 생애 단 한 번뿐일 기회를 마다할 사람은 없다. 소비자의 의식이 바뀌고, 해외 유명 의료기관이 공격적인 마케팅을 벌이고 있는 의료 분야는 교육에 이은 제2의 히트 상품이 될 조짐이다. 2004년 현재 이미 임상 치료의 질과 서비스가 좋은 미국의 유명 병원을 전문적으로 소개하는 업체가 국내에 여럿 등장했다.

미국뿐 아니다. 아시아 각지의 유명 병원들은 저마다 의료 허브(hub)

를 꿈꾸며 손님들을 유치하고 있다. 지난해 30만 명의 외국인 환자를 유치한 태국의 범룽랏(Bumrungrad) 병원은 홈페이지를 14개 국어로 운영할 뿐만 아니라 환자 가족들에게는 인근 호텔 숙박권까지 패키지로 판매한다. 샴 쌍둥이 분리수술로 주가를 올린 싱가포르의 래플스 병원, 아예 의료특구로 지정된 일본의 나가노현, 중국 상하이가 추진하는 국제의료특구(SIMZ)도 주목해야 할 곳이다. 아랍에미레이트와 인도도 의료 허브를 차세대 역점 사업으로 꼽았다.

이들 나라가 저마다 환자보호자용 관광상품과 의료 서비스를 패캐지로 저렴하게 판매한다고 가정하자. 국내 의료계엔 재앙이지만 환자에겐 희망의 빛이다. 의료 분야 서비스 투어리즘의 잠재력이 엄청나다는 얘기다. 외국 병원의 진입을 막기 위해 빗장을 걸어 잠근다고 해결될 문제가 아니다. 소비자들의 욕구는 점차 높아지고 있다.

서비스업의 경쟁력 강화만이 살 길

소비자들의 욕망은 무한하다. 경제성장이 가져다 준 높아진 소득, 문화 수준, 그리고 다양해진 소비욕구는 점차 지평을 넓히고 있다. 국경이란 문턱은 거추장스러울 뿐이다.

전조를 드러내기 시작한 서비스 투어리즘은 위화감을 조성한다는 일부 여론도 극복할 태세다. 이미 우리 사회의 중산층이 동참하기 시작했다. 주변의 친척이나 이웃을 살펴보더라도 가까운 외국을 다녀오는 해외여행이나 단기연수는 흔한 일이 됐다. 우후죽순으로 번지는 국내 중개업체의 등장은 우리 사회의 서비스 투어리즘 수요가 만만찮음을 입증해 준다.

국내 제조업은 오랜 기간 유치산업(infant industry)으로 보호받았다. 수입다변화 품목제도가 대표적이다. 그 결과 전자·반도체·조선·자동차 등은 세계적인 경쟁력을 갖출 수 있었다. 서비스 산업은 여전히 정부의 보호를 받고 있다. 그러나 과연 이들의 경쟁력은 어떠할까. 서비스 투어리즘 시대의 개막은 과보호를 받아 온 국내 서비스 산업에겐 위기이자 기회가 될 것이다.

조은성 bene@lgeri.com

02

느린 삶이 더 좋은 **다운시프트**
삶의 속도를 늦추고 또 늦춰라

한 미국인 관광객이 멕시코의 작은 어촌에 도착했다. 그는 마을의 어부가 잡은 크고 싱싱한 물고기를 보고 감탄했다.
"그거 잡는 데 얼마나 걸렸나요?"
멕시코 어부 왈,
"별로 오래 걸리진 않았어요."
그러자 미국인이 재차 물었다.
"왜 좀더 시간을 들여 물고기를 잡지 않나요? 더 많이 잡을 수 있을 텐데…."
멕시코 어부는 적은 물고기로도 자신과 가족들에는 충분하다고 했다.
"그럼 남은 시간에는 뭐하세요?"
"늦잠 자고, 낚시질 잠깐 하고, 애들이랑 놀고, 마누라하고 낮잠 자고…

밤에는 마을에 가서 친구들이랑 술 한잔 합니다. 기타 치고 노래하고… 아주 바쁘지요…."

미국인이 그의 말을 막았다.

"사실 제가 하버드 MBA입니다. 제 말 들어보세요! 당신은 매일 좀더 많은 시간을 들여 낚시질을 해야 합니다. 그러면 더 많은 물고기를 잡을 수 있을 거예요. 더 많은 수입이 생기고 더 큰 배도 살 수 있겠죠. 큰 배로 더 많은 돈을 벌 수 있습니다. 그러면 배를 몇 척 더 살 수 있고, 나중에는 수산회사도 세울 수 있습니다. 당신은 이 조그만 마을을 떠나 멕시코 시티나 LA, 아니면 뉴욕으로도 이사할 수 있다구요!"

이번엔 어부가 물었다.

"그렇게 되려면 얼마나 걸리죠?"

"20년…, 아니 25년 정도요."

"그 다음에는요?"

"당신 사업이 진짜로 번창했을 때는 주식을 팔아서 백만장자가 되는 거죠!"

"백만장자? 그 다음에는요?"

"그 다음에는 은퇴해서, 바닷가가 있는 작은 마을에 살면서, 늦잠 자고 아이들이랑 놀고, 낚시질로 소일하고, 낮잠 자고 … 그리고 남는 시간에 술 마시고 친구들이랑 노는 거죠!"

인생의 기어를 고단에서 저단으로

사람들은 행복을 얻기 위해 살아간다. 그래서 각종 제품과 서비스만 얻으면 당신도 행복해질 수 있다는 유혹에 쉽게 넘어간다. 사람들은 그것을 소유하기 위해 바쁘게 살면서 당장의 급한 일을 처리하느라 시간을 허비하고, 정작 자신이 추구하고자 했던 목표를 잃고 헤매게 마련이다.

자신의 미래를 위해 쉬지 않고 일했지만 결국 건강만 잃고 후회하는 직장인이 늘고 있다. 가장들은 가족의 행복을 위해 열심히 일했다고 생각해 왔지만, 돌이켜보면 가족과의 단란한 시간조차 제대로 한번 갖지 못한 채, 돈 버는 기계로 전락했다고 느끼곤 한다.

물질이 풍요해지면 과연 행복해질 수 있을까. 행복은 사람이 가지고 있는 물질에 비례하지 않는다는 간단한 진리를 현대인들은 잊고 살곤 한다. 1998년 영국 런던정경대(London School of Economics and Political Science : LSE)의 로버트 우스터 교수의 조사결과는 돈과 행복이 비례하지 않는다는 사실을 입증한다. 세계 54개국을 대상으로 한 '국민 행복도' 조사에서 미국을 비롯한 일본 · 캐나다 · 독일 등 이른바 G7국가 중 한 나라도 40위 안에도 포함되지 못했다. 반면 행복지수의 상위에는 놀랍게도 방글라데시, 아제르바이잔, 나이지리아 등 제3세계의 가난한 나라들이 차지했다. 잘 사는 나라의 사람들이 더 잘 살기 위한 경쟁에서 이기기 위해 고단 기어를 넣고 달리는 동안 오히려 자신이 원래 추구했던 행복과는 다른 삶을 사는 경우가 많다는 얘기다.

다운시프트(downshift)의 사전적 의미는 자동차의 기어를 고단에서 저단으로 바꾸어 속도를 줄이는 것을 뜻한다. 삶에서의 다운시프트는 인생의 기어를 낮추는 것을 의미한다. 특히 바쁜 일에 매달려 사는 사람들이 보수는 적을 지라도 시간적 여유가 있는 일로 전환한다는 뜻이다. 긴장을 줄이고 좀더 여유를 갖는다는 말이다.

다운시프트 현상은 특히 영국에서 두드러지는데, 데이터 모니터라는 시장조사 기관에 따르면, 영국인들 중 다운시프트족의 비율은 이미 전체 노동인구의 10%에 달한다고 한다. 다운시프트 형태에는 여러 가지가 있다. 직업을 바꾸는가 하면, 대도시를 떠나 소도시나 농촌으로 향하는 사람들도 있다. 경우에 따라서는 한적하고 여유로운 외국으로 떠나기도 한다. 진정으로 자기가 원하는 인생의 대본을 쓰고 실천하기 위한 적절한 장소를 찾아 나서는 것이다.

고도성장과 '빨리빨리' 문화에 익숙해 있는 우리나라 사람들에게 다운시프트라는 용어는 아직 생소하다. 그러나 그 사상적 뿌리는 우리 사회에 전혀 낯설지 않다. 무위(無爲)와 자연(自然)을 강조하는 노장 사상, 자아의 수행과 발견을 중시하는 불교 사상의 영향이 강하게 남아 있는 곳이 우리나라다. 조선 시대 대표적인 시조에 가장 흔히 등장하는 주제가 바로 안빈낙도(安貧樂道)다. 안빈낙도란 가난하니 편안하고 도리대로 사니 즐겁다는 뜻이다. 바로 다운시프트족들이 추구하는 가치와 딱 맞아떨어지는 것이다.

도시여 안녕

이렇듯 삶의 여유를 숭상하던 전통이 있지만 오늘 우리네 삶은 각박하기만 하다. 얼마 전 한 취업 포털 사이트에서 대학생들을 대상으로 한국에 대해 가장 먼저 떠오르는 이미지가 무엇인지 조사했다. 놀랍게도 '빨리빨리'를 꼽은 응답자가 가장 많았다. 인터넷과 정보통신의 발전, 국경 없는 경쟁을 의미하는 세계화 등으로 오늘날 한국인들은 그 어느 때보다 바쁘게 살아간다.

기다림의 미덕을 잊은 지 오래다. 식당에 들어서자마자 빨리빨리 달라고 외치는가 하면, 지인들과 여유롭게 담소를 나누며 잔을 기울이기보다는 폭탄주를 돌리며 빨리빨리 취하려 한다. 일할 때도 빨리, 놀 때도 빨리, 세상 모든 일을 재빠르게 해치우는 사람이 인정받는 사회로 변해가고 있다. 이처럼 일상의 쳇바퀴에 지친 사람들이 분주한 일상에 휘말려 삶의 본질을 놓치고 있지 않은가 되돌아본다. 그리고 그 중 일부는 좀더 시간적 여유가 있는 삶을 찾아 다운시프트를 꿈꾸는 것이다.

도시의 바쁜 생활을 벗어나 농촌으로 향하는 귀농 가정은 전형적인 다운시프트족에 속한다. 이런 귀농은 농업을 주업으로 하지는 않으면서 텃밭을 가꾸고 쾌적한 자연환경에서 생활하기 위한 전원생활형 귀농, 농업을 생계유지 수단으로 선택하는 전업형 귀농으로 구분된다.

젊은 층으로 눈을 돌려보면, 프리터(freeter)라는 트렌드도 넓은 의미의 다운시프트와 일맥상통한다. 프리터란 영어의 프리(free)와 독일어의 아르바이터(Arbeiter)를 차용한 일본식 신조어인데, 정규직을 갖는 대신 이일 저일 되는 대로 하는 젊은이들을 일컫는다. 조직에 얽매이기보다는 취미생활을 계속할 수 있을 만한 용돈을 버는 일로 만족하는 것이 이런 신세대의 가치관이다.

한편, 사회적으로 성공을 거둔 많은 중년층들은 다운시프트의 삶을 실현하기 위해 외국행을 택하는 경우가 점점 늘고 있다. 한국에서의 안정적 생계기반을 포기하고서라도 좀더 여유로운 삶을 찾아 캐나다·호주·뉴질랜드 등으로 떠나는 것이다. 이들이 선택하는 국가의 공통점은 영어권 국가라서 자녀교육에 유리하다는 것과 쾌적한 자연환경이 존재하고 경쟁이 치열하지 않은 국가라는 공통점이 있다.

이렇듯 우리가 눈치채지 못하는 사이에 다운시프트 트렌드는 여러 계층의 사람들 사이에서 다양한 삶의 방식으로 자리잡고 있는 것이다.

이런 다운시프트 트렌드를 어떻게 받아들여야 할까. 최근 세계적으로 소박한 정신적 행복의 가치를 기치로 유행 중인 웰빙 트렌드가 한국에서는 고가품 소비를 뜻하는 의미로 변질되고 있다. 경제적 풍요보다는 시간적 여유를 갖자는 다운시프트 트렌드는 언뜻 마케팅 활동의 테마로 활용되기에는 거리가 있는 것으로 짐작하기 쉽다. 하지만 발 빠른 기업들은 이미 다운시프트족들을 겨냥한 마케팅에 나서고 있다.

일부 은행·보험 등 금융회사들의 마케팅을 살펴보자. 다운시프트족들은 시간적으로 좀더 여유로운 생활을 누리기 위해 당장 경제적 수입이 줄어드는 것을 감수하려는 사람들이다. 따라서 현재와 미래의 현금흐름이 일반인과는 상당히 다를 수밖에 없다. 금융 회사들은 연금이나 의료비 마련 계획 등 이들의 미래 설계를 위한 금융상품을 다양하게 제시하면서 평생 토털 서비스 제공을 표방하고 있다.

물론 삶의 속도를 늦추고 싶어하는 모든 사람들이 실제로 다운시프트를 실천할 수 있는 것은 아니다. 가장들은 가족 부양의 현실적 어려움에 얽매여 꿈만 꾸고 있는 경우가 대부분이다. 최근 국내 여행사들은 이런 사람들을 위해 다운시프트를 간접적으로 체험할 수 있는 템플 스테이(고찰에서의 짧은 체류) 등의 여행상품 개발에 열중이다. 요즘 도시인들 사이에 선이나 요가 등을 통해 삶의 속도를 한 박자 늦추는 연습이 확산되는 일도 이런 움직임의 일환일 것이다.

미래의 여유를 위해 지금 당장은 더 바쁘게 살아야 한다고? 여기서 서론의 우화에서 나타난 역설이 등장한다. 미래의 더 느린 삶을 얻기 위해 우리는 현재를 포기한 채 더 각박한 삶에 만족해야 하는 것일까. 다운시프트족들은 더 나은 미래를 위해 현재의 행복을 저당잡히고 싶어하지 않는다. 금전적 여유보다는 시간적 여유를 추구하고, 자기가 원하는 것을 찾아 삶의 속도를 낮추는 것이 그들의 삶의 방식이다. 세상의 변화 속도가 빨라지고 경쟁이 치열해질수록 다운시프트를 추구하는 사람도 더 많아질 것이다.

김상일 sikim@lgeri.com

03

두 마리 토끼를 원하는 **가치 소비**
둘 중 하나가 아니라 두 가지 모두 원한다

S전자 전략기획실의 김세련씨는 사내에서 옷 잘 입기로 몇 손가락 안에 꼽히는 베스트 드레서. 결혼 적령기를 맞은 그녀는 이번 주말 근사한 신랑감 후보를 소개받기로 했다.
"흠, 귀한 자리에 아무렇게나 나갈 수는 없지…."
한동안 고민하던 그녀는 뜨거운 태양빛을 가려줄 우아한 양산을 떠올렸다. 지난 해 큰 맘 먹고 구입한 게 있지만 유행이 한참 지난 구닥다리로 느껴졌다. 머리 속에는 벌써 이름만 대면 알 만한 양산 브랜드들이 아른거린다.
'A브랜드, 지구촌에서 알아주는 명품이지. 하지만 가격이 좀 비싸서 마음에 걸리네. 조금 처지는 B브랜드, 국내 최고의 제품이지만 가격은 A브랜드 제품의 3분의 1에 불과해. 하지만 기능은 별 차이가 없긴 한데….'
마침내 김세련씨는 잠시 주저하다 합리적인 소비자이기를 포기했다. 결론은 A브랜드. 왜? 난 소중하니까.
'자, 이걸 어떻게 산다?'
머리 속이 복잡해진다. 나른한 오후의 사무실에서 김세련씨의 마우스 클릭 횟수가 잦아진다. 이곳 저곳 온라인 명품가게들을 종횡무진한다. 김씨는 여기에 그치지 않고 신용카드사에서 제공한 우수고객 할인 혜택에, 이틀 전 백화점에서 배달된 특별행사 쿠폰까지 온갖 경우의 수를 가늠해

본다. 단돈 1원도 더 비싸게 살 수는 없다. 왜? 난 바보가 아니니까.

최고의 제품, 더불어 가격도 싸야 한다

우리의 김세련씨는 합리적 경제 주체인가, 비합리적인 과시적 성향의 소비자인가. 큰 폭의 가격 차이에도 불구하고 비슷한 기능의 제품에 큰 돈을 지불하는 모습은 분명 합리적인 경제 주체의 모습은 아니다. 하지만 단 한푼이라도 불필요한 지출을 피하기 위해 국내의 모든 관련 상점을 섭렵하고, 활용 가능한 구매 혜택을 줄줄이 꿰고 있는 모습을 보면 세상에 이보다 더 알뜰한 소비자는 없어 보인다. 김씨와 같은 모순적 소비행동은 우리 일상에서 심심찮게 일어난다. 인터넷의 보편화와 변화된 시장 환경, 소비자 의식과 행위의 새로운 트렌드 등이 복합된 결과다.

명품 소비를 예로 들어보자. 몸에 걸치는 장신구 등의 기호품에 한정되는 얘기가 아니다. 아이스크림 하나를 사먹는 경우에도, 모처럼 갖는 가족들의 외식 나들이에도 최고가 아니면 거들떠보지 않는 소비자가 적지 않다. 오랜만에 친구들끼리 의기투합해 가볍게 영화 한 편 보는 경우에도 발길 닿는 데로 아무 곳이나 갈 수 없다. 입고 먹는 것이 아니라 사는 집에서도 최고와 차선 사이에는 상식을 벗어난 간극(gap)이 존재한다.

사실 시장에 나온 대부분의 제품들은 1, 2등에 상관없이 기능적으로는 큰 차이가 없다. 그런데도 불구하고 소비자의 손길을 유혹하는 것은 물건의 본질적 기능이 아닌 1등 제품이 가진 주변적인 특성, 또는 이미지다. 최고의 브랜드를 소비한 뒤 느끼는 만족감은 비록 감성적인 차원이지만 차선의 제품을 통해서는 결코 느낄 수 없다는 소비자들이 많다.

반면 소비 대상을 선택할 때는 감성적으로 접근한 소비자들이, 실제 구매시에는 철저히 이성적으로 접근한다. 단순한 물건 하나를 사더라도 미리 완벽하게 정보를 검색한다. 상세한 제품 정보를 얻은 뒤 전국에서 가장 저렴한 제품을 찾아 가격비교 사이트 곳곳을 뒤진다.

요즘에는 다양한 가격비교 사이트의 등장, 소비자 정보 커뮤니티 등의 덕택으로 '가격의 투명화'가 이루어졌다. 가전시장을 살펴보자. 가격비교 사이트인 에누리닷컴의 경우 제휴 쇼핑몰이 850개에 이른다. 방대한 제품가격 정보를 소비자에게 실시간으로 전달해 적어도 가격 면에선 차선의 제품이 선택될 여지를 송두리째 차단한다.

결국 최고의 브랜드 가치, 멋진 디자인, 화려한 매장 인테리어 등 고품격 감성가치와 더불어 가격도 싸야만 팔리는 시대가 왔다. 자신이 느끼는 효용은 극대화하면서도 저렴한 비용을 원하는 가치 소비자(value consumer)들의 입김이 거세진 탓이다.

3,300원 화장품 미샤, 100엔 우동 하나마루

2003년 말부터 젊은 여성들에게 선풍적인 인기를 끌고 있는 저가 화장품 미샤. 립스틱과 파운데이션의 가격은 각각 3,300원…. 그러나 미샤의 제품은 노점상에서 파는 싸구려가 아니다. 변변한 매장도 없이 투박한 포장으로 덧씌워진 그저 그런 제품이 아니다. 화려하고 산뜻한 신세대 감각의 매장이 있고, 종업원들은 하나같이 친절하고 전문교육을 받은 느낌이 풍긴다. 다섯 잎의 빨간 꽃 모양 로고는 또 얼마나 깜찍한가. 더구나 일본에 한류 열풍을 몰고 온 가수 보아에 이어 초대형급 꽃미남 모델로 꼽히는 원빈으로 이어지는 톱 모델을 전면에 내세운 광고 컨셉이라니…. 도저히 3,300원이라는 가격과 제품이 서로 어울리지 않을 정도다. 미샤는 지난 2002년 3월 이화여대 앞에 1호점을 오픈한 이후 2년 반 만에 100호점을 오픈했다. 중저가 브랜드가 시장을 잠식해 가는 일은 어제, 오늘의 일이 아니다. 하지만 3,300원이면 중가도 아닌 초저가, 이른바 가격파괴에 해당된다.

미샤 말고도 한동안 시장을 뒤흔든 기업들은 많다. 시장을 뒤흔드는 일등공신은 가격파괴다. 가격파괴는 안정적이던 소비자가격을 전반적으로 끌어내리는 작업이다. 하지만 최근엔 그 양태가 지나쳐 빈축을 사고 있다. 미샤에 이어, 더페이스샵, 1,000원 숍인 다이소아성 등도 연구 대상이다.

장기불황에 시달렸던 바다 건너 일본에서도 가치 소비자를 끌어모아 성공한 사례가 많다. 최근 선풍적인 인기를 끌고 있는 하나마루 우동의 사례를 보자. 이 우동집은 우리 돈으로 1,000원 남짓에 불과한 100엔 우동으로 2001년 창업한 이후 3년여 만에 매장을 180개로 늘렸다. 하나마루 우동의 타깃은 젊은 여성층이었다. 매장 인테리어를 세련된 최신 감각으로 꾸민 것도 이 때문인데 예전 같으면 저가격대에서 기대하기 어려운 높은 감성 품질을 제공하는 전략이다.

감성과 가격의 두 마리 토끼

우리 사회에 본격적으로 브랜드가 위세를 떨친 시기는 1980년대 초반부터라고 할 수 있다. 그 중심에는 2만 원에 조금 못 미치는, 나이키 운동화 신드롬이 있었다. 바로 그 즈음 검정색 중고등학교 교복의 족쇄를 푸는 자율화 조치가 행해졌다. 1980년대 초반을 기점으로 소득수준이 빠르게 높아진 것도 소비자들이 브랜드에 눈을 뜬 배경이다. 당시로서는 신발 전문점도 흔하지 않았고 고작 4,000~5,000원가량의 평범한 운동화로도 만족했다. 아니, 브랜드라는 개념조차 없어서 그저 '새 것'이냐 '헌 것'이냐가 우열의 기준이었다. 그러나 나이키 열풍을 시작으로 한국 소비자들에게 브랜드 영향력이 드세어지기 시작했다.

우리 소비자들의 브랜드 선호 경향은 2000년대 '명품족'의 등장에서 극에 달했다. 사실 명품이란 소수의 고소득 계층에서 향유할 수 있는, 희소성을 갖춘 제품을 의미한다. 헌데 유명 브랜드를 열렬히 선망하는 소비자들은 '명품의 대중화'라는 모순된 개념을 낳았다. 최근의 소비 시장에서 많이 얘기되는 매스티지(masstage), 또는 트레이딩 업(tradng-up)이 그것이다. 그 대표적인 예가 세탁기 시장의 트롬(TROMM)이다. 과거 드럼형 세탁기는 수입품 중심으로, 부유층의 전유물이었던 수백만 원 대 고가가전 품목이었다. 그런데 수 년 전부터 국내 가전회사들이 드럼 세탁기를 생산하면서부터 사정이 달라졌다. 수입품보다 탁월한 성능, 디자인 등 고품질과 고감성을 갖추고도 100만 원 이하의 가격표를 단 제품이 등장하자 중저가 명품의 대표주자로 대중화된 것이다.

브랜드 감성과 합리적 가격을 중시하는 밸류 컨슈머(value consumer)들은 트레이딩업 그 이후를 향해 계속 진군 중이다. 목적지는 분명하다. 세련된 디자인, 고상한 브랜드 가치는 유지하면서 가격은 더 저렴해야 한다는 것이다. 미샤, 하나마루 우동 등이 전형적인 예다. 이 과정에서 감성과 가격의 동시 충족은 기존 시장의 공급자들의 골칫거리가 되었다. 감성도 중요하고 낮은 가격을 제시할 수 있는 역량 역시 중요하다. 하지만 두 가지 요소를 충족시켜야 한다. 둘 중 하나로는 안심할 수 없는 것이 요즘 시장경쟁의 현주소다.

치열한 경쟁, 정보화가 제공하는 가치 사슬의 틈새들, 완전한 경쟁시장, 게다가 정보의 호수 속에서 살고 있는 소비자들은 둘 중 하나만을 무기로 삼는 기업을 도태시킬 것이다. 이유 없이 충성하는 소비자는 없다. 당신의 회사가 두 가지 중 어느 쪽, 아니 둘 다 갖추었는지 살펴보기 바란다. 그리고 둘 다 가지지 못했다면 즉시 고객들을 살펴봐야 한다. 어쩌면 소비자들의 불만이 폭발 직전인지도 모른다.

문권모 kmmoon@lgeri.com

04

안전하게 즐기는 디지털 코쿠닝
집에 다 있는데 왜 밖으로 나갑니까?

'청년실업자' 신세였던 김코쿤씨. 2004년 겨울의 어느 날, 견디다 못해 누나가 사는 브라질로 이민을 갔다. 상파울루 근교의 누나 옷가게 운영을 돕기 위해서였다. 그런 김씨가 한국에 돌아온 것은 6년 만인 2010년 가을. 5년 만에 돌아온 고국은 별반 달라진 것도 없었다.

청계천에 개울물이 흐르는 것 빼고는 서울 시내 모습도 그대로였다. 경기는 여전히 나빴고, 혼탁한 정치판도 마찬가지였다. 그래도 달라진 것이 없어 마음은 푸근했다.

하지만 밤이 되자 그의 생각은 착각임이 금세 드러났다. 도심 거리에 밤 거미가 내려앉자 그는 달라진 한국 사회가 주는 '문화충격'에 크게 당혹해하기 시작했다. 밤거리 풍경이 김씨가 브라질로 떠나기 전과 너무나 달라졌기 때문이었다.

과거 밤늦게 불야성을 이루던 도심 곳곳은 이제 일부 취객들이 드나드는 유흥가를 빼고는 한산해졌다. 무엇보다도 밤 9시에 이미 인적이 끊기다시피 했다. 친구들도 변해 있었다. 매일 밤을 밝히며 몰려다니던 녀석들이 이젠 노상 집에만 틀어박혀 지내는 것이었다. 환영회 때 본 친구들은 모두 어디 갔을까. 도대체 왜 이렇게 되었을까. 서운함까지 느꼈던 김씨는 이제 제법 사회학자로 유명세를 타는, 절친한 친구 박학해씨를 찾았다.

"먹고살기 힘드니 그렇게 된 것이지. 내수 불황이다 디플레이션이다 해서 정말 힘들었잖아. 범죄율도 높아졌어."

박 교수는 "인간은 암울한 상황에서 가족으로 돌아가는 모습을 보인다"고 덧붙였다. 결국 믿을 건 가족뿐이라는 얘기다. 미국에서도 9·11 테러 이후 가족을 챙기는 사회적 분위기가 일어났다고 한다. 경기가 나빠지고, 안팎으로 어수선해지니까 다들 가정의 소중함을 새삼 깨달았다고나 할까.

박 교수는 그러나 재미있는 해석을 하나 더 붙였다. 이런 현상이 게임과 음악, DVD와 같은 디지털 엔터테인먼트의 소비와 맞닿아 있다는 것이었다. 사실 집에 일찍 들어가도 뭔가 놀 것이 있어야 하지 않겠는가. 긴긴 밤을 아이들, 아내와 아웅다웅 할 수는 없는 노릇이다.

김씨 친구들의 비밀은 바로 이것이었다. 친구들은 6년 만에 돌아온 김씨에게는 미안해하면서도 집에서 하고 싶은 일을 다 하고 있었던 것이다. 김씨는 요즘 세대들이 이렇게 집 안에서 디지털 엔터테인먼트에 매달리는 현상을 '디지털 코쿠닝(digital cocooning)'이라 부른다는 것도 뒤늦게 알았다. 알고 보니 언론에서는 몇 년 전부터 일상적으로 이 용어를 쓰고 있었다고 한다.

재미있고, 싸고, 훌륭하기까지…

코쿠닝은 원래 미래학자 페이스 팝콘이 《클릭! 미래 속으로》란 책에서 처음 소개했다. 사람들이 위험하고 예측 불가능한 현실로부터 도피해 누에고치(cocoon) 같은 편안한 안식처를 찾는다는 뜻이다.

디지털 코쿠닝은 최근 나타난 현상으로, 코쿠닝이 최첨단 디지털 기술과 결합한 것이다. 디지털 코쿠닝의 주된 요인 역시 외부 환경으로부터 자신을 보호하고 싶은 본능이다. 그런데 예전의 코쿠닝이 주로 단순히 집 안에 틀어박혀 있는 것이었다면, 지금은 '즐기는 코쿠닝'이란 점에서 차이가 있다. 즉 도피적이고 수동적이었던 것에 능동성과 오락의 요소가 덧붙여졌다는 말이다. 최근의 소비자들은 가정이라는 안락한 '누에고치' 속에서 게임과 MP3 음악, DVD 등 화려한 디지털 문화를 즐긴다.

디지털 코쿠닝은 크게 3가지 점에서 디지털 세대인 10, 20대들이 적극적으로 호응하고 있다. 흥미롭고, 저렴하며 발달된 기술로 인해 질적인 면에서도 뛰어나다는 점 때문이다. 디지털 코쿠닝을 즐기는 사람들은 일단 집 안에 가만히 앉아서도 충분히 재미있게 놀 수 있다. 인터넷만 연결하면 음악·게임·영화까지 즐긴다. 물론 돈도 훨씬 적게 든다. 불법이긴 하지만 아직도 공짜 디지털 콘텐츠가 사이버 공간을 떠다닌다. 게다가 기술발달로 디지털 엔터테인먼트의 질은 점점 더 좋아지고 있다. 한 마디로 불황기의 소비자들을 집 안에 붙잡아둘 만한 이유를 두루 갖추고 있다고 할 수 있다.

서울 여의도에 사는 회사원 송모 씨(33)의 디지털 코쿠닝 일상을 보자. 9개월 된 아기가 있는 송씨는 매일 저녁 7시까지 퇴근해 베이비시터 아주머니와 '교대' 한다. 홈쇼핑 방송작가로 일하는 아내의 퇴근이 늦기 때문이다. 송씨는 매일 정시에 퇴근할 뿐만 아니라 주말도 거의 집에서 지낸다. 하지만 결코 심심하지 않다. 송씨는 자신의 집에 마이크로소프트의 'X-Box' 게임기와 홈시어터 시스템, 그리고 영화감상용 프로젝터를 갖추고 있다. 영화는 홈시어터와 게임기를 통해 감상한다. 'X-Box' 게임기는 DVD 플레이어에서 재생되지 않는 동영상 파일(주로 인터넷에서 내려받은 해적판)까지 TV와 연결해 감상할 수 있게 해준다. 덕분에 극장에서 상영 중인 영화도 집에서 편안히 볼 수 있다.

송씨에게 "극장에 가야 실감이 나지 않느냐?"고 물었다. 그러자 그는 "음악·게임·영화를 모두 집에서 볼 수 있는데 왜 밖으로 나가요?"라고 되묻는다. 입체음향 스피커와 프로젝터용 스크린이 극장 못지않은 데다 앞 사람 머리에 가려 영화감상을 방해받는 '불상사'도 없단다. 송씨 같은 요즘 세대만 있다면 극장은 앞으로 망할 판이다. 실제로 일본에선 이미 1990년 대 초 극장가가 극심한 부진을 겪기도 했다. 영화의 주 소비층인 젊은 세대가 일찌감치 게임, 애니메이션, 만화 같은 다양한 문화 오락물에 빠져버렸기 때문이다.

인스피어리언스 : 집 안에서 모든 걸 즐긴다

디지털 코쿠닝은 실내 여가활동을 선호하는 새로운 트렌드와도 관련이 깊다. 이런 '실내 지향'의 성향은 이미 진행 중이다. 2004년 제일기획이 발표한 〈2003 전국 소비자 조사〉보고서를 들춰보자. 이 조사에 따르면 '휴가 때 힘든 여행보다 집에서 쉬고 싶다'와 '활동적인 취미보다는 앉아서 하는 취미활동이 좋다'는 응답이 1997년 이후 계속 늘어나고 있다. 특히 19~25세의 활동적인 젊은 층에서 비활동적인 취미생활에 대한 선호가 늘어난 것이 눈에 띈다. 이런 결과는 주5일제근무 실시 등으로 야외활동이 늘어날 것이라는 일반적 예상과 어긋난다.

실내 여가활동 선호는 인스피어리언스(insperience : indoor+experience) 키워드와도 깊은 연관이 있다. 인스피어리언스는 영국의 트렌드 전문 사이트(Trendwatching.com)가 최근 소개한 개념으로, '밖에서 하던 활동을 집 안으로 끌어들여 즐기는 성향'을 뜻한다. 이 사이트는 그 예로 집 안에 최첨단의 홈시어터나 체육관 시설을 갖출 것과, 가정용 고급커피 제조기, 그리고 출장 파티의 유행 등을 제시했다.

이런 유행은 홈 엔터테인먼트와 함께 가정 내의 여러 시설을 고급화하는 결과를 낳을 것이다. 홈시어터나 간단한 운동기구는 물론이고 파티와 엔터테인먼트를 즐길 수 있는 전용 방이나 공간을 별도로 갖춘 집들도 속속 늘어날 것으로 예상된다. 홈 바를 갖춘 부엌에 가정용 에스프레소 제조기를 들여놓거나, 고급 리조트에서나 볼 수 있는 스파 욕조를 갖추는 일도 일반화될 것이다.

그리고 한 가지 덧붙일 것은 한국에서도 점차 '쾌적함'을 따질 거라는 사실이다. 쾌적함 역시 사람들이 실내를 선호하게 된 것과 관련이 있다. 실내를 선호하는 이유는 복잡한 세상에서 스트레스를 느끼는 사람들이 그 곳으로부터 벗어나고자 하기 때문이다. 그래서 집 안에 틀어박혀 있기를 원하며, 이것이 심해지면 복잡한 장소를 피하게 되는 것이다. 선진국의 경우 복잡한 장소에서 쇼핑이나 여가를 즐기는 일은 기피해야 할 행태로 비친다.

이승일 syi@lgeri.com

05

문화를 파는 컬덕
소비자의 감성과 마음을 훔친다

할리데이비슨, 베네통, 나이키….

이들 브랜드에서는 다른 것에서 느낄 수 없는 공통점이 있다. 제품 자체에서부터 풍기는 강한 문화적 상징성이나 좀더 구체적으로 '컬트(cult)'라고까지 표현할 수 있는 독특한 분위기(aura)가 그것이다. 원래 컬트는 특정 사물이나 정신에 대한 종교적 맹신에 가까운 추종을 의미하며, 특정 교주를 따르는 광신도들의 울부짖음과 열광적인 몸짓이다. 마케팅에서 컬트는 물리적 속성을 넘어 제품의 이미지나 상징성에 대한 열광을 의미한다. 그래서 컬트족에게 상품은 단순히 탈 것이나 추위를 막는 옷이 아니다. 이보다는 자신을 표현하는 수단이고 사회적 표상이다. 할리데이비슨 오토바이를 구입한 고객들이 반항적이면서도 시대를 앞서는 독특한 이미지를 가지고 자신들만의 커뮤니티를 형성하고 있는 것이 좋은 사례다.

문화를 파는 것이 차별화의 지름길

미국의 사우스웨스트 항공(Southwest Airlines), 독일의 세계적 자동차 회사 BMW, 커피를 문화상품의 반열로 끌어올린 스타벅스(Starbucks) 등도 나름대로의 독특한 색깔로 유명한 기업들이다. 자신들만의 기업 문화를 바탕으로 고객에게 특별한 가치를 심어주기 때문이다. 사우스웨스트 항공의 경우, '재미'라는 요소가 그 어느 곳보다 강조되고 있는 곳이다. 유교적 엄숙주의가 강하게 남아 있는 우리에게는 다소 낯설게 보일지도 모르지만, 재미는 이 기업의 곳곳에서 느껴지는 살아 있는 가치다. 종업원뿐 아니라 고객에게도 재미를 제공하는 것이 이 기업의 장점이다. 이 회사는 초창기부터 저렴한 운임을 내세웠는데, 이것도 장거리 자동차여행의 어려움 대신, '싸고 빠른 이동'이라는 재미를 제공하자는 의도에서 비롯된 것이라고 한다.

 스타벅스 역시 문화를 파는 기업으로 유명하다. 스타벅스가 판매하는 상품은 단순히 한 잔의 커피나 한 조각의 쿠키가 아니다. 이 점포의 고객들은 도회적인 우아함, 고급 취향과 같은 문화적 상징성을 함께 구매하는 것이라고 보아야 한다. 다른 일반적인 커피보다 곱절이나 비싼 스타벅스의 커피 가격에는 맛이나 향기 말고도 심리적 만족감이라는 보이지 않는 부분의 가치도 포함돼 있다. 스타벅스가 전세계적으로 큰 성공을 거둘 수 있었던 비결은 독특한 상징이 담긴 문화를 제공했기 때문이다.

이처럼 기업 및 제품이 가진 철학이나 문화를 브랜드에 담아 소비자의 공감대를 이끌어내는 마케팅 활동이 점점 늘고 있는 추세다. 문화 자체를 상품에 녹여 파는 이와 같은 현상은 무엇보다 상품 자체의 속성만으로는 차별화가 점점 어려워지기 때문에 나타난다. 두번째로 기술의 진보 등으로 인해 모방품이 신속히 나타나는 것도 이유가 된다. 참고로 할리데이비슨의 경우 제품 자체의 성능 면에서는 결코 최고라고 할 수 없다. 그럼에도 불구하고 이 제품이 유명세와 아울러 가격 프리미엄을 유지하고 있는 것은 앞서 설명한 바처럼 독특한 문화 자체가 상품이기 때문이다. 이는 후발업체들이 쉽게 모방할 수 없는 비교우위다.

이처럼 문화를 상품에 반영하는 현상이 더욱 확산됨에 따라 장래에는 상품을 단지 객관적 속성으로서만 인식하지 않고 문화적 코드로 해석해야 할 것이다. 따라서 상품도 단순한 물리적 '생산품(product)'이 아닌 문화융합상품 즉 '컬덕(cult-duct : culture 또는 cult+product)'으로 자리매김할 것이다. 따지고 보면 최근 유행하고 있는 웰빙 현상도 문화융합형 상품들이 쏟아져 나온 결과로 해석할 수 있다. 웰빙은 '잘 먹고 잘 살자'는 취지에서 나타난 일종의 소비자운동이다. 건강한 삶을 하나의 상징 문화로 내세워 유기농채소, 요가, 건강 센터 같은 다양한 상품이 등장한 것이다. 문화를 테마로 하면 상품화의 기회는 그만큼 넓어진다.

마니아 상대에서 대중 속으로

문화융합형 상품은 결코 소수의 컬트적 마니아들만을 겨냥한 것은 아니다. 예를 들어 애플 컴퓨터는 컬트형 제품으로도 손꼽히지만, 애플의 CEO 스티브 잡스에 대한 인기와 함께 어느 정도 대중적 지지 기반을 유지하고 있다. 특히 최근 내놓은 아이맥(iMac)은 대중성을 회복하는 계기가 되었다. 또한 미국의 L.L. Bean, 나이키, Ben & Jerry 등도 최초 컬트형 제품에서 출발해 대중적인 브랜드로 옮겨온 경우다. 실제로 이들의 대중화는 스스로 내건 문화가 대중적 인기를 얻는 과정에서 이뤄졌다. 그 예로 나이키의 경우 최초에는 운동선수의 승리를 추구하는 전문 브랜드에 가까웠다. 그러나 점차 승리라는 상징 문화가 대중적 가치로 일반화됨에 따라 보편적 인기를 얻게 된다. 더군다나 마이클 조던이나 타이거 우즈 같은 스타를 활용한 마케팅 기법과 맞물려 현재의 대중 브랜드로 재탄생한 것이다.

우리나라의 예를 들겠다. 풀무원은 웰빙이라는 문화적 배경을 바탕으로 성장한 대표적인 문화융합형 브랜드라고 할 수 있다. 초창기 시절의 풀무원은 소수 마니아층을 중심으로 일부 제한된 품목만 생산했으나, 점차 소비 계층을 넓혀 이제는 종합적인 식품 브랜드로까지 성장했다. 틈새 유기농 프리미엄 상품과 좀더 대중적인 웰빙 브랜드 사이에서 적절히 자리를 잡아, 먹거리의 신뢰성을 확보하는 데 성공했다는 평가다. 한편 온라인상에서는 더 많은 문화융합형 상품들이 등장하고 있다. '디카 폐인', '싸이 폐인' 이 유행어가 될 정도로 컬트적인 경향을 가진 네티즌이 늘어나는 데서 보듯 상품과 문화는 뗄래야 뗄 수 없는 관계인 경우가 많다.

반대로 문화적 상징성이 미약한 기업이나 제품은 시장에서 종종 어려움을 겪는다. 우리나라 시장에서 명암이 엇갈리는 벤츠와 BMW는 대표적인 예가 될 것이다. 벤츠의 경우 세계 시장에서는 최고급 승용차로 인정받는 제품이지만 유독 한국 시장에서만은 BMW에 밀려 고전을 면치 못하고 있다. 그 이유로는 여러 가지가 있겠지만 BMW에 고유한 세련되고 도회적인 이미지를 빼놓을 수 없다. BMW가 나름대로 독특한 문화를 바탕으로 제품의 성격을 뚜렷이 부각시킨 반면, 벤츠는 가격만큼이나 무겁고 장중한 이미지만을 부여했기 때문이다. 주 고객이라고 할 수 있는 우리 사회의 고소득 전문 계층은 BMW가 주는 문화적 상징성에 더 많이 공감하고 있다고 봐야 할 것이다. 이러한 경향에 편승해 최근 해외시장에서는 BMW 매장에서 라이프 스타일 숍을 함께 운영하고 있다고 한다. 이곳에는 자동차뿐 아니라 BMW 로고가 붙은 의류에서 생활 소품에 이르기까지 라이프 스타일에 관련된 다양한 제품을 소비자에게 판매한다. 물론 이 소품의 판매가 매출에 큰 기여는 못하지만 'BMW의 문화는 이런 것' 이란 느낌을 전달하기엔 충분하다.

   제품의 성능을 넘어 문화적 동질성까지 이끌어내는 마케팅은 기업 입장에서는 시장 상황이 바뀌고 새로운 경쟁자가 등장하더라도 고정 고객을 확보할 수 있다는 점에서 매우 매력적인 수단이기도 하다. 제품이나 브랜드마다 독특한 색깔이 없이 단순한 물리적 존재로만 마케팅 하는 것은 이제 시대에 뒤진 행태가 되고 있다.

정지혜 jyes@lgeri.com

06

사이버 세상의 자아, 웹 아이덴터티
가짜가 진짜보다 더 진짜 같다

"과학을 좋아하는 평범한 고등학생 피터. 빨간 가면과 파란 쫄 바지만 입으면 악당들을 물리치는 영웅 스파이더맨(Spider Man)으로 변신한다. 일상에서는 지각 대장에 좋아하는 여학생에게 말도 못 붙이는 수줍음 많은 소년이지만, 가면만 쓰면 신문의 판매 부수를 올려주는 화제의 대상이다."

요즘 어느 개그맨이 유행시킨 다중인격의 선두주자 '다중이'의 원조는 사실 스파이더맨이다. 어린 시절 본 만화에는 유독 변신하는 영웅들의 이야기가 많다. 애초부터 인간에겐 지금의 나와 또 다른 존재가 되고 싶은 원초적 욕망이 숨어 있기 때문일까. 예전 아이들은 TV나 영화에 열광할 뿐이었다. 그러나 요즘 아이들은 사이버 세계에 분신을 만들어 자신을 영웅으로 만들고 있다.

벌거벗은 아바타에 옷을 입혀라

PC통신 초기 이용자들은 고심해서 지어낸 ID로 자신의 존재를 알렸다. 이제 온라인 이용자들은 '아바타'나 '미니 홈피'와 같이 좀더 적극적이고 실질적인 형태로 자신을 드러낸다.

아바타(Avatar)는 산스그리트어 아바타라(avataara, 지상에 강림한 신의 화신)에서 유래된 말로, 가상사회에서의 분신을 의미한다. 아바타가 인터넷상에 처음 등장했을 때 과연 누가 돈을 주고 컴퓨터 화면에 옷을 입히려 하겠느냐는 우려가 많았다. 그러나 이것은 기우였음이 드러났다. 10대 청소년들에서부터 40대 아줌마 네티즌까지 아바타는 선풍적인 인기를 끈 히트상품이 되었기 때문이다.

〈정보통신부〉 조사에 따르면 2001년 240억 원에 불과했던 국내 아바타 시장은 2003년에 5배가 훨씬 넘는 1,347억 원 규모로 성장하며 닷컴 기업들의 든든한 수입원으로 부상했다. 애처롭게 속옷만 입고 있는 아바타를 그냥 두기가 민망해 언제부턴가 아바타 쇼핑을 시작했던 사람들은 이제 서슴없이 한 달에 몇만 원씩 돈을 내고 있다.

아바타 관련 사업도 다양해지고 가격도 갈수록 높아지는 추세다. 초창기에는 몇백 원 하던 아이템이 최근에는 명품을 표방하며 만 원에 가까운 것까지 등장했다. 비용 부담을 덜어준다며 70~80%의 저렴한 가격으로 아바타를 빌려주는 렌털숍도 등장했고 한 달 동안 무제한 이용할 수 있는 정액요금 서비스도 있다. 웹상에서 이미지를 만드는 홈페이지의 배경음악, 스킨 역시 나를 표현하는 훌륭한 도구로 날개 돋친 듯 팔리고 있다. 어쩌면 ID가 전부였던 그 시절이 맘 편하고 돈도 아낄 수 있어 좋았다. 하지만 어쩌겠는가. 이미 내 분신이 가상세계를 활보하고 있는 것을….

사람들은 왜 이토록 온라인 속 자신의 이미지에 집착하는 것일까. 그 이유를 알기 전에 우선 가상사회라는 것이 우리 삶의 중요한 부분으로 자리잡았다는 사실을 인정하자. 연세대 심리학과 황상민 교수의 조사에 따르면 유명한 온라인 머드게임인 리니지의 경우 사용자의 60%가 매일 최소 3시간 이상씩 게임을 즐긴다고 한다. 하루 10시간 이상씩 게임을 한다는 응답자도 12%나 됐다. 깨어 있는 시간의 절반 이상을 게임이라는 가상세계에서 살고 있는 것이다. 개인 미디어의 선두를 달리고 있는 싸이월드는 이미 19~24세 인터넷 사용자의 91%가 이용하는, 현실의 그 어떤 집단보다도 '큰 세상'이다.

이러한 세상에는 나를 봐주는 관중이 있고 나를 기다리는 사람들이 있다. 인터넷 초창기의 채팅 프로그램인 IRC는 사용자들이 접속할 때마다 새로운 별명을 사용했다. 지속적으로 드러내는 나의 존재가 없었기에 사람들은 자신의 이미지에 크게 신경 쓰지 않았다.

반면 최근 각광받는 블로그나 미니 홈피와 같은 개인 미디어에서는 사진, 글, 배경음악 등을 통해 차곡차곡 내 이미지를 만들어가며 현실에서 보여주기 힘든 모습까지 과시할 수 있다. 더군다나 보여주고 싶은 면만 공개할 수 있기 때문에 사이버상에서는 얼마든지 예쁘고 멋진 나의 이미지를 구축할 수 있는 것이다.

부모, 직장 상사, 그리고 애인에게, 집단에 따라 달리 보이는 개인의 모습을 심리학에서는 페르소나(persona, 고대 그리스의 연극에서 배우들이 쓰던 가면)라고 한다. 인간이 집단 속에서 살아가면서 여러 개의 탈을 썼다가 벗었다가 살고 있다는 의미다. 아바타는 사이버상에서 만들어진 관계들을 위한 새로운 가면이다. 굳이 착한 자식, 성실한 직원, 자상한 애인이 될 필요가 없는 낯선 공간에서 내가 되고 싶은 모습을 펼쳐 보이는 것은 얼마나 통쾌한 일인가.

별 볼일 없는 중학생이 온라인 게임에서 수백의 다른 게이머들에게 추앙받는 스타가 된다. 영화 속 주인공의 의상이나 소품을 아바타에게 입혀 스타가 된 듯한 기분을 만끽할 수도 있다. 영화 〈흑수선〉 아바타의 경우 한 달이 넘는 개봉 기간 동안 무려 8,000만 원에 가까운 매출을 올렸다고 한다.

매트릭스 안에 갇힌 사람들

"얼굴만 예쁘다고 여자냐, 마음이 예뻐야 여자지."

이런 옛 노래에는 기성세대들도 쉽게 공감하지 못하는 세태가 담겨 있다. 멋있는 외모가 미덕인 세상이다. 성형미인, 폼생폼사, 얼짱, 몸짱 등 외모에 대한 말이 최고의 키워드다. 성형이라는 '뼈를 깎는 아픔'을 겪지 않아도 손쉽게 이미지를 손볼 수 있는 가상사회에서는 그래서 유독 이미지로 표현되는 정체성이 부각된다.

'한 장의 사진이 인생을 바꾼다.' 마치 퓰리처 상 수상기자의 소감일 듯한 이 말은 사이버 세상에 탐닉하는 이들에게는 너무나 자연스러운 인생의 가치관일지 모른다. 우연히 얼짱 사이트에 등록된 사진으로 평범한 소녀가 하루아침에 스타가 되고, 화려한 의상으로 치장한 아바타 덕에 만난 상대와 결혼에 골인하기도 하니 말이다.

때문에 이제 디지털 카메라는 자신의 이미지를 스스로 편집·검열해 웹상에서의 정체성을 조립해 나가려는 사이버족들에게 필수 아이템이 되었다. 만만치 않은 가격의 디지털카메라가 1인 제품으로 자리잡은 데에는 인터넷에 확산되고 있는 개인 미디어가 혁혁한 공을 세웠다. 반면 화상 채팅을 가능하게 해주는 웹캠(Web Cam)이 디지털 카메라만한 인기를 끌지 못하는 것은 현실을 있는 그대로 너무 적나라하게 보여주기 때문이라는 게 정설이다.

어지간한 미모가 아니고서야 굳이 사이버 삶 속에까지 현실의 모습을 드러내고 싶지는 않다는 게 대부분 사이버족들의 심리인 것이다. 너무 현실적이지 않으며, 언제든지 내 의지대로 재구성할 수 있는 여지가 남아 있는 것이 바로 디카의 무한한 매력이다.

사이버상의 자아라는 것을 통해 현실 속의 내가 하고픈 모든 것을 할 수 있게 되면서 지금보다 더 다양한 관련 산업의 성장을 점쳐볼 수 있다. 이미 아바타 디자이너나 아바타 MD와 같은 신규 직종이 생겨났다. 심지어 아바타 성형수술 서비스도 등장했다. 또한 엔터테인먼트뿐만 아니라 모바일 영어 교육에도 아바타가 등장한다. 아바타의 형태 또한 초기의 2차원에서 이제는 3차원 형태로 진화하고 있다. 내 체형과 똑같은 맞춤 아바타가 옷을 대신 입어보며 온라인 쇼핑을 도와주는 '쇼핑 친구'가 될 날도 머지 않았다. 지금까지는 오프라인 속의 패션이나 유행이 온라인으로 넘어갔지만, 그 반대의 전이가 발생하지 않는다고 누가 장담할 수 있겠는가. 만화나 게임 속 캐릭터의 의상과 머리모양, 액세서리 등을 완벽하게 재현하는 코스튬 플레이(costume play, 일본에서는 코스프레라고 불린다)가 일부 마니아들 사이에서 인기를 끌듯이 아바타가 걸친 의상이 시내 곳곳을 활보할 날도 그려볼 수 있다. 이럴 경우 가상사회는 시제품의 시장성을 시험하는 훌륭한 테스터 마켓(tester market)이 될 수 있다. 뿐만 아니라 고소공포증이 있는 환자는 아바타를 고층 빌딩의 가상공간에 자주 데려감으로써 두려움을 극복할 수 있다. 대인공포증 환자는 대화가 지루해지면 하품을 하고 딴짓을 하는 아바타 앞에서 말하는 연습을 할 수 있을 것이다. 정신의료 분야에서 아바타가 한몫 단단히 할 수 있다는 말이다.

하지만 사이버상의 또 다른 자아가 가져올 부작용도 만만치 않을 것이다. 폭력적인 하이드의 모습을 통제하지 못해 결국 스스로 목숨을 끊어야 했던 지킬 박사처럼, 사이버 공간의 자유로움에 빠져 있다가 현실의 윤리나 규범을 파괴하는 경우가 생길지도 모른다. 이미 자신의 게임 속 캐릭터를 살해한 현실 속의 상대방을 찾아가 복수하는, '현피'라는 관련 용어가 생겼다. 게임 속 재산인 온라인 아이템을 현실에서 거래하는 것도 어렵지 않게 찾아볼 수 있다. 책을 너무 많이 읽어 현실과 혼동하며 살아가는 21세기 돈키호테형이 바로 가상세계와 현실을 혼동하는 이들이다.

영화 〈매트릭스〉에는 '매트릭스'라는 이름의 가상사회에 살고 있으면서도 이 사실을 자각하지 못하는 미래의 인류가 등장한다. 가상세계와 현실세계를 혼동하는 이들이 늘어나면 우리가 살고 있는 세상도 매트릭스처럼 여겨질 것이다. 그 때는 아바타 범죄를 소탕하기 위한 사이버 경찰의 활약상이 신문에 게재되고 병든 아바타를 치료하는 의사가 필요할지도 모른다. 미래에 전개될 가상세계가 어떤 모습이 되느냐는 당신의 사이버 분신, 아바타에 달려 있다.

이상규 sklee@lgeri.com

07

갈등을 없애주는 소비 큐레이터
물건을 살 때는 큐레이터에게 맡긴다

2007년 가을 어느 날 아침. 맞벌이 주부 박이정씨(가명)는 여느 때처럼 오늘도 아침 준비하랴, 2살 난 딸을 놀이방에 데려다 주랴, 출근 준비하랴, 정신이 없다.
"오늘은 무슨 옷을 입는담?"
거래처 회의에 참석해야 하는데 대충 입을 수도 없는 노릇. 시간이 없어 옷을 대충 차려 입으면서 집 근처에 새로 생긴 '김○○' 부티크를 떠올렸다. 그 해 여름 방송가를 강타한 '런던의 연인' 신드롬 이후 대형 스타로 떠오른 어느 여배우가 직접 고른 패션 아이템만 모아 파는 곳이란다. 이 곳에 가면 유행이나 브랜드에 일일이 신경 쓰지 않고, 패션 코

디들이 준비한 카탈로그를 보고 고르기만 하면 된다. 박씨는 퇴근하고
선 반드시 김○○ 부띠크에 들러야겠다고 마음 먹었다.

큐레이터 소비

보통 엄청난 성공을 거둔 드라마는 자연스럽게 돈벌이 사업으로 연결
된다. 특히 주인공이 입은 의상, 액세서리, 집안 구조 등은 숱한 화제에
오른다. 이후엔 제품에 대한 입소문이 나돌고, 주인공의 손길을 탔던
브랜드가 잘 팔리는 현상이 나타난다. '누구누구 스타일' 그 자체에 열
광하는 것이다.

〈파리의 연인〉이라는 TV 드라마가 끝난 후, 거리에는 여주인공이
즐겨 입은 스타일의 바지와 장신구를 한 여성들로 가득했다. 그렇지만
그 누구도 그 옷들의 브랜드에는 큰 관심을 갖지 않았다. 예전과는 사
뭇 다른 현상이다.

이를 브랜드에 대한 소비자들의 맹목적인 사랑이 점차 시들해진 증거
로 볼 수 있을까. 하룻밤 자고 일어나면 새롭게 등장하는 브랜드 홍수는
소비자에게 혼란만 줄 뿐이다. 게다가 브랜드마다 개성이 사라지고 모
두 엇비슷하다. 기업들이 고민해서 내놓은 브랜드가 소비자들을 골치
아프게 만드는 것이다. 그 결과 〈파리의 연인〉 이후 생겨난 소비 트렌드
처럼, 개인 또는 특정 집단이 가이드라인을 제시하고, 소비자는 이를 수
용하는 큐레이터 소비가 점차 주목을 받기 시작했다.

큐레이터(curator)란 박물관 등에서 전시할 작품을 고르는 기획자를
말한다. 따라서 큐레이터 소비란 일반 소비자들이 특정 인물, 매체, 집
단 등에서 미리 선택하고 추천한 제품을 소비하는 현상을 일컫는다. 특
히 이러한 소비형태는 패션, 음식, 여행, 문화정보 등 라이프 스타일과
관련이 깊은 상품에서 두드러진다.

2004년 5월까지 높은 시청률을 자랑했던 MBC TV의 〈!느낌표〉라는 프로그램을 떠올려보자(2004년 말부터 다시 방송이 시작됐다). 이 프로에는 '책을 읽읍시다' 라는 독특한 공익 메뉴가 등장한다. 여기에 소개된 책들은 베스트셀러 목록에 쉽게 올랐다.

과거 출판사는 책을 팔기 위해 저자의 경력, 책의 내용과 전문가들의 비평 등을 마케팅의 소재로 썼다. 고객 역시 출판사에서 기획하고, 전달하는 정보를 바탕으로 마음에 드는 책을 고르곤 했다. 하지만 〈!느낌표〉는 책의 특징과 메시지를 전달하는 주체를 저자나 출판사에서 방송 미디어로 바꿔버렸다. 소비자는 교양오락 프로그램이라는 큐레이터가 제공한 정보를 신뢰하고 책을 사는 것이다.

일반 소비자들이 모르는 사이 이미 소비시장에는 적지 않은 큐레이터가 '암약' 하고 있다. 이들을 유형별로 나눠보면, 제품을 직접 생산하는 디자이너형과 제품을 직접 생산하지 않는 편집자형·스타형 등 세 가지로 구분할 수 있다.

우선 디자이너형은 자신이 직접 제품을 만들고, 자신의 이름을 딴 브랜드를 유통시킨다. 상당수 해외 고급 브랜드와 한국의 패션 디자이너 브랜드가 이에 해당된다. 이들은 오래 전부터 하나의 기업으로 인식되어 왔기 때문에 프로페셔널 큐레이터라고 할 수 있다.

다음은 편집자형이다. 신문 매체에는 뉴스의 경중을 가려 지면에 배치하는 편집장이 존재한다. 편집자형은 자신이 직접 제품을 만들지는 않지만, 제품을 미리 선택해서 가공 또는 변형시킨 뒤 소비자에게 제시하는 역할을 한다. 편집자형에 가장 가까운 인물로는 미국의 마사 스튜어트(Martha Stewart)를 들 수 있다. 마사 스튜어트는 요리, 주택 인테리어, 식기, 가구, 방송 등 생활 관련 패션(living fashion) 시장을 평정한 입지전적 인물이다(하지만 주식 내부거래 혐의로 2003년 기소돼 명성에 먹칠을 하면서 큐레이터 기능을 할 수 있을지 의문이다).

편집자형에는 인물뿐 아니라 다양한 매체도 존재한다. 예컨대 2003년에 출간된 패트리샤 슐츠의 《죽기 전 가봐야 할 1,000곳(1,000 places to see before you die)》은 전통적인 책의 형태로 미국에서 선풍적인 인기를 일으켰다. 과거 한국의 잡지는 유명 브랜드 소개나, 특정 인물의 인터뷰 중심이었다. 하지만 최근 잡지와 카탈로그의 합성 형식을 취한 잡지가 많이 등장하고 있다. 이 잡지는 오직 의·식·주와 직·간접 체험 등의 이슈에만 집중한다. 또 1인 미디어라고 일컫는 블로그 역시 편집자형 큐레이터라고 할 수 있다.

스타형은 기업들에게 친숙한 간접광고(product placement : PPL)과 유사한 형식이다. 이미 대중적인 영향력을 갖춘 인물들이 특정 스타일을 의도적으로 노출시켜 소비자들을 유인하는 방법인데, 이것은 기업의 프로모션과 구분이 모호하다. 그러나 소비자들이 스타가 보여주는 패션, 음식 등 스타일에 관심을 갖고 그 스타일을 따를 뿐이지, 제품 브랜드에 크게 관심을 두지 않는다는 측면에서 큐레이터의 한 유형이라고 할 수 있다.

네티즌 한명 한명이 큐레이터

왜 큐레이터 소비가 퍼지는 걸까. 편리함을 추구하는 소비자들의 성향을 그 이유로 들 수 있다. 이와 더불어 다채널 시대의 도래, 네트워크 효과, 네티즌의 큐레이터화 등의 요인 역시 큐레이터 소비를 더욱 부채질하고 있다.

과거 TV 방송의 경우, 지상파 몇 개 채널로 한정되어 있었다. 하지만 이제는 케이블, 위성 방송, DMB 등 다양한 매체가 등장했다. 미디어가 늘어나면 공급해야 될 콘텐츠 역시 늘어날 수밖에 없다. 그렇다고 모든 채널에서 비용이 많이 들어가는 드라마나 쇼 프로그램을 만들 수는 없다. 따라서 가장 손쉬운 대안이 '스토리가 있는' 인물을 등장시키는 프로그램이다. 개인의 이름을 딴 토크 쇼, 주부를 위한 라이프 스타일 프로그램이 많이 등장하는 이유가 바로 여기에 있다. 이들 프로그램은 그 자체가 자연스럽게 큐레이터 양성소 역할을 제공한다. 마사 스튜어트 역시 1982년에 TV 쇼 출연을 계기로 한때 미국 내 최고의 큐레이터로 입지를 굳힌 것이다.

특정 이슈나 트렌드가 빠르게 퍼지는 네트워크가 완벽하게 갖추어져 있다는 점 역시 큐레이터 소비의 완벽한 토양이 된다. 포털 사이트에서 시작된 게시판 문화가 블로그, 미니 홈피 등으로 진화하면서 정보의 파급력이 극대화되었다. 콘텐츠를 퍼 나르는 순간, 수많은 사람들과 정보를 공유함에 따라 우리 사회의 '입소문 인프라'는 전세계 어느 나라보다 앞서 있다고 할 수 있다.

또한 우리나라 네티즌들의 무궁무진한 콘텐츠 생산능력도 큐레이터 소비에서 무시할 수 없다. 네티즌 한명 한명이 편집자형 큐레이터가 되는 셈이다. 소위 콘텐츠 세대라고 일컫는 소비자들은 자신의 의견을 사진, 음악, 동영상 등을 통해 끊임없이 생산해 낸다. 이들은 창조적으로 콘텐츠를 만들고 교류하는 데 만족을 느낀다.

지금은 패션, 음식, 주거 등 라이프 스타일에 관련된 분야에서 주로 큐레이터 소비가 일어나고 있다. 하지만 큐레이터의 영향력이 점차 커지면서 가전, 통신, 엔터테인먼트 등 다양한 분야로 확산될 것이다. 미국의 〈컨슈머 리포트(Cosumer Report)〉처럼 소비자의 절대 신뢰를 얻을 수 있는 큐레이터 잡지가 탄생할 날도 멀지 않았다.

김재문 jmkim@lgeri.com

08

적은 비용으로 큰 만족을 찾는, 작은 사치
가능한 수준에서 사치를 최대한 누린다

새로운 한 해가 밝았다. 몇 년 전만 해도 새해를 맞는 것은 나소비씨에게 큰 행사였다. 그러나 이젠 새해가 와도 옛날처럼 기쁘지 않다. 한 살씩 먹는 나이도 나이지만, 세상 뉴스가 온통 어둡기 때문이다. 장기 불황이다, 실업이다 해서 새해엔 무슨 일이 벌어지나 불안하기만 하다.

그러나 새해 첫날을 그냥 보낼 수는 없는 노릇, 나씨는 그 동안 아껴뒀던 칠레산 최고급 와인을 꺼냈다. 와인 잔은 지난해 체코 여행 때 사온 중세풍의 유리잔으로, 유명한 장인의 걸작이었다. 이 잔을 얻기 위해 나씨는 체코의 오지마을을 어렵게 찾아가야 했다. 여행비를 아끼려고 허름한 숙소만 골라 다녔지만 장인의 손이 거쳐간 화려한 유리잔의 굴곡을 바라볼 때마다 기분이 흐뭇해진다. 나씨는 와인을 서서히 입 안에서 굴리며, 지구 반대쪽 안데스 산맥을 비추는 태양의 열정과 파타고니아 지방에서부터 불어오는 청정한 바람을 음미하기 시작했다.

행복은 사소한 것에 있다

나씨의 사례에서처럼 조금 무리하게 지출하지만, 그 구매와 소비를 통해 즐거움을 느끼는 것이 '작은 사치'다. 작은 사치는 우리나라에서만 발견되는 현상은 아니다. 미국에서도 약간 사치스러운 소비로 자기 만족을 느끼는 작은 탐닉(small indulgence) 현상이 있는데 이는 가구의 소품이나 와인, 초콜릿 등을 통해 이뤄진다. 또 특정 분야만 소비하는 로케팅(rocketing)이라는 현상도 비슷한 맥락으로 이해할 수 있다. 다만 로케팅은 그 대상이 상당히 돈이 많이 드는 제품이나 서비스로서 초호화 해외여행이나 최고급 스포츠카 등도 포함된다는 점에서 작은 사치와는 거리가 있다.

삶이 힘들어지고, 친구들과의 만남도 예전 같지 않다. 높아지는 이혼율과 결혼기피 경향에 따라 가족관계도 변화되고 있다. 살아가면서 기쁨을 느끼고 만족하기 힘든 암울한 상황 속에서 많은 사람들은 소비에서 더 많은 즐거움을 찾는다.

삶에서 소비가 차지하는 비중이 커지자, 특정한 소비행위 자체가 삶에서의 크고 작은 목적이 되고 있다. 물론 과거에도 소비가 목적이 되는 경우가 있었다. 좋은 집, 자동차와 같은 것은 옛날 사람들에게도 중요한 목표였다. 그러나 지금처럼 삶이 온통 소비 목표로 가득 차 있었던 적은 없었다. 유명 브랜드 옷도 사고 싶고, 해외 여행도 하고 싶고, 여행지에서도 좀더 좋은 호텔에 머물고 싶고, 아이는 이름난 소수정예 학원에 보내고 싶고, 주말에는 근사한 음식점에서 뭔가 특별한 것을 먹고 싶다는 등등…. 우리는 돈을 쓰는 것을 목표로 정하고 고민한다.

소비의 성취욕구 중에서도 가장 두드러지는 것은 좀더 좋은 물건, 즉 고급품이나 사치품에 대한 열망이다. 좀더 나은 삶을 목표로 하는 것처럼, 소비에서도 자연스럽게 더 나은 제품과 서비스를 목표로 한다. 소비 자체가 곧 자신의 존재와 직결되므로, 고급품을 소비하는 것은 좀더 나은 자신을 가꾸는 길이라 생각하게 된다.

그런데 고급품 소비욕구를 충족시키기 위해서는 돈이 필요하다. 물론 부유층 소비자들은 문제될 게 없다. 그러나 중산층 이하 대부분 평범한 사람들은, 고급품을 사고 싶어도 지갑이 얇다. 이처럼 고급품을 사고 싶다는 성취욕구와 현실적인 경제적 제약이 맞물리면서 등장한 새로운 소비 트렌드가 바로 '작은 사치'다.

작은 사치는 심리적 만족을 느낄 수 있으면서, 구매 가능한 수준의 고급품을 소유하고 싶어하는 욕구와 행동을 의미한다. 즉 작은 사치의 욕구 대상이 되기 위해서는 두 가지 조건이 충족돼야 한다. 먼저 대상이 되는 제품은 자부심이나 사치스러움을 느낄 수 있는 고급품이어야 한다. 그러나 지나치게 비싸서 사기 어려워선 안 된다. 이 두 가지 조건을 충족하는 제품에는 어떤 것들이 있을까.

비싸지만, 부담스럽지 않은

먼저 작은 사치가 적용되는 대표적 제품 영역은 기존 최고급 브랜드의 소품이다. 예를 들어 팔로마 피카소가 디자인한 티파니(Tiffany)의 수천만 원짜리 보석 반지는 웬만한 사람은 엄두도 못낼 고가품이다. 그러나 몇 십 달러짜리 티파니 은(silver) 제품의 경우 많은 사람들이 구입하고 즐거워할 수 있다. 최근 인터넷 쇼핑몰에서도 이른바 명품이라 불리는 고급 패션 상품들을 취급하는 곳이 많다. 그런데 여기서는 백화점이나 개별 브랜드 매장과 달리 의류나 가방 같은 주력 제품보다 지갑이나 머플러와 같은 소품들이 많이 팔린다. 인터넷상의 고객은 오프라인 매장에 비해 연령대가 낮고 구매력도 낮은 경우가 많다. 이들이 작은 사치의 대상으로 고급 브랜드의 소품을 눈여겨 본다.

또 최고급 중에서 낮은 가격대에 있는 제품을 구매하는 것도 작은 사치 욕구의 결과로 볼 수 있다. 몇 년 전부터 급격히 확산된 '엑스트라 버진' 등급의 올리브유는 기존 대두유에 비해 10배나 비싸다. 그러나 가격 자체가 높지 않기 때문에 건강에 민감한 사람들의 작은 사치품으로 자리잡았다. 이처럼 제품군의 가격대가 큰 부담이 아니라면 쉽게 작은 사치의 대상이 될 수 있다. 고급 월풀 욕조는 비싸기도 하거니와 욕실에 놓을 자리도 없는 사람들이 대부분이다. 그러나 목욕용품이나 화장품은 천연원료로 만든 최고급품이라 하더라도 조금만 무리한다면 웬만한 소비자도 구입할 수 있다.

최근 불황에도 불구하고 백화점과 방문판매를 중심으로 고급 화장품 소비는 늘어나고 있다. 최고급 화장품을 쓰는 중산층 이하의 고객들은 비록 옷이나 보석은 최고급으로 살 수 없지만, 화장품은 부유층과 마찬가지로 최고급품을 애용한다는 자부심을 갖는다.

한편 가격대가 비교적 높더라도 소비자들이 날마다 사용하는 제품에서도 작은 사치 욕구가 발견된다. 김치냉장고를 예로 들어보자. 다른 전자제품에 비해 고가품이 잘 팔리는 경향이 있다. 고가 김치냉장고를 사는 주부들 중에는 '비록 여윳돈이 없고 집도 좁지만, 넓은 집을 가진 친구처럼 좋은 김치냉장고를 사용한다'는 생각에 뿌듯해하는 경우도 적지 않다고 한다. 또 젊은 층에서는 고급 휴대폰에 대한 욕구가 유난히 강한데, 이들에게 휴대폰은 하나의 '신분재'다. 휴대폰은 아무리 비싸도 젊은 층이 조금만 무리하면 구입할 수 있는 수준이기 때문에 작은 사치의 대상이 될 수 있다. 반면 가격이 수천만 원에까지 이르는 시계 같은 물건은 작은 사치의 대상이 되기 어렵다.

마지막으로, 새롭고 희소한 상품도 작은 사치의 대상이다. 사치욕구의 본질적 특성은 "남이 하지 못하는 것을 나는 한다"는 것이다. 진짜 사치를 하는 사람들은 이러한 측면에서 만족을 느낀다. 작은 사치를 추구하는 소비자들도 마찬가지다. 사치는 속물주의(snobbism)와 뗄 수 없는 관계에 있기 때문이다. 예를 들면 아프리카 오지 여행이나 인도로의 명상여행도 관심이 있는 사람들에게는 작은 사치다. 또 다이아몬드나 사파이어와 같은 전통적인 보석 대신에 차보라이트나 알렉산드라이트 등 새로운 보석에 관심을 갖는 것도 작은 사치욕구와 직접 관련된다.

작은 사치 트렌드는 소비자뿐 아니라, 제품이나 서비스를 공급하는 기업에게도 직접적으로 영향을 준다. 자사의 상품이 작은 사치의 대상이 될 수 있다면, 더 많은 수익 기회로 연결될 수 있다. 반면 다른 영역의 작은 사치를 충족시키기 위한 방법으로 소비를 줄이는 영역에 자사의 제품이 놓여 있다면 심각한 위기가 될 수도 있다. 이제 작은 사치욕구가 현실화되는 상품 영역을 미리 파악하고, 그 길목을 지키는 기업이 더 많은 수익을 누릴 수 있는 세상이다.

박정현 jhpark@lgeri.com

09

하얀 얼굴이 좋은 메트로 섹슈얼리즘

미남은 꽃보다 아름답다

외국계 보험회사에서 일하는 20대 후반의 박모 씨는 회사 내에서 '메트로 섹슈얼'로 통한다. 그는 아침에 일어나 비누가 아니라 여성들의 전유물로 알려진 폼 클린징(foam cleansing)으로 얼굴을 닦고 면도 뒤에는 스킨·로션뿐만 아니라 자외선 차단제와 모이스처라이징 에센스도

바른다. 한 달에 두세 번 정도는 각질 제거제를 바르거나 팩(pack)도 한다. 체인 목걸이와 꽃무늬 실크 셔츠는 그가 가장 선호하는 패션 아이템이다.

옷차림, 헤어스타일, 피부 등 외모에 신경 쓰는 남자들이 '괄시받던' 시대가 있었다. 얼굴이 예쁘장하면 기생오라비 같다는 식으로 흉을 보고, 남자가 외모에 신경을 쓰면 "사내자식이 꼬락서니 하고는…" 등의 따가운 눈총을 받아야 했다. 하지만 시대가 변하고 있다. 영국의 축구선수 데이비드 베컴처럼 귀걸이를 한 남성을 심심찮게 발견할 수 있으며, 매니큐어까지 칠하진 않더라도 자신만의 스타일을 가꾸는 남자들이 늘어나고 있다.

나도 꽃무늬 셔츠를 입고 싶다

메트로 섹슈얼리즘(metro-sexualism)은 도시(metropolitan)에 살고 있는 남성들이 패션, 미용, 인테리어, 요리 등 여성적 라이프 스타일에 관심을 기울이는 현상을 의미한다. 메트로 섹슈얼리즘의 특징을 가진 남성은 겉치장에 신경 쓰지 않는다는 전통적인 관념에서 벗어나 나름대로 외모를 가꾸는 데 신경 쓴다. 동시에 내면적으로도 부드럽고 유약한 여성의 이미지를 긍정적으로 받아들이는 현대의 변화된 남성상을 반영한다.

2004년 광고대행사 대홍기획이 15~39세 남성 500명을 대상으로 한 조사에서는 '요즘 남성은 여성화되고 있다'고 응답한 비율이 75%, '남자도 화장, 액세서리 등을 할 수 있다'고 응답한 비율이 40%가 넘었다고 한다. 더구나 86%가 '외모는 남성의 경쟁력을 높일 수 있는 수단'이라고 생각하는 것으로 조사됐다.

최근 국내 화장품 업체들이 주름방지 에센스, 화이트닝, 시트 마스크 등과 같은 기능성 화장품을 앞다투어 출시하고, 미용업체가 피부강좌·스파 등 다양한 남성미 프로그램을 개설하는 추세가 늘고 있는 것도 이러한 맥락에서 이해할 수 있다. 예컨대 모 화장품 회사는 남성용 미백 화장품을 시판하면서 "여자만 하얗게 되란 법 있나"라는 광고 카피를 내걸었다.

남성의 외모에 대한 관심은 그들이 자주 접하는 미디어, 온·오프라인 채널을 중심으로 확산된다. 예컨대 최근 들어 케이블·위성방송에서 메트로 섹슈얼을 지향하는 젊은 남성들의 삶을 조명하는 오락 프로그램이 늘어나고, 인터넷상에는 다수의 메트로 섹슈얼 동호회가 생겨났다. 실제로 인터넷 동호회 회원들은 모두 남성이지만 함께 쇼핑을 즐기고 서로의 옷차림에 대해 얘기하고 조언해 주는 것을 당연하게 생각한다.

최근 우리 영화의 남자 주인공 컨셉 역시 은연 중 메트로 섹슈얼리즘을 반영한 경우가 많다. 〈올드보이〉의 유지태는 카키색과 보라색이 잘 어우러진 침대와 화려한 인테리어, 드레싱룸 등으로 꾸며진 펜트하우스 속에서 살고 있다. 여자 주인공의 거처라 해도 전혀 손색이 없다.

사실 우리나라의 메트로 섹슈얼에 대한 관심은 이제 막 걸음마 단계에 불과하다. 미국이나 유럽 등 해외시장의 트렌드를 비교해 보면 더욱 그렇다. 〈비즈니스 위크〉지가 2003년 미국 히트상품으로 선정한 TV 프로그램 〈퀴어 아이 포 더 스트레이트 가이(Queer Eye for the Straight Guy)〉는 패션, 미용, 요리, 인테리어 분야의 전문가들이 평범한 도시 남성을 메트로 섹슈얼로 만들어준다는 설정이었다. 프로그램이 방영된 이후 전문가가 추천한 패션업체 랭스턴(Langston)의 청바지와 가구업체 도메인(Domain) 소파의 매출이 각각 50%, 400% 이상 늘었고, 프로그램 내용을 옮긴 책은 베스트셀러에 올랐다. 메트로 섹슈얼의 본능이 미국 사회에 잠복해 있다고 풀이할 수 있다.

내 안의 여성성

남성의 외모 중시 성향은 비단 메트로 섹슈얼리즘에서 비롯된 것만은 아니다. 변화의 조짐은 이미 1990년대 중반 우리 사회에 '꽃미남'이라는 키워드가 등장하면서 나타났다. 예쁜 남성들이 결성한 꽃미남 클럽, 야오이 소설, 미소년 합성 사진 등과 같은 수많은 인터넷 동호회를 통해 남성은 자신의 여성성을 자연스럽게 표출했다. 하지만 이러한 온라인 활동은 오프라인상의 실제 문화로 이어지지 않았다는 점에서 단순한 하위문화, 즉 일부 신세대의 놀이문화에 그치고 말았다.

그러나 메트로 섹슈얼리즘은 남성의 여성성에 대한 표현 욕구를 우리의 일상생활 곳곳으로 끌어올렸다는 점에서 꽃미남 문화와는 깊이가 다른 트렌드라고 할 수 있다. 예컨대 남성 전용 성형외과, 피부관리실 등이 성업함에 따라 업체 홈페이지 게시판은 자신의 피부 트러블이나 성형관련 상담을 원하는 남성들의 고민으로 넘쳐나고 있다.

그렇다면 최근 메트로 섹슈얼리즘이 부상한 배경은 무엇일까. 우선 남녀의 가치관 변화를 들 수 있다. 사람에게는 기본적으로 남성성과 여성성이 공존하는데 메트로 섹슈얼은 여성스러움을 드러냄으로써 내면적 본질을 찾고 심리적인 안정감을 얻을 수 있다는 것이다. 즉 남성의 여성화에 대해 개인의 정체성을 찾아가는 긍정적인 현상으로 해석하기도 한다.

또 예전과는 달리 남성의 여성성이 경쟁력의 큰 요소로 작용하는 경우도 있다. 예컨대 푸드 스타일리스트, 플로리스트 등의 직업 영역에 남성의 진출이 늘어나면서 직업상 '여성성'을 살려야 할 필요를 느끼는 남성이 많아지고 있다.

둘째, 외모지상주의를 일컫는 루키즘(lookism)과 연관이 깊다. 얼짱·몸짱 열풍으로 이어지는 이른바 '몸(身)의 전성시대' 속에서 자유롭지 못한 현 세태를 반영하고 있는 것이다.

셋째, 대중매체가 주도하는, 스타 미화 작업의 산물이라는 관점이다. 2004년 말, 한 인터넷 언론이 '가수 비, 탤런트 강동원을 네티즌이 뽑은 메트로 섹슈얼 아이콘' 이란 기사를 실었다. 메트로 섹슈얼이 대중 매체와 인기 연예인의 상품성을 높이는 수단으로 작용하는 것이다.

마지막으로, 웰빙 트렌드와 무관치 않다. 메트로 섹슈얼도 자기 관리를 위한 투자의 하나이기 때문이다. 건강한 신체에 대한 열망은 그동안 홀대받았던 '몸' 이 주목을 끌면서 남성들이 방치하던 피부와 미용관리로 이어지고 있다.

메트로 섹슈얼리즘은 기업에게는 새로운 시장이 열리고 있음을 의미한다. 일본 〈니혼게이자이〉 신문은 화장품 업체인 시세이도가 2002년의 적자에서 2003년에 흑자로 반전한 결정적 이유가 외모에 관심이 커진 남성을 적극적인 고객으로 끌어들인 덕택이라고 평가했다. 또 P&G는 2004년 13~19세 소년층을 위한 미용 제품들을 시장에 내놓기 위해 다국적 유통업체인 OT오버타임과 독점계약을 체결했다. 아름다움과 건강을 파는 기업들은 이제 남성에 주목해야 한다.

고재민 jmgoh@lgeri.com

10

바쁨을 먹고 사는 도우미

대신해 주기에 불가능한 일은 없다

한 남자가 오랫동안 마음에 두고 있던 여자에게 프로포즈했다.
"100일 동안 하루도 빠짐없이 제 방 창문 앞에서 꽃을 들고 밤을 새우신다면 당신의 사랑을 받아들이겠어요."
다음 날부터 여자는 매일 밤마다 꽃을 들고 밤새 자신의 창문을 지키는 남자를 보게 된다. 엄청난 비바람과 번개가 휘몰아치던 99일째 밤. 감동에 이미 마음이 기울어진 여자는 남자의 애처로운 모습을 보다 못해 "드디어 당신을 사랑하게 됐어요"라고 외치며 창가로 달려갔다. 이미 몰골을 알아보기 힘들 만큼 흠뻑 젖어버린 그 남자 왈,
"저…, 아르바이트생인데요."

결혼? 이혼? 맡겨만 주세요

오래 전에 인터넷으로 퍼졌던 유머가 현실이 되고 있다. 마음만 먹으면 연애상대를 찾는 일도, 구애(求愛)도, 결혼 준비도, 그리고 이혼절차까지도 모두 맡길 수 있는 세상이다. 이제 먹고 마시고 즐기기 위한 모든 준비와 사는 데 필요한 기본적인 활동도 '도우미'를 통해 해결할 수 있게 된 것이다.

대행 서비스가 인기를 끄는 이유는 크게 두 가지다. 먼저 소비가 전문화됨으로써 소비활동에 더 많은 비용과 지식이 필요하게 되고, 이 경우

혼자 힘으로는 소비체험을 충분히 누릴 수 없기 때문에 전문가의 도움을 받으려는 욕구가 강해진다. 다른 한편으로는 부가가치가 낮은 영역을 중심으로 부족한 노동력과 시간을 다른 사람에게 빌리려는 것이다. 특히 여성들의 사회활동이 늘어남에 따라 맞벌이 부부가 증가하고 독신자 비율도 높아지면서, 이 같은 아웃소싱(out sourcing)이 늘고 있다.

도우미를 부를 수 있는 서비스 분야에는 무엇이 있을까. 우선 주부들을 귀찮게 하는 요리나 육아 등 가사노동이다. 요즘엔 가사노동도 단순한 아웃소싱을 넘어, 기업형 대행 서비스로 발전하고 있다. 기존 식품에 양념을 첨가하거나 완전히 조리를 끝낸 음식을 가정에서 손쉽게 먹을 수 있도록 만든 가정식사 대체식품(home meal replacement : HMR) 사업이 급성장 중이다. 고객의 주문에 따라 아침·저녁 식사와 다이어트, 당뇨 등을 고려해 다양한 식단을 짜주고 반가공한 식자재를 배달해 주는 서비스도 인기다.

육아의 경우 부모들이 일하는 낮 시간 동안 아이를 돌봐주는 전통적인 놀이방이나 베이비 시터는 구식이 되었다. 이 서비스는 유아교육을 전공한 전문가가 놀이와 교육을 도와주고 부모들에게 놀이방법 컨설팅도 제공하는 서비스로 발전하고 있다. 아이들이 골고루 영양을 섭취하도록 소아과 전문의·영양사·조리사 등을 두고 성장단계에 따라 맞춤 이유식을 배달해 주기도 한다.

청춘남녀에게는 먹고 자는 일보다 더 중요한 것이 사랑하고 사랑받는 일이다. 멋지게 연애하고 싶은데 이성과의 만남에 자신이 없다면? 낳아준 부모만 탓하지 말고 프로 채터(pro-chatter)를 찾으면 된다. 프로 채터는 먼저 고객의 이상형 등을 미리 조사해 채팅 상대를 선택하고, 화려한 말발로 상대와의 만남을 단시간 내 성사시킨다. 그리고 실제 데이트할 때 좋은 장소나 상대방에게서 나올 수 있는 질문과 대답요령을 담은 매뉴얼까지 만들어준다(이쯤이면 누가 누구와 데이트하는지 헷갈리게 된다).

물건을 살 때 도와주는 퍼스널 샤퍼(personal shopper : PS)라는 대행 서비스도 있다. 자신에게 잘 어울리는 패션 스타일이나 집 안 장식품을 제안해 주는 사람들이다. 서울 강남의 모 백화점은 상위 1% 정도의 구매력이 높은 특급 고객들을 대상으로 쇼핑 도우미인 퍼스널 샤퍼를 두고 있다. 고객은 여러 매장을 기웃거리는 수고를 하지 않고도 별도 공간에 앉아 퍼스널 샤퍼가 추천하는 상품을 고를 수 있다. 이외에도 인터넷의 대중화로 안방에 앉아 값싸고 질 좋은 해외 인터넷 쇼핑몰의 상품을 쉽게 구매하도록 도와주는 서비스도 생겨났다. 신용카드 결제와 수입, 배달 등 번거로운 절차는 전문 해외구매 대행업체에서 담당하므로 소비자들은 국내 인터넷 쇼핑몰에서 상품을 주문하는 것과 마찬가지로 편리하다.

'바쁨'을 먹고 사는 서비스

전문적인 영역에만 대행 서비스가 있는 것은 아니다. 크게 어려운 일은 아니지만 바빠서 해결하기 어렵다면 아웃소싱을 활용할 수 있다.

예를 들어 고향을 떠난 도시인들이 명절 때마다 하는 고민거리가 바로 벌초(伐草)다. 바쁜 시간을 쪼개 10여 시간씩 교통체증에 시달리며 귀향하기도 어렵지만, 그렇다고 자손의 도리를 외면할 수도 없다. 이런 고민 해결사로 벌초 대행 서비스가 등장했는데, 고객들의 의구심을 해소하기 위해 벌초 전과 벌초 후의 산소 모습을 사진으로 찍어 e메일로 전송해 준다.

설과 같은 명절이 되면 주부들은 명절증후군에 시달려 부엌일이 원성의 대상이다. 제사 음식 대행 서비스는 한동안 조상님께 올릴 음식을 어떻게 다른 곳에 맡길 수 있느냐는 전통 윤리의 벽에 가로막혀 있었다. 그러나 음식준비로 골병만 드는 명절보다는 기분 좋게 차례를 지내고 온 가족이 함께 즐겁게 보내자는 열린 생각들이 확산되면서 최근 빠르게 성장하고 있다.

'경품족'들이 반길 만한 대행 서비스도 생겨났다. 경품족은 경품 응모를 부업으로 삼고 있는 사람들. 일반인들도 경품을 내걸고 유혹하는 e메일을 한두 번쯤 받아보았을 것이다. 이런 이들을 위해서 인터넷에서 진행하는 경품 행사들을 한곳에 모아서 보여주는 사이트가 최근 등장했다. 한 번만 신상정보를 등록해 놓으면 자동으로 응모해 주는 서비스도 제공한다. 일일이 주소나 전화번호 등을 기입하지 않아도 되는 이색 서비스다.

실버 시터(silver sitter)는 우리 사회의 빠른 노령화 추세에 힘입어 주목을 받는 서비스다. 고령인구가 많은 선진국에서는 이미 일반화돼 있지만 자식이 부모를 보살펴야 한다는 전통적 가치관 탓에 우리나라에서는 큰 관심을 끌지 못했다. 그러나 경제력을 갖춘 노인들이 늘고, 가족관계도 혁명적인 변화를 맞으면서 우리나라에서도 실버 시터가 자리를 잡아가고 있다. 실버 시터는 주로 친구 되어주기, 가벼운 가사 일 돕기, 요리하기, 심부름과 쇼핑 대행, 사우나 및 병원 동행, 애완동물 돌보기 등 가벼운 일을 담당한다.

그 밖에 이혼대행 서비스도 등장했다. 이혼에 필요한 각종 서류를 준비할 뿐 아니라, 협의이혼에 필요한 증인을 구하지 못한 부부들에게는 증인 역할을 대신해 주기도 한다.

기업의 대행 서비스 참여 확대

대행 서비스의 확산은 세계적 추세다. 우리 사회도 점점 소득 양극화가 심해지면서, 중산층 이상 고소득 계층이 대행 서비스의 충성스런 구매자가 될 것으로 보인다. 남의 눈을 의식하지 않는 자기 중심적인 소비 행태 역시 이 같은 움직임에 일조할 것이다. 사회가 점점 복잡해지고 개인의 일상이 눈코 뜰 새 없이 바쁘기 때문에, 나를 대신해 양질의 서비스를 제공해 줄 수만 있다면 얼마든지 충분한 비용을 지불하겠다는 소비자들의 인식전환 역시 빠뜨릴 수 없는 요인이다.

무엇보다도 대행 서비스의 미래를 낙관하는 이유는 서비스 자체의 특성에 따른 것이다. 대행 서비스는 한 번 사서 마음에 안 들면 내다 버리는 상품구매와 본질적으로 다르다. 자신의 생활 일부를 남에게 맡기는 소비인 만큼, 상대적으로 고가이면서도 가격에 대해 덜 민감한 경우가 많다.

주로 개인 영세업자들이 시작한 대행 서비스가 이제는 마케팅으로 무장한 경쟁력 있고 신뢰할 만한 업체들의 사업 분야로 바뀌고 있다. 이제 우리 사회가 대행 서비스의 가치를 인정하고 그 대가를 기꺼이 지불하기 시작했다는 증거다.

이연수 leey@lgeri.com

11

움직이는 소비자, 트랜슈머
때와 장소를 가리지 않고 쇼핑한다

2010년 겨울의 어느 날 오후 7시. 20대 후반의 직장인 이동해씨는 친구

들과의 약속장소로 가기 위해 전철역을 나왔다. 뚝 떨어진 수은주에 몸을 움츠렸던 이씨는 잠시 뒤 '컨버전스 폰(convergence phone)'을 켰다. 24시간 모바일 쇼핑 방송은 이 때가 대목이다. 남성용품 코너로 옮겨간 뒤 겨울만 오면 사겠다고 별렀던 장갑과 모자 세트를 발견하자 곧 주문을 했다. 쇼핑센터 컴퓨터에서 위치확인 서비스(GPS)를 통해 이씨가 집에 있는 게 아니라는 것을 곧바로 확인하고 배송 주소를 물어왔다. 여유만만 이동해씨, 500m 앞에 보이는 약속장소 식당 이름을 입력하곤 모바일 뱅킹으로 지불했다. 친구들과 저녁을 끝내기 전에 쇼핑센터가 보낸 장갑 등을 받을 수 있을 것이다. 주문해서 장갑을 받기까지 고작 1시간 반이면 족하다.

자투리 시간이란 없다

1990년대부터 등장한 삐삐, 씨티폰, 휴대폰 등 이동통신 기기들이 사람들의 귀와 입을 바쁘게 만들었다면, 2010년 즈음에 시장에 나올 휴대 단말기들은 사람들의 눈과 손까지도 바쁘게 만들 것이다. 과거에는 집에서만 볼 수 있었던 홈쇼핑이나 TV 방송도 앞으로는 장소를 가리지 않고 언제든지 볼 수 있다. 지금처럼 홈쇼핑 채널을 통해 물건을 사거나, 아나운서가 나오는 시간을 기다려 황금시간대 뉴스를 보는 것은 유행에 뒤떨어진 일이 될지 모른다. TV 시청, 정보검색, 영화나 게임 등 오락, 쇼핑까지 모두가 손 안의 복합 단말기로 해결할 수 있기 때문이다. 그것도 장소를 옮기면서 말이다.

이동해씨처럼 이동하면서 물건이나 서비스를 구매하는 사람을 '트랜슈머'라고 부른다. 원래 트랜슈머는 다국적 디자인 컨설팅 업체인 피치(Fitch)사가 처음으로 정의한 용어로 공항의 대기 시간을 쪼개 면세점 등에서 쇼핑하는 사람들을 일컫는 말이었다. 어원을 살펴보면 '넘어서, 이동하는' 이라는 뜻이 담긴 'trans'에 '소비자'를 의미하는 'consumer'에서 'sumer'를 따와 합성한 용어다. 당초 여객기, 기차, 자동차 등 교통수단으로 이동하는 소비자들에게 적용됐으나, 최근에는 개인의 위치 추적이 가능하도록 통신 기술이 발전하게 되면서 움직이는 소비자를 의미하는 개념으로 확장됐다.

트랜슈머가 탄생한 가장 큰 배경은 시간을 알차게 사용하려는 소비자들의 욕구 덕택이다. 현대 사회는 바쁘다. 바쁜 일상 속에서 단 30분이라도 효율적으로 활용해 여유를 누릴 것인지가 관심거리가 됐다. 예를 들어 버스를 기다리는 5분 동안의 뉴스 보기, 지하철 역에서 30분 동안의 쇼핑, 2시간 기차를 타는 동안 영화감상 등. 그냥 흘려보내기 쉬운 이런 시간을 즉흥적이지만 효과적으로 사용하는 데 관심이 많은 사람들, 이들이 바로 트랜슈머의 자질을 갖추고 있다.

이동통신의 발달도 빼놓을 수 없다. 2010년경에는 지금보다 훨씬 다양하고 똑똑한 복합단말기가 등장할 것이다. 휴대폰을 비롯해 디지털 카메라, 카메라폰 등 최신 성능의 기기들이 무서운 속도로 통합되는 추세이며, 이러한 복합기들이 필수품처럼 일반 소비자들의 생활에 파고들고 있다. 초고성능 복합단말기들이 속속 등장할수록 트랜슈머와 트랜슈머리즘은 확산될 것이다.

마지막으로 조만간 개막될 위성 DMB 시대를 지적할 수 있다. 위성 DMB 서비스는 휴대폰, PDA, 차량용 단말기 등을 통해 이뤄진다. 실내에서 보았던 방송 서비스가 이제는 개인의 손 안으로 옮겨오고, 통신과 방송의 쌍방향 서비스 시대가 열릴 날이 멀지 않았다.

트랜슈머들의 세상, 이렇게 달라진다

2010년쯤에는 사람들이 바쁘게 움직이는 길거리, 교통수단을 타기 위해 사람들이 모이는 곳이라면 어디든지 트랜슈머들을 찾아볼 수 있을 것이다. 지금도 휴대폰으로 쇼핑, 뱅킹, 드라마나 게임 등 모바일 인터넷 서비스를 즐길 수 있지만, 데이터 전송 속도나 화면·배터리 용량 등이 만족할 수준은 아니다. 그러나 앞으로 위성 DMB 서비스가 가능해지고, 단말기 성능이 개선된다면 길을 걷거나, 교통수단을 탄 채로 영화, TV 시청, 음악감상, 게임 등 오락 및 쇼핑을 더욱 알차게 즐길 수 있게 된다.

또 트랜슈머리즘이 활성화되면 역이나 정거장에서 대기 중인 소비자들을 직접 끌어들이는 '오프라인' 쇼핑 시설이나 전시관, 체험관 등이 대거 등장할 것이다. 현재도 사람들의 이동이 잦은 역이나 정거장에서 대규모 쇼핑 시설들이 들어서는 추세다. 트랜슈머들은 남는 시간을 이용해 쇼핑하거나 미술품이나 지역 명물 등을 관람하며 그 지역에 대한 좋은 인상을 간직하고 갈 것이다.

교통수단으로 이동하는 시간이 길다면 그 동안 상품도 빌릴 수 있다. 현재 프랑스의 기차역에서는 기차를 타는 동안 영화를 감상할 수 있도록 DVD 타이틀과 미니 DVD 플레이어를 빌려주는 시네트레인(cinetrain)이 등장했다. 출발역에서 DVD와 플레이어를 빌려 열차 안에서 감상한 뒤 도착 역의 키오스크(kiosk, 매점 또는 안내 박스)에 돌려주면 된다. 안전함고 편암함을 자랑하는 기차시설이 잘 겸비돼 있으며 기차를 타는 사람들이 많은 프랑스에 적당한 킬링 타임(killing time) 수단이다.

여행지로 가는 중에 추억거리를 만들 수 있도록 출발지에서는 비디오 카메라나 디지털 카메라 등을 빌려주고, 도착지에서는 사진들을 인화해 주거나 e메일 등으로 전송해 주는 서비스도 생겨날 수 있다. 이동 중에도 급하게 일을 처리해야 하는 기업인들에게 노트북을 대여해 주는 서비스도 생각해 볼 수 있다. 물론 이동수단 내에는 얼마든지 초고속 인터넷 사용이 가능해야 한다.

트랜슈머들의 짐은 예전보다 가벼워질 것이 확실하다. 또 이동하는 동안에 무엇을 해야 할지 미리 고민할 필요가 없으며 여유를 즐기기 위한 선택은 역이나 정거장에 도착한 후 해도 늦지 않을 것이다. 트랜슈머들은 더 이상 길거리나 정거장을 그냥 무심코 지나가는 곳이 아닌, 자신의 이동시간을 즐겁고 유익하게 만들기 위해 준비하는 공간으로 생각할 것이다.

트랜슈머들은 바쁜 일상 속에서도 주어진 시간을 알차게 활용하기를 원한다. 물론 "그렇게 각박하게 살아야 하는가"라고 회의를 가지는 이들도 있을 것이다. 1분 1초를 아껴가면서 반드시 뭔가를 해야 한다는 강박관념에 사로잡히거나, 새로운 구매방식이 오히려 스트레스를 가중시킨다고 불평하는 사람들도 있을 것이다.

그러나 숨가쁘게 돌아가는 사회에서 어떤 이들은 생계에 급급한 반면, 어떤 이들은 치밀한 시간관리로 더욱 긴 여가시간을 즐기기도 한다. 트랜슈머들은 한정된 시간을 어떻게 활용하는가가 삶을 풍요하고 여유 있게 만드는 핵심 열쇠라고 믿는 바로 그런 사람들이다.

chapter 2

산업 트렌드
IT · BT가 이끄는 첨단 코리아

시공간에서 자유로운 유비티즌의 하루
신용카드를 밀어내는 전자화폐
궂은 일도 마다 않는 로봇 가정부
자동차의 개념을 바꾸는 e-Car
피부처럼 예민한 지능형 소재
150살도 거뜬한 인체 부품
토마호크보다 정확한 스마트 필
젊게 늙고 싶은 샹그릴라 신드롬
연금술사도 울고 갈 나노 테크놀로지
산소보다 귀한 수소
방송과 통신의 만남, TPS
통신 시장을 뒤흔들 인터넷 전화
단말기가 기지국이 되는 바이러스 이동통신
나눌수록 더 커지는 그리드 컴퓨팅

배수한 shbae@lgeri.com

12

시공간에서 자유로운 유비티즌의 하루
더 빨리, 더 유연하게, 더 자유롭게 움직인다

🕖 오전 7시

"일어날 시간입니다."

대형 할인판매업체 A사 구매팀의 유비전 차장. 알람 소리에 눈을 떴지만 지난 밤 거래처 사람들과 과음한 탓인지 몸이 영 개운치 않다. 침대에 붙어 있는 자가진단 시스템을 바라봤다. 심박수와 혈압, 체온 모두 정상. 그런데도 왜 이리도 피곤한지….

무거운 몸을 일으켜 욕실에 들어섰다. 세면대 거울에 부착된 디스플레이는 몇 시간 뒤의 기상과 교통정보를 보여준다. 기상정보는 여느 때와 달리 강원도 양양 주변에 초점을 맞추고 있다. 어제 스마트 폰에 입력한 출장 스케줄 정보를 홈 서버가 이미 파악했던 탓이리라.

용변을 보기 위해 변기에 앉자 거울 화면은 조간신문의 주요 기사로 바뀌기 시작한다. 자가진단 시스템이 확산되면서 사망률이 계속 낮아지고 있다는 기사가 눈에 띈다. 용변을 끝내고 일어서자 인텔리전트 변기는 유 차장의 체중, 체지방, 당뇨치 등을 측정해서 홈 서버로 보내고 서버는 가까운 B 클리닉의 건강관리센터로 자료를 전송한다.

유 차장은 아침을 먹으며 홈 서버에 도착한 메시지를 TV 화면을 통해 확인했다. 유럽으로 배낭여행을 떠난 아내와 아들이 파리의 에펠탑 앞에서 찍은 동영상이 나타난다. 지니(가상 비서)가 오늘의 스케줄과 복장 등을 챙기곤 있지만 아내의 따스한 손길에 비하랴.

🕗 오전 8시

아파트 단지를 나서며 유 차장은 차량 내부 내비게이션 시스템을 작동시킨 뒤 음성으로 목적지를 입력했다. 출장을 떠나기 전 오전 9시 서부 매장에서 신입사원 면접이 예정돼 있다. 원격화상 면접이 시대적 조류로 자리잡았지만 A사는 대면면접 원칙을 고수하고 있다. 사람을 뽑는 일만큼은 아날로그식이다.

'서부 매장'이라는 목적지 정보는 네트워크를 통해 도로교통 중앙 제어장치에 전달된다. 중앙 제어장치는 주행 중인 자동차의 목적지 정보와 각 도로 주요 길목에 장착된 컴퓨터들이 보내온 도로정보를 종합해 개별 자동차들의 목적지까지 최단거리 및 소요시간을 계산한다. 이렇게 산출된 정보는 수시로 개별 자동차로 전달되는데, 유 차장의 경우 청계천변 길을 택하면 40분 정도 걸릴 것이라고 중앙 제어장치가 통보했다. 소요시간 오차는 서울 시내의 경우 5분을 넘지 않는다. 면접 전 커피 한 잔을 마실 여유까지 가질 수 있겠다.

🕗 오전 8시 20분

유 차장과 함께 출장에 동행할 이 대리는 늦잠을 잤다. 재택근무가 일상화된 A사 직원들은 웬만한 일은 집에서 처리해도 되지만 오늘은 출장일. 출장 전 국내외 매장의 4분기 실적분석을 마무리해야 한다. 최근 회사 전산실은 해커 침입에 따른 보안 시스템 점검 때문에 외부망을 통한 접근을 차단했다.

유 차장이 회사에 도착할 시간은 오전 10시. 실적 정리에 족히 한 시간은 걸리기 때문에 9시 전에는 전산실에 도착해야 한다. 이 대리는 지니에게 회사까지 최단 시간에 도달할 수 있는 방법을 검색하도록 요청했다. 승용차나 택시를 이용하면 현재의 도로사정을 고려해 볼 때 1시간 이상 걸린다는 답변.

"그럼 대중교통은?"

"8시 35분에 집 앞 정류장에 도착하는 37번 버스를 타면 전용차로를 통해 30분 내 도착합니다."

10분 만에 출근 준비를 마친 이 대리. 총알처럼 달려 37번 버스에 올랐다. 유비쿼터스 시대에도 '결정적' 순간에는 이렇게 인간의 생체능력이 필요하다. 버스 안에서 전산실 당직자에게 전화를 걸어 데이터 분석의 전반부 작업을 미리 부탁해 두고서야 이 대리는 안도의 한숨을 내쉬었다.

🕙 오전 10시 30분

두 사람은 내비게이션의 제안대로 올림픽 대로를 탔다. 새로 개통된 미래대교를 이용하면 서울~양양 간 고속도로로 바로 진입할 수 있지만 20분 전에 도로교통정보 센터에서 교량진입이 통제되었음을 알려왔기 때문에 어쩔 수 없이 팔당대교를 이용할 계획이다.

"개통된 지 며칠이나 지났다고 벌써 상판에 틈이 생기나…."

센서가 이상을 발견한 덕택에 대형사고로 이어지진 않았다. 유 차장은 1990년대 초반의 성수대교 붕괴 사고를 떠올렸다. 요즘처럼 교량 곳곳에 센서를 설치했더라면 아까운 인명을 구할 수 있었을 텐데….

차는 어느덧 고속도로를 들어서고 있다. 갑자기 경고음이 울렸다. 계기판을 살펴보니 타이어에 장착된 센서에서 왼쪽 앞 타이어의 공기압이 낮아지고 있으니 주의하라는 신호가 떴다. 갓길에 차를 세워 살펴보니, 앞 바퀴에 예리한 쇳조각이 박혀 있었다. 목적지까지의 주행에는 큰 문제가 없을 것 같지만 점심식사도 할 겸, 가까운 휴게소에 들러 차량을 점검하고 가기로 했다.

식사를 마치자 이번에는 유 차장의 스마트폰에서 납품업자와의 화상회의 스케줄을 알려왔다. 운전을 이 대리에게 부탁하고, 화상회의 시스템을 작동시켰다. 5분 후 화면에는 얼굴이 딱딱하게 굳은 박 사장이 나타났다.

"마지막으로 부탁 드리는 겁니다. 중국 부품가격이 올라 채산성이 맞지 않습니다."

박 사장은 A사에 어린이용 전자완구를 납품하고 있다. 납품가 인상을 여러 차례 요구했지만 유 차장이 차일피일 미루자 이 날은 여차하면 거래를 끊을 태세로 나왔다. 크리스마스 시즌 최고 인기품목 중 하나인 박 사장의 제품을 납품받지 못한다면 A사로서도 좋을 게 없다. 유 차장은 특별할인 행사가 끝나는 대로 납품가를 올리겠다며 가까스로 무마했다.

🕐 오후 1시 30분

양양에 도착했다. 한 대형 농장에서 센서 네트워크를 활용, 무인 재배 방식으로 생산한 유기농산물을 검사하는 것이 출장 목적이다. 샘플은 적합했다. 그러나 A사는 식품의 경우 구매책임자가 산지를 직접 방문해 표본조사를 실시한 뒤 전자칩 식별장치(radio frquency identification : RFID) 이식을 허가하도록 방침을 정했다. 두 사람은 표본을 추출해서 농약 및 유해 성분 잔류치, 신선도 등을 측정하기 시작했다.

2년 전 소비자들이 좀더 안전하게 식품을 구입할 수 있도록 산지, 재배일자, 재배 방식 등 주요 정보가 들어 있는 RFID칩 부착을 의무화한 '식품이력관리법'이 통과됐다. 1주일 전 경쟁업체인 C사가 유해성분

잔류치 조사를 엄격하게 실시하지 않은 식품을 판매하다가 소비자단체로부터 거센 항의를 받았고 소비자보호원에 고발까지 당했다. 이를 의식한 탓인지 표본조사를 하는 이 대리의 표정이 사뭇 진지하다. 5,000평 농장을 골고루 표본조사한 결과는 만족스러웠다. 유 차장은 농장주에게 RFID칩 이식을 승인하고 납품 기일 및 가격협상을 마무리지었다.

🕐 오후 5시

두 사람은 양양의 농장을 나섰다. 눈발이 흩날리는 겨울, 유 차장은 한계령을 서둘러 넘기 위해 가속 페달을 밟기 시작했다. 그러나 고개에 접어들자 이미 거센 눈보라로 변해 시야를 가린다.

속도계 바늘은 시속 40km. 더 밟아도 노면 센서의 작동으로 엔진 브레이크가 자동으로 걸린다. 한계령 도로엔 결빙방지 시스템을 가동시키고 있지만 도로 일부가 얼 수 있다고 차가 판단한 것 같다. 과거 눈발이 날릴 때면 체인을 달지 않은 차는 꼼짝달싹도 못했다. 결빙방지 시스템이 도입된 뒤 폭설이 내려도 한계령 도로는 통행할 수 있다. 도로에 내장된 감지 센서와 발열 칩 덕택에 눈송이가 곧바로 녹기 때문이다.

양평 부근에 접어들면서 가늘어지기 시작한 눈발은 서울에 진입하자 이내 그쳤다. 그 새 미래대교는 부분 수리를 끝내고 '이용 가능'을 도로교통 중앙제어센터에 알렸다. 여의도에 자리한 회사에 도착해 출장보고를 간단히 끝낸 뒤 귀가를 서둘렀다.

그 때 갑자기 회사 주위에서 사이렌 소리가 들려왔다. 동시에 유 차장의 스마트 폰으로 긴급 메시지가 도착했다. '여의도 K아파트 부근 강도상해 사건 발생. 21시 10분부터 여의도동 일대에 긴급신원조회 명령 발령. 시민 여러분들의 경찰 협조 바람.'

유 차장은 얼마 전 강남역 근처에서도 긴급신원조회에 걸렸다. 족히 1

시간은 꼼짝도 못했던 것 같다. 신원조회 시간보다도 신원조회법에 반대하는 시민단체들의 항의 집회 때문에 일대 교통이 마비됐기 때문이었다.

신원조회법은 금년 초 통과됐다. 이에 따라 성인들은 얼굴영상과 신원정보가 탑재된 전자주민증이나 스마트 폰을 경찰이 요구하면 보여줘야 한다. 신원조회를 마치지 않으면 통제지역을 벗어날 수가 없다. 만약 이를 거부하면 경찰서에서 본격적인 신원조사를 받게 된다. 벌금도 물어야 한다. 정부는 최근 누범을 방지하기 위해 전과자들을 대상으로 생체 칩을 강제로 이식하는 법률까지 검토하고 있다고 한다.

유 차장은 범죄예방이 중요하다고는 생각하지만 누군가에 의해 항상 감시당하고 있다는 느낌이 썩 유쾌하지 않다. 더군다나 사람 몸 속에 전자 칩을 심다니…. 유 차장은 회사 근처 차량용 태그 인식기 쪽으로 차량을 몰기 시작했다. 인식기가 설치된 곳 반경 20m 이내에만 들어서면 탑승자의 신원이 확인된다. 그런데도 여의도 일대는 주차장을 방불케 할 정도다. 시민단체 회원들의 시위가 시작됐기 때문이다.

🕚 오후 11시

꼬박 한 시간 반을 차 안에 갇혀 있었다. 집 현관에 도착하자 무섭게 피로가 몰려왔다. 실내 온도는 25도. 스마트 폰으로 미리 홈 서버에 귀가 사실을 알린 덕택이다. 뿐만 아니라 거실에서는 아내가 좋아하는 뉴 에이지풍 피아노 음률이 잔잔하게 퍼져가고, 욕조에는 뜨거운 물이 가득 담겨져 있다. 샤워를 마치고 나온 유 차장은 곧바로 침대에 몸을 뉘었다. 눈이 스스로 감겨오는 사이 자가진단 시스템에서는 주치의가 보낸 음성 메시지가 흘러나왔다.

"당뇨치가 높습니다. 크게 염려할 정도는 아닙니다만 음식 섭취에 각별히 신경 쓰시고 특히 과음을 삼가기 바랍니다. 수치가 좀더 높아지면 병원으로 호출합니다."

성큼 다가온 유비쿼터스 컴퓨팅

언뜻 보면 먼 미래의 모습처럼 느껴진다. 그러나 위 시나리오는 먼 미래의 얘기가 아니라 현재 이미 상용화 단계에 들어서고 있거나 적어도 수년 내에 상용화가 가능한 기술, 제품, 서비스를 바탕으로 한 것이다. 대표적인 예를 몇 가지 들어보자.

먼저 유비쿼터스 홈의 경우 자가진단 시스템을 갖춘 침대는 일본 후지츠 등 일부 기업에서 이미 '베드 사이드(bed side)'란 형태로 제품 개발을 끝냈으며, 진단 센서를 내장한 인텔리전트 화장실도 일부 기업이 시제품을 개발 중에 있다. 거실의 온도를 맞추는 것은 이미 일부 고급 아파트에서 이루어지는 홈 네트워크 서비스를 좀더 지능적으로 바꾼 형태다.

이동공간 서비스는 더 빨리 상용화되고 있다. 내비게이션 서비스는 보급률이 높아지면 시나리오처럼 인텔리전트 기능을 강화시킨 서비스가 얼마든지 가능해진다. 도로 결빙방지 시스템은 우리나라에서도 이미 2003년부터 강원도 진부령 터널과 대관령 2, 3 터널 구간에 초기 형태로 운영되고 있다. 아직까지는 염화칼슘을 자동으로 살포해 눈을 녹이는 수준이지만, 시스템 구간에서 결빙으로 인한 교통사고가 크게 줄었다.

한편 타이어에 센서가 부착된 사례는 타이어 압력 모니터링 시스템(Tire Pressure Monitoring System : TPMS)을 통해 상용화되고 있다. BMW, 벤츠, 인피니티 등 일부 고급 차종에서는 이미 이를 채택하고 있고, 우리나라도 2007~08년부터 도입할 가능성이 높다.

생산지, 생산시기, 제품 특성 등 주요 정보를 담아 제품에 부착하는

RFID칩도 조만간 상용화된다. 이 칩을 제품에 붙이면 이동 경로를 추적할 수 있어 효율적인 물류, 배송, 재고 관리가 가능하다. 아직 가격이 비싸 고가품에만 붙이고 있는데, 앞으로 양산 체제에 들어가면 배추나 무우 하나하나에도 칩을 붙일 수 있게 된다.

만천하에 드러날 유비티즌의 하루

유비쿼터스 컴퓨팅에는 반드시 밝은 면만 있는 것은 아니다. 시스템 보안, 사생활 보호, 규격 표준화 등의 문제 상용화하기 위해 해결해야 할 과제가 적지 않다. 특히 개인의 신상정보 노출에 따른 프라이버시 침해는 심각하다. 국가에 의한 통제가 강화되는 게 아닌가 하는 우려를 불러일으킬 수도 있어 시민단체를 중심으로 집단적인 반발이 예상되기도 한다.

　유비쿼터스 컴퓨팅의 중심은 어디까지나 인간, 즉 유비티즌이다. 일상 생활 곳곳에 스며든 지능화된 컴퓨터들은 유비티즌을 위해 존재한다. 그런데도 궁극적인 수혜자인 유비티즌이 거부감을 느낀다면 첨단의 유비쿼터스 컴퓨팅도 존재이유를 잃을 수밖에 없다. 따라서 유비쿼터스 컴퓨팅 상용화를 위해서는 기술발전도 중요하지만 사회적 합의를 이끌어내는 노력이 절실히 요구된다. 세계 최고 수준의 IT 인프라를 바탕으로 유비쿼터스 컴퓨팅 시대를 선도하는 국가로 발돋움하려는 우리나라가 당면한 과제다.

용·어·해·설

유비티즌과 유비쿼터스 컴퓨팅

유비티즌은 어디에나 존재한다는 뜻의 라틴어 ubiquitous와 시민을 뜻하는 citizen이 결합된 말이다. 인터넷 혁명과 함께 등장한 네티즌(network + citizen)의 경우 PC를 통해 네트워크에 접속하는, 주로 컴퓨터 사용에 익숙한 젊은 층을 일컫는다. 이에 반해, 유비티즌은 장소와 시간의 제약에서 자유로울 뿐만 아니라, 컴퓨터 조작능력 등을 갖추지 않아도 되는 일반인을 지칭한다. 이른바 유비쿼터스 컴퓨팅 시대를 살아가는 시민이다.

유비쿼터스 컴퓨팅이란 도처에 존재하는 마이크로 칩 형태의 컴퓨터가 유무선 네트워크에 항상 접속, 생활의 편의성을 고도로 높이는 컴퓨팅 환경 또는 기술을 의미한다. 이 개념은 1988년 제록스사의 팔로알토리서치센터(PARC)의 마크 와이저(Mark Wiser) 박사가 처음으로 정립했다. 처음엔 군사적인 용도에 쓰이는 방안이 검토됐지만 1990년대 후반에 이르러 차세대 IT 트렌드를 대표하는 키워드로 자리잡았다.

박재범 jbpark@lgeri.com

13

신용카드를 밀어내는 전자화폐

동전과 지폐가 사라진다

K전자 경리팀의 중견사원 김네오 대리. 행여 지각할까 택시를 탔다. 출근길 교통체증 때문에 요금이 많이 나왔다. 김씨는 글로브박스(조수석 쪽에 물건을 넣어두도록 만든 박스)에 설치된 판독기에 휴대폰을 대고 "결제"라고 말했다. 목소리를 통해 신원확인과 결제가 이루어졌다.

사무실에 들어서자마자 김 대리는 어제 저녁 마무리한 보고서를 상사에게 보였다. 지난달보다 온라인 판매가 크게 늘어난 덕택에 실적이

20% 정도 향상되었다는 내용이다. 몇 년 전 같으면 월말에는 회계정리로 매우 바쁜 시간을 보내야 했다. 하지만 요즘은 전자화폐 덕분에 회사의 모든 현금흐름이 실시간으로 시스템에 저장되기 때문에 김 대리는 저장된 데이터를 검토하고 분석한 뒤 간략한 보고서로 작성했다.

"OK, 실적이 좋구먼."

보고가 끝난 뒤 김 대리는 동료들과 함께 자판기에서 커피를 뽑았다. 동전을 넣을 필요가 없다. 휴대폰에 내장된 칩이 무선으로 커피 값을 낸다. 점심 직후 김 대리는 인터넷을 통해 보험료를 냈다. 신원확인은 휴대폰에 부착된 음성인식이나 지문인식 장치를 이용해서 이루어진다. 휴대폰과 PC는 무선으로 연결돼 있다.

퇴근 후엔 약혼녀인 L양과의 데이트 시간. 오랜만에 백화점 쇼핑 계획을 세웠다. S백화점 입구에 들어서자마자 대형 디스플레이가 이들을 맞는다. 이어 김 대리가 좋아할 만한 제품들을 소개해 준다. 그는 S백화점에 고객등록을 해두고 신상정보 일부에 관한 접근을 허용해 뒀다. 김 대리는 자신의 약혼녀에게 예쁜 코트를 하나 선물했다.

그는 그녀와 헤어져 귀가하면서 휴대폰을 통해 전자가계부를 검색했다. 전자가계부는 거래은행에서 제공하는 서비스로 그의 모든 소득 및 지출내역을 실시간으로 파악해서 열람해 준다. 그런데 며칠 전 온라인을 통해 구입했다가 반품한 제품의 환불이 아직 이루어지지 않았다는 사실을 발견한 김대리는 즉시 결제사고 신고 접수를 마쳤다.

신용카드는 '지는 해'

전자상거래의 지속적인 증가와 IT기술의 발전으로 최근 들어 전자화폐 사용이 급격히 늘고 있다. 김 대리의 시나리오가 현실로 다가올 날이 멀지 않았다.

지금까지 인터넷 쇼핑몰에서 물건을 구입할 때 대부분의 결제는 신용카드를 통해 이루어져 왔다. 하지만 신용카드는 소액결제가 어렵고 카드정보가 유출될 위험이 있다. 실제로 온라인 잠재 거래의 약 40% 정도가 보안 우려 탓에 이루어지지 않고 있다고 추정된다. 결제수단의 안전성이 확보되면 전자상거래는 더욱 활성화되고 전자화폐도 급속히 보급될 수 있다.

이같이 전자화폐는 보안성이 강화될 경우 현금, 수표, 신용카드 등 기존의 거래 수단을 대체해 나갈 것으로 예상된다. 스마트카드의 경우에는 소유자의 다양한 신상 정보를 함께 저장할 수 있으므로 철저히 본인확인 절차를 거친다. 스마트카드는 온라인 거래에도 활용될 수 있는데 개인 PC에 판독기를 연결해 보안성을 높일 수 있다. 이미 아메리칸 익스프레스(Amex) 카드는 미 시장에서 이와 같은 서비스로 호평을 받고 있다. 네트워크형 전자화폐의 경우에는 아직까지 해킹으로부터의 보안문제가 해결되어야 할 가장 중요한 과제 중 하나다. 하지만 온라인상에만 존재하기 때문에 오프라인에서의 절도나 분실에 따른 손실은 대폭 줄일 수가 있다.

또한 전자화폐는 뛰어난 경제성을 갖고 있다. 필요한 만큼 최소 단위로까지 가치를 쪼갤 수 있기 때문에 잔돈의 낭비를 줄일 수 있고 현금 보관비용을 줄일 수 있다. 특히 판매자의 입장에서 전자화폐는 신용카드에 비해 수수료가 저렴한 경제적인 지불수단이다. 신용카드는 결제일에 현금의 실제 흐름이 이루어지는 금융상품의 일종이다. 이에 비해 전자화폐는 실시간으로 현금흐름이 이루어지기 때문에 수수료가 저렴할 수밖에 없다.

마지막으로 전자화폐는 편리하다. 먼 거리에서의 거래를 용이하게 해주고 현금보관이나 소지에 따른 불편함을 없애준다. 또한 수수료가

싸기 때문에 신용카드를 쓰기 어려운 소액결제에도 적합하다.

남은 걸림돌들

시스템이 확충되고 가맹점이 늘어나면 언제 어디서나 전자화폐를 들고 다니면 된다. 이미 우리 주변에서 다양한 형태의 전자화폐를 쉽게 찾아볼 수 있다. 국내에서는 A-캐쉬, 비자캐쉬, 몬덱스 등 신용카드사 중심의 전자화폐와 금융결제원의 K-캐쉬, 이동통신회사 중심의 뱅크온, M-뱅크, K-뱅크 등이 사용되고 있다. 서울시의 교통카드인 T-머니도 전자화폐의 일종이다.

선진국에서는 이미 전자화폐가 상당히 보편화됐다. 싱가포르, 핀란드, 오스트리아, 스웨덴 등이 대표적인 전자화폐 사용국으로 꼽힌다. 특히 오스트리아와 스웨덴 등에서는 통화당국이 통화지표에 전자화폐를 반영하고 있을 정도로 보편화되어 있다.

보안 및 표준화문제 등 기술적인 부분이 보완되고 소비자들의 전자화폐에 대한 인식이 개선되면 국내에서도 향후 5년 안에 전자화폐가 총거래의 60% 이상을 담당할 수 있을 것으로 예상된다. 2010년의 국내 민간소비는 어림잡아 약 800조 원에 이를 전망이다. 만일 민간소비 중 10% 정도만 전자화폐로 대체돼도 연간 약 80조 원의 거래가 전자화폐로 이루어지는 셈이다.

전자화폐는 미래의 우리 사회와 산업에 직간접적으로 큰 파급 효과를 미칠 것이 분명하다. 전자화폐 사업을 통해 칩, 카드 제조업체와 솔루션 개발업체, 그리고 서비스 업체들이 직접적인 혜택을 얻을 수 있을 것이다. 이미 신용카드사나 은행, 이동통신사와 같은 서비스 제공업체들은 새로운 수익사업으로 전자화폐 사업을 적극 육성하고 있으며 신생 전문 기업들의 참여도 활발하다.

직접적인 효과뿐만 아니라, 전자화폐는 타 산업과 사회의 패러다임을 크게 바꾸어놓을 잠재력이 있다. 특히 향후 유비쿼터스 네트워크와 연계될 경우 그 파괴력은 상상을 초월할 것이다. 우선 소비자들은 실시간으로 정확하고, 정밀하게 자신의 지출내역을 파악할 수 있을 것이다. 따라서 좀더 체계적이고 계획적인 소비유형을 보일 전망이다.

금융기관은 고객의 예금, 대출금을 좀더 효율적으로 관리할 수 있게 된다. 유통산업에서는 무인결제 시스템 도입을 통해 인건비를 줄일 수 있다. 또한 인터넷을 통한 원격지 간 거래가 더욱 활발해져 품질, 가격 경쟁이 한층 치열해질 것이다. 인터넷 경매와 같은 소비자 간 거래도 더욱 확대될 것이다.

기업들은 기존의 전사적 자원관리(Enterprise Resources Planning : ERP)나 공급망관리(Supply Chain Management : SCM)의 효율성을 배가시킬 수 있다. 기업의 모든 현금흐름을 실시간으로 파악하여 더욱 투명하고 체계적인 회계 시스템을 확립하면 재무와 관련된 의사결정의 효율성도 높아질 것으로 기대된다. 소비자들의 구매성향과 특성을 쉽게 파악해 마케팅 정보로 활용하고 단골고객에게 마일리지를 부여하는 등의 마케팅 기법도 더욱 발전할 수 있다. 정부의 입장에서는 음성적인 현금 흐름을 차단하고 모든 거래관계를 파악할 수 있어 세수확보 및 통화정책의 효율성도 기할 수 있을 것이다.

용·어·해·설

두 종류의 전자화폐 : 네트워크형과 스마트카드형

전자화폐란 화폐가치를 디지털 신호로 저장해 현금처럼 사용하는 화폐다. 크게 네트워크형 전자화폐와 스마트카드형 전화화폐로 나뉜다. 네트워크형 전자화폐는 인터넷상의 거래은행이나 해당 서비스 제공사의 사이트에 개설해

놓은 계좌에 화폐의 가치를 저장했다가 네트워크를 통해 대금을 결제하는 방식이다. 국내의 e코인이나 미국의 PayPal 등의 서비스가 이에 해당된다.

스마트카드는 IC칩이 내장되어 있는 카드에 사용자의 신원 정보 및 화폐 가치를 저장하는 방식. 외형은 기존의 신용카드와 비슷하지만 마그네틱 바 대신에 칩을 내장함으로써 좀더 다양한 정보를 저장할 수 있다.

최근 서울시의 대중교통 체계 개편과 함께 선보인 T-머니(교통카드)는 스마트카드의 일종이다. 또 카드처럼 보이진 않지만 화폐가치와 개인정보를 저장한 IC 칩을 내장한 휴대폰, PDA 등을 통한 결제도 크게 보아 스마트카드형 전자화폐로 분류할 수 있다.

김성환 sunh@lgeri.com

14

궂은 일도 마다 않는 로봇 가정부

힘들고 어려운 일은 로봇에게 맡긴다

뉴저지의 리처드씨 집에 'NDR-114' 라는 로봇 가정부가 배달됐다. 리처드씨의 가족은 더 이상 설거지, 청소, 요리, 정원 손질 등에 신경 쓸 필요가 없어졌다. 더구나 이 로봇이 아이 보모역까지 맡아주니 리처드씨 아내의 얼굴이 환하게 펴졌다.

영화 〈바이센테니얼 맨(Bicentennial Man)〉에서 나오는 한 장면이다.

2000년 개봉된 이 영화는 2005년을 배경으로 인간의 모습을 가진 로봇 가정부를 주인공으로 삼았다. 이러한 영화 속 꿈 같은 상황이 우리의 현실로 다가올까.

'1가구 1로봇 시대' 가 온다

편안한 삶을 원하는 인류의 소망은 뿌리가 깊다. 태고부터 계속되어 온 문명의 발전을 보면 쉽게 알 수 있다. 세탁기, 청소기 등 가전제품들은 집안의 여러 가지 힘든 일로부터 소비자들, 특히 여성을 해방시키기 위해 만들어진 것이다. 그러나 아직까지는 세탁물을 선별해 세탁기에 집어넣는다든지, 청소기를 들고 다니며 작동해야 하는 등 '가사해방'을 선언하기엔 이른 감이 있다.

로봇 가정부는 이러한 작은 가사노동으로부터도 소비자들을 완전히 해방시켜 줄 수 있는 제품이다. 분주한 아침시간에 커피 한 잔과 토스트를 준비해 주고, 지친 몸으로 퇴근했을 때 집안 곳곳을 말끔히 정리하고 주인을 맞이할 로봇을 상상해 보면 그 자체만으로도 즐거운 일이다.

SF 영화에서나 나올 듯한 로봇 가정부는 이미 로봇 청소기의 형태로 우리의 실생활에 등장했다. '청소' 라는 가사 영역은 사실 로봇의 가격 대비 기능이 가장 탁월한 부분이다. 시급 5,000원을 받는 가정부를 일주일에 2번 불러 일을 시킨다고 가정해 보자. 일 년이면 400만 원, 3년이면 1,200만 원의 비용이 든다. 만약 3년 수명의 로봇이 가정부를 완전히 대신할 수 있다면 1,000만 원 정도의 높은 가격에도 잘 팔릴 수 있다는 계산이 나온다. 현재 로봇 청소기가 비싸게는 200만 원, 저렴하게는 40만 원대에서 거래되며 인기를 얻고 있으니, 가정부 업무의 5분의 1 정도를 로봇이 대신하기 시작한 셈이다. 만일 로봇 가정부가 세탁, 요리까지 수행하면서 가정부를 고용하는 것보다 저렴하다면 형편이 궁색한 일반 가정도 구입을 검토하지 않을 수 없을 것이다. 이론적으로 '1가구 1로봇'의 시대는 눈앞에 와 있다.

그러나 로봇 가정부가 빠르게 보편화되기 위해선 단순히 청소, 세탁, 요리 등의 가정부 역할에 그쳐서는 안 된다. 가족들에게 가사노동 이외의 기타 일상 생활에도 직접적인 도움을 주면서, 소유물이라기보다는 함께 살아가는 가족 구성원으로 자리매김해야 한다. 예컨대 로봇 가정부는 아프고 외로운 노인에게는 말벗과 간병인으로, 미취학 아동에게는 선생님과 친구의 역할로, 바쁜 가장에게는 그날 그날의 스케줄을 알려주는 개인비서가 되어야 하는 것이다. 리처드씨 집의 로봇처럼 말이다.

2010년은 도마뱀 수준의 머리를 가진 로봇

그렇다면 과연 앞서 언급한 영화에서처럼 다양한 역할을 하는 로봇 가정부가 당장 공장 조립 라인에서 벌떡 일어날 수 있을까. 로봇 미래학자인 미국의 카네기멜론 대학의 한스 모라벡(Hans Moravec) 교수는 '시기상조'라고 진단한다. 모라벡 교수는 로봇이 10년마다 지능이 향상되면서 세대 구분이 이루어질 것이며, 인간 수준에 이르려면 적어도 2040년은 되어야 한다고 내다봤다. 즉 2010년에는 도마뱀 정도의 지능을 가진 로봇이 평평한 지면이나 계단을 돌아다니면서 목욕탕 청소, 잔디 손질, 위험 물체 탐색 등을 수행하는 수준에 머물 것이라는 진단이다.

그러나 최근의 연구개발 추세를 살펴보면 모라벡 교수가 예상한 시기보다는 빠르게 로봇 가정부가 우리 곁에 다가올 수도 있다. 로봇의 지능, 동작 등과 관련된 연구가 날로 진전되고 있기 때문이다. 인간은 정신과 육체로 이루어졌다. 로봇 가정부는 지능과 동작의 집합체다. 이 두 가지 기술이 균형적으로 날로 발전하면서 로봇 가정부의 현실화가 앞당겨지는 것이다.

우선 미국에서는 시각·후각·촉각·미각·청각 등 오감을 느끼고 표현하는 똑똑한 로봇을 만드는 일에 힘을 기울이고 있다. MIT 대학이 개발한 고릴라처럼 생긴 '코코'는 사람의 지시가 없어도 주변을 스스로 탐사해 정보를 수집·분석한다. 또 인간의 말과 행동에 반응해서 기본적인 감정을 표현하는 '키스멧(Kismet)', '레오나르도(Leonardo)'와 같은 로봇도 개발되었다. 예를 들어 로봇 아기인 '키스멧'은 엄마 역할을 하는 여성의 말에 웃고, 찡그리고, 겁내는 등의 반응을 보인다. 스스로 학습하는 지능을 갖춘 '코그'라는 로봇도 관심을 끌기에 충분하다. 이 로봇은 사람이 알려주는 사물의 이름을 기억하고, 사람의 동작을 흉내 내며 스스로 수정하기까지 한다. 현재 6개월 아이 정도의 지능을 갖춘 로봇의 연구가 진행 중인 것으로 알려져 있다.

한편 일본 기업들은 인간의 동작과 모습을 흉내내는 로봇 개발에 열을 올리고 있다. 로봇이 인간을 위해 설계된 사회 속에서 작동하기 위해서는 인간의 모습을 가져야 한다고 믿기 때문이다. 현재 걷기, 계단 오르내리기, 뛰기 등 단순한 행동을 자연스럽게 흉내내는 혼다의 아시모, 소니의 큐리오 등의 로봇들이 소개됐다. 아시모는 국제행사 등 각종 이벤트에 불려나가는 유명인(?)이 되었다.

"로봇이 문에 도달하자, 손잡이를 돌려 문을 열었다. … (중략) … 실제로 그 동작이 너무나 자연스러워서, 로봇이 문이 닫히기 전 비껴서면서 몸을 돌리는 순간, 나는 하얀 플라스틱 옷 속에 사람이 들어 있는 것은 아니냐고 큰소리로 물었다…."

이들 로봇의 동작을 묘사한 어느 기자의 글이다. 그 움직임이 매우 자연스러움을 알 수 있다.

21세기 최초의 New Industry

로봇 기술의 눈부신 발전은 사실 가정에만 혜택을 주는 것은 아니다. 군대, 사무실, 병원, 학교 등 도처에 로봇 기술이 적용될 가능성이 많다. 군대에서는 지뢰 탐지, 폭탄 제거 등과 같은 위험한 작전에 로봇이 대신 투입될 수 있다. 사무실에서는 복사, 우편물 전달, 제본 등 단순한 작업을 로봇이 도맡을 수 있다. 그리고 뇌수술과 같이 고도의 정밀도가 필요한 수술에서 의사의 손 떨림이나 피로에 의한 실수를 막기 위한 '강심장' 로봇이 나타날 가능성도 있다.

로봇이 우리 사회 도처에 깔린다는 것은 무엇을 의미할까. 우선 경제적으로는 '로봇'이라는 새로운 시장이 생겨나는 것을 의미한다. 다시 말해 이미 존재하는 것을 대체하는, 즉 아날로그 제품을 대신해 디지털 TV나 DVD 플레이어와는 달리 과거에 전혀 없었던 시장이 나타나는 것이다. 예를 들어 PC나 자동차처럼 각 가정마다 로봇 가정부가 하나씩 보급된다면 그 시장 규모는 어마어마할 것이다. 더욱이 이러한 로봇이 군대, 사무실, 학교 등에도 보급된다면 로봇 산업은 국가 경제에서 큰 비중을 차지하게 될 것이다.

또한 로봇 기술의 발전은 다른 산업의 발전을 촉진하는 역할도 하게 된다. 로봇은 기계, 센서, 인공지능 등 현존하는 첨단 기술들의 집합체와 같은 성격을 갖기 때문이다. 반면 주변 산업의 발전을 저해하는 측면도 있다. 지능화된 다용도 로봇이 가전, 사무용품, 자동차 등 여타 제품의 지능화를 방해하기 때문이다. 즉 지능화된 가전 제품과 자동운전 자동차 등을 모두 마련할 필요 없이, 똑똑한 로봇 하나만 구입하면 기존의 가전제품과 자동차를 가지고도 편한 생활을 할 수 있는 것이다.

사회적인 측면에서 보았을 때 로봇은 인간이 할 수 없거나 하기 싫은 일을 대신 수행하면서 '주인'에게 더 많은 여가시간을 제공해 준다.

사무실의 단순작업이나 지루한 가사노동에서 해방된 주인들은 영화, 음악, 레포츠 등의 여가활동에 더 많은 시간을 투입할 수 있을 것이다. 그 과정에서 로봇을 연구하는 퓨전 기술분야가 각광받고, 관련 전문가들은 부를 축적할 것이다.

그러나 로봇 시대의 그늘도 무시하기 어렵다. 단순 직종에 종사하는 많은 노동자들을 실업으로 내몰 가능성이 높다. 뿐만 아니라 소설가 베르베르의 《나무 : 내겐 너무 좋은 세상》에서처럼 인간의 모든 행동이 로봇에게 간섭을 받으며 과거의 아날로그 삶을 갈구하는 자연 회귀적인 모습이 나타날지도 모른다. 이러한 부정적인 측면이 로봇을 반대하는 움직임으로 귀결될 수도 있다.

로봇은 인간에게 더욱 편안한 삶을 가져다 줄 것이 분명하다. 그러나 과연 인간세상이 로봇의 등장으로 행복해질까. 이와 같은 질문에 대한 해답을 이제는 찾아나서야 할 때다.

나준호 lajuno@lgeri.com

15

자동차의 개념을 바꾸는 e-Car
자동차는 '탈 것' 이 아니라 달리는 전자제품이다

희뿌연 도심의 하늘. 도로를 가득 메운 차량들이 토해내는 매연 때문일 것이다. 천정부지로 치솟는 기름값 탓에 샐러리맨은 불안하다. 유가가 더 이상 오르면 차는 집에 방치할 수밖에 없다.

'사망 2명, 부상 5명'

도로 곳곳의 전자표지판은 어제의 교통사고 인명피해 건수를 알린다. 오늘 밤에도 비슷한 숫자만큼의 사람이 죽어나갈 것이다. 잠깐 방심으로 일 년에 한두 번은 접촉 사고를 내는 것을 보면 내 운명이 저렇게 될 수도 있다.

주말에 교외로 드라이브를 갔다가 지도를 잘못 읽는 바람에 길을 헤맨 적도 부지기수다. 어디 기름 좀 적게 들고, 사고 안 나고, 스스로 알아서 목적지까지 가주는 자동차는 없을까.

운전자라면 누구나 한번쯤 가져보았을 바람이다. 적어도 지난 1990년대 말까지 이 같은 소망은 한낱 꿈에 불과했다. 그러나 2000년대에 접어 들면서 꿈을 이룰 수 있는 해결의 실마리가 조금씩 나타나고 있다. 청정성(cleanness), 안전성(safety), 지능성(smartness) 등의 측면에서 새로운 자동차혁명이 시작되고 있는 것이다. 자동차가 단순한 '탈 것'에서 더 깨끗하고, 안전하고, 똑똑한 '움직이는 생활 공간'으로 진화하고 있다.

자동차혁명의 배경은 무엇보다 관련 기술의 급격한 발전이다. 특히 자동차에 첨단 전자기술이 본격적으로 접목되면서 엔진, 브레이크, 휠의 전자 제어, 가솔린 엔진과 전기 모터의 선택적 사용 등 과거에 구현하기 힘들었던 신기능들이 점점 보편화되고 있다. 환경 및 안전규제는 자동차 진화를 촉진하는 요인이다. 연비향상과 배기가스 감소라는 두 마리 토끼를 잡으려면 엔진을 언제나 최적 상태로 구동하게 만드는 전자 제어 방식을 도입하거나, 대체 에너지를 활용해야 한다.

기업 입장에서도 첨단 전자장비를 장착한 미래형 자동차 개발은 생존의 필수 요건이다. 기계적 방식으로 고부가 가치화를 도모하기에는 한계가 있다. 따라서 우리 자동차 업체들도 중국 등 후발국의 추격을 따돌리기 위해서 전자기술에 기반을 둔 첨단기능을 개발하는 데 주력하고 있다.

'그린(Green) 자동차'의 상용화

그렇다면 미래의 자동차는 과연 무엇이 어떻게 달라질까. 우선 자동차의 환경 친화성이 강조되면서 자동차의 연비가 좋아지고 배기가스가 크게 줄어들 것이다. 흥미로운 점은 그 동안 대표적인 친환경 자동차로 거론되었던 전기자동차나 연료전지자동차 대신 하이브리드(Hybrid) 자동차와 친환경 디젤 자동차가 시장을 주도할 것이라는 점이다. 물론 기름 대신 전기로 움직이는 전기자동차나 연료전지자동차가 친환경 자동차로는 가장 이상적이다. 그러나 속도나 파워의 열세, 짧은 주행거리, 지나치게 높은 가격, 전기·연료 공급을 위한 사회적 기반 미비 등의 과제가 쉽게 해결되지 않아 2010년경까지 상용화가 본격적으로 이루어지기는 힘들 것으로 보인다. 이 틈새를 타고 하이브리드 자동차와 친환경 디젤차가 현실적인 대안으로 부상하고 있다.

하이브리드 자동차는 가솔린 엔진과 전기 모터, 두 가지의 동력을 조합해 움직인다. 고속주행에는 가솔린 엔진을, 저속주행이나 발진에는 전기 모터를 사용하는 방식으로 연비효율을 개선한다. 일반 승용차의 연비가 리터 당 12~15km인 반면, 도요타의 하이브리드 카 '프리우스'는 연비가 25~35km 정도나 된다. 또한 정지와 발진이 잦고 저속으로 운행하는 도심에서는 전기 모터를 주로 사용함으로써 배기가스 방출이 최소화되어 대기오염 감소 효과도 크다. 친환경차 개발이 시대적 요구인 만큼 하이브리드 카 시장은 향후 세계 자동차 기업들의 격전장이 될 것이며, 특히 일본과 미국 중심으로 시장이 확대될 것으로 예상된다.

한편 유럽 시장에서는 하이브리드 자동차보다 친환경 디젤차가 강세를 보일 전망이다. 유럽에서는 이미 1990년대 말부터 친환경 디젤차가 도입되어 2003년 친환경 디젤차의 판매 대수 비중이 40%를 넘어섰다. 기존 디젤 엔진은 연비는 좋지만 매연이나 소음 문제로 일반 승용차에 적용하기 힘들었다. 친환경 디젤차는 이러한 단점을 크게 개선했다. 일반 가솔린 자동차에 비해 연비가 30% 이상 우수하고, 이산화탄소 배출량이 적으며, 하이브리드 차보다 저렴하다. 국내에서도 2005년부터 디젤 승용차 판매가 허용됨에 따라 큰 관심을 불러일으킬 것이다.

'사고를 막는' 자동차

지금까지 자동차의 안전장치라면 안전벨트, 에어백, ABS 정도가 전부였다. 사고의 예방보다 사고시 피해를 최소화하는 데 초점이 맞추어졌다. 그러나 향후에는 차간거리 제어, 차선이탈 방지, 타이어 공기압측정, 나이트 비전(야간 시정개선 장치) 등 다양한 신기술이 도입되면서 스스로 사고를 막는 자동차가 등장하게 된다.

차간거리 제어 시스템을 보자. 앞 차와 안전거리 이내로 좁혀질 경우 자동차가 레이더나 센서를 통해 이를 감지해 경보음으로 운전자에게 알린다. 운전자가 경보를 무시할 경우 차가 스스로 속도를 줄인다. 차선이탈 방지 시스템은 자동차가 감시 카메라나 인식장치로 주행 차선을 계속 감시하다가 차선이탈이 예상되면 경보음으로 운전자에게 알리는 방식이다. 이 시스템은 이미 벤츠, 도요타, 닛산, 그리고 혼다의 고급 차종에 도입됐다. 향후 가격인하와 인지도 제고로 일반 차종까지 보급이 확산되면, 졸음운전이나 부주의에 따른 자동차 안전사고가 크게 줄어들 것이다.

타이어 공기압측정 시스템(Tire Pressure Monitoring System : TPMS)은 자동차의 타이어 공기압을 모니터링해 그 상태를 운전자에게 실시간으로 알려주는 역할을 한다. 미국에서는 2006년 100%를 목표로 단계적으로 TPMS 장착을 의무화하는 법이 시행되고 있어, 앞으로 타이어 문제로 인한 차량사고가 크게 감소할 것으로 기대된다. 나이트 비전은 야간 주행 때 잘 보이지 않는 전방의 영상을 적외선 카메라를 이용해 볼 수 있게 한 장치다. 혼다나 GM의 고급 차종에 시험적으로 장착된 상태로, 향후 야간의 인명사고 예방에 크게 기여할 것으로 예상된다.

그 밖에도 기존 기계식 장치에 전자 제어 기능을 덧붙여 주행 편의성과 안전성을 높이는 시스템도 활발하게 개발, 실용화될 전망이다. 대표적인 예로는 자동제동 제어시스템(ABS)이 좀더 발전한 차량자세 제어장치(Electronic Stability Program : ESP), 브레이크를 100% 전기전자 장치로 제어해 제동력을 높인 전자식 브레이크 시스템 등이 있다. 또한 초보 운전자들이 특히 힘들어하는 주차 문제를 해결해 주는 자동주차 시스템의 채용도 확산될 것으로 보인다.

움직이는 생활 공간

한편 텔레매틱스 기기가 보급되고, 지능형 교통 시스템(ITS)이 정비됨에 따라, 운전이 더욱 편하고 즐거워질 것으로 예상된다. 텔레매틱스 서비스는 텔레매틱스 서비스 제공업체(TSP)와 차량 내 단말기를 무선 통신망으로 연결해 다양한 운전 관련 정보를 제공하는 양방향 서비스다. 현재 국내에서도 현대차의 모젠, SKT의 네이트 드라이브 등이 상용화됐다.

운전자는 텔레매틱스 서비스를 통해 기본적인 목적지 경로 정보 외에 실시간 교통정보 등을 제공받아 낯선 지역에서도 어려움 없이 최단 시간 내에 목적지를 찾아갈 수 있다. 이외에도 응급 상황시 구난, 원격 차량진단, 도난차량 추적, 무선 인터넷 등 다양한 정보 서비스를 이용할 수 있다. 특히 향후 위성·지상파 DMB나 휴대 인터넷 등이 텔레매틱스와 융합되면 다양한 멀티미디어 시청과 고속 모바일 인터넷 이용이 가능해진다. 자동차가 움직이는 거실, 달리는 사무실로 변모하는 것이다.

텔레매틱스 서비스는 향후 지능형 교통 시스템이 정비됨에 따라 활용도가 높아지고 보급 수준도 크게 확대될 것으로 예상된다. 현재 전국의 교통정보는 건설교통부, 한국도로공사, 경찰청 등 기관별로 제각각 수집되어 중복이 많고 이용도 불편하나, 향후에는 하나로 통합되고 표준화되어 이용 편의성이 크게 개선될 전망이다. 또한 지금까지는 10~20분 전의 정보를 제공하는 형태였다면, 앞으로는 시뮬레이션 예측 기법이 도입돼 정보내용이 실시간 및 미래상황 중심으로 바뀌면서 교통정보의 유용성 또한 크게 좋아질 것이다. 나아가 현재는 교통정보 제공이 라디오 방송 중심으로 이루어져 운전자가 원하는 정보를 들으려면 채널을 이리저리 돌리거나 무작정 기다려야 하지만, 앞으로 이동통신망, DMB 등으로 정보 경로의 다양화 및 양방향성이 강화되면 원하는 정보를 즉시 얻을 수 있게 된다.

이처럼 교통정보의 유용성이 높아질 뿐만 아니라, 텔레매틱스 서비스가 다양화되고, 단말기 가격이 크게 하락함에 따라, 현재 가정에서 PC 이용이 일반화된 것처럼 차량에서도 텔레매틱스 단말기를 사용하는 모습은 일상적인 풍경이 될 것이다.

자동차인가, 전자제품 덩어리인가

자동차가 진화하려면 센서, 카메라, CPU, 자율반응 시스템, 텔레매틱스 등 다양한 전자기술의 접목이 필수적이다. 이미 전자부품 및 제품은 일반 자동차의 재료비에서 10% 이상 차지하고 있으며, 첨단 신차종 중에는 30%를 넘어서는 경우도 있다. 향후 '자동차의 전자화'는 더욱 진전되어, 자동차는 더 이상 단순한 '기계 장치'가 아닌 '달리는 전자제품'으로 변모할 것이다. 고급차의 판단기준 역시 배기량보다는 엔진 형태, 안전장치, 멀티미디어 기능 등이 될 것이다. 차량 정비업체들도 망치와 스패너 대신 전자진단 장치와 스캐너로 차를 고치는 모습이 일상적인 일이 될 것이다.

'자동차의 전자화'는 자동차 산업과 관련 산업에 큰 변화를 가져올 것으로 보인다. 지금까지 자동차 기업의 경쟁력은 기계적 설계능력과 글로벌 생산능력이었다. 그러나 앞으로는 첨단 전자기술 구현능력과 전자업체들과의 제휴 정도에 따라 새롭게 평가될 것이다. 전자 기업들에게도 연간 생산량 6,000만 대 규모의 자동차 시장은 매력적인 시장이다.

일본의 노무라종합연구소는 2010년경 컴퓨터용 반도체 시장이 500억 달러 규모인 데 반해 차량용 반도체 시장이 640억 달러에 달할 것으로 예측했다. 반도체 시장의 최대 수요처가 PC에서 자동차로 바뀐다는 것이다. 하이브리드 자동차에는 초고용량 2차전지가 필요하기 때문에, 화학 기업도 자동차 전자화의 수혜자가 될 수 있다. 또한 텔레매틱스, DMB 등 신규 이동통신 서비스의 주요한 수요처로 자동차가 떠오르고 있어, 자동차 시장은 이동통신 사업자들에게도 중요한 전략적 시장이 될 것이다.

용·어·해·설

텔레매틱스

통신(telecommunication)을 의미하는 'tele'와 정보과학(infomatics)을 의미하는 'matics'의 합성어. 위치파악 기술(GPS), 무선통신 기술, AV 기술 등을 결합해 차량 내 정보기기를 통해 운전자 및 탑승자에게 주행, 안전, 생활정보, 엔터테인먼트 등 다양한 정보와 서비스를 제공하는 시스템.

최정덕 holon_jd@lgeri.com

16

피부처럼 예민한 지능형 소재
문명의 발달이란 곧 소재의 진화다

요즘 회사원 K씨는 겨울 등산하는 재미에 푹 빠져 있다. 과거에는 매서운 바람과 추위보다도 흘리는 땀을 말릴 방법이 마땅치 않아 겨울 산행에 어려움이 많았다. 하지만 K씨는 더 이상 그런 걱정을 하지 않는다. 얼마 전 구입한 고어텍스 자켓 덕분이다. 일반 자켓보다 가격이 3~4배 비싸지만 그만큼 효과도 컸다.

고어텍스는 스포츠 의류나 등산용품 등 다양한 아웃도어 제품에 광범위하게 사용되면서 브랜드 자체가 소재 이름이 될 정도로 유명해졌다. 실제로 스포츠 용품 매장에서 "고어텍스 주세요"라고 말하는 사람들도 꽤 많다. 고어텍스는 미국의 고어(W.L. Gore)사가 만든 기능성 소재다. 뛰어난 방풍·방수·투습기능을 자랑한다.

고어사는 자사의 소재가 이렇게 널리 쓰일 줄 예상하지 못했을 것이다. 처음에는 절연전선, 케이블 등과 같은 산업용 소재로 제한적으로 사용되었던 것이 지금은 우주복, 군복, 아웃도어 의류, 심지어 연료전지 재료로까지 활용범위가 넓어졌다. 고어사는 14억 달러 이상의 연매출(2002년 기준)을 기록하고 있으며, 이를 활용하는 관련 업계도 더불어 호황을 구가하고 있다. 이처럼 똑똑한 소재 하나가 사람들의 생활이나 산업에 미치는 영향력은 엄청나다.

지능적인 소재

일상 생활 및 산업 내에서 불확실성이 점점 더 커지고 유비쿼터스, 인간 로봇과 같은 새로운 시스템이 등장하면서 우리들은 과거보다 훨씬 복잡한 환경 속에서 살고 있다. 이에 따라 전자, 자동차, 건물, 의류 등 우리가 이용하는 모든 제품에도 지금보다 더 고도화되고 지능화된 특성이 요구된다. 제품의 기본이 되는 소재에 지능을 부여하려는 노력은 이러한 기술 발전의 첫 걸음이자 자연스러운 일이다.

지능형 소재는 외부 환경변화에 따라 스스로 인식하고 반응할 수 있는 소재를 말한다. 기존의 소재들은 단지 고유의 속성만 간직할 뿐 외부 환경변화에 반응하지 않지만, 지능형 소재는 마치 살아 있는 생물체처럼 스스로를 변형시켜 외부 환경에 적응하는 것이 특징이다.

사람의 피부는 아주 고도화된 지능형 소재 중 하나다. 외부 온도나 자극에 따라 모공을 열고 닫아 체내 균형을 유지하며, 상처를 입어도 스스로 재생하는 등 외부 환경변화에 매우 정교하게 반응한다. 최근 연구되고 있는 상변화물질(phase change material)은 온도에 따라 고체와 액체 사이를 수시로 오가면서 열을 조절하는데, 이것으로 만든 옷이 현실화되면 '제2의 피부'로 각광받을 것이다.

지능형 소재는 크게 수동형과 능동형으로 나뉜다. 이 중 다양한 환경변화를 스스로 감지할 수 있는 센서(sensor)와 반응을 일으키는 작동기(actuator) 역할까지 하는 능동형 소재가 엄밀한 의미에서의 지능형 소재라 할 수 있다.

기존 소재에 한두 가지의 기능만 프로그래밍된 정도의 수동형 소재는 이미 인간의 실생활에 많이 이용되고 있다. 변형되더라도 특정 온도까지 가열하면 기억하고 있는 원래 모습으로 되돌아오는 형상기억합금(Shape Memory Alloy)은 브래지어 와이어에서부터 용접작업이 어렵고 간편한 수리가 요구되는 항공기·잠수함 등의 파이프 이음매까지 다양한 용도로 활용되고 있다. 일례로 1963년 미 해군 병기연구소가 탄생시킨 니켈과 티타늄의 형상기억합금인 니티놀(NiTiNOL)은 미 전투기인 F-104의 파이프 조인트로서 100만 개 이상 사용되고 있는데, 지금까지 기름 유출과 같은 고장이 전혀 없었던 것으로 알려져 있다.

일정 온도가 되면 전기저항이 크게 높아져 전기충격으로부터 물체를 보호하거나 반대로 전기를 흘려주면 열을 발생시키는 재료(Positive Temperature Coefficient of Resistance)도 있다. 이것은 자동차의 사이드미러나 시트에 내장되는 열선에 사용됨으로써 운전자에게 안전과 쾌적함을 제공한다. 이외에도 건물을 지을 때 사용하는 전기변색유리(Electro-chromic glass), 가스센서, 온도센서 등과 같이 특정 조건에 맞는 기능만을 하도록 설계된 소재들이 속속 개발되고 있다.

진정한 지능형 소재를 의미하는 능동형 소재는 실용화되기까지 좀더 시간이 필요하다. 고도화된 형상기억합금/고분자(Shape Memory Alloy/Polymer), 압전재료(piezoelectrics), 자기변형 재료(magnetostrictives),

능동폴리머(Electro-Active Polymer) 등이 부분적으로 활용범위를 넓혀가고 있다. 이름만 보면 상당히 어렵고 생소하지만 우리는 이러한 소재들이 활용되는 경우를 영화 속에서나 일상 생활에서 알게 모르게 접하고 있다.

예를 들어 형상기억합금이 고도로 지능화되면 영화 〈터미네이터〉에 등장하는 로봇인 T-1000, T-X와 같이 자신이 의도하는 모습으로 완벽하게 변신하거나 외부의 충격에 따라 아무리 심하게 변형되어도 곧 원래 모습으로 회복하는 제품을 만들 수 있다. 터미네이터에 나오는 로봇만큼은 아니지만 찌그러져도 쉽게 펼 수 있어 자가수리가 가능한 자동차나 전자제품의 용도로 조만간 상용화될 것으로 보인다.

압전재료는 물리적인 힘이나 충격을 전기 에너지로 바꾸거나 전기 신호를 받아서 기계적 운동을 할 수 있는 소재다. 스키 플레이트나 냉장고, 세탁기 등에 압전재료를 응용함으로써 제품 사용 중에 생기는 진동 정도를 단계별로 감지, 반대진동을 발생시켜 진동이나 소음을 없애 주기 때문에 사용자에게 편안함과 쾌적함을 제공해 줄 수 있다. 더 나아가 우리의 생명과 밀접하게 관련된 곳에서도 사용이 가능하다. 지진과 같은 큰 진동의 충격을 완화시켜 지진의 피해를 최소화한다거나 다리, 건물 등의 사고 위험을 사전에 파악해 성수대교, 삼풍백화점 붕괴 같은 엄청난 재난도 피할 수 있을 것으로 기대된다.

능동 폴리머는 전기를 가하면 변형이 일어나는 소재로서 압전재료에 비해 더 커다란 움직임이 가능하기 때문에 형상기억합금과 함께 로봇의 관절을 부드럽게 작동하게 하고 힘 있는 근육을 만드는 데 사용할 수 있다. 의료분야에도 적용이 가능해 불의의 사고로 신체의 일부분을 잃은 장애인에게 인공팔과 다리를 제공해 새로운 삶을 살아갈 수 있도록 도와줄 것이다.

이 밖에도 텅스텐이 가미된 산화바나듐(VO$_2$)으로 만든 '스마트 코팅' 유리는 여러 온도에 따라 유리의 색상을 바꾸면서 적외선을 반사시켜 실내온도를 조절하거나 빛을 선별 흡수해 농작물의 성장을 방해하는 특정 세균을 없앨 수 있는 소재로 온실 유리에 사용할 수 있다.

소재의 발전은 문명의 진화

소재의 발전은 곧 문명의 진화를 뜻한다. 인류 문명의 발전 단계를 석기, 청동기, 철기 시대 등으로 나누는 것은 소재의 사용 자체가 인간생활에 매우 근본적인 변화를 불러오기 때문이다. 이런 문명사적 의의는 차치하고, 좀더 현실적인 관점에서 보더라도 소재혁신은 앞서 말한 고어사의 예처럼 그 자체만으로 높은 경제적인 부가가치를 창출할 수 있다.

지금까지는 더 단단하게, 원하는 모양을 자유롭게 만들 수 있는 재료면 충분했다. 하지만 앞으로는 소재가 알아서 우리의 편의에 맞춰 행동할 수 있게 될 것이다. 또한 이제까지는 소재가 전체 시스템에서 일부분을 구성하는 역할만 했다면, 앞으로는 소재만으로도 시스템 전체를 대신할 수 있을 정도로 발전할 것이다.

현재 많은 연구가 진행되고 있는 유비쿼터스나 로봇 등 지능형 시스템에서도 소재의 지능화가 전체 시스템을 단순화해 상용화 시기를 앞당기는 데 많은 역할을 할 것으로 기대된다. 이렇듯 소재는 전체 시스템을 바꾸는 원천이자 중심이 되는 아주 중요한 요소다. 다양한 지능형 소재가 개발되면 전자, 건설, 자동차, 패션, 환경 등 산업과 생활 전반에 걸쳐 커다란 영향을 미칠 것이다. 따라서 모든 국가와 기업이 지능형 소재 개발에 적극 나서고 있으며, 그만큼 경쟁도 치열하다. 지능형 소재 개발에서 뒤진다는 것은 단지 소재 시장뿐만 아니라 완제품 시장에서의 경쟁력 또한 잃게 된다는 점을 잊어서는 안 될 것이다.

송효준 hisongga@lgeri.com

17

150살도 거뜬한 인체 부품
인체의 장기(臟器)도 새 것으로 바꾼다

눈부신 과학기술의 진보를 보인 20세기를 지나 오늘날에 이르기까지 다양한 질병과 이에 대한 수많은 치료제가 등장했으나 암, 치매, 당뇨병 등과 같은 난치병은 여전히 인간에게 두려움의 대상이다. 1800년대 중반부터 발전해 온 합성화학기술도, 1980년대 이후 크게 주목을 받았던 유전공학기술도 난치병 극복을 위한 혁신적인 치료제를 개발하기에는 역부족이었다.

하지만 최근 인간 유전자지도 완성, 동물복제 성공 등의 첨단 바이오 기술의 성과들이 나타나면서 기존 치료와는 개념 자체부터 다른 혁신적인 치료방법에 대한 기대감이 높아지고 있다. 난치병 극복의 가능성에 도전하는 21세기의 새로운 두 가지 패러다임은 세포 치료와 동물복제장기 치료가 그 주인공이다.

'돼지 콩팥을 단' 인간

세포 치료와 동물 복제장기 치료는 질환 부위를 정상 기능을 수행하는 세포, 조직 또는 장기로 대체함으로써 질병을 치료하는 재생의학(Regenerative Medicine)의 핵심 분야다. 질병 치료의 발전단계를 고려할 때 이들 치료법의 등장은 필연적이라 할 수 있다.

인간은 의약품으로 치료할 수 없는 질환의 경우 수술로 환부를 아예 제거하거나 인공장기 또는 타인의 장기로 대체하는 방법을 통해 질병을 치료해 왔다. 하지만 인공장기는 지금까지 많은 발전이 있었음에도 불구하고 인체장기와 동일한 기능을 수행하기는 아직 어렵다는 것이 지배적인 의견이다. 장기이식은 기능 면에서는 탁월하지만 기증되는 장기의 수가 절대적으로 부족하다는 문제점이 있다. 세계적으로 장기이식이 필요한 환자들이 타인의 장기를 이식받기 위해 대기하는 시간은 평균 3년을 넘으며 이들 대기환자 중 매년 10~15%가 사망하고 있다.

동물 복제장기 치료는 무균 복제 돼지를 대량 생산, 여기서 얻은 돼지 장기를 인체에 이식하는 방법이다. 현재 실용화 직전 단계까지 발전했다. 돼지 장기를 사람과 생리적 구조가 유사한 원숭이에게 이식했을 때 생존기간이 계속 늘어난다는 사실이 임상실험 결과 밝혀졌다. 국내에서도 돼지 복제장기의 대량 생산을 '차세대 성장동력 산업'의 하나로 선정해 2004년 초부터 과학기술부, 농림부, 보건복지부 등을 중심으로 범국가적 연구가 시작됐다.

세포 치료는 외부에서 배양된 자신 또는 타인의 세포를 치료에 이용하는 것이다. 연골이 손상된 환자들을 위한 자가연골치료제, 화상 환자들을 위한 피부재생치료제 등 일부 제품은 이미 시판되고 있다. 하지만 과학자들은 연골세포나 피부세포보다 훨씬 고차원적인 줄기세포의 활용 가능성에 주목하는 중이다. 인간의 줄기세포는 몸을 구성하는 수많은 세포 또는 조직의 근원으로 뇌, 근육, 뼈, 피부 등 신체의 어떤 기관으로도 성장할 수 있는 능력을 지녔기 때문이다. 최근 〈데일리 텔레그래프(The Daily Telegraph)〉는 영국 과학자들이 손상된 간에 기증된 간을 이식하는 대신 줄기세포를 이용해 체내에서 건강한 간으로 재생하는 새로운 치료법을 개발, 곧 임상에 착수한다는 소식을 전했다.

복제은행의 탄생

줄기세포와 동물 복제장기 연구의 진전으로 난치병 극복 가능성이 한껏 커졌다. 동물 복제장기 치료의 경우 유전자를 변형시킨 복제 돼지의 생산으로 돼지 장기를 인간에게 이식하는 데 가장 큰 걸림돌이었던 면역거부 반응을 없앨 수 있는 가능성이 높아지고 있다. 줄기세포 치료의 경우도 복제기술을 이용해 이식 면역거부 반응을 극복할 수 있는 줄기세포를 다량 확보할 수 있는 길이 열리고 있다.

더불어 이제는 이러한 첨단 바이오 기술을 상용화하려는 시도도 나타나고 있다. 줄기세포 치료와 동물 복제장기 치료의 상업화에서 가장 중요한 것은 환자의 면역체계에 적합한 줄기세포 또는 동물 복제장기를 미리 확보하는 일이다. 이러한 역할을 수행하는 것이 바로 복제은행이다.

복제은행의 개념은 이미 주위에서 어렵지 않게 찾아볼 수 있다. 최근 산모들에게 큰 인기를 얻고 있는 제대혈(臍帶血 : 신생아 탯줄에 있는 혈액) 보관은 복제은행의 초보적 단계라고 볼 수 있다. 보관하고 있는 가족의 제대혈 또는 공유하게 될 타인의 제대혈은 향후 본인이나 가족의 난치병 치료에 활용된다. 국내의 한 기업이 최근 개설한 면역세포은행도 건강할 때 자신의 면역세포를 보관했다가 질병이 발생하면 이를 치료에 활용한다는 측면에서 제대혈 보관과 마찬가지로 복제은행의 범주에 포함된다.

이미 줄기세포은행은 2004년 5월 영국에서 세계 최초로 태어났다. 이 은행은 다양한 줄기세포를 확보·보관·복제해 이를 필요로 하는 전세계 연구원들에게 분양하는 역할을 맡을 예정이다. 초기엔 비영리로 운영되지만, 향후 줄기세포를 치료에 본격적으로 활용하는 시기엔 이미 확보한 데이터를 기초로 상업화에 유리한 위치에 서게 될 것이 확실하다. 각국의 의료기관들은 복제은행을 통해 환부를 대체할 수 있는 수많은 세포 또는 세포로부터 분화시킨 조직 등을 구입해야 한다. 따라서 엄청난 부가가치가 예상된다.

복제은행은 인간에게 이식될 각종 장기를 생산하는 무균 돼지를 대량으로 확보해 이를 제때에 공급하는 역할도 맡을 것으로 보인다.

윤리 논쟁이 걸림돌

복제기술의 향후 걸림돌은 기술이 아니다. 오히려 인간의 영역을 뛰어넘는 데 따른 사회적 합의가 더욱 큰 난관이다. 동물 복제의 성공에 뒤이은 인간 복제 가능성에 대한 논쟁, 배아줄기세포(착상 직전의 배아나 또는 임신 8~12주 사이에서 유산된 태아에서 추출한 줄기세포)를 둘러싼 인간의 존엄성 훼손 논쟁 등이 대표적 사례다.

하지만 난치병의 고통으로부터 해방을 꿈꾸는 인간의 간절한 소망은 결국 윤리논쟁에 종지부를 찍을 것으로 전망된다. 세계 각국은 종교계의 반발에도 불구하고 치료를 목적으로 하는 배아복제 연구를 제한적으로 허용하는 쪽으로 방향을 잡고 있다. 최근에는 윤리 논란에서 비교적 자유로운 제대혈 또는 성체의 골수, 혈액 등에서 줄기세포를 추출해 치료에 활용하는 연구가 활발히 진행 중이다.

21세기 의료산업에서 가히 혁명이라 할 수 있는 복제기술이 본격적으로 상용화된다면 산업적 파급 효과는 엄청날 것이다. 복제은행에 보관될 세포, 조직, 장기를 원활히 확보하고 이를 환자에게 적절하게 제공하기 위한 서비스의 매출규모는 상상을 불허한다.

〈비즈니스 위크(Business Week)〉의 자료에 따르면 심장병으로 사망하는 미국인이 매년 70만 명이 넘고, 20만 명 이상이 뇌졸중·알츠하이머·파킨슨병 등의 뇌질환으로 사망한다. 이들로 인한 사회적 손실은 연간 4,000억 달러에 이르며, 이에 따라 형성되는 치료제 시장만 한 해 최소 150억 달러 이상이라고 전한다. 이를 고려할 때 줄기세포 치료와 동물 복제장기 치료가 본격화될 2015~20년경에는 복제관련 산업의 시장 잠재력이 전세계적으로 수백억 달러 이상에 달할 것으로 점쳐진다. 최근 노바티스(Novartis), 존슨&존슨(Johnson & Johnson), 일라이 릴리(Eli Lilly) 등 메이저 제약기업들도 이러한 시장 가능성에 주목하고 복제 사업에 본격적으로 뛰어들 태세다.

지금은 대중화된 인공심장의 개념이 처음 나왔을 때 누구나 먼 미래의 일이라고만 생각했었다. 복제장기도 마찬가지다. 가능성을 대비하고 연구하는 국가만이 복제 장기사업을 주도할 수 있다. 2015년 겨울쯤엔 다음과 같은 광고문구가 일간지에 실리지 않을까.

"피곤과 술에 찌들어 수명을 다한 남편의 간, 올 크리스마스에는 꼭 새 것으로 바꿔주세요."

고은지 ejko@lgeri.com

18

토마호크보다 정확한 스마트 필
알약 하나로 지능을 향상시킨다

우리가 일반적으로 생각할 때 '약'이라고 하면 보통 먹는 알약을 떠올린다. 입에 넣는 약이다. 그러나 약이 항상 입으로만 들어가란 법은 없다. 피부나 코를 통해서도 들어갈 수 있다. 심지어 초소형 기계가 약을 대신할 수도 있다. 먼 미래의 일이 아니다.

의약품이 진화하고 있다. 단순히 병의 진행을 늦추는 역할을 뛰어넘어 원하는 표적에 원하는 방법으로 질병을 치료하는 쪽으로 말이다. 일명 '스마트 필(smart pill)'이다. 예를 들어 스마트 필 한 알은 혈관을 따라 이동하면서 질병 부위를 공격하고 약물을 방출하는 역할을 자유자재로 수행하게 된다. 질병 부위를 정확히 공략하므로 치료율도 훨씬 높아지고 후유증도 극소화한다.

현재 스마트 필은 크게 두 가지 방향으로 연구가 진행 중이다. 하나는 질병 원인을 규명해 정확한 표적을 찾아내는 기술이고, 다른 하나는 약물을 원하는 방법으로 목표지점에 전달하는 기술이다. 이 두 가지 기술이 어우러진다면 우리는 효능이나 부작용, 복용의 편리성 등에서 지금과 비교가 안 될 정도의 혁신적인 의약품을 만나게 된다.

토마호크 치료제

정확하게 환부를 찾는 기술의 '대표격'이 표적치료법(targeted therapy)이다. 지금까지 의약품의 주류를 이뤄온 화학 합성의약품은 인체 내에 존재하는 효소나 세포의 작은 부분을 표적으로 삼아 이에 결합하는 화합물을 무작위적으로 탐색하는 방법으로 만들어진다. 따라서 이와 같은 방식으로 만들어지는 의약품은 질병의 원인에 직접 접근하지 못하고, 단지 증상을 치료할 뿐이었다. 물론 의약품이 몸 안에 투입되면 각 성분들이 치료 부위뿐 아니라 불필요한 곳으로도 전달된다.

그러나 약품을 정밀하게 디자인하고, 타깃을 정확히 조준해 공격함으로써 단점을 극복할 수 있다. 1991년 1차 이라크전쟁 때 미군이 수백 발의 미사일을 날리고도 후세인 대통령 궁을 무너뜨리지 못했지만 2003년 2차 이라크전쟁에서는 단 몇 발의 토마호크 순항 미사일(지상공격 및 대함용 미사일)만으로 대통령 궁을 초토화시킨 것과 마찬가지다.

최근 각광을 받고 있는 항암치료제 글리벡(백혈병), 이레사(폐암), 각종 단일클론항체(항원항체 반응을 이용, 병에 걸린 세포만을 공격하는 의약품) 등이 대표적인 표적치료 의약품들이다. 이들은 표적에 정확히 작용함으로써 기존 항암제 투입시 나타나던 구토, 탈모 등의 부작용을 획기적으로 줄이고 있다.

표적 치료에는 이와 같은 '디자이너 약' 말고도, 유전자 치료 등 새로운 방식이 이용되기도 한다. 이들 유전자 기반 의약품은 질병의 원인이 되는 단백질을 만들어내는 유전자를 타깃으로 삼기 때문에, 기존의 의약품에 비해 훨씬 정밀하다. 이미 1990년대 면역 결핍 등 유전자 결손환자에 대한 유전자치료 임상시험이 이루어졌으며, 현재는 혈우병과 같은 유전질환, 암, AIDS, 심장질환 등 다양한 증상으로 연구가 확대되고 있다.

더 나아가 향후엔 유전자 사전 진단과 처방을 통해 각 개인별 유전자적 특성에 맞는 '맞춤 의약품'도 개발될 것으로 보인다. 개인별 특성을 고려해 유아기부터 관리를 하면 발생 가능한 질병을 예방할 수 있으며, 질병의 원인이 되는 유전자를 복구하거나 보완할 수 있어 좀더 근원적인 치료도 가능할 것이다. 예를 들어 아기가 태어나기 전부터 유전자검사를 통해 출생 후 먼 미래에 발병할 수 있는 위험 요인들을 미리 알아낼 수 있다. 또한 유전자치료를 통해 문제가 되는 유전자를 복구하거나 대체함으로써 질병 관련 위험 유전자를 제거할 수 있다. 이렇게 태어난 아기는 출생 후 큰 질병에 걸릴 위험 없이 건강하게 성장할 수 있을 것이다.

칩이 약물을 전달

표적을 정확히 조준하는 것도 중요하지만, 이와 함께 약물을 표적까지 제대로 운반하는 기술 또한 반드시 필요하다. 따라서 뛰어난 효능을 지닌 새로운 성분을 탐색하는 것 못지않게 활발히 연구되고 있는 분야가 바로 약물전달 시스템(drug delivery system) 분야다.

약물전달 시스템이란 한마디로 다양한 약물의 전달 방법 또는 수단을 말한다. 이러한 기술이 BT, IT, NT 등 다양한 혁신기술과 융합돼 고도화되면 '지능형' 약물전달 시스템으로 진화한다. 지능형 약물전달 시스템에서는 약물 투여시점과 투여량, 투여대상 부위 등이 미리 프로그래밍을 통해 조정된다. 이런 뜻에서 지능형 약물전달 시스템을 '프로그래머블 필(programmable pill)'이라고도 부른다.

지능형 약물전달 시스템에서는 칩이나 센서 등 마이크로시스템이 주요한 운반수단이다. 약물전달 칩은 기본적으로 인체 내 각 기관들의 화학물질을 분비하는 매커니즘을 모방해 설계된다. 예컨대 약물전달 칩은 인체의 기능과 최대한 유사한 방식으로 치료가 필요한 부위에 적당한 양의 약물을 분사하게 된다. 또한 칩 하나에 수십 개의 약물 저장장치를 포함해 오랜 기간 동안 추가적인 약물복용이 필요 없도록 만들 수도 있다. 하루에 많게는 40개 씩의 알약을 먹어야만 하는 AIDS 환자들의 경우, 이와 같은 초소형 칩 의약품을 통해 약물복용이 훨씬 수월해질 수 있다.

약물전달 센서의 경우는 단순히 약물을 정해진 시간에 분사하는 것 말고도 추가로 부착된 센서의 도움으로 체내 진단까지 수행할 수 있다. 대표적인 예로 아직 실험실 연구단계이지만 당뇨병 환자의 혈당을 지속적으로 체크하는 이식형 센서를 들 수 있다. 이러한 약물전달 센서에 RFID(radio frequency identification : 일정 주파수 대역에서 무선으로 데이터를 주고받는 무선주파수 인식 시스템) 기술을 접목하면 의사의 원격 조정을 받아 체내 약물 분사방법을 재조정하는 것도 가능하다.

지능형 약물전달 시스템 기술은 이미 1970년대부터 미 MIT 등에서 개발이 시도되었으나 아직 상용화된 제품은 없다. 전문가들은 단순한 기능의 약물전달 칩은 향후 5년 이내, 이동형 진단 센서는 약 10년 이내에 제품화가 가능할 것으로 전망한다.

로봇 의약품

의약품은 똑똑한 지능을 갖추어 효능을 좀더 극대화하기 위해 계속 다양한 형태로 진화하고 있다. 표적치료법과 지능형 약물전달기술에 근거한 스마트 필보다 한 단계 더 진전된 것이 초소형 로봇이다. 체내 진단과 치료가 가능한, 독자적 지능을 갖춘 초소형 로봇을 몸 속에 투입, 인체의 구석구석을 돌아다니며 고장난 부위를 치료하는 것이다. 의약품 복용이 더욱 편리해지면서 동시에 질병 예방에 기여하게 된다.

먼 미래엔 스마트 필이 인간의 지능이나 체력을 향상시키는 수단으로까지 발전할 것으로 기대된다. 두뇌 이식용 칩을 통해 인간은 기억력 향상과 지능발달을 꾀할 수 있을 것이고, 기초체력을 증진시킬 수도 있을 것이다. 신경이식은 기억력 감퇴를 막을 수 있을 뿐 아니라, 운동신경을 발달시키는 데도 도움이 될 것이다. 또한 호르몬의 분비를 자동적으로 조절함으로써 다이어트나 키의 성장 등도 좀더 쉽게 가능해질 수도 있다.

스마트 필은 현재 성숙기에 직면한 의약산업의 재도약을 이끌 대표적인 혁신품목으로 기대되고 있다. 그러나 스마트 필은 의약과 의료의 경계를 허무는 동시에, 다양한 기술의 융합을 통해서만 탄생할 수 있다는 점에서 산업 전반에 미치는 영향은 막대할 것이다. '똑똑한 약', 아니 '천재 의약품'의 개발은 한 국가의 과학기술 수준을 가늠하는 척도가 될 것이다.

홍정기 jkhong@lgeri.com

19

젊게 늙고 싶은 샹그릴라 신드롬
노화는 자연현상이 아니라 관리해야 할 질병이다

평생 늙지 않고 영원한 젊음을 누릴 수 있다는 꿈의 낙원, 샹그릴라(sangri-La). 1930년대 제임스 힐튼의 《잃어버린 지평선》이라는 소설에 처음 등장한 가공의 장소다. 그런데도 많은 이들이 지금도 소설 속에 묘사된 곳을 찾아가고 싶어한다.

불로불사, 영원한 젊음을 통해 생로병사의 고통으로부터 벗어나고자 하는 인간의 욕망은 예나 지금이나 변함이 없다. 그 욕망의 결정체가 이상향으로 표현된 것이다. '영원한 젊음'이란 누구나 소망하지만 이룰 수는 없는 것, 상상의 세계에서나 존재할 뿐이다. 현실에서 '영원한 젊음'은 소비자의 환상을 자극하는 마케팅 수단이거나, 아니면 시골 장터의 만병통치약처럼 소비자를 현혹하는 얄팍한 상술에 불과할 뿐이었다.

그러나 인간의 끝없는 도전은 이 같은 꿈을 서서히 현실화시키고 있다. 의료 및 과학 기술의 발전은 인간의 평균수명 연장과 건강한 노후

생활을 위해 지금까지 많은 기여를 해왔지만, 여기에 그치지 않고 앞으로 노화(aging) 현상의 극복이라는 더 큰 선물도 약속하고 있다. 이제 노화란 그저 순응해야 할 자연현상이 아니라 관리하고 극복해야 할 대상이라는 인식이 확산되고 있는 것이다.

불로장생, 꿈만은 아니다

할아버지가 손자 뻘 되는 젊은이들과 격렬한 축구시합을 즐기고, 손자의 친구들이 할머니인 줄 모르고 데이트 신청을 한다. 발칙한 상상인가. 하지만 미래에는 이런 일들이 충분히 일어날 수 있다. 최근 노화현상의 원인을 찾아냄은 물론 노화를 지연시키는 연구가 빠르게 진전되고 있기 때문이다.

노화현상은 이미 오래 전부터 과학자들의 관심의 대상이 되어왔다. 특히 일찍이 고령화시대에 진입한 선진국에서는 수십 년 전부터 국가적 차원에서 노화에 대한 연구를 지원하고 있다. 노화연구는 1990년대 이후 바이오 테크놀로지(BT)의 발전과 함께 한 단계 도약의 계기를 맞게 됐다. 유전자 차원에서 노화현상의 원인 규명이 가능해진 것이다. 이것이 의미하는 바는 사뭇 혁명적이다. 유전자 차원에서 노화의 원인을 파악할 수 있다면, 노화를 지연시키는 방법을 찾는 것 또한 이론적으로 충분히 가능해진다.

실제로 미국에서는 1990년대 이후 노화방지 신약 개발을 위한 벤처기업들이 본격적으로 등장하기 시작했다. 이들의 기본적인 관점은 대체로 유사하다. 노화란 자연 현상이 아닌 질병이며, 따라서 치료할 수 있다는 것이다. 1999년 설립된 엘릭서(Elixir)라는 기업은 기업명 자체를 과거 연금술에서 유래한 '불로장생의 약'에서 따왔다. 기업 이름만 보면 다소 허황돼 보일 수도 있지만, 이 회사는 설립 후 지금까지 대형 벤처 캐피털로부터 약 5,000만 달러의 자금을 거뜬히 조달했다. 미래가 밝다는 평가 덕택이다.

학자나 기업들마다 노화현상을 설명하는 견해는 다르다. 섭취하는 칼로리 양과의 관계로 노화를 설명하는 학자들이 있는가 하면, 활성산소의 역할에 주목하는 학자들도 있다. 이들은 회충, 파리, 쥐, 원숭이 등 다양한 생물 실험을 통해 적게는 50%에서 많게는 수 배에 이르는 수명연장 사례를 보고하고 있다.

엘릭서는 이 중 칼로리 섭취량과의 관계에 주목한다. 칼로리를 제한하면 수명연장 효과를 얻을 수 있다는 것은 생물 실험이나 장수노인 연구를 통해 이미 잘 알려진 사실이다. 문제는 일반인들이 이러한 방법을 실행하기가 어렵다는 데 있다. 식욕을 억제하기도 어렵지만, 무리하면 우울증, 불임, 성욕저하 등의 부작용을 초래할 수 있다. 따라서 이 회사는 굳이 식욕을 억제하지 않더라도 체내에서 가상으로 칼로리 제한 상태를 유도할 수 있는 화합물 개발을 목표로 삼고 있다.

"늙는 건 정말 싫어"

노화연구가 진전되어 수명이 연장된다면, 인간은 과연 몇 살까지 살 수 있을까. 일부 과학자들은 노화를 지연시킬 경우 최대 140~150세까지는 수명을 연장할 수 있다고 예측한다. 현재 인간의 평균 수명이 대략 80세라고 할 때 무려 60~70년을 더 살 수 있다는 것이다.

그러나 인간이 어차피 영원히 살지 못하는 이상 단순히 오래 산다는 것은 별다른 의미가 없다. 아마도 크고 작은 질병에 시달리면서 오래 살기만을 바라는 사람은 없을 것이다. 중요한 것은 산술적 수명을 연장하는 것이 아니라 건강 수명을 동시에 연장하는 것이므로, 연구의 초점도 여기에 맞춰지고 있다.

한편 노화 연구의 진전은 인구구조의 변화와도 밀접한 관계를 맺고 있다. 고령인구(65세 이상)의 비중이 10%를 넘어 20%에 육박하고 있는 선진국에서는 노인층이 무시할 수 없는 소비세력으로 부상하고 있다. 수동적·소극적이라 사회에서 소외된 노인의 모습은 과거에 지나지 않는다. 이제는 자신의 의지대로 노후 생활을 설계하고 이를 즐기려는 적극적·능동적인 노인만이 있을 뿐이다. 노화연구의 진전은 이러한 신세대 노인들의 적극적인 니즈를 반영하는 현상으로도 이해할 수 있을 것이다.

수명연장까지는 아니지만 이미 선진국에서는 노화방지(anti-aging) 비즈니스가 거대시장으로 성장하고 있다. 미국 한 나라만 해도 노화방지 시장 규모는 2003년 현재 약 430억 달러에 달하는 것으로 추정된다.

노화방지 시장은 건강 및 외모 유지와 관련된 부문, 건강보조식품 부문 등 크게 세 가지로 나눌 수 있다. 각 부문 모두 지속적인 신제품 개발에 힘입어 양호한 성장을 지속할 것으로 보이지만, 특히 건강 유지 부문의 고성장이 예상된다. 관절염, 골다공증, 치매, 발기부전, 탈모 등 대표적인 노인성 질환 치료제가 이에 포함되는데, 최근 대형 제약기업들의 참여가 급증하면서 혁신적인 신약개발 성과가 기대되고 있기 때문이다. 한편 여타 부문에 있어서도 의약품 또는 의약성분의 활용이 두드러지는 추세다. 지금까지 노화방지 시장의 상당 부분을 차지해 왔던 건강보조식품, 미용, 화장품 등의 분야에서는 노화방지의 객관적 효능에 대한 논쟁이 끊이지 않았던 것이 사실이다. 이에 따라 최근에는 의학적 효능이 검증된 성분을 활용하려는 시도가 늘고 있는 것으로 보인다.

실버 비즈니스에서 노화방지 비즈니스로

일반적으로 노인을 대상으로 한 비즈니스를 실버 비즈니스라고 부른다. 우리가 잘 아는 실버타운을 비롯해 노인전용 여행 상품, 각종 노인용품, 노후 대비 금융상품 등이 이에 해당한다. 아직 우리나라에서는 실버 비즈니스가 활성화되지 않았지만 선진국에서는 이미 오랜 역사와 함께 거대한 시장을 형성하고 있다.

그러나 향후 성장잠재력 면에서 노화방지 비즈니스는 실버 비즈니스를 훨씬 능가할 것으로 평가된다. 우선 노화가 사회 전체의 주요 이슈로 등장하면서, 새로운 욕구를 반영한 제품들이 활발히 선보일 것이라는 점이다. 만약 노화방지 신약이 개발된다면 엄청난 대박이 예상된다. 그러나 현재 FDA(미국 식품의약청)의 규정상 노화는 질병으로 분류되지 않기 때문에 일단 노인성 질환을 예방하는 약으로 우회해 등장할 전망이다. 이 밖에 노인성질병 예방 기능을 가진 식품, 근육강화 효과가 있는 기능성 의류, 질병의 조기 진단과 예방을 위한 맞춤형 건강관리 시스템 등 다양한 분야의 새로운 제품들이 속속 등장할 것이다.

제품 신뢰성 확보를 위한 기업들의 노력이 강화되고 있는 점 또한 긍정적이다. 그 동안 반신반의하여 구매를 주저하던 소비자들도 제품의 과학적인 노화방지 효과만 입증되면 얼마든지 충성 고객으로 전환될 수 있다는 판단이다.

마지막으로 고객층이 점차 확대되고 있는 점도 노화방지 비즈니스의 성장 전망을 밝게 하고 있다. 실버 비즈니스 고객이 노인층에 한정된 데 비해 노화방지 비즈니스 고객은 점차 중장년층으로까지 확대되는 추세다. 기미제거, 주름개선 등 대표적 노화방지 화장품 고객은 이미 30대 초반으로까지 확산되고 있다. 이런 현상은 다른 분야에서도 동일하게 나타나고 있다. 노화에 대한 관심이 증가하면서 노화가 시작되는 시점에서 노화에 대비해야 한다는 인식이 확산되고 있기 때문이다.

우리나라에서는 아직까지 노화방지 비즈니스가 자리를 잡지 못하고 있으나, 소득 수준이 상승하고 고령화가 빠른 속도로 진전됨에 따라 향후 수년 내 본격적인 시장이 형성될 것으로 예상된다. 일반적으로 마케팅 전문가들은 50대 중반 이후의 고객들을 가장 까다로운 고객으로 분류한다고 한다. 기업들로서는 지금까지 이러한 연령층에 대해 상대적으로 관심이 적었기 때문에 새로운 고객을 만나는 것이나 다름이 없다고 할 수 있다. 향후 마케팅이나 사업을 하는 데 있어 노화와 노인에 대한 연구가 더욱 중요해질 것이다.

노화에 대한 연구가 진전되고 있으나, 아직까지 노화현상에 대해서는 풀리지 않은 의문점들이 많다. 노화에 지혜롭고 적극적으로 대응한다는 점에서 노화연구를 이용하는 것은 바람직하지만, 이를 전부 받아들이는 것은 위험하다. 어떤 과학자들은 인간의 수명은 20~30% 정도만 유전적 요인에 의할 뿐 나머지는 라이프 스타일과 같은 후천적 요인에 따라 결정된다고 말하기도 한다. 따라서 소비자의 입장에서도 노화방지 제품에 대한 지나친 맹신은 경계해야 할 것이다. 샹그릴라는 어쩌면 멀리 떨어진 곳이 아니라 우리의 마음 속에 존재하는지도 모른다.

장이화 ihwajang@lgeri.com

20

연금술사도 울고 갈 **나노 테크놀로지**
나노기술의 힘! 연필심으로 다이아몬드를 만든다

2010년 겨울 어느 날. 하얀 설원으로 뒤덮인 스키장의 혼잡한 주차장. 후면으로 주차하다 불쑥 튀어나온 가로석에 범퍼가 부딪혔다. 그런데도 운전자는 태평이다. 나노 소재로 된 범퍼라 웬만해선 긁힌 자국 하나 남지 않기 때문이다. 차체도 나노로 페인트칠이 돼 있어 좀처럼 벗겨지지 않는다.

주차 후 선글라스를 낀 스키복 차림의 운전자는 부산히 스키보드를 챙겼다. 스키복은 완전방수에 충격흡수 기능까지 있고, 선글라스는 유해 광선을 완벽하게 차단한다. 스키보드는 최고의 강도와 탄성을 자랑하는 첨단 제품이다. 멀리 보이는 안내용 대형 디스플레이는 태양빛을 받으면서도 선명한 화질을 자랑한다. 모두 나노 소재로 만들어진 덕분이다.

"최첨단 나노 소재로 무장한 기분이 어떠신가요?"
"다들 무장하고 있는데 새삼스럽게 왜 물어보세요."
스키복 남자의 반응은 의외로 시큰둥하다.

플라스틱도 100년 전에는 이름조차 생소한 물질. 지난 1세기 동안 튼튼하면서도 가볍고, 썩지 않는 기적의 소재로 불리며 20세기를 플라스틱 세상으로 만들었다.

그렇다면 '21세기의 플라스틱'은 무엇일까. 답은 앞에 나와 있다. 바로 나노(nano, 10억 분의 1에 해당하는 단위. 머리카락 굵기의 10만 분의 1) 소재다. 1998년 이미 나노 구조과학과 기술에 대한 세계기술평가센터(WTEC) 위원회에서는 "나노 구조는 신소재에서 혁명적인 새 시대의 시작을 의미한다"고 보고했다. 혁명은 이미 진행 중이다.

나노, 나노, 나노…

세계는 지금 나노 열풍이다. 최첨단 제품이라면 '나노'라는 두 글자를 빼놓을 수 없다. 세탁, 살균, 소독까지 해주는 은나노 드럼 세탁기, 나노 입자 기술을 이용한 손상모발 전문 샴푸, 합금보다 10배는 튼튼하다는 자동차 범퍼 등 나노 기술을 사용한 제품이 일상 생활에 속속 스며들고 있다. 과거 이라크 전쟁에서 레이더에 잡히지 않는 기술로 눈길을 끈 스텔스 전투기 역시 전자파를 흡수하는 나노 물질을 동체 외부에 발랐다.

도대체 나노가 무엇이길래 세상이 이처럼 열광하는 것일까. 나노는 한 마디로 원자나 분자 수준에서 물질들을 조작하고 만들어서 전혀 새로운 성질과 기능을 구현하는 기술이다. 이는 소재 세계에서는 매우 특별한 의미를 갖는다. 화학의 세계는 원자 수나 배열 하나의 차이로 엄청나게 다른 결과를 가져온다.

연필심과 다이아몬드를 예로 들어보자. 둘 다 탄소로 이루어졌으나 원자배열이 다르다는 이유로 광채가 달라졌다. 시장가치는 하늘과 땅 차이다. 나노 기술이 발전하면 연필심으로 다이아몬드를 만들 수도 있다. 연금술사도 울고 갈 강력한 기술이 바로 나노인 것이다.

나노 기술은 이전까지 구현할 수 없었던 놀라운 소재들을 탄생시키고 있다. 그 중에서도 나노 소재 분야의 최전방에서 최고의 인기를 누리는 '스타'는 바로 탄소나노튜브다. 예를 들어 탄소나노튜브 테니스 라켓을 사용하면 훨씬 더 강력한 스매싱을 날릴 수 있다. 기존 라켓보다 가볍고, 5배는 견고하면서 탄성도 월등히 뛰어나기 때문이다. 또한 골프클럽, 스키보드 등의 고강도 스포츠 용품에서도 인기를 끌고 있다. 총알도 튕겨내는 슈퍼전투복을 만드는 데도 탄소나노튜브가 응용된다. 그렇지만 이러한 사례들은 탄소나노튜브가 가진 잠재력에 비하면 빙산의 일각에 불과하다.

더 가볍게, 더 강하게

탄소나노튜브와 연필심, 다이아몬드는 모두 '형제지간' 이다. 피 대신 탄소를 나누었다는 점이 인간과 다른 점이다. 언뜻 보면 속이 빈 시험관처럼 생겼지만, 자세히 보면 표면에 벌집 모양의 육각형 무늬가 나 있고, 각 모서리에는 탄소들이 촘촘히 박혀 있다. 쉽게 말해서 벌집 모양의 그물을 둘둘 말은 것 같은 형태를 갖고 있다.

　탄소나노튜브는 원자배열이 다르다 보니 먼저 태어난 '형'들과는 성질 면에서 다른 특성을 보인다. 우선 탄소나노튜브는 강하면서 가볍다. 강철보다 100배 강하면서 속이 비어 무게는 6분의 1 정도밖에 안 된다. 어떤 이는 이 재료를 활용해 우주로 통하는 엘리베이터를 만드는 기상천외한 상상도 가능하다고 말한다. 그리고 유연성도 뛰어나서 옷, 신발 등과 같은 일상 소재로서도 안성맞춤이다. 뿐만 아니라 전선으로 쓰는 구리보다 전기가 잘 통하고, 세상에서 가장 열을 잘 전달한다는 다이아몬드 못지않게 열을 빠르게 전달한다. 이런 특성들을 이용하면 우리가 쓰는 실리콘 반도체보다 집적도가 1만 배나 높은 반도체 소자를 만들 수 있다. 게다가 전자가 잘 튀어나오는 성질을 이용하면 빛을 낼 수 있어 조명이나 디스플레이로도 이용할 수 있다. 결론적으로 탄소나노튜브는 고기능 소재로부터 디스플레이, 메모리 소자, 2차 전지·연료 전지용 소재, 가스센서, 의료용 소재까지 모든 분야에서 응용될 수 있는 혁신적인 소재임이 분명하다.

다만 탄소나노튜브의 유해성에 대한 우려도 존재한다. 실험용 쥐에 탄소나노튜브 용액을 주입했더니 폐에서 튜브들이 뭉치면서 질식사를 일으켰다는 최근 실험결과 때문이다. 이후 나노 물질이 사람의 뇌, 중추신경, 심장혈관 등에 파고들어 손상을 일으키는지 여부에 대한 논란이 거세지고 있다. 자연계에는 항상 작용과 반작용이 존재한다. 인체에 대한 유해성 여부를 철저히 검증하지 않는다면 탄소나노튜브의 찬란한 미래는 사막의 신기루에 지나지 않을 것이다.

현재 탄소나노튜브 기술의 진화는 어디까지 왔을까. 군사, 우주항공 등 특수 분야의 용도를 제외하면 상용화 제품은 스포츠 용품과 같은 고기능성 소재 분야에 국한돼 있다. 그러나 휴대폰이나 노트북 배터리용 소재의 경우 개발이 상당히 진행돼 2005년경에는 실제 생활제품에 채용될 것으로 보인다. 그 밖에 디스플레이나 반도체 메모리 등 다른 분야의 기술 개발도 활발하게 진행 중이지만, 대부분 초보적인 연구단계에 머물러 있다고 봐야 할 것이다.

탄소나노튜브 시장은 고기능성 소재 및 배터리 등의 용도를 중심으로 실체를 갖춰가고 있다. 시장 조사 기관인 프로스트 & 설리번(Frost & Sullivan)은 탄소나노튜브 시장이 매년 약 2배씩 성장해 2007년경에는 5억 4,000만 달러를 넘어설 것으로 예상했다. 일본 미쓰이(Mitsui)사는 2003년에 연간 120톤의 탄소나노튜브를 생산할 수 있는 공장을 구축하고 자동차·수지·배터리 회사 등에 팔고 있다. 미쓰이사는 그램 당 수 달러에 이르는 생산원가를 0.1달러 수준으로 낮춰 이 소재의 상용화를 주도하고 있다.

우리나라에서는 2000년부터 탄소나노튜브를 소량 생산해 왔던 일진나노텍이 본격적인 양산을 준비 중이고, 다른 기업들도 연구개발을 강화하는 등 다가오는 변화에 대비하느라 분주한 모습이다.

 탄소나노튜브로 만드는 2010년

Scene #1 : 새로운 빛의 시대가 온다. 거리를 걷는 사람들 주머니에 둘둘 말려 꽂혀 있는 것은 종이신문이 아니다. 탄소나노튜브가 들어간 두루마리 디스플레이다. 두루마리 디스플레이는 책이 되거나 수첩이 되기도 한다. 길가 쇼핑몰에 걸린 대형 디스플레이는 색감도 자연스럽고 동물들의 움직이는 영상을 그대로 재현한다. 가로 3m, 세로 2m의 대형화면의 전기 사용량은 가정용 냉장고에 불과하다고 한다. 집에서 쓰는 전구도 저전력이고 수명이 길어서 갈아줄 필요가 없다. 모두 발광 소재로 탄소나노튜브를 쓴 덕택이다.

Scene #2 : 노트북을 떨어뜨려도 그냥 집어 들면 그만이다. 입고 다니는 컴퓨터의 경우 충격흡수는 기본이다. 갖고 다니는 메모리만 해도 6년 전보다 용량은 1,000배 가까이 커졌지만 속도도 20배나 빨라졌다. 대용량 배터리 덕택에 휴대폰에서 연료전지 자동차까지 일 주일 동안 배터리가 떨어지지 않을까 걱정할 필요가 없어졌다.

최근엔 '나노매니아'로 불리는 소비자 계층이 등장했다. 옷, 화장품과 같은 생활용품으로부터 고기능 스포츠 용품, 그리고 더욱 튼튼하고 안전해진 자동차 등 나노 소재로 된 제품만을 즐기는 소비족이다. 이들을 주 고객으로 확보한 나노 전문매장 '나노피아'는 매출과 순익이 기록적으로 상승, 코스닥의 황제주로 떠올랐다.

김경연 kykim@lgeri.com

21

산소보다 귀한 수소
소리 없이 진행 중인 수소 에너지 혁명

상쾌한 아침, 어제 새로 구입한 자동차로 출근하는 김 과장. 키를 꽂자 계기판의 수소연료 게이지에 불이 들어왔다. 15Km를 더 달릴 수 있다는 표시다. 잔여 배터리 용량도 70% 이상. 차가 움직이는 데도 엔진소리는 거의 들리지 않는다. 승차감도 좋다. 집에서 1km 떨어진 수소 충전소에 들러 연료를 가득 채웠다. 휴대폰이나 노트북 컴퓨터용 수소 충전은 덤이다.

이 충전소의 수소는 수력발전소에서 나온 전기로 물을 분해해 만들어진 것이다. 다른 지방에서는 바람이나, 태양, 지열 등을 이용해 전기를 얻기도 한다. 생성된 수소는 광역지방자치단체별 유통 네트워크나 파이프라인을 통해 각 충전소로 전달된다.

김 과장의 사무실이나 집에서 쓰는 웬만한 전력은 연료전지가 만들어 공급한다. 연료전지의 화학반응에는 수소가 필요하다. 필요한 만큼 전기를 만들어 쓰고, 남으면 전력망을 통해 되팔기도 한다. 부족할 때는 네트워크를 통해 사면 된다. 김 과장의 수소 자동차도 전기를 만들어 네트워크에 옮길 수 있다. 움직이는 발전소인 셈이다.

미래 에너지의 중심, 수소

수소경제란 에너지의 생산부터 최종 소비에 이르는 일련의 시스템이 수소를 기반으로 이루어지는 것을 말한다. 수소는 터빈이나 디젤과 같은 내연기관이나 연료전지는 물론 각종 제품의 합성이나 처리 공정에 연료나 원료로 쓰이면서 에너지를 저장하고 매개한다. 어찌 보면 지금의 석유가 하는 역할과 흡사하지만, 다시 사용할 수 있다는 점에서 근본적으로 차이가 있다. 수소가 전기나 열과 같은 다른 형태의 에너지로 바뀌면서 나오는 게 물이며, 물을 분해하면 다시 수소를 얻을 수 있다. 물을 분해하는 에너지만 있다면 수소 에너지 시스템은 유지될 수 있다. 태양 에너지처럼 물을 분해하는 데 필요한 풍부한 에너지원이 있는데다, 이를 전기나 화학 에너지로 바꾸는 기본적인 기술도 이미 갖춰져 있다.

수소 에너지 시스템에서 수소는 연료전지를 통해 소음이나 오염물질을 발생시키지 않고 열이나 전기 에너지로 쉽게 전환된다. 연료전지만 있으면 언제 어디서든 수소를 연료로 필요한 전기를 만들어낼 수 있다.

이런 과정은 현재 에너지 흐름과 전혀 다르다. 현재 전기와 같은 에너지는 생산자에서 소비자로 일방적으로 흘러간다. 수소경제에서는 에너지 소비자가 생산자도 될 수 있기 때문에 반대 방향으로도 에너지 흐름이 가능하다. 수소경제는 현재의 중앙 집중식 전원 네트워크에서 발생할 수 있는 일시적 수급불일치를 해결할 수 있다. 따라서 몇 년 전 미국의 동부와 서부에서 발생했던 대규모 정전사태는 상상할 수 없을 것이다.

수소경제, 돌이킬 수 없는 흐름

언제쯤 우리 생활이 수소 에너지 시스템과 친숙해질까. 에너지 전문가나 경제학자들은 2020년경에는 수소경제의 윤곽이 드러날 것으로 내다보고 있다. 그 전망의 근거를 살펴보자.

현재의 에너지 및 경제체계는 석유를 기반으로 발전해 왔다. 그러나 석유나 천연가스와 같은 화석연료의 생산량이 감소하기 시작하는 15~25년 후에는 현재의 화석연료 에너지 체계가 급속히 붕괴할 수 있다는 예측이 나오고 있다. 에너지의 외부 의존도가 높은 나라는 석유 에너지 공급이 불안해지면 엄청난 충격을 받는다. 세계 최대 산유지역이자 잔여 매장량의 67%가량을 보유한 중동 지역이 보유한 경제적 영향력은 갈수록 커질 것이다.

에너지 안보 차원뿐 아니라 지구온난화에 따른 급속한 기후변화와 생태계파괴 현상 역시 깨끗하고 새로운 에너지 체계로의 전환을 재촉하고 있다. 지구온난화의 비극을 묘사한 영화 〈투모로우(The Day After Tomorrow)〉는 극적으로 과장됐다. 그러나 유사한 상황이 앞으로 일어나지 않는다는 보장도 없다.

최근 이산화탄소와 같은 온실가스 배출 등을 규제해 지구온난화를 막아보려는 국제적인 협력도 박차를 가하고 있다. 2004년 11월 초 러시아가 국제 기후변화 협약인 교토의정서를 비준함으로써 2005년에는 전세계적 온실가스 감축 노력이 본격화될 조짐이다. 이에 따라 태양·물·바람·지열 등 다양한 형태의 자원들이 석유를 대체할 청정 에너지원의 후보로 오르내리고 있다.

하지만 수소만큼 가능성이 높은 대안은 없는 것처럼 보인다. 수소는 지구상에서 가장 풍부한 연료원이며, 환경 친화적인 에너지 운반체다. 석탄과 석유와 같은 에너지원은 주로 탄소와 수소로 이루어져 있기 때문에 다른 에너지로 전환되는 과정에서 온실가스나 기타 오염물질 배출을 피할 수 없다. 그 동안 세계의 주요 에너지원은 나무나 석탄에서 탄소 함량이 적고 상대적으로 수소가 많은 석유나 천연가스로 변해 왔다. 연료에서 탄소 함유량이 감소되는 탈(脫)탄소화 현상은 산업적 대세로 평가되고 있으며, 그 끝은 탄소 함유율이 '0'인 수소다.

수소경제의 핵심, 연료전지

수소는 일종의 에너지 매개체로 다양한 형태의 에너지로 전환할 수 있다. 그 중 가장 유력한 에너지 전환 시스템은 무엇일까. 독일 BMW사는 수소 자체의 폭발력을 이용한 내연기관을 개발해 관심을 끌었다. 그러나 뭐니 뭐니 해도 수소가 가진 화학 에너지를 전기 에너지로 바꾸는 연료전지가 최고의 후보다.

현재 연료전지는 다양한 형태가 개발되어 빌딩이나 가정에 시험적으로 사용되고 있다. 또한 자동차 엔진이나 휴대용 기기의 전원으로도 본격적인 상업화를 눈앞에 두고 있다. 연료전지 분야에 전자, 에너지, 화학 등 다양한 산업 분야의 기업들이 대거 참여하면서 사업화 가능성을 엿보고 있다. 듀퐁이나 3M과 같은 굴지의 화학 기업들은 연료전지 소재나 시스템 개발에, 소니를 비롯한 유명 전자업체들은 휴대폰이나 노트북 컴퓨터에 사용될 휴대용 연료전지 개발에 열중이다. 가정이나 공장 또는 오피스 타운의 발전용이나 자동차용 연료전지의 경우에는, 세계 유수의 자동차, 에너지 업체뿐만 아니라 다우와 같은 화학기업까지 가세했다.

사실 연료전지가 주요 전원으로 자리잡기에는 아직 가격이 너무 비싼 편이다. 성능이나 기술 측면에서도 해결되어야 할 과제가 많다. 그럼에도 불구하고 글로벌 기업이나 미국, 일본, EU 등 선진권이 연료전지와 관련 응용 기기를 개발하는 데 투자와 지원을 아끼지 않는 이유는 무엇일까. 아무래도 잠재적인 경제적·산업적 가치를 무시할 수 없기 때문이리라.

수소경제의 혈관, 수소 인프라

연료전지의 상용화와 수소경제의 정착을 위해 해결해야 할 중요한 과제가 있다. 다름 아닌 수소를 생산·저장·배분할 '혈관'을 구성하는 일이다.

수소는 현재 대부분 화석연료에서 생산되고 있으나, 궁극적으로는 물과 태양 에너지로부터 만들어질 전망이다. 현재까지는 천연가스와 수증기를 반응시켜 수소를 만드는 방법이 가장 경제적이고 널리 쓰이고 있다. 그러나 자원을 고갈시킨다는 단점이 있다.

가장 이상적인 방법은 지역환경에 맞게 수력이나 풍력, 그리고 지열과 같은 재생이 가능한 자원을 이용해 전기를 만들고, 이를 통해 물을 분해해 수소를 얻는 것이다. 물의 전기분해는 환경오염 없이 고순도의 수소를 얻을 수 있는 방법이다. 더구나 최근 들어서는 획기적인 고성능 전기분해막이 개발되는 등 기술발전 속도도 빨라지고 있다.

생산된 수소는 액체상태로 저장돼 배분될 것으로 보인다. 액체상태가 수송이나 활용이 가장 손쉽다는 것이 전문가들의 견해다. 지금도 튼튼한 용기에 수소를 고압가스나 액체로 담아 수송하고 있다. 끓는 점이 영하 250℃ 이하인 수소를 액체로 저장하기 위해선 고압과 충격에 강한 안전한 용기가 필요하다. 최근에는 금속 수소화물 형태도 시도되고 있으나 너무 무거운 게 단점으로 지적된다. 그리고 극미세 탄소 섬유 안에 수소를 저장하는 방식도 개발됐는데 이는 소형 휴대기기에 적당한 방식이다.

미국의 에어 프로덕트(Air Products)나 프랑스의 에어 랭드(Air Linde) 등의 기업들이 수소저장이나 인프라 관련 기술개발에 적극적이다. 또한 독일·일본·미국 등을 중심으로 수소충전이나 고압 저장시설 구축이 활발히 이루어지고 있으며, 최근에는 이들 정부 간 제휴도 성사되고 있다. 수소 인프라의 구축과 표준화는 더욱 가속화되는 추세다.

산소보다 귀한 수소

수소경제의 대두에 있어 가장 큰 걸림돌은 경제성과 기술적인 완성도 두 가지다. 화석연료에 비해 '비경제적'이란 평가의 이면에는 우리 사회가 아직 '지속가능한 발전'이란 가치에 동의하지 않는다는 문제가 존재한다. 사회적으로 환경을 훼손하지 않는 지속가능한 발전에 높은 가치를 둔다면 수소경제 실현의 비용을 기꺼이 감수할 수 있을 것이다. 이는 수소경제로의 이행 속도는 사회 전반의 인식변화에 달려 있다는 얘기와 마찬가지다.

숨쉬는 데 꼭 필요한 것이 산소지만, 우리는 크게 아쉬운 줄 모른다. 그러나 가까운 미래엔 수소 없이는 사회와 국가, 문명이 지속해 나가기 어려운 시대가 도래할 것이다. 이 때의 수소는 부지불식간에 코로 받아들이는 산소가 아니라 각종 에너지원으로서 고압 탱크에 담겨 있는, 눈에 보이는 수소다. 우주에서 가장 풍부한 수소가 산소보다 더 귀한 대접을 받게 될 것이다. 수소를 잘 다루고 활용하는 국가나 사회가 21세기를 주도해 나갈 것이다.

수소경제는 에너지 시스템은 물론 생활 방식이나 경제체계의 대변혁을 요구한다. 주요 기업이나 선진국은 연료전지 기술 개발이나 수소 인프라 구축을 위해 활발하게 움직이면서 화석연료 중심의 경제체제를 서서히 수소체제로 바꿔나갈 준비를 하고 있다.

우리의 상황은 어떠한가? 국내의 연료전지 기술은 일본이나 미국의 30% 수준으로 평가된다. 수소 인프라 또한 내세울 만한 게 없다. 그러나 에너지 대부분을 석유에 의존하는 우리 입장에서도 수소경제로의 전환이라는 흐름에 대비하지 않을 수 없다.

정부는 최근 수소 및 연료전지 기술개발에 본격적으로 투자하고, 연료전지 시범사업이나 상용화 프로그램 도입을 추진 중이다. 국제적인 기술개발 계획에도 명함을 내밀고 있다. 사실 수소 인프라 구축은 선진국에서도 이제 걸음마 단계다. 연료전지 관련 소재나 부품 측면에서도 기술혁신의 여지가 많다. 기회가 많이 남아 있다는 얘기다.

준비하는 국가만이 기회를 살릴 수 있다. 수소경제권으로의 발빠른 전환은 화석연료 시대에 에너지 종속국이었던 우리가 진정한 '독립선언'을 외칠 수 있는 기회를 의미한다.

박팔현 phpark@lgeri.com   22

방송과 통신의 만남, TPS
인터넷, 전화, 방송이 하나가 된다

경기도 부천시의 P씨 아파트. P씨의 아내는 지금 케이블 TV방송을 켜 놓은 채 영상전화를 즐기고 있다. 그런데 TV 스탠드 뒤엔 케이블 선만 있을 뿐 전화선이 보이지 않는다. 케이블 선과 전화선이 지저분하게 얽혀 있는 다른 집보다 훨씬 깔끔하다.

잠시 뒤 초등학생인 큰 아이가 돌아와서 컴퓨터를 켰다. 컴퓨터에 연결된 인터넷 전용선을 따라가 봤다. 앞서 보았던 케이블 선에 또다시 연결된다. P씨는 TV, 전화, 초고속 인터넷이라는 세 가지 서비스를 케이블 선 하나로 이용하는 셈이다. 서비스 이용료는 월 말마다 통합해서 지불하면 된다. 요금도 크게 줄었다.

P씨 집이 이용하는 서비스가 바로 TPS(triple play service)다. TPS는 이미 미국, 호주, 유럽 각국에서 서비스를 시작해 큰 인기를 얻고 있다. 국내에서는 2004년 7월부터 부천과 포항에서 시범 서비스가 개시됐고, 2010년경이면 우리나라 가정의 절반 이상이 애용하는 보편적 서비스로 자리잡을 전망이다.

TV, 전화, 인터넷이 하나로

TV, 전화, 인터넷 세 가지는 우리들 일상생활에서 떼놓고 생각할 수 없는 주요 서비스로 자리잡았다. 그러나 지금까지는 이들 서비스가 제 각기 제공되는 바람에 개별적으로 요금을 지불해야 하는 등 번거로움이 컸다. 전국적으로 남발되는 고지서만 해도 엄청나다. 따라서 이들 서비스를 편리하고 저렴하게 사용할 수 있도록 개발된 것이 바로 TPS다. TPS란 트리플 플레이 서비스, 즉 야구경기에서 세 주자가 한꺼번에 아웃 되는 삼중살을 뜻하며, 하나의 통신망을 통해 세 가지 서비스를 동시에 제공한다는 의미다.

소비자들에겐 어떤 편익이 있을까. 우선 TPS의 큰 장점은 싸다는 것이다. 대충 기존의 케이블 방송, 시내전화, 인터넷 요금은 각각 1만 원, 2만 원, 3만 원으로 모두 6만 원 정도인데, TPS로 전환하면 요금이 4만 5,000원 이하로 낮출 수 있다. 무려 25% 이상 절약되는 셈이다. TPS에 이동전화 서비스까지 묶은 QPS(quadruple play service)라는 서비스도 등장할 전망이다. 명칭이야 어쨌든 가정마다 적어도 2대 이상 보유하고 있고 요금의 비중도 가장 큰 이동전화 서비스가 함께 제공되면 그만큼 할인 폭도 커질 것이다.

어떻게 이런 통합 서비스가 가능할까. 주역은 디지털 기술 발전이다. 디지털 기술을 적용해 케이블 망의 주파수 대역을 분리하면 케이블 방송 프로그램과 동시에 음성전화와 인터넷 콘텐츠를 제공할 수 있게 된다.

TPS는 네트워크와 서비스 상품 구성에 따라 다양한 유형이 생겨난다. 예를 들면 케이블 선 대신 전화선을 통해 초고속 인터넷, 전화, IPTV(인터넷 기반의 다채널 방송)를 제공할 수 있다. IPTV는 현 단계 기술로는 전화선으로 케이블 방송을 제공할 수 없기 때문에 등장한 것이다. 이 밖에 전화선으로 초고속 인터넷과 시내전화를 제공하되 방송은 위성을 결합할 수도 있다. 네트워크가 이원화되는 이런 서비스 형태를 '이종망을 활용한 TPS'라 부른다.

한편 2005년과 2006년에는 DMB(digital multimedia broadcasting, 이동멀티미디어 방송), 휴대 인터넷 등과 같은 새로운 서비스가 모습을 드러낼 예정이다. 2010년엔 새롭게 구축되는 통신 및 방송 네트워크가 기존의 네트워크와 서로 연계되면서 자연스럽게 멀티 네트워크 또는 복합 네트워크 시대로 진입할 전망이다.

결합 및 융합 서비스라는 기본 속성을 갖는 TPS는 기존의 전화, 케이블 방송, 인터넷에 이어 DMB, 휴대 인터넷 등을 포함한 새로운 복합 서비스 상품을 제공하는 방향으로 성장·발전할 것이다. 따라서 TPS는 향후 멀티 네트워크 시대에도 핵심 서비스의 위상을 굳건히 할 수 있을 것으로 보인다.

TPS가 일반화되면 어떤 현상이 벌어질까. 전문가들이 TPS에 주목하는 가장 큰 이유는 TPS가 사람들의 생활유형을 변화시킬 새로운 서비스를 제공하는 플랫폼(기반) 역할을 할 수 있기 때문이다. 예를 들어보자. 가정의 전등, 커튼, 난방 보일러 등 생활기기를 제어하거나 냉장고, 세탁기, 에어컨 등 각종 가전제품을 조종하는 것이다. 또 가스, 전기, 수도검침 자료를 원격으로 자동 인식하는 것 등과 같은 다양한 홈 오토

메이션 서비스는 모두 PC, 전화기, TV 등을 통해 제공된다. 이들 서비스를 통합해 제공하는 것이 바로 TPS다. TPS의 활용성은 여기에 그치지 않는다. 가스 밸브 제어, 방재, 외부침입 탐지, 방문자 확인, 어린이와 애완동물 모니터링과 같은 홈 시큐리티 서비스와 원격진료 서비스 역시 TPS를 활용할 수 있다.

소비자들은 TPS 시대의 첨단 생활 패턴에 적응할 수 있도록 정보화 흐름을 놓치지 말아야 한다. 물론 다양한 새 서비스, 최신 단말기 및 네트워크 장비 등 사업기회를 적기에 포착, 활용하는 것은 기업의 몫이다.

빅뱅의 신호탄?

TPS는 소비생활뿐 아니라 정보통신 시장판도에도 큰 지각변동을 불러일으킬 수 있다. TPS가 본격화되면 방송사업자와 통신사업자가 사이좋게 나눠 가졌던 통신과 방송시장이 섞이게 된다. 자연히 시장쟁탈전이 벌어질 수밖에 없다. 기존 통신사업자 간 점유율 경쟁도 촉발되고, 결국 정보통신 산업은 빅뱅(big bang)을 거칠 것이다.

이미 해외에선 경쟁구도 변화의 조짐이 나타나고 있다. TPS를 처음 제공한 곳은 컴캐스트(Comcast), 콕스(Cox)커뮤니케이션스 등 미국의 대형 케이블 방송 사업자들이었다. 이들은 2000년부터 쌍방향 디지털 전송망(HFC, 광동축 케이블) 구축으로 케이블 방송 서비스의 효율성을 높였고, 이어 네트워크 성능을 개선해 케이블 방송에 초고속 인터넷 서비스 및 음성전화 서비스를 융합한 TPS를 제공하기 시작했다. 덕택에 이들은 새로운 수익원을 창출하는 한편, 가입자 이탈률을 절반으로 낮춤으로써 안정적인 고객기반을 확보했다.

통신 서비스 업체들에겐 위기의 시작이었다. 케이블 사업자들이 초고속 인터넷과 전화 서비스 시장에 진출한 탓이다. 급기야 통신사업자들은 자사의 ADSL(비대칭 가입자회선)을 통한 인터넷과 전화에다 위성방송을 엮는 형태의 TPS 서비스를 시작했다. 캐나다의 BCE나 미국의 SBC사가 이에 해당된다. 미국의 퀘스트(Qwest), 이탈리아의 패스트 웹(FastWeb) 같은 회사는 ADSL, VDSL(초고속디지털가입자회선)망이나 광 네트워크를 통해 인터넷, 전화, IPTV를 융합한 TPS를 시작했다.

해외에서 방송과 통신 간 결전이 벌어지는 반면 국내에서는 통신사업자 간 경쟁이 예상된다. 국내에서는 제도적으로 전국적인 서비스망을 갖춘 대형 케이블 사업자가 탄생할 수 없었다. 따라서 방송 사업자들은 통신사업자와 제휴하지 않고서는 TPS를 제공할 수 없는 상황이다.

그렇더라도 국내 정보통신 업계가 TPS로 인한 경쟁구도 변화의 움직임에서 벗어날 수는 없을 것이다. 후발 사업자들의 공세에 따라 현재 유선시장의 70~80%를 장악한 KT의 아성이 깨질 가능성도 배제할 수 없다.

2004년부터 시범 서비스를 시작한 데이콤은 자사의 초고속 인터넷에 전화, 지역 케이블 방송을 엮는 제휴형 TPS를 선보이고 있다. 데이콤은 TPS를 통해 그 동안 경쟁에서 열세였던 초고속 인터넷 서비스를 강화한다는 포석이다. 하나로통신 역시 케이블 방송 사업자와 제휴하거나 또는 IPTV를 제공하는 형태로 TPS를 적극 추진할 계획이다. KT의 경우 초고속 인터넷과 전화 서비스는 제공할 수 있지만 케이블 방송을 결합하기 어렵기 때문에 위성방송을 활용하거나 또는 IPTV를 준비하고 있는 것으로 알려졌다. 하지만 KT는 시장지배적인 사업자이므로 TPS 제공시 요금할인이 제한될 수 있다. 후발업체들의 공격적인 가격 정책에 기존 점유율을 지키기 어렵다는 얘기다.

TPS가 기반이 된 새로운 정보화 시대에는 단말기, 장비와 같은 하드웨어와 다양한 통신 서비스 상품, 그리고 콘텐츠 분야 등에서 골고루 역량을 갖춘 '팔방미인' 기업이 주도기업으로 부상할 것이다. 그러나 아직까지 어느 기업이 주도할지는 오리무중이다. 분명한 것은 지금부터 TPS를 철저히 준비하는 기업만이 주도권 대열에 합류할 수 있다는 점이다.

박동욱 dupark@lgeri.com

23

통신 시장을 뒤흔들 인터넷 전화

부가 서비스는 늘어나고 가격은 싸진다

R호텔 매니저로 일하는 박유선 팀장(가명)은 아침 일찍 사장으로부터 급한 호출을 받았다. 갑작스레 오후에 미 본사의 회장이 방문을 한다는 것이다. 화들짝 놀란 박 팀장은 침대 옆 전화기의 원 터치 버튼을 눌러 인터넷 전화 서버에 접속했다. 서버에 저장된 팀원들에게 다자간 통화를 신청하기 위해서다. 곧바로 팀원 10명 중 8명과 연락이 닿았다.

박 팀장이 팀원들과 긴급 회의를 한 시간은 30분 남짓. 나머지 2명에게는 긴급 메시지를 남겼다. 출근길에 박 팀장은 미국의 본사로 전화를 걸어 회장의 방문 목적과 스케줄 등을 상세히 들었다. 호텔에 도착한 박 팀장은 다시 휴대전화로 현장의 팀원들을 불러내 준비 사항을 점검했다.

이런 일이 다반사로 벌어지는 박 팀장은 한 달에 전화요금을 얼마나 낼까. 놀랍게도 기본요금을 제외하고 모든 음성통화는 공짜다. 이는 모든 음성통화가 인터넷망을 통해 이루어지는 인터넷 전화(VoIP) 덕분이다. 인터넷 전화는 기존 회선교환망(PSTN)이 아닌 인터넷망(IP network)을 통해 음성신호를 디지털화해 전송한다. 인터넷 사용에 구역이 없듯 통화권을 구분할 필요가 없다. 2010년이면 이러한 인터넷 전화가 보편화된다.

인터넷 전화는 일반 전화와는 비교할 수 없을 만큼 저렴하다. 일반 전화는 이용자가 지정받은 회선을 통해 걸고 받는다. 잘못 연결되거나 소리가 끊기는 따위의 일은 일어나지 않지만 요금이 비싸다. 반면 인터넷 전화가 이용하는 인터넷망은 공짜다. 따라서 장비 등에 들이는 투자비와 통신망 운용비가 일반전화보다 적게 들기 때문에 요금이 싸다. 따라서 인터넷 전화가 확산될수록 가계와 기업의 통신비 부담은 급격히 줄 수밖에 없다. 지금도 일부 전화회사는 인터넷 전화 기술을 국제 통화에도 적용해 일반전화보다 40% 정도 싸게 요금을 받고 있다. 또 이미 많은 기업들이 전화요금을 적게 내기 위해 인터넷 전화 시스템을 도입하고 있다. 미국의 경우 인터넷 전화 시스템을 설치해 본지사 간 공짜 전화를 쓰는 기업의 비율이 63% 수준에 달한다고 한다.

다이얼패드의 좌절

1999년 말 '무료전화'라는 광고 카피로 센세이션을 일으켰던 다이얼패드를 기억하는가. 당시 다이얼패드는 인터넷을 통한 무료전화를 상용화해 한 세기 동안 불패신화를 자랑했던 일반 유선전화 시장을 완전히 대체할 것으로 기대를 모았다. 다이얼패드를 선보인 새롬기술의 주식은 액면가 500원의 600배인 30만 원대까지 치솟았다.

그러나 다이얼패드는 컴퓨터를 이용해 전화를 걸 수만 있었고 걸려 오는 전화를 받기에는 어려움이 많았다. 특히 이 때만 해도 초고속 인터넷 보급이 매우 저조해 완전한 양방향 인터넷 전화는 거의 불가능했다. 잡음이나 끊김 현상 등 통화품질도 좋지 않아 인터넷 전화는 금세 소비자의 관심에서 잊혀졌다. 다이얼패드의 신화도 몰락했다.

그러나 최근 들어 다이얼패드가 내세웠던 무료 음성통화가 실현될 가능성이 높아지고 있다. 우선 초고속 인터넷 서비스 가입자 수가 1,200만 명에 달해 대부분의 가정에서 거의 모든 유선전화가 인터넷망으로 연결될 수 있는 조건이 갖추어졌다. 초고속 인터넷 광대역화와 단말기의 지능화로 통화품질도 크게 개선되었다. 2005년부터 070으로 시작하는 인터넷 전화 식별번호가 부여되면 기존 송신 위주의 반쪽 서비스에서 수신까지 완벽하게 소화해 낼 수 있는 서비스가 가능해진다. 기존 전화기를 그대로 사용하기 때문에 PC 앞에서 무거운 헤드셋을 쓸 필요도 없다.

인터넷 전화는 다시 유무선 통신시장에서 태풍의 핵으로 부상하는 중이다. 미국 연방통신위원회(FCC)의 마이클 포웰 위원장은 2004년 초 〈포천(Fortune)〉지와의 인터뷰에서 "인터넷 전화는 유선전화가 태어난 이후 근대 통신 역사상 가장 중요한 패러다임 변화"라고 평가했다.

이웃 나라 일본에서는 소프트뱅크사의 인터넷 전화 서비스인 '비비폰(BB Phone)'이 선풍적인 인기를 얻고 있다. 2002년 서비스를 개시한 이후 현재까지 무려 400만 명 이상이 가입했다. 주요 IT 기술이 10%의 가정 보급률을 달성하기까지 걸린 기간을 살펴보면 이동전화 15년, 초고속 인터넷 5년이었던 것에 반해 인터넷 전화는 2년 반 만에 이루어졌다는 점에서 그 보급속도를 가늠할 수 있다. 일본에서는 2010년경 모든 유선전화가 인터넷 전화로 바뀔 것으로 예상된다. 미국도 2008년쯤이면 1,750만 세대에서 인터넷 전화를 이용할 전망이다. 이는 미국 가정의 16%에 달하는 수치다.

우리의 경우 보급된 인터넷 전화기가 아직 15만 대 수준에 불과하다. 그러나 2007년에는 320만 대까지 늘어날 것으로 예상된다. 이런 추세가 유지된다면 2015년 광대역 인터넷망(Broadband convergence Network : BcN)이 구축됨과 동시에 한 세기를 풍미했던 기존 유선전화는 사실상 막을 고할 전망이다.

전화시장의 무한경쟁

인터넷 전화는 사실 '전화기'를 넘어선다. 인터넷 전화는 음성을 e메일, 인스턴트 메시지, 동영상과 같은 데이터로 간주한다. 따라서 음성과 일반 데이터가 융합되면 다양한 부가 서비스가 가능해진다. 앞서 박 팀장의 예에서 보았던 것처럼 이용자들이 그룹으로 등록해 다자 간 통화도 가능하다. 문자나 음성 메시지, 그리고 e메일도 주고받을 수 있다. 귀찮은 전화가 사용자를 괴롭힐 경우 인터넷 전화국에 접속해 '통화차단' 메뉴를 클릭하면 간단하게 해결된다.

만약 음성이 영상 데이터와 함께 전송된다면 멀티미디어 영상통화도 가능하다. 앞으로 방송과 통신이 결합되면서 인터넷 전화의 중요성은 더욱 부각될 것이다. 예를 들면 인터넷 전화를 통해 양방향 TV 서비스를 누릴 수 있을 것이다. 이 외에도 수많은 부가 서비스가 시도되고 있다. 2004년 현재 국내의 인터넷 전화 사업등록업체 수는 90여 개에 이른다.

인터넷 전화는 초고속 인터넷 서비스망이 깔린 지역이라면 어디서든 사용할 수 있다. 최근 3G, 무선 랜, 휴대 인터넷 등과 같이 이동하면서 초고속 인터넷 통신을 할 수 있는 서비스가 등장하고 있다. 이러한 통신 인프라를 통해 무선 인터넷 전화를 할 수 있기 때문에 이동통신시장도 커다란 변혁을 겪을 수밖에 없다. 특히 3G 이동통신망이 완전히 구축되어 모든 이동통신이 광대역화되면 인터넷 전화의 파급 효과는 실로 엄청날 것이다.

그럼 기존 통신업체들은 어떻게 될까. 인터넷 전화는 기존 음성통화 시장을 잠식한다는 점에서 기존 통신업자들에겐 위협적인 존재다. 일본 최대 통신업체인 NTT는 유선전화 시장에서 소프트뱅크의 강력한 도전을 받아 어려움을 겪고 있다. NTT는 2010년까지 약 51조 원이라는 막대한 자금을 투입해 기존 유선전화를 인터넷 전화로 교체할 계획이다. 하지만 경쟁이 치열해져 매출은 계속 하락할 전망이다. 미국에서도 인터넷 전화 시장을 두고 기존 통신업체, 케이블 방송업체 및 인터넷 전화업자 간 시장 쟁탈전이 치열하다. 방송과 통신이 융합되면서 인터넷 전화시장을 두고 많은 기업들이 진출하고 있는 것이다.

다시 새롬기술의 사례를 떠올려보자. 인터넷 전화시장은 아이디어만 있다면 누구나 발을 들일 수 있지만 실제 돈을 벌기란 쉽지 않다. 과거 인터넷 포털 업체들이 난립했지만 현재 살아남은 기업은 손에 꼽을 정도다. 인터넷 전화도 마찬가지여서 적자생존의 법칙이 철저히 적용될 것이다. 따라서 누가 시장에 먼저 진입하느냐의 여부가 중요한 관건이 될 것이다.

시장에 먼저 진입하면 여러 선발자의 이점(first mover advantage)을 누릴 수 있다. 소프트뱅크의 '비비폰'이 2003년 한 해 동안 150만 명의 신규 가입자를 끌어들인 반면, 나머지 170여 개의 인터넷 전화업체들은 모두 합쳐 40만 명의 신규 가입자를 확보하는 데 그쳤다. 후발기업은 독특한 아이디어, 획기적인 서비스로 승부해야 성공적으로 시장에 끼여들 수 있다. 그리고 인터넷 전화 이용자는 쏟아지는 서비스와 요금제도 중 자신의 기호와 형편에 맞는 적당한 상품을 고르면 된다.

이영수 yslee@lgeri.com

24

단말기가 기지국이 되는 **바이러스 이동통신**
모이면 강해지고 흩어지면 약해진다

2004년 현재 우리나라 방방곡곡에 설치된 휴대폰 기지국이 몇 개나 될까. 1,000~2,000개쯤일까? 아니면 5,000개 정도? 놀라지 마시라. 모두 2만 2,000개다. 기지국 1개 설치비용만 해도 대략 10억, 여기에 부동산 임대료, 관리비, 전기료, 그리고 기지국들을 묶는 추가적인 네트워크 이용요금 등등. 우리가 지불하는 휴대전화 요금은 다 이런 데 쓰인다. 실로 엄청난 금액이 휴대전화를 '터지게' 하는 데 필요하다.

이렇듯 많은 돈을 들였지만 때때로 우리가 가진 휴대전화기는 먹통이 된다. 그럴 때마다 자리를 바꿔 앉기도 하고, 차에서 내려보기도 하며, 어딘가에 있을 기지국을 찾아 두리번거린다. 현대 이동통신에서 기지국이 없는 상황은 상상하기 어렵다.

통신은 나날이 정확하고 빨라진다. 그러나 그 무선통신의 기반기술은 100년 전 마르코니가 모르스 부호를 송수신할 때나, 초속 2메가의 속도로 동영상을 주고받는 오늘날이나 크게 달라진 게 없다. 무선 주파수를 소유한 통신업체들에게 요금을 내는 것도 예나 지금이나 똑같다. 그들은 정부로부터 무선 주파수를 할당받고, 기지국 등 엄청난 통신기반 시설을 설치했으니 어찌 보면 당연한 장사다. 그러나 이러한 통신방식이 가장 효율적인 것일까. 엄청난 돈을 들여 기지국을 만들고, 이 부담을 이용자가 부담해야 하는 걸까.

2010년 모습을 드러낼 바이러스 이동통신은 이런 질문에서 비롯됐다. 바이러스 이동통신의 세계는 단말기가 소형 기지국이 되는 세계다. 즉 단말기만으로 통신이 가능한 세상인 것이다. 이제까지의 통신은 기지국을 거쳐야만 연결이 가능했다. 반면 바이러스 이동통신의 세상은 단말기끼리 서로 연결해 나가 결국 원하는 지점의 이용자와 통신한다. 바이러스란 이름은 그래서 붙여졌다. 마치 바이러스가 퍼지듯 통신망을 만들어내는 것이다. 기지국은 더 이상 필요 없다. 20여 년 전 IBM은 첫 개인용 컴퓨터 5150을 통해 인간을 메인프레임(mainframe)에서 해방시켰다. 이제 바이러스 이동통신이 우리를 기지국에서 해방시켜 줄 차례다.

바이러스 이동통신은 현재 미국 MIT 미디어랩(Media Lab)의 연구주제인 '해비타트 프로젝트(Habitat Project)'의 일환이다. 이 연구를 책임진 리프먼(Lippman) 교수는 "2010년경 바이러스 이동통신의 본격적인 상용화가 이루어질 것"이라고 내다본다. 미국에선 바이러스 이동통신이 메시 네트워크(mesh network), 또는 애드혹 네크워크(ad hoc network) 등으로도 불린다.

모일수록 커진다

대낮에도 빛 구경이 힘든 울창한 숲속. 밤새 일진일퇴의 공방이 계속되면서 브라보 중대는 작전 지역을 잃었다. 여기가 도대체 어느 지역일까. 치열한 격전 속에서 주변의 통신설비는 모조리 먹통이다. 깊은 숲속이라 위성전화기도 무용지물이다. 그런데도 김 대위는 군용 PDA를 꺼내들었다. 그러고는 주위에 있는 아군의 네트워크를 검색한다. 다행히 500m 전방에 지휘본부로 연결되는 PDA가 발견되었다. 김 대위는 곧 아군 PDA에 접속, 8자리 비밀번호를 눌렀다. 본부의 네트워크에 접속하자 새롭게 변경된 작전지도와 작전명령이 하달된다. 김 대위가 지휘하는 브라보 중대는 소리 없이 숲속에서 다음 목표지점으로 이동을 시작했다.

아마 지금과 같은 통신환경이라면, 브라보 중대는 고립돼 전멸하거나 포로로 잡힐 가능성이 농후하다. 기지국도 없고 위성통신도 불통이기 때문이다.

바이러스 이동통신의 가장 큰 특징은 여러 사람이 모여 하나의 네트워크를 만든다는 점이다. 독자들은 이 책을 읽는 순간에도 휴대전화 통화가 시원치 않으면 안테나 눈금이 몇 개나 떠 있는지 살핀다. 하지만 앞으로는 사람들이 주변에 노트북이나 휴대전화기를 들고 있는 사람이 없는지 살피게 될 것이다. 전화통화가 이뤄지면 '당신 덕분이다' 라며 주위에 있는 사람에게 고맙다는 눈인사를 전해야 할지도 모른다. 앞에서 언급한 브라보 중대도 네트워크 단말기를 가진 아군 PDA가 있었기에 고립을 면할 수 있었다.

바이러스 이동통신이 보편화되면 일단 요금이 싸진다. 통신업체를 통하지 않고 전화를 걸 수 있기 때문이다. 자유롭게 인터넷을 즐길 수도 있다. 그것도 무선으로. 바이러스 이동통신 네트워크에 접속되어 있는 한 속도가 떨어지지 않을까 하는 걱정은 접어두어도 된다. 데이터가 가장 빠른 루트를 통해 사용자가 원하는 곳까지 자동으로 전달된다.

바이러스 이동통신은 네트워크 기기를 가진 사람들이 많이 모일수록 강력해진다. 바로 이것이 '네트워크 효과' 다. 이 때문에 인터넷 회선에 접속한 채 칩거했던 네티즌들도 바이러스 이동통신을 공짜로 이용하려면 집 밖으로 나와 '바이러스 네트워크 존'에 모여야 한다. 자동차에 전화 단말기가 붙어 있다고 상상해 보자.

자동차가 곧 움직이는 기지국이 되는 셈이다. 차가 교통체증에 꽉 막혀 있어도 인터넷을 즐길 수 있다. 또한 고속도로에서도 달리는 차량들이 하나의 네트워크를 형성하기 때문에 인터넷으로 안정된 동영상을 즐길 수 있다.

그러나 문제가 있다. 지금보다 사이버 아이디(ID)의 신뢰성이 훨씬 중요하다. 다른 사람이 자신의 통신기기에 연결하려고 할 때 승인해 주느냐, 마느냐 갈등이 생긴다. "어떻게 그 사람을 믿고 승인할 수 있나?"라는 의문이 해결돼야 한다. 앞으로는 사이버 아이디가 상대방을 신뢰할 수 있는 유일한 수단이다. 신뢰할 수 없는 사람이 내 컴퓨터에 접속해 컴퓨터를 해킹하는 것을 막아야 한다. 자신이 남의 네트워크에 접속할 때도 마찬가지다. 따라서 사이버 세계에서의 보안 인증기술이 더욱 진가를 발휘하게 될 것이다.

그러나 한적한 교외에서는 바이러스 이동통신을 즐길 수 없다. 이때는 지금과 같이 기지국이나 위성을 이용할 수밖에 없다.

공존의 방법 찾기

수십조 원을 쏟아 부은 통신업체들은 어떻게 될까, 이런 우려는 적어도 상당 기간 기우에 그칠 것이다. 넘어야 할 산이 너무나 많다. 우선 기존 업체들의 입김과 로비를 넘어서기 어렵다. 통신업체들은 투자한 만큼 뽑은 다음에야 바이러스 이동통신에 관심을 가질 것이다. 더구나 바이러스 이동통신을 통해 광대한 인터넷 정보를 얻으려면 기존의 네트워크와 접속하지 않을 수 없다. 현 통신업체들이 보유한 기간통신망(backbone)에 연결되지 않은 바이러스 이동통신은 '그들만의 리그'일 뿐이다. 따라서 어느 정도는 기존의 네트워크와 공존해야 할 필요가 있다.

주위에 이용자가 없을 때 끊어지는 현상도 사실 대중화를 가로막는 심각한 문제점이다. 사람들은 갈수록 안정적인 온라인 상태(always on)를 추구한다. 하지만 바이러스 이동통신 전화기는 주위에 통신을 하는 사람이 없으면 끊어지고 만다. 통신 이용자들을 연결시키는 방식이다 보니 통신의 프라이버시를 확보하기 어렵다는 단점도 있다.

한수연 julie@lgeri.com

25

나눌수록 더 커지는 그리드 컴퓨팅
더 이상 내 PC를 업그레이드할 필요가 없다

'SETI@home'이라는 인터넷 사이트에 접속해 보자. 화면 보호기 프로그램을 내려받을 수 있다. 독자들의 PC에 이 프로그램을 설치해 보자. 순간 자신의 PC 중앙처리장치(CPU)는 자신도 모르게 우주에서 보내오는 엄청난 양의 데이터를 분석하는 데 동원될 수 있다.

독자들이 컴퓨터를 사용하지 않을 때, 즉 화면보호기가 작동을 하고 있을 때에만 SETI의 데이터 분석이 진행되고, 그 결과는 UC버클리 대학의 컴퓨터 서버로 전송된다. 지금 이 순간에도 전세계적으로 인터넷에 연결된 500만 대가 넘는 PC들이 혹시 있을지 모르는 우주의 생명체를 탐구하기 위해 데이터를 분석 중이다. 개개인의 PC로는 분석할 수 없는 방대한 양의 데이터라도 수백만 대 PC가 뭉치면 슈퍼컴퓨터에 버금가는 컴퓨팅 파워를 발휘할 수 있다. 이것이 바로 그리드(grid) 컴퓨팅의 실제 적용사례다.

 현재 국내에서 슈퍼컴을 가동하는 곳은 기상청, 국방과학연구소, 서울대 등 10여 개 기관뿐이다. 일반인들이 엄청난 돈이 드는 슈퍼컴을 갖는다는 것은 불가능하다. 그러나 그리드 컴퓨팅을 잘 활용하면 저가의 'PC 연합'으로 슈퍼컴을 능가하는 계산·분석 능력을 발휘할 날이 조만간 올 것이다.

 그리드 컴퓨팅은 지구촌에 널려 있는 고성능 컴퓨터는 물론 대용량 데이터 저장장치, 각종 최신 실험장비 등을 통신망으로 연결시켜 마치 하나의 컴퓨터처럼 사용하는 기술을 일컫는다. 여기서 그리드란 지구의 위도 및 경도가 만들어내는 그물코 모양을 의미하는 것으로, 지구촌 곳곳에 퍼진 그물망 같은 연결상태를 뜻한다.

 우리가 가정에서 전기를 끌어다 쓰는 것을 생각해 보자. 방 안의 전등을 켜기 위해 직접 발전소를 세울 필요도 없고, 현재 사용 중인 전기가 어디에서 만들어지는지 알 필요도 없다. 전등 스위치를 켜면 한국전력의 배전 시스템이 자동적으로 전기를 공급해 준다. 이와 유사하게 그리드 컴퓨팅이 일반화되면 사용자가 지구 어느 곳에서든 네트워크에 접속만 하면 엄청난 양의 컴퓨팅 파워와 데이터 저장장치를 자유롭게 사용할 수 있다.

WWW를 닮은 그리드 컴퓨팅

 그리드 컴퓨팅은 시장조사기관 가트너, 〈테크놀로지 리뷰(Technology Review)〉(MIT 대학에서 발간하는 첨단기술 관련 저널) 등이 '미래를 획기적으로 바꿀 10대 기술'로 꼽는 등 차세대 IT 기술의 중심에 서 있다. 사실 컴퓨팅 능력을 함께 갖자는 생각은 1950년대부터 제시됐으나 컴퓨터와 통신망이 비약적으로 발전한 1990년대에 들어서야 실험실 밖으로 나올 수 있었다. 물론 2개 이상의 컴퓨터를 연결해서 사용하는 '병렬 또는 분산' 컴퓨팅은 일찍이 소개됐다. 그러나 LAN 환경에서 같은 종류의 컴퓨터가 갖춰져야 한다. 반면 이를 발전시킨 그리드 컴퓨팅은 서로 다른 종류의 컴퓨터를 통신망으로 연결시켜 조직과 지역에 관계없이 단일 시스템처럼 사용할 수 있다. 연결할 수 있는 시스템도 무한대로 넓다.

그리드 컴퓨팅의 등장 과정은 WWW(World Wide Web)와 매우 유사하다. 1990년대 초반 유럽의 원자력연구소(CERN)는 세계 각지에 흩어진 과학자들과 연구 실적을 손쉽게 공유하기 위한 해법으로 WWW를 고안했다. 그 후 CERN의 과학자들은 소립자 충돌 프로젝트를 진행하는 과정에서 현존하는 슈퍼컴으로는 분석이 곤란한 엄청난 양의 분자물리학 데이터를 처리하기 위해 그리드 컴퓨팅을 도입했다.

WWW는 인터넷에 연결된 하이퍼 텍스트(hyper text)형식의 문서나 프로그램만을 공유할 수 있지만 그리드 컴퓨팅은 완전히 차원이 다르다. 엄청난 양의 데이터를 분석해야 하는 분자물리학, 기상학, 지질학자들에게 부분적으로나마 중요한 시뮬레이션 도구로 활용되고 있다. 특히 대용량 데이터를 분석해야 하는 바이오, 나노, 로봇, 우주항공, 환경 등의 분야가 21세기 유망 산업으로 뜨면서 그리드 컴퓨팅이 주목받고 있다. 궁극적으로 크고 작은 그리드들이 모두 연결되면 그 파급 효과는 인터넷 혁명을 능가할 것이라는 점이 전문가들의 기대다.

'무어의 법칙'의 한계를 넘어서

눈치 빠른 독자들은 이미 짐작했을 것이다. 그리드 컴퓨팅이 가능해진 이유는 무엇보다도 통신망의 발전에 힘입은 것이라고….

컴퓨터의 계산·분석 능력의 개선속도는 통상 무어의 법칙(Moore's

Law)으로 설명한다. CPU의 처리용량이나 속도는 주로 반도체 칩에 켜 켜이 쌓인 트랜지스터의 개수에 좌우된다. 무어의 법칙은 이 개수가 18개월마다 두 배로 커진다는 경험칙이다. 현재 널리 보급된 개인용 컴퓨터 한 대가 1960년 이전에 전세계에 만들어진 모든 컴퓨터를 합한 것보다 더 많은 계산 능력을 갖고 있다. 계산 속도 역시 1990년대 초반의 슈퍼컴과 엇비슷하다는 사실은 무어의 법칙에 무게를 더해줬다.

그러나 견고해 보이던 무어의 법칙도 시간이 흘러가면서 조금씩 흔들리고 있다. 2003년 인텔 연구소의 보고서는 무어의 법칙이 2010년쯤 물리적 한계에 도달할 것임을 시인하고 있다. 반도체 회로선 폭을 가늘게 하기 위해 나노 기술까지 적용하고 있지만 칩 제조공정이 16나노미터(1나노는 10억분의 1) 이하로 정교해지기 어렵다는 것이다. 결국 이러한 한계를 극복하는 방법은 초고속 통신망으로 다양한 컴퓨터의 연산 능력을 완벽하게 통합하는 것뿐이다. 다행스럽게도 통신망의 발전 속도는 9개월마다 두 배씩 빨라지고 있어, 그리드 컴퓨팅의 실현 가능성을 높여준다. 다만 현재 인터넷 전송속도가 초당 1,000킬로~100만 메가 바이트인 반면 그리드 컴퓨팅을 위해서는 10억 기가~1조 테라 바이트의 속도가 필요하다. 아직 격차가 있는 셈이다.

속도뿐 아니다. 통신망을 표준화하는 작업도 필요하다. 서로 다른 기종의 컴퓨터 자원을 일사불란하게 활용하기 위해서는 정보가 서로 호환될 수 있어야 하고, 적절한 애플리케이션이 개발돼야 하며, 또한 정보자원을 효과적으로 관리해야 한다. WWW에서는 HTTP(hyper text transfer protocol)가 문서들을 인터넷에 연결해 주는 표준으로 사용된다. 마찬가지로 그리드 컴퓨팅에서는 글로버스 툴킷(Globus Toolkit)이라는 공개된 소프트웨어가 표준으로 자리잡고 있다. 이 툴킷은 컴퓨팅 자원을 공유하기 위한 표준을 제공하는 한편 해커의 공격으로부터 사용자

컴퓨터를 보호한다.

현재 그리드 컴퓨팅은 일부 대학 또는 기업 내에서 소규모로 만들어 가는 단계에 있다. IBM이 미국·이스라엘·스위스·일본 등의 R&D 연구소들을 글로브스로 연결했다. 미국과 유럽 등 선진국들은 정부가 나서 다양한 그리드 관련 프로젝트를 추진 중이다. 가장 규모가 큰 프로젝트 중 하나인 미과학재단(NSF)의 테라그리드(TeraGrid)는 일리노이 대학 등 네 곳에 고성능 마이크로 컴퓨터들을 설치하고 이들을 통신망으로 묶어 하나의 슈퍼컴처럼 작동시키고 있다. 테라그리드는 현존하는 단일 최우수 슈퍼컴보다 8배나 연산능력이 빠른 것으로 알려져 있다. 이를 위해 재단은 무려 8,800만 달러를 투입했다.

사라져 갈 PC 업그레이드

그리드 컴퓨팅은 과학자들이나 일부 기업만의 잔치로 끝나지는 않을 것 같다. 과학자들이 중심이 된 크고 작은 그리드들이 모두 연결되고 궁극적으로 전세계를 그물망처럼 연결한 '글로벌 그리드'로 발전할 전망이다. 이제까지는 대형 컴퓨터들이 그리드 확장의 타깃이었다. 그러나 향후엔 데스크탑뿐 아니라 PDA 등으로까지 그 사용범위가 확대될 수 있다. 그럴 경우 일반인들도 WWW처럼 그리드 컴퓨팅에 손쉽게 접근할 수 있게 된다.

그리드 컴퓨팅은 인류의 연산능력이 향상되는 것 외에도 큰 파급 효과를 가져올 수 있다. IT 기술이 발전하면서 인류는 국가별 또는 기관별 정보격차가 오히려 심화되는 역설적 상황에 놓여 있다. 우리나라와 미국이 가진 슈퍼컴 활용격차만 따져봐도 심각하다. 컴퓨팅 자원이 부족할수록 첨단산업 연구에서도 뒤질 수밖에 없어 그 결과는 빈부격차로 이어진다. 그리드는 이러한 컴퓨팅 자원 부족의 문제를 해결하고 정보격차를 해소하는 데 도움이 된다.

일반 PC 사용자들도 득이 많다. 가정이나 사무실의 PC는 대개 PC 능력의 10% 정도만 사용되며 저장용량도 40% 정도만 활용되는 것으로 알려져 있다. 독자들은 가끔씩 새로 출시된 3D게임이 제대로 작동되지 않는다거나, 프로그램을 동시에 여러 개 구동하면 PC가 다운되는 경험을 겪어봤을 것이다. PC를 업그레이드하는 가장 큰 이유는 이런 문제점을 해결하기 위해서다. 그러나 그리드 환경에서는 사정이 달라진다.

PC는 초고속 통신기능만 갖춘 단순 단말기면 족하다. 머잖아 독자들 중엔 그리드에 접속해 CPU는 서울대 슈퍼컴, 그래픽 처리장치는 포항공대의 중대형 컴퓨터로 구성된 대한민국 내 최고급 컴퓨터 시스템을 다루는 사람이 나타날 것이다. 이는 그리드 컴퓨팅이 '공유'를 통해 엄청난 용량의 컴퓨터 자원을 절약하게 해줌을 의미한다. 물론 그리드에 접속하는 비용은 3년마다 한 번씩 비싼 PC를 구입하는 것에 비할 수 없다.

chapter 3

사회·문화 트렌드
폭발하는 한국인의 다양성

전염병처럼 번지는 소송 만능주의
새로운 관계 맺기, 사이버레이션
더 이상 안전하지 못한 전문직
외설로도 부족한 역치 상승의 시대
다중 작업에 능한 디지털 네이티브
세대를 가르는 인터넷 랭귀지
다시 분출되는 여성 해방
개인주의와 뭉치는 자기중심적 웰빙
호모 후모아의 전성시대
디지털 디바이드의 그림자, IT 낙오자
확장되는 외인 지대
모자라는 신입생, 망하는 대학들

조영무 choym@lgeri.com

26

전염병처럼 번지는 소송 만능주의
사회가 건조해질수록 소송은 늘어간다

서약서 받는 미용실

"I will sue you!(당신을 고소하겠어!)"

미국에 가면 "식사 하셨어요?"라는 우리 인사만큼이나 자주 듣게 되는 말이다. 실제로 미국에서는 이런 것도 법정에서 시비를 가려야 하나 싶은 일들이 다반사로 벌어진다.

성폭력 용의자 하비 테일러는 2002년 플로리다에서 경찰을 고소했다. 이유는 자신을 빨리 체포하지 못했다는 것이다. 경찰을 피해 도망 다니다 눈밭에 갇혀 사흘 밤낮을 보냈던 그는 결국 동상으로 발가락 두 개를 잘라내야 했다. 테일러는 "경찰이 일만 제대로 했어도 내 발가락은 붙어 있었을 것"이라고 주장했다. 시립 골프장에서 번개를 맞자 시 정부를 고소하는가 하면, 가족의 자살을 막지 못했다며 관련 부처 장관에게 보상을 요구하기도 한다. 미국이 소송 천국이라 불리는 것도 무리가 아니다.

이러한 현상은 사실 세계적으로 벌어지고 있다. 최근 〈시드니 모닝 헤럴드(SMH)〉지는 호주의 미용실 업계에서 '서약서 받아두기'가 확산 중이라고 전했다.

"어떤 부작용이 생기거나 환자가 죽더라도 일절 이의를 제기하지 않는다."

이런 서약서는 원래 병원들이 큰 수술을 앞둔 환자나 그 가족들에게 받았다. 그런데 애초부터 관리를 잘 못해 모발에 큰 손상을 입은 상태에서 미용실을 찾아온 고객들이 미용사를 고소하는 사례가 급증하면서 별난 서약서가 등장했다고 한다. 고객들은 이제 미용실에서 '모발상태가 좋지 않았음을 인정하는' 서약서를 쓰지 않는 한 스트레이트닝, 파마, 염색 등의 서비스를 받을 수 없게 됐다.

영국 런던의 중소기업 사장 마틴 여사(44세)는 친구 4명을 집으로 초대, 저녁을 함께 했다. 식사가 끝날 무렵 환경단체 회장을 맡고 있는 스튜어트 여사(47세)가 앉았던 유리 의자가 갑자기 주저앉는 사고가 발생했다. 스튜어트는 엉덩이를 조금 다쳤지만 친구들은 급히 그녀를 화장실로 데려가 응급처치를 한 후 만찬을 무사히 마쳤다.

며칠 후 영국 사교관례에 따라 손님들이 보낸 감사 편지를 읽던 마틴 여사는 편지 내용에서 낯선 변호사의 이름을 발견한다. 변호사는 "제 의뢰인이 저녁을 먹던 중 정신적·육체적 손실을 입은 것은 '점유자책임법 규정'으로 볼 때 귀하의 과실로 판단되니, 귀하가 가입한 보험사를 알려주든지, 향후 손해배상 방침을 서면으로 알려달라"고 밝혔다.

이 사례를 보도한 〈타임스〉는 "더 이상 남을 집에 초대할 수 없게 됐다"고 개탄했다. 손님은 주인의 예술품인 유리 의자를 부순 데 대해 배상할 뜻을 보이고, 반면 주인은 손님을 놀라게 해 사과하는 뜻에서 이를 정중히 사양하는 것이 지금까지 영국적 전통이었다고 한다. 그런데 현실은 바야흐로 미국 문화의 어머니로 자부해 온 영국에서조차 미국식의 '법대로 하자'는 분위기가 확산되는 추세다.

'청소기로는 하늘을 날 수 없다'

미국의 소송만능주의의 뿌리는 1960년대로 거슬러 올라간다. 그 때까지만 해도 소비자나 납세자들은 부도덕한 기업과 공공기관의 부당한 횡포에 맞설 길이 없었다. 그러나 개혁 성향의 판사들과 사회 운동가들이 이들을 도와 '개인의 권리'를 적극 주창하면서 끈질긴 소송을 통해 불합리한 상황들을 많이 개선했다. 대표적 사례가 담배 소송이다. 담배 회사들은 천문학적인 소송비용을 원고가 감당하지 못할 때까지 재판을 질질 끌었지만, 집을 저당잡히면서도 끝까지 버틴 원고측 변호사들의 노력으로 결국 1998년 집단소송을 승리로 이끌었다.

그러나 지나치면 부족함만 못한 법. 소송의 천국 미국에서도 소송 남발로 인한 사회적 비용을 따지기 시작했다. 시사주간지 〈뉴스위크〉는 2003년 11월 '소송만능주의'가 미국의 사회기능을 마비시키고 있다고 비판했다.

의사들은 '모든 노력을 다했음'을 입증하기 위해 각종 검사와 처방을 지나칠 정도로 권한다. 의료진의 '방어적 진료'로 환자들이 추가적으로 내야 하는 의료비는 1년에 무려 500억~1,000억 달러(추산액)에 이른다. 이에 환자들의 소송이 잇따르고 소송이 잦은 산부인과와 신경외과를 아예 없애는 병원도 속출하고 있다. 그뿐 아니다. 불행한 처지에 놓인 신도를 위로하기 위해 무심코 껴안았던 신부는 '부적절한 행위'로 고소 당한 뒤 신도와 신체적 접촉은 피하고 있다.

미국 전역에서는 놀이터가 철거되는 현상도 나타난다. 놀이터를 아주 없애지는 않더라도 시소나 정글짐은 없애는 추세다. 아이들이 놀이터에서 다치자 소송을 내는 부모들이 매년 수천 명에 달하기 때문이다. 그러나 놀이터가 없어져 집안에서 뒹구는 아이들의 체중이 늘자 이번에는 맥도널드 등 패스트푸드 업계가 '소송 피박'을 쓰고 있다.

미국 기업들도 소송공포에 시달린다. 각종 제품의 포장을 보면 경고 문구가 잔뜩 붙어 있다. 진공청소기에는 '이 청소기로 하늘을 날 수 없다'는 기상천외한 문구까지 등장했다. 집단소송이 활발한 미국에서 기업들은 법 앞에 약자일 수밖에 없다. 일단 소송에 걸리면 매출이 줄고, 그에 따른 주가하락을 피하기 어렵기 때문이다. 울며 겨자먹기로 중간에 화해하는 소송이 전체의 95%에 달하는 것으로 집계된다. 이 때문에 소송꾼들은 정작 회계를 분식해 주가를 조작하는 기업보다 배상능력이 있는 우량기업을 먹잇감으로 노린다는 분석이다.

소송대국 미국이 2002년 사회적으로 지출한 소송 관련 비용은 무려 2,330억 달러. GDP의 2.2%에 달한다. 1인당 800달러가 넘는 규모다. 각종 사법제도 개혁안이 제기되고 있지만 또 다른 법적 시비를 부를까 우려하는 목소리가 적지 않다.

어묵이냐, 떡볶이냐

우리나라도 이제 소송천국의 흐름을 타기 시작했다. 예전 같으면 머쓱하게 한번 웃고, 악수하고 소주 한 잔으로 풀 수 있던 다툼들이 법정까지 가야 시비가 가려진다. 우리 사회가 그만큼 각박해진 탓이다.

2003년 대구에서는 어묵 가게 주인이, 같은 상가에 입주한 떡볶이 가게 주인이 떡볶이에 어묵을 넣어 팔자 '어묵 판매금지 확인 소송'을 냈다. 떡볶이 가게는 이웃 가게 메뉴를 팔면 안 된다는 상가 분양계약을 어겼다는 것이 이유. 재판부는 "떡볶이와 함께 조리한 어묵은 떡볶이로 봐야 하고, 어묵에 떡볶이 국물을 넣으면 어묵으로 봐야 한다"는 판결을 내렸다.

52억 원의 복권 당첨금을 둘러싸고 예비부부가 법정에서 다툼을 벌이기도 했다. 예비 신부에게 복권을 사라며 5만 원과 함께 적어준 번호가 1등 당첨번호와 일치한다는 사실을 나중에 알게 된 예비 신랑이 잠적해 버린 여자측 가족들을 상대로 부당이득을 돌려달라고 소송을 낸 것.

대법원의 집계에 따르면 2000년 72만 9,000건이던 민사소송 접수 건수는 2003년 115만 1,000건으로 3년 만에 58%나 늘었다. 과거 적당히 타협했던 갈등들이 이제는 '법대로'를 따지기 시작한 것이다.

소송비용이 아까운 소액분쟁도 무조건 법정으로 가져가곤 한다. 서민들의 2,000만 원 이하 소액분쟁을 다루는 민사소액 사건은 2000년 50만 건에서 2003년 90만 건으로 크게 늘었다. 최근에는 약식재판에서 벌금형을 선고받은 뒤 벌금을 줄이거나 늦게 내려고 정식재판을 청구하는 사람도 크게 늘고 있다. 2002년에 3만 건이던 소액재판 청구 건수는 2004년 상반기에만 2만 9,000건으로 늘었다.

주목할 대목은 이런 소송만능주의가 더욱 확산될 것이란 점이다. 우선 변호사가 급속히 증가하고 있다. 1995년 300명 수준이던 사법시험 합격자 수는 현재 1,000명까지 늘어난 상태. 시험에 합격하기 위해선 많은 시간과 돈, 그리고 열정이 필요하다. 더욱이 2008년 경부터 로스쿨(Law School, 법학전문 대학원) 제도가 도입되면 변호사가 되기 위해 치러야 하는 비용은 더욱 많아진다. 비싼 등록금을 치른 변호사는 아무래도 강한 보상심리를 갖게 마련이다.

반면 국내 경기침체 및 변호사 업계의 구조조정으로 변호사들 사이에서 빈익빈 부익부 현상이 벌어지고 있다. 상대적으로 돈벌이가 시원찮은 변호사들의 소송 부추김 현상이 나타날 가능성이 농후하단 얘기다. 미국에서도 소송만능주의의 이면에는 소장 송달 등 법정 주변의 잔심부름까지 대행해 주며 과잉경쟁을 벌인 변호사 그룹이 있었다.

게다가 소송의 범위도 점차 넓어지고 있다. 2002년 7월부터 시행되고 있는 제조물책임법(Product Liability : PL법)이 대표적인 사례다. 제조품의 하자로 고객이 손해를 보거나 다쳤을 때 과거엔 하자를 밝힐 책임이 고객에게 있었다. 따라서 제품 정보가 취약하고 자금력이 부족한 고객들이 소송을 제기하기가 어려웠던 것이다. 그러나 PL법의 도입으로 입증 책임은 기업에게 넘어가 소송제기가 그만큼 쉬워졌다.

2005년부터 증권 관련 집단소송제가 시행된다. 기업의 잘못으로 피해를 입은 주주 중 일부가 소송을 제기해 배상판결을 받으면 그 효과가 나머지 모든 주주들에게도 미치는 제도다. 최근에는 손해를 입힌 금액보다 더 많은 금액을 토해내도록 하는 미국식 '징벌적 손해배상'을 도입해야 한다는 주장도 들려온다.

양심적 병역기피나, 미션 스쿨에서의 예배 거부 등도 과거엔 불가능한 소송 사안이었다.

2004년 헌법재판소는 국회의 승인을 받아 행정부가 추진해 온 '행정수도 이전'을 관습헌법의 근거를 들어 제동을 걸었다. 그 논리적 근거를 떠나 향후의 대대적인 행정소송 및 위헌소송의 물꼬를 텄다는 지적이 많다. 정부와 국민 간, 정치세력 간 다툼과 갈등도 재판정에서 시비를 가려야 하는 시대가 온 셈이다.

법정 소송은 한 사회의 갈등을 조정하는 최선의 방법일 수 없다. 법관의 판결에 따라 한쪽 당사자를 강제로 승복하게 하는 것은 심각한 후유증을 남긴다. 법원의 권위가 떨어지면 후유증은 더 커지게 마련이다. 이제 우리 사회 정서에 잘 어울리는 갈등극복 시스템을 찾아야 할 때다.

형민우 mwhyung@lgeri.com

27

새로운 관계 맺기, 사이버레이션
사이버 네트워크의 배타성·선별성이 강조된다

1992년 지방에서 고등학교를 졸업하고 서울의 Y대에 갓 입학한 김군. 생면부지 고교 선배들과 인사를 나눌 수 있었던 것은 동문회 덕택이었다. 학기 초 캠퍼스 게시판에 붙은 '재경(在京) ○○고 동문회' 안내문을 보았던 것이다. 이후 김군은 게시판에 붙은 동아리 소개문을 보고 다른 학과, 다른 대학의 학우들과도 친분을 쌓았다. 대자보에 붙은 사회·정치적 이슈에 공감, 길거리 서명운동에 나서기도 했다.

04학번 이군은 사정이 많이 다르다. 입학동기·선배들과는 온라인에 형성된 커뮤니티를 통해 정보를 나누고 친분을 쌓는다. 동문회 안내문도 e메일로 받았다. 이군이 가입한 온라인 동호회는 무려 10곳. 이 중 두세 곳은 단골로 들락거린다. 정치적 의사표현은 단지 온라인 서명으로 하면 그만이다.

우리나라를 '인터넷 강국'이라 부르지만 인터넷이 본격 보급된 것은 겨우 5년여 정도다. 그러나 인터넷은 이미 사람들의 관계 만들기에 엄청난 영향을 미치고 있다. 과거 학연과 지연을 중심으로 형성됐던 인간관계는 인터넷을 통해 더 다양한 집단으로, 더 빠른 속도로 확대되고 있다. 이른바 '사이버레이션(cyberlation=cyber+relation)'의 시대다. 그 새로운 관계 맺기의 진화를 살펴보자.

1세대의 키워드 : 공유

인터넷이 인간관계에 일대 전환을 가져다 준 첫 계기는 수년 전 전국을 떠들썩하게 했던 초등학교 동창회 신드롬이다. '아이러브스쿨'이라는 인터넷 사이트를 매개로 연락이 끊겼던 수많은 초등학교 동창들과의 연락이 닿으면서 기억 속에서도 아스라해진 초등학교 동창 네트워크가 부활한 것이다.

인터넷 덕택에 동호회 문화도 만개했다. 물론 인터넷 등장 전에도 다양한 동호회가 있었다. 인터넷의 장점은 이러한 동호회 활동을 좀더 편리하고 다양하게 만들었다는 점이다. 학창시절을 떠올려보자. 바둑을 두고 싶으면 바둑 동호회에 가입하고 직접 기원에 나가야 했다. 그러나 이제는 몇 번의 검색과 클릭으로 바둑에 관심을 가진 동호인을 만날 수 있다. 좀더 발전하면 이들을 오프라인에서도 정기적으로 만나 단단한 네트워크를 구축할 수 있다.

인터넷상에서 관계 맺기가 쉬워지자 정보를 나누기 위한 네트워크가 급속히 부상했다. 대표적인 것이 소리바다. 소리바다는 PC 간 파일을 공유하는 형식으로 각 이용자의 정보량을 극대화할 수 있는 네트워크다. 내가 가진 일부 정보를 제공하는 대가로 받는 반대급부는, 불특정 다수의 참여로 막대한 정보가 된다.

이러한 사이버레이션의 공통점은 바로 공유(share)라고 할 수 있다. 인터넷은 추억과 취미와 정보를 공유하는 장(場)인 셈이다.

2세대 : 코드

2세대로 넘어오면서 동일한 코드(code)를 가진 사람들끼리 인터넷상에서 결집하여 정치·사회·문화 등 다양한 방면에서 목소리를 내기 시작한다. 이른바 '네티즌'이라는 세력의 등장이다.

이들은 대부분 직접적인 이해관계가 없다. 서로 얼굴조차 모른다. 그럼에도 불구하고 인터넷상에서 한 목소리를 낸다. 인터넷이 초창기 이용자들의 취미·정보 등 현실적인 욕구를 만족시키는 관계를 매개했다면, 2세대 인터넷은 사회·정치적 욕구를 만족시키는 장이 됐다. 탄핵 이후 총선 결과에까지 영향을 미쳤던 다양한 탄핵반대 모임, 최근 연예인 및 프로야구 선수의 병역비리 사건을 집중 성토했던 네티즌들이 그러한 예다.

이들의 이합집산은 엄청난 힘을 갖는다. 네티즌이 되기 위해서 특정 커뮤니티에 가입하거나, 일정한 자격을 갖출 필요가 없다. '접속' 할 수 있다면 누구나 네티즌이 될 수 있다는 개방성이 사안에 따라 엄청난 응집력을 발휘하는 것이다.

온라인상의 결집은 오프라인으로 옮겨가곤 한다. 2002년 대선 때 광화문 촛불시위의 영향력을 생각해 보라. 온라인상에서 적극적인 의견을 낸 사람들은 오프라인에서도 결집하게 마련이다. 이쯤 되면 온라인 관계가 직접적인 대면관계를 구축하는 계기가 된다.

3세대 : 이너 서클

최근엔 사이버레이션의 배타성이 강해졌다. 2세대까지는 인터넷 이용자들이 쉽게 웹상에서 인간관계를 형성하고 필요한 정보를 얻었다. 그러나 지나친 개방성은 오히려 사람들의 불만을 샀다. 누구나 얻을 수 있는 정보라면 가치가 떨어지는 법이다. 자신의 사생활이 쉽게 노출될 수 있다는 불안감, 정보를 공유하는 것이 아니라 일방적으로 취하기만 하는 무임승차자에 대한 거부감, 너무 많은 인간관계를 관리하는 데 따르는 어려움. 이들 이유로 실질적으로 도움을 주고받을 수 있고, 충분한 친밀감을 가진 사람들끼리만 따로 모이자는 욕구가 생겨났다. 바로 소규모 이너 서클(inner circle)이 나타나기 시작한 것이다.

이너 서클의 가장 대표적인 예가 '싸이월드(Cyworld)'의 일촌맺기다. 개인 홈페이지는 기본적으로 자신의 생각과 사생활을 노출시켰지만, 나의 사생활이 불특정 다수에게 노출되지 않도록 일촌을 맺는 것이다. 자신의 정보를 노출해도 상관없는 사람과는 '일촌'이라는 관계를 맺음으로써 개인적인 정보가 무분별하게 유출되는 것을 방지한다. 선별적인 관계 맺기의 전형이다.

1999년 설립한 싸이월드 가입자는 2004년 10월 기준 1,000만 명을 돌파했다. 하루 로그인 이용자만 400만 명에 달한다. 거의 유행병 수준이다.

정보공유 사이트의 가입 절차도 엄격해졌다. 과거에는 기본 절차만 거치면 손쉽게 사이트 정보를 얻을 수 있었다. 그러나 최근에는 많은 사이트들이 가치 있는 정보를 제공하는 사람에게만 사이트 접속 권한을 주곤 한다. 무임승차자들을 걸러내기 위한 장치다. 도움되는 사람들끼리만 관계를 맺겠다는 의지이기도 하다.

온라인 커뮤니티 내의 소그룹도 이너 서클의 예라 할 수 있다. 대형 온라인 커뮤니티의 경우 그 인원은 수백에서 수천 명에 이른다. 이들 모두와 긴밀해지기 어려운 만큼 코드가 맞는 사람끼리 소규모 네트워크를 형성하는 것이다.

그들만의 네트워크

인터넷의 등장으로 인간 관계의 '폭'은 넓어졌고 더욱 넓어질 것이다. 서양 사회의 네트워크는 '교류(communication)'를 근간으로 삼는다. 서로의 이해관계만 맞으면 약한 네크워크라 하더라도 도움을 주고받는다. 그러나 동양 사회에서는 '관계(relationship)'를 더욱 중시한다. 즉 가능하면 직접 대면을 통해 서로의 신뢰를 확인하고, 친밀감을 형성해야 진정한 네트워크를 이뤘다고 판단하는 것이다. '그들만의 네트워크'가 강화된다는 것은 인터넷 시대에도 우리 사회가 여전히 교류보다는 관계를 중시하고 있음을 보여주는 단적인 사례다.

사이버레이션이 소규모 네트워크를 중시하는 것과 연관되어 동일 제품을 소비하는 그룹의 힘도 한 단계 커지고 있다. 이른바 프로슈머(producer+consumer : prosumer)의 출현이다. 향후 프로슈머들은 제품의 가격·기능·디자인 등에 자신들의 목소리를 적극적으로 담아낼 것이다.

우리 사회는 점차 주요 현안에 대해 비슷한 생각을 가진 사람들끼리 결집하는 현상이 보편화될 것이다.

인터넷을 통하기 때문에 과거보다 훨씬 빠르고, 많은 정보로 무장할 수 있다. 따라서 다양한 갈등을 조정해야 하는 정치권이나 정책결정을 담당하는 행정부 등도 사회 조정·통합 능력을 크게 끌어올려야 할 것이다.

초창기 인터넷은 개방을 상징하는 단어였다. 그러나 갈수록 인터넷을 통한 배타성·선별성이 강조되는 추세다. 독자들도 한번쯤 되돌아볼 때다.

"지금 나의 네트워크는 충분히 단단한가."

배민근 hybae@lgeri.com

28

더 이상 안전하지 못한 전문직
자격증만으로는 부가가치를 얻을 수 없다

자살하는 의사, 파산하는 변호사

2004년 6월 강원도 원주시 K클리닉 원장 김모 씨(45세)와 부인 이모(42세) 씨가 동반 자살했다. 발견 당시 부부는 진료용 침대에 나란히 누워 있었다. 이씨의 팔에 주사자국이 있는 것으로 보아 이씨가 먼저 독극물이 섞인 링거를 맞은 후 남편 김씨가 목숨을 끊은 것으로 경찰은 추정했다.

같은 해 9월 광주지법 민사10부는 지난 3월 정리금융공사가 변호사 A씨(62세)를 상대로 낸 채권자파산(채권자가 채무자의 파산을 법원에 신청하는 것) 선고 재판에서 A변호사에 대해 파산 결정을 내렸다.

고소득 전문직이 흔들리고 있다. 이른바 '사(士)자 불패' 신화를 이루던 의사·변호사·한의사·회계사 들이 경영상 난관에 봉착하는 사례가 최근 들어 자주 등장한다. 공인회계사의 경우 절반 가까운 합격자들이 연수받을 회계법인을 정하지 못해 일반기업으로 발걸음을 돌리고 있다.

이런 현상이 우리 사회가 겪고 있는 구조조정이나 내수경기 부진의 여파 때문만은 아닌 듯하다. 법률이나 의료 서비스 시장의 수급구조 자체에 일대 지각변동이 일기 시작한 것이다.

인력공급 확대가 경쟁 격화시켜

도대체 이들 고소득 전문직에게 무슨 일이 일어난 것일까. 답부터 말하자면 '공급의 확대'가 주 원인이다. 의사 면허부터 살펴보자. 1975~2001년 사이에 우리나라 총인구는 3,500만 명에서 4,700만 명으로 늘어났다. 같은 기간 면허의사 수는 1만 6,800명에서 7만 5,295명으로 4배 이상 증가했다(보건복지부 통계). 특히 1980년대 이후 의과대학 정원이 크게 늘었고, 각 대학은 경쟁적으로 의과대학을 신설했다. 의과대학이 대학 전체를 먹여살리던 시절이었다. 지금도 한 해 2,500여 명의 의사와 750명가량의 한의사가 새로 시장에 진입한다. 의사들이 개업을 선호하는 대도시는 이제 병·의원이 거의 포화상태라고 의사들 스스로도 인정한다.

사법시험 및 공인회계사 시험도 최근 '1,000명 선발 시대'가 열렸다. 모두 합치면 매년 수천 명의 '사(士)'들이 새롭게 양산되는 실정이다. 더구나 이들 업종은 정년퇴직도 모른다.

면허를 갓 취득해 시장에 새로 진입하는 신참자들에게 사회는 혹독하기만 하다. 수련 과정의 기간과 강도는 대거 강화됐다. 레지던트 과정을 마치고 전문의 자격을 취득한 후, 다시 1~2년가량 전임과정을 필수 코스처럼 거치는 의사들이 늘고 있다. 사법연수원생 역시 사법시험 수험생보다 훨씬 열심히 공부한다. 그럼에도 불구하고 저마다의 기대소득은 낮아졌다. 다른 무엇이 보장되는 것도 아니다. 의과대학에만 들어가면, 고시에 붙기만 하면 부와 명예가 저절로 보장되는 건 정말 까마득한 옛날 이야기처럼 느껴진다.

"군 제대하고 복학하면서 사법시험 공부를 본격적으로 시작했다. 운이 좋았는지 2년 만에 합격했다. 빨리 합격해서 좋았지만 기쁨도 잠시, 성적이 좋지 않았다. 1,000명의 합격자 중 900등 정도였다. 연수원 생활 2년 내내 이 문제로 스트레스에 시달렸다. 연수과정을 마치고 나니, 판·검사 임용은 물론이고 이름이 제법 알려진 로펌 중 어느 곳에서도 오라는 얘기가 없었다. 그래서 일단 지방법원 지원 앞에 내 이름으로 변호사 사무실을 냈지만, 결국 1년 만에 접었다. 지금은 서울의 한 금융회사 법무팀에서 일한다."(Y씨, 29세)

전문직 서비스의 구조조정

적자생존의 치열한 경쟁은 기존의 높은 소득을 누려온 '사(士)'들에게도 예외는 아니다. 특히 개인 단위 개업의 리스크는 예전과 비교할 수 없을 정도로 커졌고, 종종 치명적인 결과를 낳기도 한다. 전문직 종사자로서 성공을 거두기 위해 이제는 자기 분야의 전문지식만 늘리는 것으로는 부족한 시대가 되었다.

빌 클린턴 대통령 시절 노동부 장관을 역임한 로버트 B. 라이시 교수의 진단을 들어보자. 그는 1991년에 펴낸 《국가의 일(The Work of Nations)》이란 저서를 통해 더 이상 경쟁력을 갖지 못하는 전문직 자영업자의 모습을 정확히 묘사했다.

대량생산 경제에서 전문적 직업인이란 특정 분야의 지식을 습득한 사람이다. 이런 지식은 이미 오래된 책 속에 기록되어 있거나 정교한 규칙과 공식으로 법전화되어 있다. 일단 수련자가 충실히 지식을 배우고 전문시험에 통과하면 대개는 중세적인 분위기의 장엄한 의식을 거쳐 전문직업인으로서의 지위가 자동적으로 부여된다. 그러면 그는 자기 이름 뒤에 전문직을 나타내는 몇 글자를 덧붙이고, 사무실 벽에는 졸업 또는 이수 증서를 붙이게 마련이다. 관련 협회에 가입해 매년 열리는 정례회의에 참석하고 너무 노골적이지 않게 고객을 찾아나서는 일이 그의 몫이다.

10여 년 전, 먼 이국에서 묘사된 글이지만 놀라울 정도로 오늘날 우리 사회의 '사(士)'들을 꿰뚫고 있다. 문제는 이런 경쟁력으로는 망하기 십상이라는 데 있다. 우리 사회의 '사(士)'들도 이제는 홍보나 회계 문제로 고민하고 사무실 인테리어에 신경 쓰고 금융과 부동산 관련 정보에 관심을 보이기 시작했다. 전문지식과 기술에 대한 마케팅이 강조되는 것이다. 최근 의료 · 법률 · 회계 서비스가 개인점포 중심의 자영업 단계에서 벗어나 좀더 조직화 · 고도화 · 전산화 및 정보화 · 기업화하고 있다. 이런 새로운 도전은 무엇을 의미하는가.

앞으로 다가올 상황은 불확실하다. 도심에서는 한 블록 건너 동종 병원이 간판을 올리고 있다. 이런 추세라면 조만간 전문인력 과잉현상이 생겨날 것이다. 그러나 다행히 우리나라의 의료 및 법률 서비스 시장은 세계적으로 빠르게 성장하고 있다. 뿐만 아니라 공정거래위원회와 같은 정부 부처나 대기업들 또한 앞으로는 지금보다 더 많은 수의 변호사와 회계사들이 필요할 것이다.

새로운 기회가 도처에 생겨날 테지만 오랜 기간 안정적인 고소득을 가능하게 했던 자영업 모델은 강한 도전에 시달릴 것이다. 경쟁도 더욱 거세진다. 승자는 예전보다 더 많은 열매를 얻겠지만 그런 만큼 패자가 받을 시련은 혹독할 것이다. 최근 우리나라가 직면한 이들 '사(士)'자 중소 자영업자들의 위기는 이러한 큰 흐름의 전초전일 뿐이다.

자격증이 부가가치를 주진 않는다

수년 전 매파들이 선호하는 1순위는 단연 '사(士)'들이었다. 그러나 결혼정보회사가 최근 조사한 배우자의 직업 희망 순위에서 공무원이나 교사·공기업 사원 등이 의사·변호사와 1, 2위 순위를 다투기 시작했다. 정년을 보장받는 안정성 덕택이다. 의료나 법률 서비스가 높은 소득을 안겨주는 고부가가치 노동이라는 사실에는 변함이 없다. 그러나 파산하거나 여유시간이 부족한 전문직 종사자들의 사례가 자주 회자되면서 사정은 달라지고 있다.

이런 성향은 IMF 외환위기에 따른 대규모 정리해고 경험과 경기불황 탓도 적지 않다. 이미 많은 예비 '사(士)'자들이 선배들처럼 개인 점포의 입지를 저울질하기보다 누구 밑에서 일하는 게 더 나을지의 여부를 저울질하고 있다.

우리 사회도 점차 직종의 간판보다는 특정 개인의 부가가치에 후한 점수를 주는 방향으로 변해가고 있다. 의료와 법조, 또는 수학과 전자공학 등을 따지는 것이 의미가 없다는 얘기다. 자격증이 저절로 돈을 벌어주지는 않는다. 동일한 직종 안에서도 그 사람이 창출하는 부가가치에 따라 보수가 크게 달라진다. '사(士)'가 되고 난 연후에 또다시 옥석을 가리는 냉혹한 경쟁이 기다리고 있다.

매번 똑같은 유언장이나 계약서, 이혼서류 등을 이름만 바꿔 작성하면서 돈을 벌던 시절이 불과 몇 년 전이었다. 그러나 이제 이들의 책상에 놓인 '사(士)'자 명패는 더 이상 전문직으로서 권위나 명예를 대변하지 못한다. 30년 동안 똑같은 강의록을 읽어내리는 대학교수들도 마찬가지 신세다.

미래는 노동과 지식의 부가가치를 더욱 따지는 사회다. 성공적인 '사(士)'들이 받는 보상은 더욱 커질 수 있다. 그러나 반드시 경쟁과 혁신의 과정을 거쳐야 한다. 경쟁과 혁신의 리트머스는 바로 고객들이다. 대부분의 '사(士)' 직군은 '대인 서비스업'이기 때문이다. 이를 바꿔 말하면 고객들이 '사(士)'들의 경쟁을 유도하거나 부추기며, 구조조정을 촉진한다는 얘기다.

배민근 hybae@lgeri.com

29

외설로도 부족한 역치 상승의 시대
사회는 점점 더 강한 말초적 자극을 원한다

이웃집 고교생을 유혹하는 아내의 불장난, 남편의 공공연한 외도, 그 정부(情婦)의 또 다른 배신, 여주인공의 출생에 얽힌 비밀, 남녀 주인공의 도피성 동반자살, 아버지와 딸의 환각 애정, 사지가 절단되는 잔혹성…. 2004년 우리 극장가나 TV에서 방영된 드라마에 등장했던 테마이자 소재다. 10년 전이라면 이복남매의 '기구한 사랑' 만으로도 관객들은 손수건을 꺼내 들었을 터다. 지금은 이 정도 시나리오로는 충무로를 기웃거릴 수도 없다.

'기구한' 인연이 '출생의 비밀' 로, '이루지 못할 애절한 사랑'은 '불륜'으로 더욱 세찬 몸부림을 친다. 청춘 남녀가 연인과 남매 사이를 어지럽게 오가고, 기혼자의 외도는 어느 새 '기본'이다. 영화마다 감초처럼 등장하는 정사장면에서 정상체위는 어느덧 자취를 감췄다. 양념처럼 협기(俠氣)로 그럴싸하게 포장된 폭력까지 슬그머니 가세하며 묘한 남성상을 심어놓는다. 옛날식으로 선남선녀가 만나 삼각관계로 고민하다 '사랑하기 때문에 헤어진다면' 충무로 영화판에서 다시는 재기하기 어려울 것이다.

한국 사회는 점점 더 강한 말초적 자극을 원하는 사회가 되어가고 있다. 영화와 공중파 방송은 그 리트머스 시험지다. 그 시험지의 산도(酸度)가 더욱 높아지고 있다. 이른바 '역치(threshold value) 상승의 시대'다.

불륜이나 출생의 비밀 정도의 자극성은 온 가족이 함께 보는 시간대 공중파 TV 방송에서 느낄 수 있다. 몇몇 영화 제작자들은 '문제작'을 통해 불륜과 성애(性愛)의 외연을 좀더 본격적으로, 끊임없이 확대해 나가고 있다. 한번 넓혀진 외연엔 B급, C급 도색 영화들이 넘나들며 관객의 말초신경에 화답한다.

영화나 TV 뿐인가. 몇몇 스포츠 신문들도 있다. 스포츠, 연예, 오락 분야를 넘나들며 황색 저널리즘을 전파하는 세칭 '언론'들이다. 이들도 활자매체라는 제도적 한계 탓에 독자들의 기대수준을 따라가지 못하자 이젠 인터넷 매체들이 주도권을 잡을 태세다. 쏟아져 나오는 음란성 광고, 광고, 광고들. 장막을 걷어버린 여체에 대한 찬미와 강한 폭력성, 그리고 그 속에 포장된 이미지들은 더욱 현란하고 강한 자극으로 무장했다. 언론매체를 오르내리는 몇몇 '선구적인' 인물들과 사건들 덕택에 성과 폭력이란 담론은 폭발하고 있다.

역치 상승의 풍경들

'역치'란 신경과학이나 생리학 분야에서 사용되는 말로서 '일정한 반응을 이끌어내는 데 필요한 최소 자극량'이다. 우리 사회의 역치가 높아진다는 말은, 우리가 뭔가를 보고, 듣고, 느꼈을 때, 마음 속에 기쁨·슬픔·노여움 같은 정서가 생겨나려면 좀더 강한 자극이 필요하다는 의미다.

즉 그냥 사랑 이야기라면 무덤덤해하고 불륜이나 출생의 비밀, 거기에 덧붙여 3각도 아닌 4각 관계 정도가 곁들여져야 관심이 간다는 얘기다. 그렇지 않다면 지루하고, 시장성도 없다. 사람들의 흥미를 불러일으킬 수 있는 강한 자극을 매스미디어의 상업주의가 열심히 충족시켜 주는 셈이다. 때로는 미디어가 맨 앞에서 강한 자극을 스스로 끌어가기도 한다. 시청률 경쟁에서 경쟁사보다 앞서고, 더 많은 광고를 유치해 많은 이익을 내기 위한 상업주의의 만개(滿開)다.

현실이 이렇다 보니 과거에는 입에 담기도 민망하거나, 은밀하게만 주고받던 내용들이 이제는 미디어를 타고 대량으로 유포된다. '백주(白晝)의 외설은 더 이상 외설이 아닌', 바로 미디어 선정주의의 시대다. 물론 이런 현상은 개방과 자유화라는 세계사적 흐름이 기폭제가 된 면이 있다. 게다가 대거 신장된 '표현의 자유'는 때때로 진실을 주창하고, 약자를 보호하는 순기능을 수행한다. 종종 지배적인 규범과 가치체계에 도전하면서 인류문명의 발전을 웅변하기도 한다.

중요한 점은 이러한 도전과 충돌의 순간 재미가 생겨난다는 사실이다. 진입장벽이 없는 해외의 인터넷 포르노 사이트들을 예로 들어보자. 그곳에는 'bizarre(기묘한)', 'interracial(인종 간)', 'lesbo(레즈비언)', 'teen(틴에이저)' 같은 것이 일상이 되었다. 금기의 족쇄를 풀고 정보의 바다로 탈출한 기발한 성적 흥미가 장삿속과 만나 엔터테인먼트 산업의 노다지가 되고 있는 것이다.

개인용 컴퓨터의 대량보급과 인터넷 정보망의 급속한 확산은 세계사적으로 역치 상승의 기술적 토대를 이루고 있다. 100여년 전 사진이나 영화의 발명이 시각 콘텐츠에 일대 혁명을 일으켰듯이, 20세기 중반의 컬러 TV와 VCR, 그리고 최근 PC 대량보급과 인터넷은 '자극의 혁명'을 가져왔다. 컴퓨터 화면은 공공 장소에서 보는 영화 스크린이나 가족이 함께 보는 TV보다 훨씬 개인적이고 은밀하다. 이 곳을 통해 철저히 사적으로 제작되어 심의나 검열과정을 전혀 거치지 않은 도발적이고 선정적인 콘텐츠들이, 시·공간의 경계를 뛰어넘어 빛의 속도로 전파된다. 결국 간접경험의 양과 폭이 늘면서 아무리 강한 자극에도 재빨리 무덤덤해지고, 따라서 새로운 자극에 대한 갈증은 더욱 커져간다.

악플, 자살, 연쇄살인, 인질 참수로 얼룩진 2004년

불행하게도 우리 사회는 이 같은 역치 상승의 첨단을 걷고 있다. 미디어는 사회를 비추는 거울이라 하지 않았던가. 아니, 때로는 현실이 영화나 드라마, 그리고 인터넷 사이트의 기상천외한 픽션을 능가할 때도 있다. 상대방에 대한 원색적인 비방인 '악플(악성 리플)'로 인터넷 게시판이 도배되고, 분노와 항의, 절망의 갈림길에서 손쉽게 자살 사이트를 기웃거린다.

엽기적인 토막살인이 사회에 충격을 주는 이면엔 무장 테러리스트들에게 참수당한 한국인 인질의 참혹한 동영상이 인터넷을 통해 유포된다. 폭력과 범죄는 나날이 흉포화하고, 이에 우리 사회는 처음엔 경악하다가 금방 친숙해진다.

"우리나라는 뉴스가 제일 재밌어…."

범죄, 잔혹, 엽기, 성…이런 '재미'를 가장 실감나게 체험할 수 있는 장이 바로 TV 뉴스다. 현실이 영화를 닮아가면 이를 보도하는 TV도 현실과 잔혹—포르노그래피 사이의 경계가 느슨해지는, 말하자면 스너프

(snuff, 살인이 실연되는 포르노 영화)의 경지로 치닫고 있는 것이다.

출연자가 목숨을 잃은 가학성 오락 프로그램만을 꼬집으려는 게 아니다. 스튜디오 세트 속에서 젊은 남녀들의 짝짓기와 부부싸움이 적나라하게 펼쳐지고, 때때로 생이별했던 모녀가 30년 만에 만나 오열한다. 왜 우리 사회는 TV라는 창 속에 또 하나의 창을 만들어 실제상황을 연출하는가. 그것은 허구라고 생각하는 경우보다 훨씬 큰 감흥을 주기 때문이다. 현실로 벌어지는 삶의 굴곡, 도전과 선택, 기대와 실망, 우발적 상황, 긴장, 애증, 불화, 더 나아가서는 평생의 한풀이 등, 실존하는 출연자의 삶과 속내를 직접 들여다본다는 사실 자체가 우리를 흥분시키는 것이다.

2000년대 들어 우리 대중문화의 화두 중 하나가 '엽기'다. 역치 상승과 불가분의 관계에 있는 말이다. 이 용어는 최근 잠잠해졌지만, 추세는 오히려 더욱 본 궤도에 오른 느낌이다. 실업과 정리해고, 치열한 경쟁과 스트레스 때문일까.

강한 자극이 일상화된 미래는 지금보다 훨씬 더 휘황찬란하고 소란스러워질 것이다. 거대한 TV 화면에, 강력한 음향이 사방에서 뿜어져 나오면 우리는 아무 때고 베트남 메콩 강 유역의 치열한 전장이나 야쿠자가 암약하는 도쿄의 산토리 클럽을 생생하게 가상체험할 수 있다. 컴퓨터가 제공하는 경험의 세계도 더욱 넓어진다. 디스플레이나 사운드, 더 나아가 SF 소설에나 나올 법한 바디슈트 같은 감각의 영역이 강화될 것이라는 예상도 쉽게 할 수 있다.

이런 세계가 행복할까. 알 수 없는 일이다. 우리는 출근길 귀에 꽂은 이어폰의 볼륨을 키우는 것이 나은지, 작게 하는 것이 나은지조차 아직 판단 못 하고 있다. 우리보다 먼저 산업화를 경험한 서구인들은 강한 자극을 추구하도록 장치된 문화와 기술의 진보에 대해 경고의 목소리를 내왔다. 햇빛을 받아 광합성하는 식물들도 어둠과 그늘이 없으면 죽고 만다. 때로는 자극이 없는 상태를 찾는 것이 더 나은 자극을 느끼기 위해서도 필요하다. 서구 사회를 강타하고 있는 웰빙과 명상, 소박한 공동체적 가치 추구, 자연주의 바람도 이런 맥락에서 이해될 수 있다.

강승훈 unstop@lgeri.com

30
다중 직업에 능한 디지털 네이티브
도전과 재미에 빠져든다

신세대들의 일상을 들여다 보자. 항상 컴퓨터와 TV, 오디오를 켜놓는다. 귀엔 휴대전화기가 거의 붙어다닌다. 계속해서 친구들과 휴대전화 메시지·인스턴트 메시지를 주고받으며, 미니 홈피와 블로그 관리에 시간을 보낸다. 바야흐로 디지털 시대를 맘껏 누리는 세대다. 뭉치기도 잘한다. 세계인들을 놀라게 했던 월드컵 거리응원과 광화문 촛불시위도 이들의 차지였다.

1980년대 PC의 대중화, 1990년대 인터넷과 휴대전화기의 보편화는 디지털 혁명을 불러왔다. 이 혁명이 우리 사회에 신인류를 탄생시켰다. 이 시기에 성장기를 보낸 현재 20대 후반까지의 세대, 즉 과거와 전혀 다른 방식으로 생각하고 행동하는 신인류가 '디지털 네이티브(digital native)'들이다.

이 세대를 부르는 별칭도 많다. 인스턴트 메신저 세대, 디지털 키즈, 키보드 세대, 밀레니얼(millennial) 등. 모두 디지털 언어와 장비를 마치 특정 언어의 원어민(native)처럼 자유자재로 구사한다는 의미다. 그래서 디지털 네이티브가 가장 어울릴 것이다.

그렇다면 30대 이상의 기성세대는 어떨까. 이들은 디지털 언어를 구사하면서 여전히 아날로그 언어의 잔재를 풍긴다. 마치 늦게 배운 영어 사이사이에 우리말의 억양(accent)이 남아 있는 것처럼…. 이들은 디지털 세상의 이주민(immigrant)들이다.

2003년에 나온 스탠포드 대학의 리치 홀리튼(Rich Holeton) 교수의 보고서는 자못 충격적이다. 디지털 네이티브에 해당하는 현재 미국의 대졸자들은 살아오면서 50만 개 이상의 광고를 시청했으며, 20만 개 이상의 e메일과 인스턴트 메시지를 주고받았다. 또한 TV시청에 2만 시간 이상, 휴대전화 사용에 1만 시간 이상, 비디오 게임을 즐기는 데 1만 시간 이상을 보내며 성장했다. 기성세대와 크게 다른 성장 환경은 디지털 네이티브들의 두뇌구조에 큰 차이를 만들어냈다. 우리의 디지털 네이티브도 미국과 다를 바 없다.

최근의 통계청 자료에 따르면 우리나라도 30세 미만의 디지털 네이티브들이 2,000만 명을 넘어 총인구의 43%를 차지하는 것으로 추정된다. 기성세대도 전혀 다른 환경에서 성장한 이들 세대와 생활해야 한다. 이들을 이해하는 것은 더 이상 선택의 문제가 아니다. 기성세대를 당혹스럽게 하는 디지털 네이티브들의 특성을 살펴보자.

멀티 태스킹에 능하다

우선 디지털 네이티브들은 멀티 태스킹(multi-tasking) 또는 병렬처리

(parallel processing)에 능하다. 이들은 600개 이상의 TV 채널, 80억 개 이상의 인터넷 페이지와 같이 엄청난 양의 정보 속에서 자랐다. 성장과정에서 다양한 정보를 처리할 수 있도록 두뇌구조가 변화되었다. 즉 기성세대가 한 가지 일을 수행하면서 다른 일을 동시에 처리하는 것에 서투른 반면, 이들은 여러 대상에 골고루 관심을 분산해 집중하고 처리할 수 있다. 기성세대는 '산만하다'고 생각할 것이다. 그러나 그들은 여러 곳에 동시에 주의를 기울일 능력이 있다.

디지털 네이티브들은 친구에게 편지를 보내고 느긋한 마음으로 그 답장을 기다리지 않는다. 이들은 즉각적인 상호작용 속에서 성장했다. 손에 쥐고 있는 휴대전화기, 그리고 인스턴트 메신저와 문자 메시지. 이들은 자신이 원할 때 언제나 상대방과 의사소통이 가능한 환경에서 성장한 것이다.

이들이 어릴 적부터 빠져들었던 게임을 보면 상상이 갈 것이다. 하나의 게임 단계가 끝나면 즉각 피드백과 평가가 따른다. 지식을 얻을 때도 인터넷에서 하이퍼링크로 연결된 페이지를 그때 그때 넘나들며 궁금한 사항을 즉시 해결하며 성장해 왔다. 이들에게 실시간 반응이란 어찌보면 당연한 것이다.

도전적이고 재미있을 때 빠져든다

정보통신 수단의 발달로 개인은 사소한 일에서도 자신의 의견을 솔직하게 드러낼 수 있게 됐다. 의견을 나누고 합의를 통해 한 목소리를 내는 것도 가능하다. 이러한 성장환경은 디지털 네이티브들이 적극적으로 스스로를 드러내고 주장을 펼치며 합의를 통해 한 목소리를 내는 데 익숙하게 했다. 겸양의 미덕을 중시하는 기성세대와는 많이 다르다.

최근에 열풍을 일으키고 있는 개인 블로그나 미니 홈피 등을 살펴보라. 저마다 청중(audience)이기 보다 주연배우(actor)이길 원한다. 월드

컵 거리응원이나 촛불시위에서 보였던 신세대들의 관심과 참여를 기억해 보자. 이들은 개인 차원에서 자신을 드러낼 뿐만 아니라 각종 정보통신수단을 활용해 집단적으로 행동하는 것에도 적극적이다.

"놀 때 놀고, 일할 때 열심히 일하자"

디지털 네이티브에게는 이런 식의 이분법적 구분이 설득력을 제공하지 못한다. 일이나 공부가 놀이나 게임처럼 도전적인 요소와 재미를 바란다. 반면에 지루하고 재미없는 일은 그것이 아무리 중요하다 해도 몰입하지 않는다. 고도의 집중력이 필요한 고차원의 게임을 즐기며 성장한 이들을 이끌어내는 힘은 바로 목표를 향한 도전성과 재미다.

기성세대는 흔히 "요즘 젊은 것들은 집중력이 떨어져"라며 혀를 차곤 한다. 그러나 그 이전에 과연 이들에게 도전적인 목표와 즐거움을 줬는지 되돌아볼 필요가 있다. 수업시간에는 산만한 아이들이 PC 게임 등급을 올리기 위해 '식음을 전폐하다시피' 몰두하는 모습을 보라.

세대 간 시너지를 찾아라!

이제 우리 사회는 어디에서나 이렇게 새로운 특성을 지닌 디지털 네이티브들을 만날 수 있다. 과연 이들이 사회 주력으로 편입되기 시작하면 어떤 변화가 올까.

첫째, 사회 자체의 반응속도가 빨라질 것으로 예상할 수 있다. 앞서 살펴본 바와 같이, 디지털 네이티브들은 모든 것이 즉각적으로 이루어지는 실시간의 세계에서 성장했다. 따라서 이들은 '즉각성'에 대한 욕구를 숨기지 않을 것이고, 이들을 만족시키려면 경제 · 사회 등 각 분야에서 의사소통과 피드백은 빨라질 수밖에 없다. 일본에서는 신세대들의 이 같은 욕구를 만족시키기 위해 대학 본고사 결과를 단 하루만에 발표하는 대학이 생겨났다.

두번째로 즐거움을 강조하는 사회가 올 것으로 판단할 수 있다. 재미를 추구하는 디지털 네이티브들은 즐거움을 바란다. 'fun'이라는 단어는 시대를 이끌어가는 키워드가 될 것이다. 기업이나 학교 등에서도 취미활동을 목적으로 하는 동호회 등의 비공식 집단(informal group)이 득세할 것이고, 조직원들의 유대는 이런 활동을 통해 강화될 것이다. 기업 내 디지털 네이티브들을 대상으로 한 교육훈련 프로그램의 형태는 점차로 교육(education)과 오락(entertainment)을 결합시킨 에듀테인먼트(edutainment) 형태로 바뀔 것이다. 최근 기업에서 신입사원들을 대상으로 경영 게임을 통해 경영 시스템을 설명하거나, 기술교육을 하면서 게임을 활용하는 사례가 늘고 있다.

마지막으로 참여 민주주의가 정착할 것으로 예상할 수 있다. 디지털 네이티브들은 표현의지와 참여욕구가 강하다. 또한 집단적으로 목소리를 내는 데도 매우 익숙하다. 이러한 특성을 감안해 적극적인 참여에 의한 민주주의가 정착할 것이라는 예측을 할 수 있다. 반드시 정치환경에서만 적용되는 얘기가 아니다. 학교나 기업 등 다양한 조직에서도 권위주의는 퇴색하고 다양한 형태의 제안 및 의견수렴 제도가 활성화될 것이다.

"새 술은 새 부대에 담으라"는 격언처럼 새로운 사회는 새로운 인재가 이끌어 갈 수밖에 없다. 중요한 것은 기성세대, 신세대 중 어떤 한 쪽의 사고방식이나 행동양식이 더 우월하다고 믿어선 안 된다는 것이다. 그저 두 세대는 '다를' 뿐이다. 자신이 속한 세대의 기준이나 방식을 강요할 때 그 사회는 변화에 대한 적응력을 잃거나, 혼란에 빠질 수 있다.

| 백풍렬 prpaik@lgeri.com | 31 |

세대를 가르는 인터넷 랭귀지
동질감을 가지려면 고유한 언어가 필요하다

월요일 아침, 40대 김 부장은 조금 난처한 메일 한 통을 받았다. 최 대리가 개인적인 이유로 다른 팀으로 옮기고 싶다는 것이었다. 이해가 되는 부분도 있지만, 당장 팀의 업무 공백도 그렇고 다른 팀원의 사기도 그렇고…. 여러 가지로 걸리는 것이 많았다. 다짜고짜 안 된다면 상심이 클 텐데, 무슨 수를 쓰더라도 최 대리 스스로가 마음을 돌리도록 만들고 싶었다.

조금만 참고 기다려 달라고 답장을 쓰던 김 부장. 이런저런 생각에 글이 엉망이 됐다. 팀장을 이해해 달라고 하면서도 꾸짖는 듯한 내용이었다. 이러다간 오히려 아니 함만 못하겠다는 생각에 다시 쓰기로 했다. 최 대리가 팀장의 고충을 조금이나마 이해할 수 있도록 따뜻하고 좀더 부드럽게.

"최 대리! 팀장입니다. 보내준 메일은 잘 받았습니다. ^^ 최 대리가 일하면서, 그렇게 어려움이 많았다는 것을 이제야 알았습니다. 미리 조금이라도 귀띔을 해주었으면 좋았을 걸 하는 아쉬움이 남는군요. ^^;

…… (중략)

지금 당장 팀을 옮기는 것은, 회사 규정상 조금 어려울 것 같습니다. 다만, 조금만 시간을 두고 최 대리가 가진 문제를 함께 해결해 보도록 합시다. 팀장에게 그런 기회를 한 번쯤 줄 수 있겠죠? ^^; 힘 내고, 같이 한번 열심히 해봅시다.^^…"

유행병처럼 퍼진 인터넷 언어

e메일이나 문자메시지는 이미 우리 사회의 중요한 의사소통 수단 가운데 하나다. 하루 전화통화량보다 더 많은 e메일과 문제 메시지가 세상을 떠다니며 메시지를 전한다.

회사 동료, 친구, 가족 간에도 전화나 실제 만남보다 e메일이나 문자메시지가 더 간편하고, 빠르고, 우회적이며, 심지어 정겹다고 생각한다. 오랫동안 연락하지 못한 친구에게, 어려운 부탁을 해야 하는 직장 상사에게, 말다툼하다 헤어진 연인에게 e메일은 더없이 좋은 의사소통 수단이다. 이렇게 인터넷을 통한 의사소통이 늘어나면서 급속히 확산되고 있는 것이 바로 인터넷 언어다. 다음 예로 든 인터넷 언어의 의미를 알고 있다면 독자들도 요즘 세대의 대화에 충분히 낄 수 있다.

'추카추카(축하 축하), 만타(많다), 암거나(아무거나),
R겠G(알겠지), 10C미(열심히), 20000(이만)
방가(반가워요), 머하셈(뭐 하세요), 존(좋은), 고딩(고등학교)
^^(환한 미소), ㅋㅋㅋ(작은 소리로 웃음), ㅎㅎ(큰 소리로 웃음),
^^;(멋쩍은 웃음)'

사람들은 처음에 인터넷 언어를 그저 장난 삼아 쓰는 표현쯤으로 생각했다. 그러나 인터넷 사용 인구가 늘어나고 e메일이 누구에게나 소중한 의사소통 수단으로 자리를 잡자, 인터넷 언어 또한 부정적인 시각으로부터 자유로워지기 시작했다.

몇 년 전 '요즘' 세대와 '쉰' 세대를 가르는 바로미터는 인터넷이나

e메일 사용 여부였다. 지금은 인터넷 언어의 숙달도에 따라 세대가 나뉜다. 인터넷 언어와 기호를 적절히 섞어 메시지를 보내면 젊은 세대의 사고방식을 잘 이해하는 사람이다. 반대로 인터넷 언어가 전혀 섞이지 않은 딱딱한 메시지만을 보내는 사람은 권위주의적이고 보수적인 관리자형 인간으로 비친다. 김 부장이 인터넷 언어로 편지를 쓴 것은 이 때문이었다. 인터넷 언어가 사람의 성향까지도 보여주는 코드로 인식되고 있는 것이다.

어떻게 해서 인터넷 언어는 유행병처럼 널리 퍼진 걸까. 기존의 언어체계와 질서는 어떻게 되는 걸까.

소리 나는 대로 적는다

인터넷 언어의 가장 큰 특징은 바로 '소리 나는 대로' 적는다는 것이다. '추카 추카(축하 축하)', '만타(많다)'가 그렇고, '마자 마자(맞아 맞아)'도 그렇다. 소리로써 의미전달이 충분하다면, 굳이 맞춤법 표기를 고집하지 않는 것이다. 이러한 특징은 공교롭게도 한글의 특성과도 잘 맞아 떨어진다.

한글학회는 1988년 한글 맞춤법 개정을 통해 한글이 진정한 소리글자임을 천명했다. 본뜻이 분명치 않은 단어의 경우 되도록 소리 나는 대로 적는 것을 대원칙으로 했다는 것이다. 사글세가 그렇고, 상추가 그렇다. '~읍니다'를 '~습니다'로 바꾼 것도 이와 같은 원칙을 따른 것이다.

'소리 나는 대로' 적는 현상은 우리 나라뿐만 아니라, 영어권에서도 종종 나타난다. 언어는 의사소통 수단이다. 사람들 사이에서 의사소통에 문제가 없고, 그 뜻을 굳이 밝힐 필요가 없다면 소리로써 의사소통하는 것은 소리글자 체계에서 너무나 당연한 일이다. 향후 우리 언어체계에서 인터넷 언어가 차지하는 비중이 계속 늘어날 것으로 보는 이유도 바로 여기에 있다.

줄일 수 있다면 줄인다

인터넷 언어가 급속히 퍼져나간 데에는 표현의 간결성도 한몫 거들었다. '줄일 수 있는 것은 모두 줄인다'는 원칙이다. 인터넷은 효율성의 대명사다. 정보 · 거래 · 의사소통의 효율성은 인터넷이 가져다 준 최대의 축복이다. 따라서 인터넷 세상에서 효율성을 빼놓고는 얘기가 되지 않는다. 그 핵심에 바로 의사소통의 효율성이 있고, 그것은 다시 인터넷 언어의 효율성을 요구하게 된 것이다.

인류 언어의 변화에 가장 큰 영향을 미친 것은 바로 경제성이라고 한다. 의사소통을 할 때 또 다른 경제적인 방법을 찾는다면 사람들은 자연스럽게 그 방향으로 자신들의 언어체계를 바꾸려고 한다는 것이다. 의사소통의 편리함과 경제성 차원에서 몸짓 언어도 발달한다고 본다. 그래서 몸짓 언어(body language)가 발달한 사회일수록 경제 관념이 투철하다고 한다. 몸짓 언어는 가장 경제적인 의사소통 수단이기 때문이다. 생각해 보라. '어깨 으쓱' 한 몸짓 하나가 열 마디 말보다 더 많은 의미를 전달할 수 있다. 따라서 자본주의 발달과 몸짓 언어의 발달에는 커다란 상관성이 있으며, 서구 사회가 동양 사회에 비해 몸짓 언어가 발달해 있는 이유도 바로 여기에 있다.

인터넷 언어의 뛰어난 경제성을 살펴보자. '^^'라는 간단한 기호로 자신의 감정 상태를 쉽게 전달할 수 있다. '반가워요'와 '고등학생'을 줄여 '방가', '고딩'으로 써도 충분히 상대방이 알아차린다. 간결한 모습을 띠면 띨수록 그 퍼짐도 빨라진다. 왜? 편리하니까.

이미지로 치닫는 인터넷 언어

인터넷 언어가 가지는 또 하나의 특징은 바로 소리를 시각화하고 이미지를 기호화했다는 점이다. 뜻 글자든 소리 글자든 이미지와 감정을 문자로 표현하는 것이 필요하다. 예쁘다, 슬프다, 즐겁다 등과 같은 것이 바로 그러한 예다. 하지만 이러한 이미지나 감정을 한 단어로 모두 표현하기는 어렵다. 언어는 이미 정해진 의미를 가지고 있기 때문이다. 그래서 몸짓 언어가 중요한 이유도 여기에 있다. 그런데 인터넷 언어는 기존 언어의 이러한 한계를 너무나 쉽게 넘어선다.

'^^;' 뭔가 어색해 멋쩍게 웃는 이 모습, 열 마디 말이 필요 없다. 언어를 사용하는 사람들은 자신도 모르게 더 편리한 의사소통 방법을 찾는다. 기존의 언어체계가 이를 방해하거나, 불편하게 한다면 다른 방법을 찾아 나서게 된다. 이 점에서 인터넷 언어는 우리 사회의 의사소통 갈증을 풀어주는 첨병으로 떠올랐다. 몸짓 언어가 가지는 공간적·시간적 한계를 극복하면서….

그들만의 리그, 그들만의 언어

인터넷 언어의 마지막 특징을 들어보자. 바로 '끼리끼리 문화' 다. 인터넷 세계에는 '그들만의 리그'가 있다. 그들만의 리그에는 그들만의 의사소통 수단이 필요하다. 별다른 이해관계는 없지만 '우리'라는 동질감을 가지려면 고유한 언어가 필요하다.

'붸(브레이크의 줄임말로 화날 때의 표현, '붸스럽다'는 어색하다는 의미)', '방법하시오(응징 또는 조치를 취한다는 뜻)', '아햏햏(대개 의미 없이 쓰이지만 아리송하거나 모호할 때, 또는 어처구니없다는 의미로 사용)' 등등. 디지털 카메라 동호회 등 특정 인터넷 커뮤니티를 찾아가 보라. 이 같은 표현을 익숙하게 접할 수 있다. 딱 꼬집어 그 뜻을 설명하기는 어렵다. 동호회 회원들의 정서와 정보를 배경으로 앞뒤 문맥을 살펴야 말하는 사람의 뜻이 읽힌다. 언어라는 사회적 약속의 범위를 자신의 리그에 속한 몇몇 사람들로 한정한 결과다.

일반 언어와 달리, 그들의 언어는 다른 모임과의 차별성을 원한다. 거기에는 기존 질서의 엄숙함을 비웃는 냉소주의가 밑바탕에 깔려 있다. 그래서 재미있다. 재미있기 때문에 사람들은 그들만의 언어를 좋아한다. 인터넷 언어가 가지는 힘이 여기에 있다.

거스를 수 없다

인터넷 커뮤니티가 사회 중심으로 옮겨가면서, 인터넷에서의 의사소통 관계가 이미 오프라인에서의 의사소통 관계를 빠르게 대체하고 있다. 이러한 변화 속에서 인터넷 언어의 확산은 더욱 가속화될 것으로 보인다.

그렇다면 인터넷 언어의 확산을 어떻게 볼 것인가. 단순한 언어의 오염인가, 아니면 언어의 발전적 진화인가. 해답이 무엇이든, 분명한 사실은 인터넷 언어가 더욱 퍼질 것이란 점이다. 일부 사람들의 부정적인 평가는 아랑곳없이 말이다. 결국 어느 시점에서는 기존 언어체계에도 일대 전환을 불러올 것으로 보인다. 인터넷은 우리 생활에만 변화를 몰고 온 것이 아니다. 우리의 언어체계에도 지금 혁명의 바람이 불고 있다.

배지헌 jhbae@lgeri.com

32

다시 분출되는 여성 해방

여자는 인류의 미래다

남성 할당제?

캐리, 미란다, 사만다, 샬롯. 30대 중반의 뉴요커(newyorker)들이다. 직업은 각각 성(性) 컬럼니스트, 로펌 변호사, 홍보대행사 사장, 큐레이터 등. 4명 모두 화려한 패션 감각까지 갖추고 있다. 거침없는 성(性) 담론을 넘어 행위 자체도 즐긴다. 파트너인 남자는 자신과 삶을 즐기는 동반자일 뿐. 이들과의 결혼은 옵션이다.

얼마 전 미국에서 최고의 인기를 누리다 종영한 HBO 드라마 〈Sex and The City〉의 줄거리다. 이 드라마는 미국뿐 아니라 전세계적으로 큰 인기를 누렸고, 우리나라에서도 케이블 TV를 통해 방영돼 젊은 여성들 사이에 폭발적인 반응을 얻었다.

이 드라마가 시청자, 특히 젊은 여성들을 사로잡은 요인은 무엇일까. 주인공들의 화려한 패션이나 파격적인 대사 때문일까. 그것만은 아닐 것이다. 여자 주인공들의 뚜렷한 주관과 남성에게 절대 밀리지 않는 자신감, 그리고 프로페셔널한 직업의식이 기반이 되었기 때문에 그들의 파격적인 언행이 거부감 없이 극적 재미를 극대화한 것이다.

이 시대를 사는 많은 젊은 여성들은 당당한 프로를 꿈꾼다. 여학생들이 대학에 진학할 때 학과선택의 범위도 다양해졌다. 불과 10년 전만 해도 여학생 수를 손에 꼽던 공대·상대·법대 등 '터프한' 학과에도 여학생 비율이 크게 높아졌다. 대학 재학 중에는 교환학생, 어학연수, 인턴십 프로그램 등을 통해 좀더 적극적으로 미래의 사회진출을 준비하는 여대생이 늘고 있다. 각종 고시 또는 학위 취득을 목표로 도서관 구석을 차지한 여대생들도 남학생들 못지않게 늘고 있는 추세다.

 2004년 행정고시 최종합격자 중 38.4%가 여성이었다. 사상 최고치다. 교육행정직의 경우 2차 합격자 10명이 모두 여성들이다 보니 '한쪽 성의 비율이 최소 30%가 돼야 한다'는 규정에 따라 남성 3명을 합격자에 추가로 뽑기도 했다. 조만간 기업체 신입사원을 뽑을 때도 여성할당제가 아니라 남성할당제가 도입돼야 할지도 모른다. 우리 사회의 남성들이 차지해온 자리를 당당한 여성들이 조금씩 밀어내기 시작했다.

여대생 버스 운전기사

북유럽 스웨덴에서는 여대생들의 방학 중 아르바이트 직종으로 시내버스 운전기사가 인기다. 우리 눈엔 특이하게 비치지만 여성 운전기사가 남성 운전기사보다 운행시간을 잘 지키고 안전하게 운전하기 때문에 버스회사나 고객들이 좋아한다는 것이다.

 사실 우리 사회에 은연 중 퍼져 있는 고정관념 중 하나가 '여자는 운전을 못 한다'는 것이다. 남자에 비해 방향감각이 떨어지고 조심스럽기 때문에, 여성 운전자 옆에 앉으면 답답하다는 남성들이 많다. 그러나 이제는 남성이 운전하는 난폭하고 과격한 차보다는, 여성이 부드럽게 운전하는 안전한 차를 선호하는 경향이 늘고 있다. 도심에서 여성 택시기사를 보는 것이 더 이상 어색하지 않으며, 여성 대리운전기사도 있고, 심지어 여성 버스운전기사도 심심치 않게 볼 수 있다. 물론 이러한 현상에는 가장의 실직 때문에 어쩔 수 없이 운전대를 잡게 된, 즉 경제적인 원인도 작용했을 것이다. 하지만 지금까지 금녀(禁女)의 상징처럼 여겨졌던 운전기사라는 직업 분야에도 여성의 진출이 늘기 시작했다는 것은 여성들의 금기가 점차 사라지고 있음을 의미한다.

"여자들은 남자보다 수(數) 개념이 없다."

"여자들은 남자보다 책임감이 없기 때문에 믿고 일을 맡길 수 없다."

이런 생각을 버리지 못해 여직원들을 기피하는 직장인이라면 그 기회비용도 따져봐야 한다. 반증(反證)의 사례는 너무나 많다. 고정관념은 이제 버려야 할 때다. 여대생 버스운전기사, 오토바이를 타고 달리는 퀵서비스 여성, 은행의 여성 경비요원, 공사장의 여성 십장, 심지어 공군의 여성 탑건(top gun)에 이르기까지 여성의 활동영역은 급속히 외연을 넓혀가는 추세다.

'줌마' 들의 외출

외국계 소비재 회사 마케팅 부서의 남자 사원 K씨. 직속 부장은 이른바 '아줌마' 다. 그러나 기안서류에 조그만 실수라도 남기면 불호령이 떨어진다. 가정을 포기했는지 야근도 잦다. 후배들과 자기 자신을 몰아칠 때는 이웃 부서 남자 상사들보다 더 독하다. 어떨 때는 부서를 잘못 찾았다는 생각이 들기도 한다. 본사에서는 그녀의 이 같은 능력과 노력을 인정해 2005년부터 싱가포르 아시아본부로 승진 발령했다.

'줌마' 들의 경제활동도 증가하고 있다. 미혼들도 직장을 고를 때 대개 '결혼 후에도 계속 근무할 수 있는지' 여부를 따진다. 물론 경제적 원인이 가장 크다. 그러나 우리 사회의 많은 '줌마' 들은 육아 부담만 덜 수 있다면 자신이 원하는 일을 하고 싶어한다. 2004년 7월 통계청 조사에 따르면 여성의 40.2%가 '가정 일에 관계없이 일하고 싶다' 고 응답했다.

2003년 여성의 대학진학률은 77.5%로 1990년 31.9%에 비해 2배 이상 높아졌다. 고학력 여성도 계속 늘어, 이젠 한 해 석사 및 박사 취득

자가 각각 39.8%, 23.7%에 이른다. 직장 경험이 있고 고학력자인 우리 사회의 여성들은 결혼 이후에도 직장에서 성취감을 얻고 싶어하는 경향이 짙어지고 있다.

'줌마'들을 보는 기업의 시선도 달라지는 중이다. 조직에 필요한 리더십의 유형이 카리스마적 형태에서 점차 수평적·통합적 리더십으로 변모하기 때문이다. 시댁 식구들과의 갈등 조정 및 양육 경험을 가진 기혼여성들은 능력계발 및 갈등 조정 면에서 상대적으로 조직을 이끌기에 우월한 위치를 점한다. 또 조직에 대한 충성심도 신참 남직원들보다 월등히 높은 경우가 많다.

우리 사회의 고령화 속도는 역사적으로 유례를 찾기 어려울 정도로 빠르다. 이는 더욱 늘어나는 고령인구를 더욱 적은, 그리고 젊은 경제활동인구가 부양해야 함을 의미한다. 국가재정 악화와 경제성장률 둔화 현상은 피하기 어렵다. 이를 타개하는 유력한 방안이 고령자뿐 아니라 여성들의 경제활동 참가율을 높이는 것이다. 정부도 기업 내 연령 및 성(性)차별 관행을 철폐하는 쪽으로 정책 방향을 잡고 있어 '줌마들의 외출'은 더욱 잦아질 수밖에 없다.

21세기의 키워드, 여성

미국의 저명한 미래학자 존 나이스비트(John Naisbitt)는 21세기의 키워드로 세계화(globalization), 기술(technology), 여성(female) 세 가지를 꼽았다. 여성의 사회적 지위가 향상되고 남녀평등이 당연시되는 지금, 여성을 키워드로 내세운 이유가 무엇일까.

나이스비트는 단순히 여성의 권위신장이라는 개념을 뛰어넘어, 여성인력을 어떻게 활용할 것인지가 미래 국가들의 '경쟁력의 요체'라고 설파했다. 여성인력을 잘 활용하지 못한 나라는 그만큼 잠재력을 발휘하지 못한다는 경고다.

우리 사회의 여성자원은 충만하다. 그러나 현재 대졸 여성의 전문직 취업실태는 경제협력개발기구(OECD) 회원국 중 거의 꼴찌 수준이다. 그럼에도 불구하고 시간이 지날수록 여성자원의 수준은 높아지고, 인재 풀도 다양해질 것이다. 여성의 통합적 리더십이 필요한 기업 및 공조직도 늘어날 것이다. 기업경영에서는 합리적 리더십과 함께 감성적 요인이 중시되고 있다. 여성의 감성과 직관은 기업 경쟁력을 좌우하는 핵심요소로 각광받기 시작했다.

부시 대통령의 재선이 확정된 이후 차기 민주당 대권후보로 빌 클린턴 전 대통령의 부인인 힐러리 상원의원이 점쳐지고 있다. 세계 최강대국의 리더로 여성이 거론된다는 얘기다. 북유럽 각국 정상의 자리는 이미 여성들이 차지하고 있다. 여성의 사회적 역량을 키우고, 활용하는 국가만이 미래 경쟁력에서 앞서갈 수 있다. 우리 사회의 미래도 '준비된 여성'들에게 달려 있을 것이다.

양희승 hsyang@lgeri.com

33

개인주의와 뭉치는 자기중심적 웰빙
나와 내 가족의 웰빙이 더 중요하다

신문과 방송광고를 보자. 곳곳에 웰빙(well-being)이란 말이 보인다.

2003년 초반부터 여태껏 사그라지지 않는 대형 신드롬이다.

웰빙이 유행을 타게 된 이유는 무엇일까. 사회가 복잡해지고 경쟁이 치열해질수록 일상이라는 굴레에서 벗어나고픈 것이 현대인들의 바람이다. 그러면서도 좀더 행복하고 즐거운 인생을 꿈꾼다. 이런 욕구가 삶의 구체적인 방식으로 자리잡은 것이 바로 우리 사회의 웰빙 트렌드다.

그렇다면 웰빙이 무엇일까. 이 질문에 대해 정의를 내리기 어렵다는 점에 누구나 동의한다. 학문적으로 엄밀히 규정된 개념도 아니거니와 자신의 취향과 이해관계에 따라 생각이 다를 수 있기 때문이다. 일각에서는 값비싼 유기농 제품을 먹고, 최고급 스파를 즐기는 고급 소비로 웰빙을 정의한다. 그러나 또 다른 사람은 요가나 명상 등 주로 정신적·정서적인 차원에서 웰빙을 바라본다.

일단 사전적으로 살펴보자. 웰빙은 건강하면서도 편안한(well) 생활과 상태(being)를 유지하자는 의미다. 물질적인 가치나 명예를 얻기 위해 앞만 보고 달려가는 삶보다 건강한 신체와 정신을 유지하는 균형 있는 삶을 행복의 가치로 삼자는 것이다. 앞에서 예로 든 유기농 제품이나 요가·명상 등도 자신의 삶을 더 건전하고 행복하게 가꾼다는 뜻에서 웰빙일 수 있다.

웰빙, 웰빙, 또 웰빙

'잘 먹고 잘 사는 법'이 우리 사회의 화두가 되면서 이제 '웰빙식' 생활방식은 의식주 전반으로 다양하게 확산되고 있다. 대표적인 예가 바로 '웰빙 가전'이다. 은(銀)이 나노 상태가 되면 강력한 항균성을 갖는 원리를 적용한 세탁기가 등장하고, 음이온 발생장치를 갖춘 가습기가 불티나게 팔리고 있다. 웰빙 가전의 원조라 불릴 만한 비데, 공기청정기 등 건강 가전시장 규모는 이미 급속도로 팽창 중이다. 최근에는 '웰빙 휴대폰'까지 등장했다. 다양한 건강정보, 예를 들면 당뇨 · 비만 · 스트레스 등 현대인들의 대표적인 질환을 스스로 진단할 수 있도록 휴대폰이 측정기 역할을 하는 것이다.

먹는 문제에서도 웰빙이 빠질 수 없다. 최근 서울 강남권에서 급속하게 퍼진 유기농 식품매장이 좋은 사례다. 2004년 유기농 식품인 친환경 채소의 매출은 전년보다 20% 이상 늘었으며, 유기농 원료로 만든 가공식품 매출도 월평균 10% 정도씩 증가했다고 한다. 경기위축과 비만에 대한 걱정 탓으로 패스트푸드점은 타격을 입고 있지만 있지만 건강 메뉴와 유기농 중심의 웰빙 레스토랑은 불황을 모른다. 아미노산을 소재로 한 기능성 음료라든지 체지방 감소 음료, 비타민 음료 등 건강음료의 등장도 웰빙 열풍과 맥을 같이한다.

또한 '새집증후군(sick house syndrome)'의 문제점이 불거진 것을 계기로 거주 공간에서도 웰빙을 찾고 있다. 설계, 조경, 배치 및 건자재 등의 전 분야에서 웰빙, 웰빙이다. 심지어 건강에 해로운 담배에도 웰빙이 적용됐다. 인삼 · 벌꿀 등 건강 원료를 첨가한 이른바 웰빙 담배다. 어쩌면 조만간 웰빙 폭탄주, 웰빙 환각제, 웰빙관(棺)이 나올지 모른다.

2004년 시장조사기관의 히트 상품 목록에는 웰빙 상품이 대거 포진했다. 웰빙이란 용어는 이제 우리 생활 곳곳에 영향을 미치고 있다. 웰빙을 모르고선 웰빙할 수 없다는 우스갯소리까지 나올 정도다.

단순한 유행을 넘어선 웰빙

소득수준이 높아지면 당연히 건강하고 풍요한 삶에 대한 관심이 싹튼다. 하지만 우리 사회의 웰빙 열풍은 약간 다른 뿌리에서 나왔다.

한때 한강의 기적으로 일컬어지며 다른 개발도상국의 부러움을 샀던 우리나라의 성장세는 외환위기 이후 완연히 감속하고 있다. 고용 없는 성장이나 잠재성장률의 하락, 그리고 장기침체 등은 우리가 일상에서 흔히 듣는 키워드가 되었다. 따라서 많은 사람들이 단순히 먹고사는 문제에서 벗어나 정신적인 편안함과 여유를 갈구하게 됐고, 이것이 소비 트렌드로 등장하면서 웰빙이란 시대의 코드를 만들어낸 것이다. 물론 이 같은 소비 트렌드 변화를 재빨리 감지해 마케팅에 활용한 기업들의 조연도 무시할 수 없다.

웰빙 열풍의 또 다른 배경은 고령화다. 우리나라는 세계에서 가장 빨리 늙어가는 사회다. 선진국에서 100여 년에 걸쳐 일어난 고령화가 우리나라에서는 불과 몇십 년 만에 급속도로 나타나고 있다. 이러한 고령화 추세는 노인성 만성질환의 증가와 노인부양 부담의 급증으로 이어지고 있다. 따라서 이제는 자신과 가족의 건강이 사회적인 관심사로 떠올랐고, 이것이 웰빙 열풍으로 이어지고 있다.

웰빙 열풍이 소비 트렌드로 정착된 데는 새로운 라이프 스타일을 지닌 계층의 힘이 한몫 했다. 이들 새로운 계층은 타인을 의식하기보다는 개인의 가치를 중시한다는 점에서 그 전 세대와 뚜렷이 구별된다. 더불어 즐거움을 찾기보다 자신과 가족의 건강과 행복에 더 큰 가치를 둔다. 지극히 개인적이고 자기 중심적인 삶을 추구하는 것이다.

뒤틀린 웰빙

웰빙은 국산(國産)이 아니다. 선진국이 웰빙의 원조다. 소득수준이 높아짐에 따라 건전하고 건강한 삶을 추구하는 경향은 선진국에서 먼저 시작됐다.

하지만 선진국에서 웰빙이란 개념이 태어난 배경은 우리와 상당히 달랐다. 사회·경제적 어려움으로부터 도피하려는 탈출구로서 나타난 것이 한국형 웰빙이라면, 선진국에서는 물질적 풍요 속의 과도한 배금

주의 현상과 개인주의 성향에서 벗어나려는 동기가 강했다. 따라서 웰빙을 추구하는 방식도 정신건강과 행복, 여유 및 공동체적 삶을 추구하려는 노력으로 나타났다.

대표적인 선진국형 웰빙이 바로 미국식 웰빙인 '로하스(life of health and sustainability : LOHAS)'다. 사실 웰빙과 로하스는 분명한 차이가 있다. 간단히 비교하면 웰빙은 개인적인 소비 니즈인 데 반해, 로하스는 다분히 이타적이고 공동체적이다. 로하스를 구성하는 요소 중 '건강(health)'보다는 '지속가능성(sustainability)'을 강조하는 것도 그 이유에서다.

좀더 예를 들어보자. 시장에서 물건을 사도 나 혼자만 생각하지 않는다. 자신의 이웃과 다음 세대를 생각하며 구입하는 것이다. 당연히 일회용품 사용을 자제하고 재활용 제품에 관심을 갖는다. 지속성장과 지구환경을 보존하자는 개념이, 나와 내 가족만의 건강보다 우선시 된다. 한국식 웰빙과 분명히 다르다. 결국 로하스는 자신의 신체 및 정신적인 건강뿐 아니라 이웃과 다음 세대까지 고려해 사회·경제·환경적 토대를 위태롭게 하지 않는 라이프 스타일을 의미한다.

셀피시 웰빙의 미래

한국형 웰빙은 어떻게 진화할까. 어떤 이들은 우리식 웰빙의 성격과 특성은 변화할 수밖에 없고, 결국은 미국식 웰빙인 로하스의 형태가 대체 트렌드로 각광받을 것으로 내다본다. 웰빙을 흠뻑 향유할수록 자신뿐 아니라 다른 사람들과 다음 세대, 지구환경을 사랑하는 건전하고 이타주의적 사고를 갖게 된다는 낙관이다.

그러나 부정적 예상이 더 많다. 설사 로하스식 웰빙이 다가오더라도 그 시기가 빨리 도래하진 않을 것이란 전망이 많다. 웰빙의 뿌리가 다른 탓이다. 소득수준이 1인당 2만~3만 달러가 되더라도 우리 사회는 공동체적 삶에 대한 향수가 더해지기는커녕 더욱 개인주의로 치달을 것이다.

더구나 최근에는 세상에 유일한 '나만의 제품'을 찾는 경향이 더욱 노골화하고 있다. 소득양극화가 진행되면서 보안이나 경보 시스템 업체들이 등장했듯, 자신과 가족의 보호막은 더욱 단단해지고 있다. 자기중심적 웰빙 트렌드는 더욱 고착될 가능성이 높은 것이다.

감덕식 dskam@Igeri.com

34

호모 후모아의 전성시대
설득과 협상의 핵심 스킬은 유머다

2004년 17대 총선은 국내 정치판에 몇 가지 지각변동을 가져왔다. 그 중 하나가 제도권 밖에서만 머물던 진보정당의 원내 진출이다. 배경에 대해선 구구한 설명이 뒤따른다. 기성 정치인들에 대한 실망, 미디어 선거의 본격화, 민주노동당의 차별화된 선거 캠페인 등.

그런데 진보정당의 원내진출에는 눈여겨 봐야 할 성공요소가 있었다. 민노당에 '노회찬'이라는 걸쭉한 '입'이 있었던 것이다. 등원하는 데 성공한 노씨가 유세 기간 동안 토론회 등을 통해 유행시킨 몇 가지 어록을 살펴보자.

"50년 동안 계속 쓰던 불판에 삼겹살을 구우면 시꺼메집니다. 이제 삼겹살 판을 갈아야 합니다."

"선거 때만 되면요, 갑자기 어디서 산천어, 열목어 다 나타납니다. 저마다 깨끗하다는 것이죠. 그러나 지금까지 우리 경험으로는 깨끗하다는 산천어, 열목어가 3급수, 4급수에 들어가면 다 죽어요. 아니면 돌연변이한 물고기만 살아남는 거죠."

노 의원의 장점은 기성 정치인들의 현실적 한계를 거창하게 논리적으로 설명하기보다 유머를 가미한 '촌철살인'으로 풀어낸 데 있다. 대중들은 그의 주장에 담긴 논리적 완결성을 따지지 않는다. 단지 삼겹살 불판, 산천어, 열목어 등 몇 가지 키워드를 기억하며 카타르시스를 느끼는 것이다.

노 의원의 정계입문은 우리 사회에 만연한 유머·재치 지상주의, 구체적으로 '호모 후모아'의 등장을 잘 설명해 준다(호모 후모아는 라틴어로 '유머가 많은 사람'이란 뜻. 존재론적 의미에서 세속적인 가치로부터 자유로운 유희의 인간형을 말하는 호모 루덴스 'Homo Ludens'와는 차이가 있다). 각종 미디어를 잘 살펴보면 저마다 황금시간 대에 유머 관련 프로그램을 배치해 놓고 있다. 코미디언과 개그맨들만 웃기는 것이 아니다. 가수와 TV 연기자들도 입담이 없으면 좋은 배역을 맡을 수 없다.

격식을 갖춰야 할 뉴스나 시사 프로그램조차 시트콤을 닮아가고 있다. 뉴스케이블 방송의 '돌발영상' 등이 대표적 사례다. 최근 H 케이블 방송의 증권분석 프로에서 해설자의 안경에 파리가 앉아 얘기가 중단되는 방송사고가 벌어졌다. 그러나 이 사고는 인터넷을 통해 '요절복통 에피소드'로 변모했고 출연진은 마치 개그맨처럼 인기몰이를 하고 있다.

웃음이 스트레스 해소에 특효

한번 웃고 나면 그만일까. 그렇지 않다. 유머는 보기보다 많은 가치를 지닌다. 긍정적인 삶의 태도를 형성하는 데 크게 기여할 수 있으며, 대화를 나누는 상대방이나 대중들의 방어·경계심리를 약화시킨다. 자기가 말하고자 하는 메시지를 효과적으로 전달할 수 있다는 의미다. 또한 자리가 높아, 혹은 아는 것이 많아 인정을 받는 조직의 리더들이 흔히 놓치기 쉬운 감성을 효과적으로 채워준다.

그런데 최근 우리 사회에 유머가 유달리 뜨는 이유는 뭘까. 크게 두 가지로 설명할 수 있다. 우선 우리 사회의 갈등과 스트레스 수준이 높아진 현실과 무관하지 않은 듯하다. TV 뉴스에선 하루가 멀다 하고 정치권이 격돌한다. 집권당과 언론은 대놓고 상대를 몰아세우고 있다. 사회비리와 범죄는 왜 이리도 끝이 없는지…. 유명 포털로 '따뜻한 세상 뉴스' 라는 코너가 등장했지만 어둠을 밝히긴 턱없다. 유머가 이 같은 어둠을 날리는 빛은 아니지만, 잠시나마 잊게 해준다. 동시에 대화를 할 때 완곡한 표현과 부드러운 말투로 상대방의 거부감을 줄인다.

또한 유머는 직장사회에 많은 활력을 불어 넣을 수 있다. 최근 많은 기업들은 능력주의 인사 방식을 적용하고 있다. 조직원의 실적에 따라 보수를 달리하는 연봉제를 도입하는 기업이 늘어나고 있고 연봉의 차등 폭은 점점 커지는 추세다. 이러한 변화로 조직 내 관료적 병폐를 최소화하고 조직 효율을 극대화할 수 있다. 그러나 지나친 내부 경쟁으로 유능한 인력조차 일 자체에 흥미를 느끼지 못하거나, 팀워크가 약화되는 결과를 가져오기도 한다. 이 같은 부작용을 최소화하는 방안 중 하나가 바로 '재미있는 조직 만들기' 다.

호모 후모아가 득실대는 사우스웨스트 항공

유머 경영 사례로 미국의 사우스웨스트 항공(Southwest Airline)을 살펴보자. 이 항공사는 9·11 테러 이후 항공업계의 불황에도 불구하고 4,000명의 신규 인력을 뽑은 사실만으로도 유명해진, 국내선 전문 항공사다. 기내식은 물론 요란한 기내 서비스도 없고, 심지어 발권인력을 대거 줄여 시내버스 타듯 비행기에 오르게 만든 유별난 회사다. 그런데도 사우스웨스트가 승승장구한 것은 '유머'라는 자산 덕택이었다.

CEO인 허브 켈러허는 '미국에서 가장 웃기는 경영자'라는 별명을 가졌다. 그가 '펀(fun) 경영'을 중시하는 이유는 '유머가 조직의 화합을 위한 촉매'라고 믿기 때문이다.

사우스웨스트가 회사 로고를 둘러싸고 경쟁사와 분쟁을 벌였을 때 일이다.

"팔씨름으로 승부를 냅시다."

켈러허 회장은 협상이 평행선을 긋자 마주앉은 상대방 CEO에게 느닷없이 엉뚱한 제안을 했다. 그러자 상대 CEO는 폭소를 터뜨렸다. 승부는 켈러허 회장의 완패였으나 상대방으로부터 로고 공동사용권을 얻어내는 데 성공했다. 유머가 안겨준 절반의 승리였다.

직원을 뽑을 때에도 그는 유머 감각을 높게 쳐준다. 유머 있는 사람 치고 업무를 못 하는 사람은 없다는 것이 그의 지론이다. 점잖은 오찬장에 직접 엘비스 프레슬리 복장을 하고 나타나 주변 사람들을 박장대소하게 만들기도 했다.

"담배를 피우실 분들은 날개 위에서 마음껏 피우시기 바랍니다. 흡연하면서 감상하실 영화는 〈바람과 함께 사라지다〉입니다."

CEO가 웃기니 승무원들도 웃기지 않을 수 없다. 기내방송도 웃긴다. 근무기강이 느슨할 것 같지만 사우스웨스트의 정시 이착률과 수하물 분실률, 그리고 고객만족도는 업계 최고 수준이다. 임직원들의 월급이 높아서일까, 아니다. 사우스웨스트의 임금 수준은 경쟁사보다 높지 않다. 그러나 이직률도 낮다. 어떻게 이런 일이 가능할까.

해답은 이 회사의 기업문화에 있었다. 임직원들의 업무 만족도가 높은 이유는, 일하는 분위기가 좋았기 때문이다. 일하는 분위기의 중심에는 유머가 있었다. 유머는 이처럼 복잡하고 정교한 여러 가지 제도 및 환경이 빚어내는 갈등을 해소하며, 동시에 많은 사람들에게 활력을 제공해 성과를 거두게 하는 강력한 도구가 될 수 있다.

의사소통의 핵심, 유머

호모 후모아는 유머를 통해 상대방을 웃기고, 그 반응을 통해 자신도 만족하는 사람이다. 이런 호모 후모아가 사회 구석구석에 웃음 바이러스를 퍼뜨리면 어떤 변화가 올까.

아직까지 유머는 엔터테인먼트 산업에 국한되는 감이 적지 않다. 그러나 유머 바이러스의 확산은 점차 다른 산업에도 영향을 미치지 않을 수 없다. 기업에서도 마케팅이나 각종 기획단계에서 제품 서비스의 본질적인 가치에 더해 유머라는 새로운 인자를 어떻게 고려할 것인가가 화두로 등장할 것이다.

미래의 의사소통에서는 유머가 핵심 요소로 떠오를 것이다. 유머를 통해 상대방의 협력을 끌어낼 수 있는 사람이 갈등의 조정과정에서 많은 역할을 수행할 수 있다. 지금까지 재미와 유머를 갖춘 사람은 조직의 주류라기보다 조직의 양념 같은 사람으로 취급됐다. 그러나 앞으로는 조직운영의 핵심 요원으로서 위상이 높아질 것이다.

신민영 myshin@lgeri.com

35

디지털 디바이드의 그림자, IT 낙오자
디지털 능력이 빈부를 가른다

"할아버지, 그것도 모르세요?"
마포의 한 노인종합복지관. 방 안은 백발의 노인들로 가득하다. 앞에서는 앳된 강사가 컴퓨터 강의를 하고 있다. 여러 번 가르쳐도 헤매는 할아버지들을 보다 못한 강사는 드디어 짜증을 내기 시작했다.
"이 곳을 눌러야 컴퓨터가 꺼진다니까요."
초저녁 잠이 많은 김씨 할아버지(68세)는 뭐가 뭔지 도무지 알 수가 없다. 이러다 집에 가면 손주 녀석이 또 '컴맹'이라고 놀릴 텐데….

IT의 발전이 우리 사회의 전통적인 위계질서를 위협하고 있다. 어른이 아이들을 가르치고 형이 동생을 가르치는 '내리 가르침'이 흔들리고 있는 것이다. 과거 어른은 영원한 스승이었다. 심지어 환갑을 맞은 자식도 부모 눈엔 여전히 물가에 내놓은 아이처럼 여겨졌다.
그러나 정보화의 물결이 우리 일상에 깊숙이 스며들면서 이제 아이들이 어른을 가르치는 광경이 전혀 낯설지 않다. 교육을 받지 못한 노인들만의 얘기가 아니다. 고등교육을 받은 부모일지라도 하루가 멀게 진화하는 컴퓨터나 휴대폰 등 정보화 기기를 익숙하게 다룬다는 것은 거의 불가능하다. 기능이 다양하다 보니 TV를 조작하는 것마저 만만치 않다. 해결책은 하나. 정보화에 친숙한 아이들, 즉 디지털 네이티브

(digital native)에게 배우는 것이다.

아이들 학원 일정을 달달 외우며 윽박지르는 '엄마'들도 마찬가지다. 집안 살림엔 도통 무지한 남편을 구박하며 어깨 펴고 살지만, 여차하면 초등학생 딸에게 "이 노래 좀 다운 받아 줘"라고 부탁하게 된다. 기분이 영 찝찝하다.

소익부 노익빈

몇 년 전 '디지털 디바이드(digital divide)'라는 말이 유행했다. 인터넷이 상징하는 정보혁명의 흐름에 적절히 대응하는 국가와 그렇지 못한 국가의 성장 패턴에는 큰 격차가 발생하리라는 것이었다.

그런데 디지털 디바이드는 이미 개인 간에 극명하게 나타나고 있다. 현대 사회에서 의사소통이나 정보전달은 점점 얼굴을 맞대고(face to face) 이뤄지기보다는 IT를 통해 선 위에서(on line) 이루어지는 비중이 늘고 있다. 따라서 IT 환경에 잘 적응하는 사람과 그렇지 못한 사람들 간의 문화적·심리적 장벽이 높아진다. 첨단 기술에 뒤진 사람의 소외와 IT 미숙련자에 대한 '따돌림' 현상이 대두되고 있는 것이다.

정보기술의 발전은 필연적으로 여기에 잘 적응하는 사람과 그렇지 못한 부류 간 부의 격차를 벌려놓을 것이다. 과거에는 돈에 접근할 수 있는 금융 테크닉이 부가가치를 내는 지름길이었다면 앞으로는 지식과 정보가 부가가치를 만들어내고, 정보와 지식 습득의 주요 창구는 인터넷이 될 것이기 때문이다. 따라서 여기에 접근하지 못하는 사람들은 낙오자가 될 수밖에 없는 구조다. 이를 연령대에 비춰 살펴보면 젊은 사람들의 부가 늘고, 노인들이 가난해지는 '소익부(少益富) 노익빈(老益貧) 현상'이 나타날 수 있다. 20~30대 젊은 층이 노인층에 비해 돈 되는 최신 정보를 훨씬 빠르게 받아들이기 때문이다.

신군(13세)은 컴퓨터와 함께 산다. 학교 공부를 열심히 했던 그는 요즘 게임에 푹 빠졌다. 수업시간에도 온통 게임 생각뿐이다.

오늘도 게임을 즐기던 신군은 갑자기 곤란한 지경에 빠졌다. 온라인 게임 〈리니지〉를 즐기다 무기를 보강하려는데 '사자의 영광'이 140만 아데나이고 '싸울아비장검'이 190만 아데나란다. "140 더하기 190이 몇 이더라?"

금방 계산이 안 된다. 급히 계산기를 열며 중얼거렸다. "옛날엔 식은 죽 먹기였는데…."

IT의 발달로 인간의 원초적 능력이 퇴보하는 것도 문제다. 컴퓨터 등 정보기술의 획기적 발전은 생산성을 높이고, 여가시간을 늘려주는 선물을 줬지만, 인간의 생체·두뇌 능력을 빼앗아가고 있다.

아이들이 학교 과제를 해가는 것을 보자. 곧잘 어려운 숙제를 그럴듯하게 풀어내지만, 사실은 인터넷에서 '퍼온' 것들이 대부분이다. 종합력이나 분석력은 예전 학생들에 비해 턱없이 뒤진다고 많은 선생님들이 지적한다. 컴퓨터와 인터넷이 없으면 숙제를 전혀 할 수 없다는 것이다.

체력 저하 역시 매우 우려된다. 인터넷 등에 매달리면서 생체능력이 떨어지고 있다. 체격은 과거에 비해 커졌지만 체력은 훨씬 약해졌고, 특히 아동비만으로 인해 혈당과 간기능 수치, 혈압 등이 높게 나타나고 있다. 영양은 과다하게 섭취하지만 학습시간이 길어지는 데다 게임 등에 몰두하면서 운동량은 늘 부족하다. 서울 강남에 아동 전문 피트니스센터가 들어선 것은 무엇을 말하는가.

신군과 같이 IT에 탐닉하는 중독현상을 보이면 이러한 부작용은 더욱 심각해진다. 게임 폐인(廢人), 동호회 폐인 등은 IT 문화의 부정적 측면이다. 한밤중에 인터넷을 헤매고 다니다 보면, 낮에 활동해야 하는 학교나 직장에 쉽게 적응할 리 없다. IT 세계의 리더가 오프라인 사회에선 낙오자가 되는 경우도 흔하다.

PC방은 초딩, 중딩이 점령

향후 정보화가 진전되면 더욱 많은 폐인이 양산될 것이다. IT 기술의 발전으로 더욱 실감나고 자극적인 게임이 쏟아짐에 따라 사리분별력이 상대적으로 취약한 초등학생을 중심으로 게임 중독자는 더욱 늘어날 것으로 보인다. PC방이 초등학생과 중학생들에 의해 점령된 지는 이미 오래 전이다. 초등학생의 게임 중독자 비율이 현재의 20%대 초반에서 더욱 치솟을 가능성이 높다.

청년 실업자들이 청년층 IT 폐인으로 이어질 가능성도 적지 않다. 우리 경제의 성장세가 둔화되면서 많은 젊은이들이 비정규직으로 내몰리거나 일자리를 잃고 있다. 이러한 현상은 자연스럽게 집에 틀어박혀 있는 '히키코모리'나 '코쿤족'을, 특히 정보화와 맞물려 '사이버 코쿤족'을 양산할 것이다.

IT 강국의 그늘

우리 사회의 정보화 추세는 세계에서 가장 빠르게 진행되고 있다. IT 강국이란 자부심도 크다. 그러나 정보화는 기존의 질서를 와해시키고 낙오자를 대량으로 양산할 위험이 있다.

IT 기술의 진전은 전통적인 가족질서, 윤리의식 등을 쇠퇴시키는 요인으로 작용할 것이다. 가뜩이나 탈산업사회를 맞아 가족의 파편화가 진행되고 있는데, 정보화가 추가적인 위협요인으로 기능하고 있는 것이다.

부의 편중도 심화될 전망이다. 정보화에 대한 적응 여부가 향후 부에 접근할 수 있는 척도가 될 것이다. 정보화는 속성상 시간이 지남에 따라 격차가 더욱 커진다. 정보화에 앞선 20%는 더욱 잘 살고 나머지 80%는 더욱 빈곤해지는 2080 사회가 조만간 올 것이라는 전망이다. 이른바 '지식격차 가설'이 현실화되는 것이다.

전반적인 국민체력 증진에도 부정적 영향을 미칠 것으로 우려된다. 컴퓨터 앞에 앉아 있는 만큼 운동량은 부족해진다. 척추나 시력도 약화될 가능성이 크다.

 용·어·해·설

캥거루족

대학 졸업 후 취직할 나이가 되었음에도 불구하고 부모에게 얹혀 사는 부류. 취직을 했는데도 수입이 적어 경제적으로 독립하지 못하거나, 정신적으로 미성숙해 부모와 함께 사는 사람들도 이 부류에 속함.

히키코모리

일본에서 심각한 사회문제로 대두된 현상으로, 가상세계에 지나치게 탐닉한 나머지 외부와 단절된 채 집 안에만 틀어박혀 살아가는 젊은이들을 의미. 장기불황에 매사를 귀찮아하는 '귀차니즘'이 복합적으로 작용한 결과로 분석됨.

정영철 ycjeong@lgeri.com

36
확장되는 외인 지대
미래지향적 공존만이 상생의 길이다

서울 중심가 무교동을 1시간만 거닐어보자. 외국인들을 심심찮게 만나게 된다. 더 이상 낯설지 않다. 심지어 대중 목욕탕에서도 알몸의 외국인을 만날 수 있다.

서울시에 따르면 2003년 말 현재 각종 비자를 받아 체류하는 외국인은 모두 10만. 서울 인구 100명 중 1명이 외국인이라는 얘기다. 서울뿐 아니라, 수도권 곳곳에도 많은 이주 노동자들이 공단을 중심으로 모여 산다. 한국 속의 '외인촌(外人村)', 또는 '국경 없는 마을'로 불리는 이들 지역은 국적·언어·피부색 등이 서로 다른 사람들이 더불어 사는 독특한 문화공간이다.

외국인에 가장 배타적인 나라, 대한민국

"어릴 적 가장 먹고 싶었던 음식이 무엇인가?"

성인 100명에게 물어보면 답은 대개 자장면일 것이다. 그런데 이 자장면의 고향은? 중국의 베이징(北京)도 아니고 쓰촨(四川)도 아니다. 19세기 말 인천항이 외세에 열리면서 옮겨온 중국인들이 새로 '고안했다'는 것이 정설이다. 중국에서 건너온 음식이 한국인의 입맛에 맞게 형태와 맛이 변하면서 퓨전 음식이 된 셈이다. 자장면은 100년의 나이를 먹으면서 우리 문화의 일부가 되었다. 그러나 정작 자장면을 만들어낸 중국인들은 100년 넘도록 한국에 쉽게 발을 붙이지 못하고 있다. 불과 몇 년 전까지만 해도 자장면의 실제 고향, 인천 선린동 차이나타운은 50년 전 모습 그대로였다. 퇴락한 뒷골목 풍경 그대로 말이다.

한국은 차이나타운이 들어서지 못한 거의 유일한 나라다. 1970년대 초 12만 명에 이르렀던 화교 인구도 현재는 불과 3만 명이 채 되지 않는다고 한다. 끈질긴 생존력으로 지구촌 곳곳에 차이나타운을 건설해 나름대로 전통과 문화를 보존해 온 화교들이 유일하게 한국에서는 실패한 것이다.

미국 샌프란시스코와 뉴욕, 일본의 요코하마 등을 가보면 금세 알 수 있다. 차이나타운은 지역사회에 깊이 뿌리를 내리면서 문화적 간극을 메우는 훌륭한 조정역을 하고 있다. 태국·방콕·싱가포르 등 동남아 국가에도 1만여 명 수준의 차이나타운이 형성돼 있고, 이들은 도시의 명물이 되고 있다. 그런데 서울은? 매머드 국제도시인 서울에 차이나타운이 들어서지 못하는 점은 분명 이례적이다. 수천 년 동안 단일 민족국가를 이어온 한국은 정말로 외인(外人)들이 자리잡기 힘든 사회로 지속될 것인가.

식지 않는 코리안 드림

우리 역사를 되돌아본다면 결코 외국인들에게 배타적일 수 없다. 우리나라의 인력수출 역사는 꽤 장구한 편이다. 구한 말 한인들이 하와이 사탕수수 밭과 남미의 커피 농장으로 이주한 역사가 있었으며, 일제 침략 이후 만주와 사할린으로 이주해 간 동포들이 지금도 조선족·고려인이라는 이름으로 우리의 문화를 간직하며 살아가고 있다. 1960~70년대에 독일의 광부와 간호사로, 1970~80년대에 중동 지역의 건설 노동자로 파견된 사람들은 한국 근대화의 초석을 다졌다. 지금도 아메리칸 드림을 꿈꾸며 미국으로 떠나는 이들이 적지 않고, 일본에서도 외국인 불법 체류자의 국적을 따지면 한국이 단연 상위권을 차지한다.

그러나 1980년대 중반 이후 살림살이가 펴지고, 산업구조 역시 고도화되는 등 제반 국민경제 여건이 변화하면서 한국은 인력 수출국에서 수입국으로 변모하기 시작했다. 특히 1990년대 중반부터 내국인들이 산업현장의 3D(difficult-힘들고, dirty-지저분하고, dangerous-위험한) 직종을 기피하면서 이를 외국인이 대신하기 시작했다. 이들은 주로 동남아시아·중국·러시아 등에서 유입되는 외국인 노동자들이다. 우리가 과거 아메리칸 드림을 꿈꿨듯 이들도 "한국에서 한밑천 만들어 고국에서 잘 살아보자"는 코리안 드림을 꿈꾼다. 2000년대에 들어서는 출신국도 다양해져 카자흐스탄·우즈베키스탄 등 중앙아시아와 나이지리아·카메룬·가나 등 아프리카에서도 몰려오고 있다.

불행히도 이들의 코리안 드림은 충족되지 못하는 경우가 많다. 밀입국과 불법 체류자로 전락하는 경우는 그나마 다행이다. 사고를 당하거나, 질병으로 생을 마감하는 비극도 종종 벌어진다. 이에 따라 외국인 노동자들의 인권보호나 이들의 범죄행각이 사회적 이슈로 떠오르고 있다. 한국 문화에 적응하는 과정에서 생겨난 '마찰'에 점점 우리 사회가 관심을 가지기 시작한 것이다. 그런데도 외국인 노동자들의 유입세는 전혀 줄어들 기미가 보이지 않는다.

'외인타운'의 빈부격차

외국인 노동자들이 집단 거주지를 형성하게 된 것은 1990년대 초부터다. 이전에도 서울에는 한남동과 성북동의 외교관촌, 반포동의 프랑스촌, 동부이촌동의 일본촌 등 소규모 외국인 타운이 있었다. 예를 들어, 이촌 1동 아파트를 중심으로 일본인 1,500가구가 모여 사는 동부이촌동의 일본촌은 가장 오래된 외국인 거주지 중 하나로 '리틀 도쿄'라고 불린다. 일본인 전용 창구를 갖춘 은행과 일본인 어린이반을 개설한 유치원도 있으며, 본고장 맛을 내는 일본 음식점들도 즐비하다.

반포동 서래 마을 프랑스촌 역시 외국인 거주지 가운데 가장 이국적인 곳으로 알려져 있다. 1985년 한남동에 있던 프랑스 학교가 반포로 옮기면서 자연스럽게 형성된 이 곳은, 프랑스어 간판이나 표지판은 물론 곳곳의 와인 가게들과 구수한 바게트 냄새가 흘러나오는 빵집에서 프랑스 정취가 절로 느껴진다.

서울 도심이나 부도심의 부유한 외인촌과 달리 아시아권 외국인 노동자들은 싼 임대료와 손쉬운 일자리를 찾아 서울 외곽 지역이나 공단 지역에 머물고 있다. 불법체류 외국인 노동자가 상당수인 이들 외인촌은 하루하루 고단한 삶과 애환이 서려 있는 현장이다. 1990년대 구로공단 내 공장들이 외곽으로 이주하면서 중국 동포들이 빈 자리를 메운 서울 구로구 가리봉동은 '구로구 옌뺀동'이란 별칭을 갖고 있다. 조선족 자치주인 옌뺀 지역을 닮았다는 의미다. 이 지역에 살고 있는 조선족과 중국인들은 3만 명이 넘는 것으로 추정되며, 대림동·가산동·독산동 일대로 점점 영역을 넓혀가고 있다.

'코시안 타운'으로 불리는 경기도 안산역 앞 원곡동에는 한국인보다 외국인 노동자가 더 많다. 외국인들에게 피선거권만 있다면 외국인 출신 구의원 당선도 따놓은 당상이란 얘기가 나올 정도다.

그 밖에도 외국인 노동자 타운은 의외로 많다. 경기도 남양주시 마석에는 동남아시아와 아프리카 등에서 이주한 외국인 노동자들이, 봉제 공장이 밀집한 동대문구 창신동 일대에는 손기술이 좋은 베트남 노동자들이, 성동구 성수 공단에는 태국 등 동남아시아 노동자들이 나라별로 작은 공동체를 이루며 살고 있다. 이들 외인촌에 가보면 누가 '주인'이고 누가 '손님'인지 구분하는 일이 무의미하다.

'손님'에서 '이웃'으로

2004년 11월 통계청이 발표한 '고용 동향'에서 청년 실업자 수를 35만 5,000명으로 집계했다. 한 해 전체 대졸자의 절반이 넘는 젊은이들이 백수 신세로 전락하는 것이다. 이처럼 젊은이들은 일자리가 없어 헤매고 있지만 다른 한편으로는 외국인 취업자의 수가 급격히 늘고 있다. 아이러니한 현상이다.

법무부 통계를 보자. 2003년 말 국내 체류 중인 외국인은 모두 43만 8,000명. 여기에 2004년 유입될 것으로 예상되는 7만 9,000명을 포함하면 50만 명에 육박한다. 국내 노동 인력들의 3D 업종 기피 현상은 상당 기간 지속될 것이다. 피자가게의 오토바이 배달을 할지언정 가죽 가공 업체에서 일당 받을 생각은 안 하는 것이 요즘 세태다. 장래성이 없다는 논리이고 보니 세태를 탓할 수도 없다. 결국 3D 업종의 노동력 부족현상은 해소되기 어렵고, 결과적으로 외국인 노동자들의 유입은 늘어날 수밖에 없다.

또 최근에 외국 기업이나 외국인 투자를 유치하기 위해 정부와 지자체들이 외국인 타운 건설에 적극 나서고 있다. 사실 이미 국내에 투자한 외국 기업들은 열악한 학교·주거시설·병원 등에 불만을 품고 있었다. 제3세계에 진출한 우리 기업의 임직원들이 겪는 고충과 다를 바 없다. 지자체들은 이제 투자유치 계획을 공개하면서 외국인용 사회 인프라 조성계획을 반드시 함께 발표하고 있다.

좋든 싫든, 유입되는 외국인들이 점차 우리 사회의 한 구성원으로 정착하는 현실은 부정할 수 없는 흐름이 돼 가고 있다. 이미 그들을 위해 발 벗고 나선 한국인 자선단체 등이 속속 출현하고 있다. 방송 등에서도 외국인들의 출연 영역이 점차 넓어지고 있다. 외국인들은 한국인이 기피하는 '영세 기업', '3D 산업' 등이나, 반대로 금융 등 첨단 영역에서 우리 경제의 일익을 담당할 수밖에 없다. 그리고 이들이 모여 사는 외국인 타운은 더욱 확대될 것이다. 2004년 11월 대구 중심가에 선 외국인 노동자들이 선거유세 퍼포먼스를 열기도 했다. 자신들의 권익을 보호하기 위해 한국의 정치 현실에 관심을 갖기 시작한 것이다.

21세기는 국경의 구분없이 자본, 노동, 기술이 이동하는 시대라고 한다. 이미 한국도 자본과 기술을 넘어 본격적으로 인력이 이동하는 시대를 맞고 있다. 국경을 넘어오는 것은 노동력만이 아니다. 그들이 체화한 문화도 함께 따라온다. 따라서 단순한 인건비 절감의 논리만이 아니라, 사회·문화·민족학적인 관점에서 외국인 타운의 생성과 확장에 주목해야 할 때다.

이제 외국인들은 단순한 '손님 노동자(guest worker)'가 아니라 더불어 사는 지역 공동체의 일원이 돼 가고 있다.

황인경 sarah@lgeri.com

37

모자라는 신입생, 망하는 대학들
대학 특성화만이 미래 생존의 길이다

2004년 4월 국립대인 창원대와 경상대가 통합하기로 양해각서(MOU)를 맺었다. 두 대학은 2006년 학기부터 신입생을 함께 모집하는 것을 목표로 어느 전공을 합칠지, 대학 특성은 어느 쪽으로 정해야 할지 고

민 중이다. 마찬가지로 국립대인 충남대와 충북대 역시 같은 해 9월 중부권 최고 대학을 목표로 통합 계획을 밝히는 등 대학 간 통폐합 논의가 활발하다.

우리 사회에서 대학이 망하는 것을 본 적이 있는가. 대학을 졸업한 독자들은 아마 망한다는 생각조차 해본 적이 없을 것이다. 한번 세우면 굳건히 자리를 지키는 것이 한국의 대학들이었다.

그 동안 대학 통폐합이나 구조조정이란 얘기가 없었던 것은 아니다. 그러나 경쟁력을 키운다며 통폐합을 단행한 대학은 손에 꼽을 정도다. 대학은 요지부동, 대학 교직은 '철밥통'이란 인식이 우리의 오래 된 교육 풍토였다. 그러나 최근 수 년 새 사정이 급변하고 있다. 대학도 망하는 세상이 온 것이다.

학생이 모자란다

사실 대학도 장사를 하려면 등록금을 낼 신입생을 되도록 많이 확보해야 한다. 우리나라뿐 아니다. 일찍이 경쟁체제에 돌입한 미국·일본 대학들도 사실 '머릿수' 채우기에 혈안이 돼 있다.

2000학년도만 해도 국내 대입 응시자 수는 약 87만 명으로, 정원인 71만 명을 훨씬 웃돌았다. 그러나 2002년도가 되면서 상황은 역전되었다. 정원에 비해 학생 수가 모자라기 시작한 것이다. 당연히 대학에는 비상이 걸렸다. 2001년 대학들의 정원 미달률은 1%대였으나, 2003년에 이르자 일반 대학의 경우 9%, 전문 대학의 경우 18%대에 이르렀다. 겨우 2년 사이 상황이 급변한 것이다. 더구나 우리 사회는 세계 최저의 출산율을 보이며, 급속히 고령화되고 있다. 중고생 수 추이로 볼 때 이러한 현상은 더욱 심각해질 것이 뻔하다. 이미 초등학교는 학생이 없어 통폐합 작업을 몇 년째 벌이고 있다.

지방에서는 상황이 더욱 심각하다. 지방대학들의 경우, 몇몇 특성화 대학이나 국립대 등을 제외하면 충원율이 50%에도 못 미치는 대학이 수두룩하다. 이대로 가다간 학생이 없어 조만간 문을 닫게 되어 울상 짓는 대학들이 생길 것이다. 입시 성적과 관계 없이 무조건 입학자격을 주는 '묻지 마' 입시도 나타났다. 이쯤이면 학생 '선발'이 아니라 '유치' 전쟁이다.

그나마 학생들을 '모시고' 올 수 있으면 다행이다. 호텔급의 화려한 기숙사를 만들고, 주말마다 귀경 차량을 대기시키고, 장학금을 줘도 학생들은 시큰둥하다. 학생이 대학을 고를 수 있는 형편이다 보니, 실리를 꼼꼼히 따지게 된 것이다. 교육 여건도 중요하지만 졸업 후 진로, 졸업생 취업률, 동문들의 현황 등 이것저것 저울질해 본다.

이렇듯 학생모집 경쟁이 치열해지면서, 대학가에서는 학생들에게 실제 도움이 되는 '무언가'를 제공하지 않으면 결국 문을 닫을 수밖에 없을 것이라는 위기감이 팽배해지고 있다.

대학들이 더욱 심리적으로 코너에 몰리는 이유는 교육시장 개방이다. 외국대학에 교육시장이 열리면 학생 유치 경쟁은 더욱 치열해지고, 경쟁력이 떨어지는 대학들은 결국 망할 수밖에 없다. 2004년 초 경제특구 등을 중심으로 제안된 '외국교육기관설립·운영에관한특별법'이 입법된다면 결정타가 될 가능성이 높다. 인천경제자유구역 내 송도 지구는 2008년까지 미국 동부의 명문 사립대학 등을 유치하겠다며 컨소시엄까지 형성해 놓았다.

우리 사회의 영어 열풍은 조기유학과 해외연수라는 유행병을 낳고 있다. 외국계 명문 대학들이나 사립 중고교들이 한국에 분교를 설립한다면 그 결과는 부유하거나 우수한 학생들의 이탈로 이어질 것이 뻔하다. 지명도가 높은 국내 대학조차 이 위기를 피해가기 어렵다.

'칼날 세운' 정부

이 위기는 수급여건을 고려하지 않은 대학들이 자초한 책임이 크다. 1990년대 중반 이후 학생 수는 줄어가고 있는데 오히려 대학 수는 늘어났다. 대학 수는 1996년 280여 개였으나 2004년에는 350여 개에 달했다. 말로는 이구동성으로 "어렵다", "구조조정이 필요하다"라고 떠들었지만 대학 수는 계속 늘어나고 있었던 것이다. '망하지 않는 장사가 곧 교육사업'이란 고정관념이 작용한 탓이다.

급기야 2004년 8월 정부는 '대학 구조조정 개혁안'을 발표하기에 이른다. 향후 구조조정을 자율에 맡기기보다 정부가 주도하겠다는 강력한 의지를 내비친 것이다. 개혁안의 골자는 '선택과 집중'. 그 동안 규모에 맞춰 정부가 각 대학에 지원금을 분배했지만 이제는 경쟁력을 갖춘 대학들을 골라 집중적으로 지원하고 나머지는 도태하도록 만들겠다는 정책이다. 더 이상 '나눠먹기식'은 없다는 선언이다.

정부는 개혁안에 따라 일명 '살생부(殺生簿)'라고도 불리는 우수대학 리스트를 만들었다. 우선 수도권 72개 대학 중 특성화 지원 사업을 신청한 62개 대학에 대한 심사를 통해 27개 대학을 골라냈다. 또 대학이 망할 때에 대비한 법 조항도 만들었다. 이러한 대학에는 위로금 명목의 해산 장려금을 주고, 학생들은 다른 대학으로 편입시키는 등 퇴출에 따른 저항과 부작용을 줄이기 위한 조치다.

사립학교들은 긴장하고 있다. 특히 정부에 대한 재정의존도가 높은 사립대학들은 생각보다 강도가 세다며 난감한 기색이다. 한편 발 빠른 일부 대학은 이미 다른 학교와 통합협상을 진행 중인 것으로 알려져 있다.

'특성화' 바람이 생존수단

대학들은 싫든 좋든 개혁의 기치를 올리지 않을 수 없다. 대학들이 추구하는 변화의 기본 방향은 '특성화' 다. 백화점식 교육은 자멸의 길로 빠지게 될 뿐이다. 특정 분야를 골라 그 분야에서 최고의 교육 서비스를 제공하려는 전략이다.

예컨대 경제특구 권역의 인천대와 인하대는 물류 전문 인력을 키우는 데 초점을 맞췄다. 한국항공대는 당연히 항공, 우주산업 분야다. 고려대는 '글로벌 KU' 프로젝트란 간판을 내세워 국제 감각과 문화를 체득한 글로벌 인재양성을 내세우고 있다.

이제는 대학들이 특성화에 주력해야만 정부의 지원을 받을 수 있다. 정부는 자기 자신만의 컬러를 가지고 질적으로 높은 수준의 교육을 제공할 수 있는 대학 외엔 거들떠보지 않을 태세다. 일부 대학들은 환골탈태하는 모습을 보이고 있다. 진정 글로벌 수준의 경쟁력을 갖추려면 특정 분야에 집중하지 않고선 불가능하다는 현실론이 고개를 들고 있다. 몇몇 유명 대학은 교수진의 수준을 높이고, 교육 인프라에 대대적인 투자계획을 세우고 있다.

학생들도 대학의 구조조정을 재촉하고 있어 서열에 따라 학교를 선택하는 풍속도는 옛날 얘기가 되고 있다. 요즘엔 '특정 분야에서의 전문성 획득 여부' 등 실리를 따져 학교를 선택하는 추세가 더욱 강화되고 있다. 대다수 지방대가 학생이 부족해 어려움을 겪고 있지만, 한의학·IT 등에 특화된 대학은 지원자들이 끊이지 않는 실정이다.

사람 경쟁력이 국가경쟁력

특성화·차별화를 통한 경쟁력 제고와 함께, 대학 간 통폐합 등 구조조정도 가속화될 것이다. 그러나 구조조정은 특히 사립대학에 큰 진통을 안겨주고 있다. 국립대들은 교직원 감축 없이 통폐합 작업을 진행한다는 원칙이 서 있다. 이런 구조조정이 진정 대학의 존립에 도움이 될지는 미지수이지만, 그 덕택에 반대하는 목소리가 적어 구조조정 작업이 비교적 수월하게 진행 중이다.

그러나 사립대의 경우 통폐합이 실제 진행되면 학과 및 정원이 조정되지 않을 수 없다. 쉽게 말해 필요없는 조직과 인력이 생겨난다는 얘기다. 당연히 반대도 심하다. 총론에는 찬성하던 사람들도 각론에 들어가면 반대하기 일쑤다. 한 예로 최근 인제대와 한성대의 통합 논의가 일부 언론에 기사화되자 교수들의 반발로 논의가 무산돼 버렸다.

스위스 국제경영개발원(International Institute for Management Development : IMD)의 국가경쟁력 분석보고서에 따르면, 한국의 대학교육 이수율은 세계 5위 수준. 그러나 대학 교육의 경제사회 요구 부합도는 60개국 중 59위로 꼴찌나 다름없다. 대학이 사회가 요구하는 인재를 배출하기는커녕 '졸업장'만 남발했음을 말해 주는 지표다.

지식경제 시대의 국가경쟁력은 사람의 우열에 따라 갈린다. 그 사람의 경쟁력은 바로 대학교육의 질에 달려 있다. 바꿔 말하면 대학의 질적 변화 없이 국가경쟁력의 질적 변화는 이루어지지 않는다는 것이다.

중국은 선택과 집중에 의해 100개 대학을 세계 일류대학으로 만들겠다는 '211공정' 정책에 따라 730여 개의 대학을 280여 개로 통폐합했다. 일본 역시 2001년부터 문부과학상의 이름을 딴 '도야마 플랜'을 세워 구조조정 작업을 진행시켜 왔다. 일본과 뒤늦게 시장경제 대열에 동참했던 중국조차 대학의 교육개혁에 소매를 걷어부친 이유가 무엇이겠는가.

사회가 국제화될수록 교육의 가치는 중시된다. 국제경쟁력의 원천이기 때문이다. 우리 사회의 대학교육 개혁은 이웃나라에 비해 시동이 늦게 걸렸다. 하지만 그 열기가 쉽게 꺼지진 않을 것이다.

chapter 4

인구 트렌드
늙어가는 한국, 역삼각형 사회로

나이가 두렵지 않은 액티브 시니어
가치관 변화에 따른 핵가족의 재분열
고령화의 충격을 해소하는 단계적 퇴직제도
하나뿐이기 때문에 더 소중한 코리안 소황제
합리적 개인주의를 추구하는 포스트 386

박래정 ecopark@lgeri.com

38

나이가 두렵지 않은 액티브 시니어
대한민국의 미래는 50대가 책임진다

1990년의 서울의 A헬스클럽. 인상이 썩 좋지 않은 젊은 남성들이 대형 거울 앞에서 연신 무거운 바벨을 들어올린다. 거울에 비친 몸은 온통 단단한 근육 덩어리. 이두박근, 삼두박근, 복근 등이 터져 나올 것 같다. 뛰기보단 들고, 밀어내고, 당기며 시간을 보낸다. 이들이 가쁜 숨을 내쉬며 근육을 키우는 사이 클럽 구석에서는 왜소하고 깡마른 중년 남성이 체조하듯 아령을 조심스럽게 들었다 내린다.

2005년 서울 시내 호텔의 B헬스클럽. 우람한 근육파는 한쪽 구석으로 밀려났다. 바벨 등 들었다 놓는 기구들도 덩달아 밀려났다. 얼굴에 적당히 주름이 진, 배에는 군살이 낀 50대들이 트레드밀(Treadmill, 일명 러닝머신) 위를 마냥 달린다. 클럽 공간의 대부분 사실상 트레드밀과 사이클이 차지하고 있다. 50대 고객 중엔 다가올 마라톤 대회에 출사표를 던지고 1시간 넘게 트레드밀 위를 구르는 준선수급도 보인다. 지방을 태우는 유산소 운동기구는 예약을 해야 이용할 수 있다. 혈압계, 비만측정기 등 속칭 웰빙 장비들이 곳곳에 보인다.

휴일 서울 근교 청계산. 동트기 무섭게 등산로는 중년 남녀들로 메워졌다. 정상까지 앞 사람 꽁무니를 따라가야 할 정도로 사람이 넘친다. 턱

밑까지 헉헉 차오르는 가쁜 숨을 몰아쉬며 산을 오르는 와중에도 자신의 건강과 아이들 학업, 진로에 대한 얘기뿐이다.

불과 수 년 전 한국의 50대는 '주름 세대'였다. 얼굴을 파고드는 주름은 곧 생활고와 가족 대소사를 챙겨야 하는 고단한 삶의 흔적이었다. 자신보다는 가족, 회사만을 바라보며 달려온 50여 년. 지천명(知天命) 50대는 하늘의 이치에 따라 생을 정리하며 은퇴를 준비하는 시기로 여겨졌다.

그러나 오늘의 50대는 이러한 관습을 거부한다. 눈부신 의학기술의 발전과 한국인들의 삶의 질이 향상된 데 따른 결과다. 생체적으로 50세는 이제 긴 여생의 중위값(median) 자리로 옮겨가고 있다. 남은 여정도 걸어온 만큼 길다. 따라서 '이모작'을 꿈꾸며 자신을 가꾸는 50대가 늘고 있다. '제2의 인생'을 준비하지 않으면 인생의 반을 '젊은' 노인으로 지내야 한다. 그것도 궁핍하게 말이다.

통계를 살펴보자. 1990년 50세 이상 인구는 696만여 명이었다. 이 수치는 우리나라 전체 인구의 16%선이었다. 2010년엔 이 비중이 28.7%로 치솟는다. 불과 20년 만에 두 배가 넘는 1,422만 명으로 늘어나는 것이다.

우리 사회의 연령대별 인구분포는 가운데가 볼록한 항아리형이다. 가장 볼록한 부분이 24~49세 연령층으로서 1950년대 중반~1970년대 중반 사이에 태어난 베이비 부머(baby-boomer)가 그들이다. 이들이 조만간 50대 문턱을 넘어서는 것이다.

1990년 한국인들의 평균 수명은 72세를 넘지 못했다. 그러나 2010년엔 79세에 육박한다. 물론 남성보다 더 오래 사는 여성은 82세를 훌쩍 넘길 것이다. 만약 50세에 생을 정리하려 한다면 그 작업은 30여 년이나 질질 끌어야 한다. 2000년대 들어선 한국사회가 회갑보다 고희를 더욱 값지게 생각하는 이유가 여기 있다.

가장 많이 버는 세대는 50대 초반

평균 수명의 증가는 1990년의 50대와 요즘의 50대가 '생체 능력상' 달라졌음을 의미한다. 이른바 혈기왕성한 50대 이상 시니어 세대(Active Senior)의 등장이다. 혈기왕성함은 생체적인 능력만으로는 불가능하며 경제력이 뒷받침돼야 가능하다.

50대의 경제력은 어느 정도일까. 통계청이 발표하는 연령별 가구주의 소득 추이를 살펴보면 50~54세 연령 가구주의 소득이 전통적으로 가장 높다.

55세 이상 연령 가구주의 소득은 30~34세 연령 가구주에 이어 가장 낮게 나타나지만 대부분 자녀 교육 및 결혼비용에 대한 부담을 털어낸 뒤다. 재량적으로 쓸 수 있는 돈이 상당히 많은 셈이다.

더욱이 평균 수명이 늘어나고 조기퇴직이 확산되면서 최근 3~4년 동안 55세 이상의 저축률이 다른 연령대에 비해 크게 높아지는 추세다. 이는 노후에 쓸 여유자금을 확보하겠다는 의도로써 결과적으로 시니어 세대의 소비잠재력이 갈수록 커가고 있음을 의미한다.

소득뿐인가. 한국의 386은 정치적 역동성이 가장 강한 세대로 인정받고 있다. 2010년이면 이들이 50대에 진입하기 시작한다. '액티브 시니어'는 정치적 결집력이란 외피(外皮)까지 갖출 것이다.

액티브 시니어의 증가는 고령화라는 '시한폭탄'을 안고 있는 한국 사회엔 바람직하다. 사실 고령화 자체는 유사 이래 축복받을 일이었다. 인간의 욕망 중 으뜸이 오래 사는 것 아니었던가. 문제는 늘어가는 수명만큼 근로 연령도 길어져야 하는데 현실은 그렇지 못하다는 데 있다.

고령자의 근로시간이 늘어나면 그만큼 한국 사회의 고령자 부양부담도 줄어들고 남는 재원을 좀더 생산적인 분야에 투입할 수 있게 된다. 성장세를 유지할 수 있다는 얘기다.

일찍이 고령화 충격을 경험한 미국은 연령에 따른 차별을 법으로 금지했고, 유럽연합도 2006년부터 정년제를 철폐하기로 했다. 일본도 정년을 늘리는 방안을 마련하고 있다. 연령을 이유로 취업이나 해고, 승진 등에서 차별할 경우엔 혹독한 소송에 휘말리기도 한다.

한국은 현재 고령자고용촉진법을 통해 '기업이 정년을 정할 때 60세 이상이 되도록 노력한다'고 정했다. '노력한다'는 규정은 사실상 기업들에게 적용하지 않아도 되는 면책규정에 불과하다. 그러나 젊은 노인층이 양산되고 고령자 부담이 커가는 현실에서 정부가 마냥 손을 놓을 수는 없을 것이다.

대통령 비서실 인구고령사회대책팀이 내놓은 실천전략(2004.1.15)에 따르면 2005년부터 기업체 등에서 모집·채용·해고시 연령차별을 못하도록 하고, 2008년부터는 정년을 연장하도록 하고 있다.

극심한 경기침체 속에서 "젊은이들도 놀고 있는데 노인 일자리까지 챙겨야 하는가"라는 볼멘소리가 나올 수 있다. 실제로 노동시장엔 일자리를 달라는 젊은 인력들로 넘쳐 난다. 이런 인력시장의 초과공급 상태가 마냥 지속될까.

그 해답은 통계청의 인구추계에서 찾아 볼 수 있다. 통상 생산가능인구는 15~64세로 분류된다(나라마다 차이가 있다. OECD의 경우 20~64세를 생산가능 인구로 본다). 이중 학령세대를 제외한 생산가능 인구 중 또다시 51세 이상을 제외한 25~49세 연령이 '젊은' 생산가능 인구에 해당된다. 이 연령층은 2007년까지 늘어나지만 이후 줄기 시작한다. 더 젊은 15~24세 생산가능 인구는 이미 1992년부터 줄어들고 있었다.

이러한 인구학적 변화는 무엇을 의미할까. 즉 '나이가 들면 내보내는' 기업이나 공직사회의 인사관행이 변화할 수밖에 없다는 것이다. 미국의 방산업체나 컨설팅업체 등 우수인력이 성과를 좌우하는 기업에서는 50대 이상 시니어 임직원들의 생산성을 높이기 위한 연령경영(age management)을 채택한 곳이 적지 않다.

업무공간과 근무시간을 탄력적으로 조정하고 거기에 맞게 임금을 조정하자는 것이다. 고객층도 역시 늙어가는 추세이니 고객만족도도 높일 수 있어 일석이조다.

우리 기업 중에도 세계적인 경쟁력과 브랜드 인지도를 갖춘 곳이 적지 않다. 젊은 층의 전체 인재풀이 감소하는 상황이라면 이들조차도 우수인재를 나이가 많다며 무작정 내보내긴 어려울 것이다. 사람만 나가는 것이 아니다. 그들이 보유한 기술, 경험, 인적 네트워크도 함께 퇴장하는 것이다.

한국인들도 앞으로 '연금의존형 체질'에서 벗어나야 한다. 정부가 아무리 인센티브를 마련하고 기업들을 압박해도 단기간에 정년이 65세 이상으로 늘어나기 어렵다. '철밥통' 직장이라 해도 퇴직 후 15년 이상을 '방콕' 세대로 보낼 수는 없는 노릇 아닌가. 나이가 들면서 세상이 선물로 준 경험과 네트워크를 재활용해야 한다.

시니어 마켓의 개화(開花)는 시간 문제

액티브 시니어가 늘어난다면 필연적으로 시니어 마켓도 커질 수밖에 없다. 인구증가율이 폭발적으로 늘어나는 '인구 보너스기'에 키즈(Kids) 사업은 질 줄 모르는 성장산업이었다. 이들이 고교와 대학에 차례로 진학하면서 교육사업이 불황을 모르는 사업이 됐다. 고령화 초입 단계에 들어선 한국에서는 이제 시니어 마켓이 불멸의 산업이 될 수밖에 없다.

이제까지 시니어 세대는 근로소득보다는 자산소득에 의존하는 경향이 컸다. 그러나 향후 우리 경제의 저성장 기조가 정착되면 이자수입은 한계에 직면한다. 자연히 연금소득에 대한 의존도가 커질 수밖에 없다. 2004년 상반기 기준 국민연금 가입자 중 가장 많은 비중을 차지하는 세대가 30대(31.9%)와 40대(29.1%)다. 50세 이상은 17.8%에 불과하다. 그러나 시간이 지날수록 50대 연금수혜자가 늘어나고 이들의 소비여력은 강화될 것이다.

시니어 마켓은 1990년대 초 반짝 관심을 끌었던 실버(Silver) 산업을 65세 미만으로 확장한 것이다. 간호와 보조가 필요한, 한정된 고령자용 제품과 서비스가 실버 비즈니스의 타깃이었다면 이제는 팔팔하고 경제력까지 갖춘 '50+'세대가 주고객이다. 당연히 사업영역이 훨씬 넓다.

여행 분야를 살펴보자. 한국관광공사 조사에 따르면 2001년에 만 50대 이상 국민의 국내외 여행지출 규모가 3조 원을 넘어섰다. '7080 콘서트'는 2004년을 장식한 히트 품목 중 하나였다. 대중 가수들의 공연은 당연히 10대와 20대의 차지라고 치부했던 1970년대 학번조차도 스스로에게 놀랐다.

보건사회연구원의 추정(1996년)에 따르면 2010년 실버 산업의 규모는 37조 원에 이른다. 이를 50대 이상 시니어 비즈니스로 확장하면 엄청난 사업기회가 생긴다. 체육활동, 여가오락, 교육정보, 금융, 의료 등 무궁무진하다. 2010년 한국 사회의 중핵으로 떠오를 액티브 시니어. 그들의 마음을 사로잡는 것은 바로 한국의 미래를 잡는 일이다.

양희승 hsyang@lgeri.com

39

가치관의 변화에 따른 핵가족의 재분열
개인주의와 이기주의로 가족이 해체된다

광고회사 그래픽 디자이너인 이선미씨(가명, 33세). 나이는 서른을 넘었지만 아직 미혼이다. 부모님과도 떨어져 산다. 5년 전 독립해서 회사 근처의 오피스텔에 거주하고 있다. 간혹 결혼이란 단어를 머릿속에 떠올려 보지만 아직까지는 지금의 생활이 좋다. 결혼이 필수? 닭살 돋는 얘기다. 친구들 중에도 독신이 적지 않아 전혀 외롭지 않다. 오히려 일찍 결혼해서 가정과 일 양쪽에 치여 사는 친구들을 보면 가끔 안쓰럽다는 생각이 든다.

김인경씨(가명, 32세)는 소아과 의사다. 공인회계사인 남편(35세)과 결혼한 지 4년째. 하지만 아이는 없다. 남편이 가끔 아이를 갖고 싶다는 소망을 조심스럽게 내비치지만, 그녀는 내키지 않는다. 점점 늘고 있는 사교육비 문제도 그렇고, 남편과 둘만의 오붓한 생활을 즐기기에 아이는 방해꾼이 될 것 같다는 생각도 들기 때문이다. 따로 살고 있는 양가 부모님들도 이제는 아이에 대한 미련을 버리신 것 같아 다행이다. 대신 김씨는 최근 남편과 상의 끝에 치와와 한 마리를 키우기로 결정했다.

이상에서 언급한 두 장면은 10년 전만 해도 드문 경우였다. 그러나 이제는 흔한 모습이 됐다. 누군가는 이를 두고 가족의 해체라 말하고, 누군가는 새로운 가족 개념의 탄생이라고 말한다. 또 어떤 사람들은 혀를 끌끌 차며 전통 가치관의 붕괴라고 탄식한다. 어떻게 표현하든 현대 사회의 기초 단위인 핵가족 제도가 변화하고 있는 것만은 분명하다.

독신 가구가 증가하고 결혼은 했어도 아이가 없는 2인 가족이 늘고 있다. 이제는 '가족=부모+자녀'라는 도식적인 선입관을 버려야 할 때가 도래한 것이다. 산업화·도시화로 인해 농경 사회의 대가족이 해체되고 핵가족 시대를 열었듯이, 현재의 정보화·세계화 흐름은 새로운 가족의 모습을 우리 사회에 보여주고 있다.

'내'가 바로 가족이야!

새로운 가족의 형태는 크게 '싱글(single)족' 과 '딩크(Double Income, No Kids : DINK)족'으로 나눌 수 있다. 이 중에서 특히 싱글족인 독신 가구의 확산은 주목할 만하다. 국내의 독신 가구는 2000년 기준으로 222만 4,000가구에 이른다. 1995년에 비해 35.4%나 늘어난 수치다.

싱글족이 늘어나는 것은 과거보다 미혼과 이혼이 급격하게 증가한 이유 때문이다. 2003년의 총 혼인 건수는 30만 4,000쌍으로 10년 전인 1993년의 40만 2,000쌍에 비해 10만 건이 줄었다. 이에 반해 2003년의 이혼 건수는 16만 7,000건으로 10년 전에 비해 10만 건 이상 늘어났다. 증가 추세에 있는 미혼과 이혼의 결과 독신으로 생활하는 싱글족의 수는 빠르게 늘고 있다.

결혼에 대한 가치관의 변화로 싱글족이 늘어났다면, 독거 노인의 증가도 '나 홀로 가족'이 증가하는 중요한 원인 중 하나다. 전통적 효 가치관의 퇴조현상은 핵가족화와 개인주의, 경제난에 편승해 점차 가속화되고 있다. 2004년 고령자 통계에 따르면 2000년에 65세 이상 노인 100명 중 16명이 혼자 생활하고 있는 것으로 나타났다. 10년 전인

1990년의 9명에 비해 2배 가까이 늘어난 수치다. 또한 "가족에게 노부모 부양의 책임이 있다"는 견해는 1998년의 89.9%에서 4년이 지난 2002년에는 70.7%로 무려 19.2%나 줄었다. 고령화가 진전되면서 이러한 독거노인 또한 급격하게 늘어날 것이 분명하다.

최근에는 결혼관이나 효도관의 변화뿐 아니라 '세계화' 추세도 가족의 의미와 라이프 스타일을 바꾸는 데 결정적인 영향을 미치고 있다. 일명 '기러기 아빠'가 상징하는 '다국적 가족(transnational family)'이 바로 그것이다. 다국적 가족이란 자녀 교육을 위해 어머니와 그들의 초등학교 또는 중학교 자녀는 해외에 살고, 아버지는 그들에게 돈을 보내기 위해 한국에 남아 열심히 일하는 형태를 뜻한다. 이런 생활이 장기화되면 실제로 국적이 달라지는 사례도 생겨난다. 이 때 기러기 아빠도 싱글족의 범주에 넣을 수 있겠다. 결국 세계화는 핵가족의 결속력을 해체하고 있으며, 부부의 침대마저 둘로 갈라놓은 셈이 됐다.

'둘만 낳아'에서 '둘이서만'으로

싱글족과 함께 자녀가 없는 부부들이 등장했다. 이른바 '딩크족'이다. 맞벌이를 하면서 의도적으로 자녀를 두지 않는 부부들이 속속 생겨난 것이다. 이들도 엄연한 가족이다. 결혼이 필수가 아니라 선택이듯 아이 낳는 일도 선택임이 드러나고 있는 것이다. 자식을 낳아 잘 키우는 것이 부부 행복의 기본 요건 중 하나였던 시대는 서서히 저물어가고 있는 셈이다.

딩크족이 증가하고 있는 것은 수년 전부터 세계 최저 수준을 기록하고 있는 한국의 출산율만 봐도 금방 알 수 있다. 지난해 신생아는 불과 49만 명가량 태어나 1970년 이후 가장 낮은 수치를 기록했다. 가임 여성 1인당 출산율은 1.19명으로 미국 2.01명, 영국 1.73명, 일본 1.29명과 비교해 턱없이 낮다. 1970~80년대 '아들 딸 구별 말고 둘만 낳아 잘 기르자' 던 구호가 무색해진 것이다.

이들이 아이를 갖지 않는 이유는 무엇일까. 우선 경제사정의 악화를 들 수 있다. 외환위기 이후 평생고용에 대한 불안과 늘어나고 있는 경제적 부담은 육아기피 현상을 일반화시키고 있다. 뿐만 아니라 여성의 경제활동 참가율은 높아지는 데 반해 보육환경은 여전히 열악하다는 점에서 딩크족의 증가와 출산율 저하에서 그 원인을 찾을 수 있다. 이와 함께 젊은 시절에 아이를 낳아 육아와 가사 문제로 신경 쓰기보다는 인생을 즐기면서 사회적 성취를 달성하고자 하는 성향이 더욱 강해지고 있는 것도 커다란 요인이 되고 있다. 2세에 대한 욕심보다는 사회적 성공에 더 관심이 많아진 것이다.

독자 여러분들은 "그렇더라도 적적할 때가 있을 텐데…"라고 의문을 가질 것이다. '딩크펫(DINK+pet)족'이 그 질문에 대한 대답이 될지도 모른다. 아이를 키우는 즐거움은 애완동물이 대신 충족시켜 줄 수 있다. 애완동물이 아니라면 모든 가정의 거실을 점령한 TV가 그 적적함을 메워줄지도 모른다. "TV가 사라지면 강북의 가족이 해체되고, 애완동물을 없애면 강남의 가족이 해체된다"는 우스갯소리는 우리의 현 세태를 적나라하게 드러내고 있다.

최근에는 딩크족에서 한발 더 나아간 사례들도 등장하기 시작했다. 대표적인 예가 '싱커스(Two Healthy Income, No Kids, Early Retirement : THINKERS)족'이다. 결혼 후 아이를 낳지 않고 맞벌이로 충분한 돈을 번 뒤 일찍 퇴직해서 노후 생활을 즐기려는 새로운 계층을 일컫는 말이다. 이들은 자식들을 돌보는 데 시간을 뺏기지 않고, 자식들에게 의존하지도 않으면서 인생을 즐기고 사회적 성취를 달성하고자 하는 부류다.

핵가족 재분열은 불가피

한때 한국에서도 선풍적인 인기를 끌었던 미국 NBC TV의 시트콤 〈프렌즈(Friends)〉. 이 시트콤은 뉴욕 맨해튼의 한 아파트에서 가족처럼 살아가는 독신남녀 사이의 가벼운 일화를 소재로 삼아 그들의 삶과 애환을 코믹하게 묘사했다. 한국의 시청자들이 미국의 시청자들만큼 〈프렌즈〉에 빠져든 것은 무엇을 말하는 것일까. 즉 미국 사회에 버금갈 정도로 가족의 재분열 현상이 진전돼 있다는 반증이다. 이 시트콤은 가족이 해체되고 있는 현실에서 친구의 존재를 특별히 부각시켰다.

봉건적인 대가족이 해체된 뒤 생겨난 근대 부부 중심의 핵가족 제도가 지금 다시 분열되고 있다. 시장의 확장과 개인화, 그리고 결혼관의 변화는 근본적인 사회적 변화를 가져오고 있다. 물론 핵가족의 재분열과 같은 현상은 국내 경제의 장기 침체에 따라 가속되는 면도 있다. 한때 미국에서도 싱글족과 딩크족이 유행하다가, 1990년대 이후의 경제 호황과 더불어 맞벌이 부부면서도 자녀를 갖는 '듀크(Dual Employed With Kids : DEWK)족'이 나타난 사례가 있다.

하지만 재분열 현상의 결정적인 원인은 결국 삶에 대한 근본적인 가치관의 변화 내지는 새로운 가치관의 대두로 해석할 수 있다. '검은 머리 파뿌리 되도록'이라는 철석같은 약속은 이제 사라졌다. 더구나 자녀는 이제 필수가 아닌 선택으로 간주된다. 이처럼 지극히 개인주의적이고 이기적인 생각은 자연스럽게 결혼기피와 출산율 저하 등을 유발한다. 가치관의 변화는 성격상 점진적으로 진행되지만 일단 한번 굳어지기 시작하면 변모시키기 매우 어렵고 많은 시일이 걸린다는 특성이 있다.

우리 사회 가족관의 변화와 핵가족의 재분열 현상은 상당 기간 지속될 것이 분명하다. 앞으로는 나들이 나온 '4인 가족'을 찾아보기 힘들어질 것이다.

박지원 jwpark@lgeri.com

40

고령화 충격을 해소하는 단계적 퇴직제도
늙어가는 것은 쇠퇴가 아니라 또 다른 가능성의 시작이다

50대 초반의 마이클은 워싱턴 주립대의 교직원. 정년퇴직을 코 앞에 뒀지만 회사를 떠나야 한다는 현실이 스트레스를 주진 않는다. 최근 학교가 제시한 단계적 퇴직 프로그램을 받아들여 오전만 근무하되 연봉을 반으로 줄이기로 재계약 했기 때문이다. 대신 학교측은 마이클을 60세까지 고용하겠다고 약속했다. 마이클은 후배들과 함께 매일 일하는 것도, 테니스와 골프를 즐기는 여가시간 모두 만족스럽다.

퇴직에 대해 항상 불안해 하는 우리 사회의 직장인들에게 마이클의 사례는 참으로 부러운 이야기다. 정년까지 채우는 운 좋은 직장인들 보기가 참으로 어려운 시절. 이제 좀 관리할 위치에 올랐다 싶으면 후배들에게 자리를 내주라는 은근한 압박을 받는다. 나이가 들었다는 사실만으로도 경영진의 눈치를 봐야 한다.

'56세까지 일하면 도둑이라는 오륙도, 45세가 정년이라는 사오정'

이 같은 신조어는 사실 그 자체가 우리 사회의 트렌드다. 당연히 예비 취업자들이 정년이 보장되는 공기업이나 공무원을 선호하는 추세가 확산되고 있다. 2004년 직업능력개발원 조사에 따르면, 정부 기관이나 정부 투자기관 등 공공부문에 입사를 희망하는 예비 취업자들은 전체의 44.4% 였다. 반면 대기업은 19.2%, 외국계 기업은 10.7%선에 그쳤다.

원스톱 해고가 사라진다

사정이 이렇다 보니 최근 우리 사회에서 마이클씨의 사례가 주목받고 있다. 이른바 '단계적 퇴직(phased retirement) 제도'가 그것이다. '단계적 퇴직'이란 일정한 근무연한을 보장하되, 나이와 근속년수에 맞춰 업무량을 점차 줄여가는 제도다. 업무시간과 업무내용, 업무공간, 보수 등을 한꺼번에 조정할 수 있다. 최근 우리 사회에 제기된 '임금 피크제'도 단계적 퇴직제에 포함된다.

이 제도는 점진적으로 일의 비중을 줄임으로써 급작스런 퇴직에 따른 정신적·금전적 충격을 줄여준다. 동시에 나이는 들었지만 경륜과 인맥을 가진 숙련된 고급 인력도 활용할 수 있다. 당연히 기업 구성원 대부분이 이 제도의 도입에 찬성하고 있다.

사실 지금의 퇴직이란 개념이 도입된 것은 장구한 인류 역사상 최근의 일이다. 대공황 때 젊은 노동자들을 채용하기 위해 나이 든 근로자들의 일을 빼앗는 정년이란 제도가 고안됐지만, 당시 정년 65세는 평균 수명보다 높았다. 이후 선진국들의 정년은 60대 초반으로 낮아졌지만 수명은 80세에 근접하고 있다. 그 격차가 커진 만큼 퇴직자들의 고통과 사회 전체의 고령자 부양 부담이 늘어난 것이다.

미국과 일본 등 고령화가 진전된 선진국에서는 일정 시점에 갑자기 일을 그만두게 하는 '원스톱 해고'의 관행이 도전을 받고 있다. 출산률 저하에 따른 젊은 노동인구 감소가 고령 인력의 활용 쪽으로 눈을 돌리게 만든 것이다. 2000년 기준 미국·영국·프랑스·일본 등 선진국의 65세 이상 고령자의 비율은 대략 전체 인구의 15% 안팎 수준까지 상승했다.

늙어가는 한국의 해법

우리 나라도 급속하게 고령 사회로 이행하고 있으며, 이와 함께 청장년층 노동인구가 줄고 있다. 현재 우리나라 출산률은 세계 최고령국인 일본보다도 낮다. 통계청에 따르면 15~24세 연령층은 이미 1992년부터 줄어들고 있는 추세다. 이대로 간다면 25~49세 연령층의 인구 역시 2007년 이후에는 감소세로 돌아설 전망이라고 한다. 반면 한국인의 평균 수명은 2001년 현재 76.5세로, 10년 전에 비해 남자는 5.1년, 여자는 4.1년이 각각 늘어났다.

이 같은 인구구조의 변화는 기업의 인사관행에도 변화를 가져올 수밖에 없다. 특히 퇴직제도의 개편이 점쳐진다. 청장년층 인력확보가 어려워지기 때문이다.

선진국을 보자. 이미 단계적 퇴직제도의 일환으로 유연한(flexible) 작업환경 조성에 나서고 있다. 일반적으로 나이가 많아질수록 사람들은 회사 일 외에도 가족 대소사, 취미, 레저활동에 대한 욕심이 많아진다. 이 같은 욕구에 맞춰 근무시간과 장소·임금을 조정하는 것이다. 일자리 나누기(job sharing), 집중근무, 시간제근무, 재택근무 등이 여기에 해당된다. 유연한 업무는 결국 단계적 퇴직으로 이어진다. 근무와 휴식의 경계가 모호해지면서 근무 강도와 시간을 줄여나가는 것이 단계적 은퇴로 받아들여지는 것이다.

세계적으로 유명한 딜로이트 컨설팅은 50대 이상 파트너들의 업무 시간과 업무공간 등을 조정하는 '시니어 리더스 프로그램(SLP)'을 도입했다. 우수한 파트너들의 퇴장을 막아 고객의 신뢰를 지속적으로 확보하기 위한 대책이었다. 사원 복지나 인도적 차원에서만 이 같은 퇴직 프로그램을 가동한다고 생각하면 오산이다.

일본의 도쿄가스는 직원이 54세에 이르면 '세컨드 라이프(second life) 지원제'를 가동시킨다. 퇴직 후 재취업, 위탁근무, 이직을 위한 자금지원 등 5가지 과정을 제시해 퇴직의 부담을 크게 덜어주는 것이다.

유통업체 테스코(Tesco)는 직원의 16%가 50세를 넘겼다. 나이 많은 고객층이 늘어나면서 이들의 불만을 처리하거나 새로운 니즈를 반영할 동년배 직원이 더불어 필요해진 때문이었다. 비슷한 업종인 세이프웨이도 매장 직원의 15% 이상이 50대 이상이다.

우리 사회의 고령 인재풀은 넉넉한 편이다. 삶의 질 향상, 의학의 발달, 교육 수준의 향상 등으로 과거 60대와는 다른 건강하고 능력 있는 60대가 많다. 이들에겐 진정 "나이는 숫자에 불과하다." 문제는 일할 마당이 부족하다는 것이다.

노동력의 수급 불균형을 우려하는 정부와 인재확보에 혈안이 된 기업 모두 단계적 퇴직은 유력한 대안이 될 수 있다. 다시 강조하지만 기업들에게 단계적 퇴직이란 '인건비 부담을 늘리는 인도적 차원의' 인사정책이 아니다.

최근 고령화 문제의 해법으로 해외 인력을 수입하거나 출산율을 높이는 방안이 강구되고 있다. 그러나 이런 정책은 '언 발에 오줌누기' 식으로 미미한 효과만을 가져올 뿐이다. 맞벌이 부부가 갈수록 늘어나는 환경 속에서 아무런 육아지원책 없이 '아이를 많이 낳으라'고 독촉할 수는 없는 노릇이다. 해외 인력의 수혈 또한 그들의 사회적 적응과정이 우리에겐 비용으로 인식된다.

그렇다고 줄어드는 젊은 사람들이 점점 늘어나는 고령자를 먹여 살려야 하는 구조적 문제를 방치할 수는 없다. 급격한 고령화로 국민연금의 재정마저 불안한 상황이다. 과연 해법은 없을까.

단계적 퇴직제도가 고령화 충격을 해소하는 한 가지 방편이 될 수 있다. 사회가 늙어가면서 생기는 문제는 대부분 나이든 세대가 노동을 하지 않아 생긴다. 그러므로 단계적 퇴직은 그들의 노동시장 퇴장을 최대한 늦추는 매력적인 제도다. 정부는 이 제도의 적극적인 도입을 장려하기 위해서 연금지급 규정을 부분적으로 손질하고 기업들에게도 세제 혜택 등 상여금을 줄 필요가 있다.

예일 대학교 임상심리학 교수인 대니얼 레빈슨은 《남자가 겪는 인생의 사계절》이라는 책에서 "늙어가는 것은 쇠퇴가 아닌 다른 가능성의 시작"이라고 예찬했다. 리 아이아코카 전 크라이슬러 회장도 '80대 노인처럼 행동하는 40대와 40대가 할 일을 넉넉히 해결하는 80대를 동시에 봤다"며 "나이는 경험이 쌓여감을 의미할 뿐"이라고 강조했다.

우리 경제의 앞날은 만만치 않다. 실업난도 쉽게 해소되지 않을 것이다. 그러나 백발이 성성한 노인들이 기업 곳곳에서 일하는 모습을 보기는 어렵지 않을 것이다. 젊은 사람들만이 기업이 필요로 하는 인재는 아니기 때문이다. 더구나 우리 사회의 젊은 세대는 지금 이 순간에도 줄고 있다.

배지헌 jhbae@lgeri.com

41

하나뿐이기 때문에 더 소중한 코리안 소황제

"내 아이를 황태자로 키울 것이다"

소황제의 탄생

"37만 원짜리 은제 딸랑이, 한 벌에 50만 원 하는 수입 아동복, 100만 원이 넘는 곰 인형, 300만 원짜리 수입 유모차, 1년에 1,800만 원 내야 하는 영어 원어민 유치원…."

최근 언론매체를 통해 자주 접하게 되는 보도내용이다. 일부 부유층에 국한되는 얘기겠지만, 우리나라에도 유아 명품시장이 이미 형성되어 있다. 명품은 아니더라도, 아이를 위해 아낌없이 투자하는 부모들의 지갑을 겨냥한 웰빙 아동용품 시장도 각광받는다. 아이를 최고로 키우고 싶은 심정은 어느 부모나 마찬가지다. 더구나 하나밖에 없는 아이라면 두말할 필요가 없을 것이다.

소황제(小皇帝). 이 말은 중국 정부의 '한 가구 한 자녀' 정책에 따라 태어난 외동아이를 일컫는 말이다. 두 세대만 내려가면 부모, 조부모, 외조부모 등 6명이 한 아이에게 관심과 정성을 쏟는 형국이 벌어진다. 오죽하면 '왕중의 왕'인 황제라는 표현을 썼을까.

그런데 소황제가 우리 사회에도 '등극하기' 시작했다. 경기침체가 오래 지속되고, 만혼이 만연하면서 자녀를 한 명만 두는 부부들이 늘고 있다. 예전처럼 무리하게 아들을 본다며 딸을 연이어 낳는 경우는 찾아보기 어려워졌다.

꼭 살림살이만 따질 것도 아니다. 요즘 젊은 부부들은 '하나만 낳아 잘 키우자'라는 생각이 강하다. 또 여성의 사회진출이 증가하는 데 비해 사회적인 보육지원책이 열악한 현실에서 자녀 한 명을 더 낳는다는 것은 엄청난 기회비용을 갖는다. 중국처럼 정부 차원의 규제가 없더라도 아이를 키우기 어려운 세태가 자연스럽게 소황제를 탄생시키고 있는 것이다.

내 아이는 황태자

갓 결혼한 외국계 광고회사에서 근무하는 K씨(여). 여성도 능력에 따라 인정받을 수 있다는 외국인 회사에 입사하기 위해 정말 치열하게 준비해 왔다. 그런 그녀에게는 직장생활을 통해 굳어진 확고한 신념이 있다. 아이는 무슨 일이 있어도 한창 말을 배울 때 외국에서 키워야 한다는 것이다. 말 배우기 시작할 때 영어의 완벽한 발음을 체득시키는 것이 아이에게 해줄 수 있는 최상의 선물이라는 생각에서다. K씨는 요즘 출산 시기를 남편의 해외 현지법인 파견근무 시기에 맞추기 위해 신중하게 '선적시기'를 고르고 있다.

부모는 자신이 받지 못했던 것이나 이루지 못했던 일에 대해 어느 정도 자식에게 보상하고픈 심리를 갖고 있다. 가난해서 배우지 못한 부모는 배움이 평생의 한으로 남아 자식만은 악착같이 공부를 시키고자 한다. 몸이 약해 야망을 포기했던 부모는 어릴 적부터 몸에 좋다는 음식을 끊이지 않고 먹인다. 이런 자식사랑은 예나 지금이나 마찬가지다.

그런데 요즘 세태는 예전처럼 단순하지 않으며 고학력일수록 더욱 집착이 강하다. 육아에 대한 고급정보는 넘쳐나고 생활은 여유로운데, 자식은 한 명뿐이기 때문이다. 게다가 요즘 자식사랑에는 보상심리에 경쟁심리까지 보태어졌다. 내 자식은 남과 달라야 하고 뭔가 특출해야 한다. 하나뿐인 내 자식은 내가 갖지 못한 모든 것을 누려야 하고, 누구와도 비교될 수 없는 특별한 아이다.

'Me Generation'

통계청 자료에 따르면 우리나라 여성이 가임기간 중 낳는 자녀 수는 1970년 평균 4.53명에서 2002년 1.17명으로 줄었다. 이러한 추세를 고려할 때 한 가구 당 한 자녀만을 갖는 것이 향후 일반적인 가족형태로 자리 잡을 수 있다. 이러한 가족형태의 변화는 자기 중심적인 'Me 세대(me generation)'의 등장을 예고한다. 소황제들이 사회의 주력으로 떠오르는 우리 사회는 어떤 모습일까.

"너 커서 뭐가 되고 싶니?"
"음…, 대학은 미국에서 다니고 싶어요. 전자공학과를 나와서 유비쿼터스(ubiquitous)를 실현시키고 싶어요."

대학 졸업생들의 답이 아니다. 이제 갓 중학교에 입학한 아이의 답변이다. 소황제들은 장래 희망을 물으면 '과학자', '의사', '변호사'와 같은 간단한 대답을 하지 않는다. 자녀의 적성을 빨리 찾기 위해 어릴 적부터 다양한 영재교육을 받도록 온 관심을 기울인 부모 덕이다.
요즘 젊은 부모들은 자식사랑에서도 비용 대비 효과를 따진다. 아이를 공부시켜 좋은 대학에 보내고 좋은 직장에 취직하는 것을 바라기보다는, 자녀의 적성을 조기에 발견하는 일을 중시한다. 아이의 적성을 발견하면 능력을 발휘할 수 있도록 체계적으로 미리미리 교육시킨다. 꼭 부유층이 아니더라도 하나뿐인 자식이 좋아하는 분야에서 성공하도록 최선을 다하는 것이다.
자존심 강한 소황제 남녀가 서로 만나 결혼하면 어떻게 될까. 결혼은 배우자에 대한 이해와 양보가 전제조건이다. 그러나 소황제들은 관심과 정을 받는 데엔 익숙하지만 남을 배려하는 일에는 아무래도 미숙하다. 결혼생활 도중에 수없이 많은 갈등국면을 맞는다. 자기 중심적이고 자긍심이 강한 소황제들이 이런 갈등을 얼마나 현명하게 풀어갈지 미지수다.

조사 결과 중국의 소황제 세대 중 32% 정도가 배우자나 배우자의 가족들과 불화를 경험하는 것으로 나타났다. 코리안 소황제들도 크게 다르지 않을 것이다. 이혼율 증가는 지금도 지적되고 있는 심각한 사회문제이지만, 소황제들의 경우 사소한 의견차이로 시작된 싸움이 이혼까지 이르게 되는 경우가 더욱 빈번할 수 있다. 부모들도 금지옥엽처럼 키운 내 자식이 불행한 결혼생활을 참고 견디기보다는, 차라리 이혼하고 다시 부모와 합치기를 원할 것이다.

소황제는 기업경영의 새 화두

기업들은 이미 소황제 고객에 대한 연구를 시작했다. 중국에서는 약 1억 명으로 추산되는 소황제의 마음을 잡기 위해 다국적 기업들이 치열하게 경쟁하고 있다. 우리 기업들도 가족 3대의 소비주도권을 쥐고 있는 소황제를 사로잡기 위해 고심하고 있다. 그렇지만 소황제 공략이 그다지 쉬워 보이지 않아 문제다.

어릴 적부터 체계적인 경제교육을 받고, 명품에 익숙한 계층이 소황제다. 까다롭고 나름대로 현명한 소비자라는 뜻이다. 단순한 명품, 웰빙 등으로만 접근한다면 실패한다. 소황제들은 많은 비용을 들이더라도 자신들이 지불하는 대가에 대해 최대한의 효용을 취하려 한다.

패스트푸드점에서 샌드위치 하나를 주문하더라도 자신이 원하는 선택사항을 까다롭게 요구한다. 디지털 기기에 익숙하고 관심이 많기 때문에, 기능의 업데이트와 디자인 변화에 민감하다. 브랜드 로열티가 높지만, 휘발성이 강한 고객이기 때문에 자신들의 욕구가 충족되지 않으면 금세 고개를 돌린다. 기업의 입장에선 참 난감한 고객이다.

소황제 인생이 부러운 독자들도 적지 않을 것이다. 그러나 상황을 뒤집어보면 생각이 달라질 수 있다. 어려서는 6명의 보호자가 정신적·물질적 지원을 아끼지 않는다. 그러나 성인이 되면 반대로 6명의 부모, 조부모를 부양해야 될지도 모른다.

물론 요즘 부모들은 나름대로 노후대책을 세우고 있다. 자식에게 재산을 물려주고 그들에게 노후를 의지하려는 부모는 갈수록 줄고 있다. 아무리 그렇더라도 소황제가 부모에게 정신적·물질적으로 큰 부담을 갖지 않을 수는 없을 것이다. 국가적으로 소황제가 벌어들이는 소득 중 상당부분은 부모 세대를 부양하기 위한 세금 및 연금보험료 등으로 징수될 것이다. 이 같은 상황은 자기 중심적인 소황제들의 사회 및 국가에 대한 연대심리를 약화시킬 가능성이 높다. 즉 이민이라는 선택도 불사할 것이란 얘기다.

손민선 msson@lgeri.com

42

합리적 개인주의를 추구하는 포스트 386
분명한 목소리를 가졌지만 운명을 걸진 않는다

기원전 수 천년 전에 쓰여진 금석문에도 "요즘 아이들은 버릇이 없어"

라는 내용이 나온다고 한다. 이렇듯 떠오르는 세대에 대한 기성세대의 지대한 관심은 동서고금을 가리지 않고 나타난다.

우리 사회가 갑작스레 인터넷 혁명을 맞고, 외환위기와 잇따른 정국의 급변 등 굵직굵직한 변곡점을 거치면서 신세대에 대한 논의는 다양한 목적에서 거론되고 규정됐다. N세대, 디지털세대, 엄지족 등 신세대와 관련한 명칭들만 해도 무척 많다.

그런데 잠시만 1990년대 중반으로 거슬러 올라가보자. 당시 유행어처럼 번지던 'X세대'라는 말을 기억하는가. 당시의 신세대를 지칭하던 이 말은 기성세대가 이들을 '도통 알 수 없다'는 데에서 비롯됐다. 기성세대의 눈에 비친 당시 '요즘 세대'는 자신만만하고 자기 표현을 서슴지 않으며, 기존 질서에 대한 맹목적인 복종과는 거리가 멀었다. 돌이켜보면 이들은 1990년대 후반부터 우리 사회가 관심을 기울이기 시작한 신세대 중 '맏형'에 해당하는 세대다.

위풍당당했던 X세대의 기세는 금세 수그러들었다. 1997년 말 외환위기를 맞으면서 그들의 부모들이 직장에서 내쫓겼고, 자신들은 학비를 제때 낼 수 있을지 걱정해야 하는 처지로 몰렸다. 유학의 꿈을 품었던 이들도 환율 폭등으로 그 꿈을 접어야 했고, 대학가의 취업난과 생활고가 모든 '이념과 주의'를 압도했다.

기성 제도에 대한 도전과 반항심은 더더욱 먼 이야기가 되었다. 학교 도서관 앞에서 집회를 벌이는 '운동권 동료'에게 "시끄럽다"는 항의가 나올 만큼 캠퍼스 풍속도는 바뀌었다. 토플, 토익, 면접 테크닉과 관련된 각종 스터디 모임이 열병처럼 대학가를 휩쓸었다. 취업 준비에 바쁜 X세대에게 이념과 사상은 그야말로 '허위'처럼 느껴졌다. 자기 PR과 개성을 외치던 X세대가 일자리를 얻기 위해 수십 개 원서를 쓰고 입사 면접장에서 "월급을 아무리 적게 줘도 개의치 않겠다"고 말할 날이 오게 될 줄 누가 알았겠는가. X세대의 정체성은 기성세대가 만들어 놓은 제도권 속으로 빠르게 흡수되는 것처럼 느껴졌다. 그것으로 X세대의 생명력은 다한 것일까.

포스트(Post) 386으로 재등장한 X세대

최근 학문적·정치적, 그리고 기업 마케팅 측면에서 20대 중반~30대 초반의 젊은 세대를 정의하는 작업이 한창이다. 떠오르는 세대에 대한 논의는 그들을 싫어하든, 좋아하든 향후 우리 사회의 주축이 될 수밖에 없다는 점에서 결코 적당히 지나칠 수 없는 과제다.

서울대 사회학과의 송호근 교수는 "여태껏 386세대가 한국 정치와 경제의 중심이었다면 이제는 그 이후인 '포스트 386'을 보아야 한다"고 주장한다. 이들 연령층 세대는 정치적으로는 '포스트 386', 사회적으로는 '탐닉 세대'로 불린다. 문화 측면에서의 명칭은 '인디(INDE) 세대'. 여기서 인디란 집단보다 자신(I)을 중시하고 네트워킹(networking)에 능하며, 다양성과 개성(diversity), 오락(entertainment)을 추구하는 특징을 말한다. 노무현 정권의 탄생에 일익을 담당했고, 한국의 신소비문화를 주도하는 이 세대가 바로 과거 X세대라 불렸던 그들이다. 외환위기 이후 우리 사회가 안정성을 찾으면서 부활한 X세대가 급속하게 관심을 끌기 시작한 것이다.

엄밀하게 말해서 포스트 386이 우리 사회에 미치는 영향력은 다른 세대에 비해 두드러지지 않는다. 포스트 386은 386세대의 조직력을 갖추지 못한, '흩어진 세대'이기 때문이다. 분명한 목소리를 가졌지만 각자 떠들기 바쁘다. 그래서 하나의 목소리로 뭉쳐 사회를 흔들 만한 운동성을 갖지 못했다는 평이다.

이들은 그들보다 한 세대 아래에 있는 모바일(mobile) 세대처럼 새로운 행동양식을 가지고 있지도 않다. 그들처럼 하루종일 휴대전화를 끼고 살지도 않고, 외계어로 채팅을 하지도 않는다. 포스트 386세대의 주요 키워드는 개성이지만, 이들은 거부감을 주지 않는 점잖은 옷을 입고 자신의 시간 대부분을 회사와 개인적인 일에 할애한다. 그래서 이 세대는 그다지 눈에 띄지 않는다. 그럼에도 불구하고 포스트 386세대에게서 시선을 뗄 수 없는 분명한 이유가 있다.

포스트 386인가, 프리 N세대인가

해방 이후 지금까지 살아 온 한국인들을 크게 4개의 세대로 나눌 수 있다. 1960년대가 오기 전 태어난 기성세대, 진보적 정치 성향과 기존 질서에 대한 적극적인 저항을 특징으로 하는 386세대, 개인주의와 풍요한 소비를 중시하는 포스트 386, 그리고 1977년 이후에 태어나 인터넷을 통한 디지털 네트워킹에 익숙한 N세대가 그들이다. 세계적으로는 우리 사회의 386세대와 포스트 386을 한데 묶어 X세대로 부르기도 한다.

흥미로운 것은 포스트 386의 위치다. 이들은 386세대와 직간접적으로 대학 시절을 공유한 덕분에 386세대로부터 크고 작은 유산을 받았다. '노짱 세대', '2030'이라는 이름으로 386과 손잡은 포스트 386세대는 기성세대가 상상조차 못한 방식으로 새로운 정부를 만들어내는 데 일조하기도 했다.

그러나 생활 및 사고방식을 파악해 보면, 포스트 386의 DNA는 뒷세대인 N세대와 훨씬 친밀하다. 포스트 386과 N세대 사이의 차이점은 한쪽은 직장을 다니는 반면 다른 한쪽은 아직 학생이라는 차이뿐이다. 자기 세계가 확고하고, 네트워크를 통한 의사소통이 생활화되어 있다는 점에서 포스트 386은 N세대와 큰 차이가 없다. 이들은 저가형 PC

업체가 공전의 히트를 친 덕택에 '1가정 1컴퓨터'의 수혜를 입은 첫 세대이자, PC 통신을 통해 사이버 공간을 체험한 첫 세대다.

오히려 386과 포스트 386의 거리가 386세대와 기성세대의 간격보다 더 크다. 기성세대와 386은 정치적 이슈를 두고 갈등을 빚지만, 포스트 386은 아예 "정치가 뭔데요"라고 묻기 쉽다. 같은 영역에서 싸우던 기성세대 및 386세대와는 달리 포스트 386은 아예 다른 차원에 존재하는 셈이다. 그렇기 때문에 포스트 386들은 386 '다음'을 뜻하는 'post'란 용어에 거부감을 느낀다. 오히려 N세대의 앞 세대, 즉 프리(pre) N세대가 더 적절한 개념이라 생각한다.

포스트 386이 중요한 의미를 갖는 것은 바로 이러한 이유에서다. 경제적 풍요 속에서 성장해 인터넷과 디지털 문화에 익숙한 젊은 세대를 신세대라고 정의한다면, 포스트 386은 제도권에 편입된 첫 신세대다. 포스트 386을 보라. 그들은 N세대를 이해할 수 있는 키를 제공하는 제도권 내 유일한 세대다.

당위성보다 진취성

포스트 386의 소비에는 '철저한 합리'와 '과감한 사치'가 공존한다. 포스트 386은 외환위기와 취업난을 겪으며 현실의 냉혹함, 계층 간의 격차를 체험했다. 사회가 갖는 현실적 한계를 넘어서려는 전 세대와 달리 한계를 인정한다. 현존하는 사회 구조를 원망하며 그것의 전복을 꿈꾸는 대신, 계층 사이에 놓여진 유리벽 속에서 행복하게 사는 법을 배운 현실주의자다. 그러나 한때 대학 졸업장이 보장해 주던 멀어져 버린 상류사회에 대한 꿈이 이들에게는 아련한 향수처럼 남아 있다. 이러한 공백을 메우는 방법이 포스트 386식 소비다.

일상적으로 소비할 때는 철저히 합리적이다. 그러나 사회적 지위와 관련 있는 품목을 만나면 과감히 지갑을 연다. 반복적이고 일상적으로 소비가 이루어지는 품목에는 '가격파괴 바람'이 불지만, 명품·웰빙·레저·문화 등 소비자의 지위에 관련된 품목의 '상류화' 추세는 꾸준히 지속된다. 한 세대 내에서 소비 양극화가 벌어지는 셈이다.

정치에는 관심이 없다. 국가와 자신이 공동 운명체라 생각하지 않기 때문에 정치적 헤게모니엔 관심이 없는 것이다. 비운동권 학생회장을 뽑은 것도 이들 세대다. 앞으로의 선거에서 투표행태도 비슷할 것이다.

이들은 옳고 그른 것에 대한 논쟁보다는 효과가 있는가 없는가에 대한 판단을 선호한다. 이념논쟁에 강한 정치가보다는 실행력을 갖춘 행정가가 이들 세대의 눈길을 끌 것이다.

포스트 386이 영상 이미지를 중시하는 감성 세대라는 것은 옳은 지적이다. 그러나 이들은 어릴 적부터 영상 이미지에 노출된 덕택에 각종 영상이 담고 있는 함의와 속내를 정확히 꿰뚫는 비판능력을 지녔다. 섣부르게 영상매체와 가십을 동원해 이미지 메이킹을 시도하는 정치인들이나 기업은 포스트 386의 눈 밖에 날 확률이 높다.

우리 사회의 일원으로서 포스트 386은 어떨까. 포스트 386은 진취적이다. 솔직히 말하고, 잘못을 인정하고, 그러고는 방향을 정해서 움직이는 것이 이들의 스타일이다. 노무현 대통령이 계속되는 돌출 발언으로 물의를 빚어도 포스트 386의 코드에는 들어맞는다. 그래서 여전히 꾸준한 '노짱'으로 남는 것이다.

이들은 현실에 대해 순응적이고 미래에 대해 긍정적이라는 점에서 건전한 에너지를 가진 세대다. 그렇지만 자신의 의견을 관철시키기 위해 인생을 걸진 않는다. 사회와 개인이 운명공동체라 생각하지 않기 때문에 사회와 자신의 생각이 다르다는 것을 대수롭지 않게 여기는 것이다.

우리 사회의 갈등이 지속되고 지루한 말싸움만 계속된다면 포스트 386은 지난 대선에서 보여준 적극성을 잃고 다시 무관심한 일상으로 돌아갈 것이다. 떠오르는 세대가 미래 사회를 책임질 수밖에 없다는 점에서 우리 사회는 지금 중대한 기로에 서 있는지 모른다.

chapter 5

경영 트렌드
패러독스와 퓨전 경영

기업 가치 향상의 지름길, 환경 경영
주주 자본주의의 보완, 이해관계자 자본주의
새우가 고래를 잡는 와해성 혁신
너도 나도 혁신하는 차세대 식스 시그마
합칠수록 강해지는 퓨전 경영
소비자의 마음을 사로잡는 크리스탈리즘
적응력을 배가하는 동서양 경영의 만남
모순을 관리하는 역설의 경영
세계 경제의 신대륙, 저개발국
지속 성장을 위한 기술 이식
기업 가치를 상승시키는 CEO 브랜드
생산성을 위협하는 최대의 적, 스트레스
불황일수록 빛나는 감성 경영
인적 자원의 손익계산서
블랑카의 성공 시대
위대한 기업은 사회복지 센터

최병현 bhchoi@lgeri.com

43

기업 가치 향상의 지름길, 환경 경영
친환경 제품이 아니면 세계 시장에 발붙이기 힘들다

2005년 2월 16일 '교토(京都)의정서'가 발효된다. 1997년에 합의한 이후 7년 만의 일이다. 세계 이산화탄소 배출량의 17.4%를 토해내는 러시아가 비준한 결과다. 러시아의 동참으로 비준국의 배출량이 전세계 배출량의 55%를 넘어야 한다는 발효조건이 충족된 것이다.

교토의정서는 폭서·가뭄·태풍·홍수 등 기후 재앙의 주범인 온실가스의 배출을 줄이기 위한 국제협약이다. 온실가스의 대부분은 이산화탄소다. 이산화탄소를 줄이려면 화석연료, 즉 에너지 사용을 줄여야 하기 때문에 지금까지의 환경협약과는 비교할 수 없는 파급력을 가지고 있다. 교토의정서의 발효로 선진 34개국은 당장 2008~12년 동안 온실가스 배출량을 1990년 대비 평균 5.2% 줄여야 한다. 대부분의 국가가 배출량을 매년 늘려왔음을 감안한다면 현재 배출량에서 20~30% 정도 줄여야 목표치를 맞출 수 있다.

우리나라에도 조만간 불똥이 튄다. 의정서 가입 당시 개발도상국으로 인정받아 당장 의무적으로 이행할 필요는 없다. 그러나 우리나라는 온실가스를 세계에서 9번째로 많이 배출하는 OECD 국가다. 2차 이행 기간(2013~17년)에는 어떤 식으로든 책임을 분담해야 한다. 더욱이 우리나라의 온실가스 배출량은 1990년 이후 거의 두 배나 증가했으니 부담은 상상을 넘어설 것이다.

친환경 기준 충족 못하면 수입장벽 못 넘어

교토의정서 발효는 환경보호 역사상 큰 획을 긋는 대사건이다. 당연히 기업경영 환경에도 많은 변화를 불러올 것이 틀림없다. 교토의정서 이외에도 기업의 발목을 잡는 환경규제는 많다. 2004년 8월 현재 EU · 미국 · 중국 · 캐나다 등의 무역관련 환경규제는 총 30여 건에 이른다. 각국들은 엄격한 환경 기준을 정해두고, 그 기준에 못 미치는 제품은 수입을 제한하고 있다. 이러한 환경이 새로운 무역장벽으로 부상한 것이다. 특히 환경 경영에 일찍 대비해 온 EU는 2006년부터 납 · 수은 · 카드뮴 등 유해물질이 포함된 전자제품 판매를 전면 금지하는 지침(Restriction of the use of Certain Hazardous Substances Directive : RoHS)과 제조 · 유통 업체가 폐가전을 의무적으로 거둬들여야 하는 지침(Waste Electrical and Electronic Equipment Directive : WEEE)을 시행할 예정이다. 이럴 경우 우리나라 EU 수출액 중 약 62%가 환경규제의 적용을 받을 것으로 예상된다. 기업들이 결국 폐가전 제품을 수거하고, 재활용하는 비용을 부담해야 할 판이다.

자칫하면 아예 시장에도 접근하기 어려울 수도 있다. 실제로 소니는 지난 2001년 게임기 '플레이 스테이션 2' 130만 대를 네덜란드에 수출할 예정이었다. 그러나 통관 과정에서 카드뮴이 지나치게 많이 검출돼 반품되는 바람에 1억 6,000만 달러의 손해와 그보다 더 큰 이미지 손상을 입었다.

엄격한 환경 기준을 적용하는 국가는 EU뿐만이 아니다. 우리의 주요 수출 시장인 미국의 주요 가전, 컴퓨터 업체들도 에너지 절약, 오존층 파괴물질 및 전자파 규제 등 친환경 관련 인증을 수출기업에게 요구할 분위기다. 가격과 품질이 아무리 뛰어나도 친환경 기준을 충족시키지 못하면 높아지는 수입장벽을 넘을 수 없는 분위기가 조성되고 있는 것이다.

웰빙을 지향하는 그린(Green) 소비자들

각국 정부뿐 아니다. 시장과 소비자도 환경을 중시하는 쪽으로 생각이 바뀌고 있다. 웰빙이 세계적인 트렌드로 자리잡으면서 친환경 제품을 고집하는 것이다. 특히 유럽에서는 친환경 제품만을 고집하는 그린 소비자들이 시장 주도세력으로 등장할 태세다. 그린 소비자들은 재활용, 무공해 등과 같이 친환경적 요인을 강조하는 제품만을 구매하는 특징이 강하다. 제품의 범위도 끝이 없다. 기존의 종이, 세제, 건전지 등 생활용품에서 가전, 승용차 등 내구소비재와 산업재에 이르기까지 친환경 제품이 등장하고 있다. 친환경 제품이 아니면 세계 시장에 발을 붙이기 힘든 시대가 오고 있는 것이다.

이러한 현상은 국내 시장도 예외가 아니다. 의식주 관련 제품 시장이 친환경 제품 중심으로 재편되고 있다.

그 한 예로 새집 증후군이 주요 문제로 부각되면서 전반적인 건축자재 시장이 불황인 가운데에서도 친환경 건축자재 시장만은 호황을 누리고 있다.

이에 따라 2006년에는 친환경 제품의 비중이 전체 시장의 50% 이상 선점할 것으로 업계는 예상하고 있다. 또한 실내 공기에 대한 관심이 높아지면서 공기 청정기 시장이 2000년에서 2003년까지 불과 4년 만에 무려 15배나 성장했고, 친환경 유기농산물에 대한 소비도 매년 20% 이상 고성장세를 누리고 있다. 소비자들이 친환경 제품을 선호하는 경향은 앞으로도 더욱 두드러질 전망이다. 이에 따라 기업들로서도 소비자에게 친환경 기업으로 자리매김하는 것이 중요해졌다.

환경 비용은 투자

친환경 경영을 외면하는 기업은 생존하기 어렵다. 친환경 경영에는 많은 비용이 따른다는 선입견이 있다. 하지만 친환경 경영이 기업가치를 높이기 때문에 환경 관련 비용을 투자 개념으로 인식하는 발상의 전환이 필요하다.

미국, 일본, 유럽의 선진국들은 환경기술을 21세기 전략 산업으로 키우고 있다. 선진국에 비해 다소 늦게 친환경 경영의 중요성을 인식한 우리 정부도 환경기술을 국가전략 산업으로 육성하기 시작했다. 2010년까지 1조 원을 투자하는 차세대 핵심 환경기술개발 사업을 추진 중이다. 그뿐 아니라 친환경 경영을 추진하는 기업들에게 다양한 혜택을 줄 계획이다. 2005년부터 환경부는 전국은행연합회 등과 함께 기업에 돈을 빌려줄 때 환경성 평가를 포함하도록 할 예정이다. 이에 따라 친환경 경영 수준이 낮은 기업은 불이익을 받게 된다.

OECD의 2003년 전망에 따르면, 세계 환경시장 규모는 2010년까지 매년 5% 이상, 아시아 시장은 그보다 월등한 18% 정도씩 커갈 것으로 관측된다. 이 같은 추세에 힘입어 국내에서도 환경시장을 새로운 사업의 창출기회로 활용하는 기업들이 늘어날 것이다.

기업들은 원료의 조달, 생산, 판매, 사용, 폐기 등 제품의 모든 과정을 통해 친환경을 강조하는 제품을 설계할 뿐 아니라, 유해한 원료는 처음부터 차단해 제품 신뢰성을 높여 매출과 이익을 높일 수 있을 것이다. 예컨대 세계 최대의 휴대전화기 제조업체인 노키아는 환경을 중시한 에코 디자인을 실현해 브랜드 가치도 올리고 수익도 높였다. 유행에 맞춰 케이스만 바꾸거나, 부품을 교체해 제품의 수명을 늘리거나, 재활용 부품을 적극 사용하는 방법으로 1999년 22%에 불과했던 재활용률을 2002년 58%까지 증가시켰다. 제록스도 재활용 원료나 부품의 도입을 늘려 장기적으로 폐기물을 없애는 '폐기물 제로 운동'을 전개하고 있다.

실제로 2003년 미국 환경청이 자국내 300개 기업을 대상으로 친환경 활동과 기업실적의 관계를 조사한 바 있다. 그 결과 환경 경영을 잘한 기업은 기업 가치가 향상되는 것으로 나타났다. 환경 경영이 단순히 규제를 회피하기 위한 수단을 넘어 기업가치 향상으로 직접 연결된다는 것이다.

새로운 CEO(Chief Environment Officer)의 등장

21세기 기업의 생존은 친환경 경영의 성패에 달려 있다. 밖으로는 점점 두터워지고 있는 환경 무역장벽을 넘어야 하고, 안으로는 친환경 제품을 선호하는 고객과 환경운동 단체 등 이해관계자의 압력에 효과적으로 대처해야 한다. 기업들도 선장에 해당하는 CEO(Chief Executive Officer)의 역할에 버금가는 또 다른 CEO(Chief Environment Officer)의 비중을 늘릴 것이다.

"매출과 수익을 높이는 시대는 지나갔다. 미래의 키워드는 친환경 경영이다."

도요타 자동차의 오쿠다 사장이 한 말이다. 친환경 경영은 선택의 문제가 아니라 생존의 문제다. 친환경 경영을 새로운 성장과 가치 창출의 기회로 삼는 기업만이 미래의 시장에서 승리할 것이다. 그 환경 경영의 총대는 새로운 CEO가 맡게 될 것이다.

박상수 sspark@lgeri.com

44

주주 자본주의의 보완, 이해관계자 자본주의
미래의 기업은 다양한 이해관계자의 이익을 추구한다

"그룹의 경영이념을 '이윤극대화'에서 '이해관계자의 가치 추구'로 전환하자." —SK 최태원 회장
"기업 주인은 고객·주주·직원이다." —KTF 남중수 사장

외환위기 이후 우리 경제를 풍미했던 주주중심 경영이 점차 퇴조할 조짐이다. '이윤극대화'라는 최우선 목표를 복잡해진 경영환경에 맞춰 새로 정립하려는 것이다.

주주 자본주의의 명암

외환위기 이후 정부는 글로벌 스탠더드(Global Standard)라는 명분 하에 미국식 주주 자본주의에 맞춰 대대적인 기업개혁을 단행했다. 사외이사 및 감사위원회를 도입하는 등 이사회 기능을 대거 강화했고, 다 죽어 있던 소액주주의 권한을 되살렸다. 기업회계의 투명성도 도마에 올렸다.

또 금융시장의 효율성을 높이기 위해 주식·채권시장을 전면적으로 열어젖혔다. 기업 개혁의 궁극적인 목표는 주주 자본주의(shareholder capitalism)였다. 주주이익을 극대화하는 것이 기업이나 경제에도 도움이 될 것이라는 믿음이 있었다.

그 결과 경상이익 규모는 매년 사상 최대치를 갈아치우고 있다. 재무 건전성도 크게 개선됐다. 그러나 투자와 고용이 부진해져 기업 성장성과 활력이 크게 떨어졌다.

LG경제연구원이 증권거래소와 코스닥에 상장·등록되어 있는 비금융기업 1,475개사를 분석한 결과를 보자. 2003년 경상이익 총규모는 34조 원이었다. 이 실적은 외환위기 직후인 1997년(0.2조 원), 1998년(-2.0조 원)과는 비교 자체가 무의미할 정도로 높은 수준이다. 외환위기 이전 최대치인 1995년의 13조 원에 비해서도 2.6배나 된다.

그런데 2001년부터 2003년까지의 매출액은 오히려 연평균 2%씩 줄었다. 주주 이익을 제일 먼저 따지다 보니 장기적으로 성장 동력이 떨어지는 예상치 못한 결과가 나타난 것이다.

'머니 게임' 대상으로 전락한 경영권

기업뿐 아니다. 금융시장에서도 주주 자본주의의 폐해가 자주 거론된다. 외환위기를 맞아 외국인 주식보유 한도가 철폐됐다. 기업에 대한 외부견제 기능을 높이면서 외자를 유치하자는 다목적 카드였다.

그 결과 상장기업의 외국인 지분율은 1999년 18.5%에서 2003년 40.1%로 급증했다. 경영권을 간섭할 수 있는 수준인 외국인 1인 지분율이 5%를 넘는 회사도 130여 개나 된다. 금융기관도 외국인 손에 넘어가는 추세다.

물론 외국인이 금융시장을 헤집고 다니면서 주식시장의 효율성이 커진 긍정적 면도 있다. 하지만 일부 외국자본들은 기업이 망하거나 말거나 아랑곳하지 않고 이익 챙기기에 몰두하는 모습이다. 유상감자와 부동산매각, 고액배당이나 자사주 매입 압력이 빈번해지고 있다. 심지어 대주주의 지분율이 취약한 기업을 대상으로 적대적 인수·합병을 시도하는 경우도 늘고 있다. 기업은 경영권을 지키기 위해 지분을 추가로 사들이거나, 우호지분을 마련해야 하는 등 엄청난 소모전을 치러야 한다. 하지만 투기자본은 적대적 인수·합병 과정에서 발생하는 시가차익만을 고스란히 챙기고 주식을 팔아치우는 일이 잦아지고 있다.

외국자본은 주주이익을 극대화하는 차원에서 "투자이익을 조기에 실현하는 것이 무엇이 잘못되었는가"라고 항변할 수 있다. 하지만 이 과정에서 기업 재원이 빠져나가 성장동력이 약화될 뿐 아니라 결과적으로 국가경제의 고용과 투자가 부진해지는 것이다.

미국식 주주가치 만능주의는 미국에서도 도마에 올랐다. 한때 유망기업으로 손꼽혔던 엔론(Enron), 타이코(Tyco), 월드컴(WorldCom) 등이 망하게 된 것은 경영진의 도덕적 해이였다. 스톡옵션 등을 가진 경영진들은 주가를 끌어올리려고 회계를 조작해 이익을 부풀렸다. 투자은행도 이들 기업과 얽힌 이해관계 때문에 효과적으로 감시하지 못해 결국 소액주주들과 종업원들만 큰 피해를 봤다. 이러한 미국식 시스템의 실패 사례들이 나오면서 우리 사회에서도 "주주 자본주의가 만능인가"라는 회의가 생겨나고 있는 것이다.

기업 의사결정에서 종업원과 연·기금 등의 영향력 확대

이러한 비판적인 흐름에 더해 우리 사회에서도 중요한 변화의 바람이 불고 있다. 스톡옵션형 우리사주제도, 기업연금제도 등의 도입이 그것이다. 두 가지 모두 앞으로 주주 구성에 변화를 가져올 수 있다.

스톡옵션형 우리사주제도는 종업원의 우리사주 취득 기회를 넓히려는 것이다. 노사 간 협력문화를 조성하고, 근로자들이 재산을 모을 기회를 주자는 취지다. 스톡옵션을 부여할 때의 주가보다 20~30% 싸게 자사주를 살 권리를 제공한다. 이 제도는 2005년에 시행된다.

또 2006년부터 기업연금제도가 시행될 예정이다. 기업연금제도는 기업과 종업원이 서로 일정액을 갹출해 굴린 뒤 퇴직할 때 연금으로 받는 제도다. 이 제도를 도입하면 종업원의 주식보유 비중은 더욱 커진다. 이미 기업연금을 도입한 미국은 기업연금에서 자사주에 투자하는 비중이 상당히 높게 나타나고 있다. 주요 기업들의 연금에서 자사주가 차지하는 비중을 살펴보면, 코카콜라 82%, GE 77%, 맥도널드 74%, 마이크로소프트 46% 등 높은 수치를 보인다.

새 제도의 시행으로 종업원의 주식보유가 늘어나면 이사 추천, 합병, 자산 매각 등 기업의 주요한 의사결정시 종업원의 영향력은 커질 것이다. 경영자가 원만히 기업을 끌고가려면 종업원의 지지를 얻는 일이 더욱 중요해진다. 따라서 경영자들은 주주의 이익뿐 아니라 종업원의 이익 또한 경영 목표로 반영해야 한다.

국민연금도 이해관계자들(stakeholders)의 중요성을 더해주는 요인이다. 국민연금의 주식투자는 점차 확대되는 추세다. 따라서 기업 의결권에 미치는 국민연금의 영향력은 커지게 된다. 기업들은 경영권을 방어하기 위해 국민연금의 지지를 구하게 될 것이다. 국민연금의 지지 여부는 고객, 종업원, 언론 등 우리 사회의 이해당사자들에게 좋은 이미지를 심어줬는가에 크게 좌우된다. 따라서 이를 위해서도 기업들은 단순히 주주만을 위하는 경영을 고수할 수는 없게 된다.

두 마리 토끼 쫓기

하지만 우리나라는 독일이나 일본처럼 주주가 경영진, 근로자, 채권자, 하청업체 등 여러 이해 당사자 가운데 하나로 전락하지는 않을 것으로 보인다. 무엇보다도 미국식 주주 자본주의의 성과가 독일이나 일본의 이해관계자 자본주의의 성과보다 높기 때문이다. 시카고 대학의 카플란 교수는 1980년대 이후 미국의 주가 상승률과 1인당 GDP 증가율을 비교·분석했다. 그 결과 1982~2002년 동안 미국의 주가상승률은 1,222%로, 이해관계자 자본주의를 추구하는 독일(595%)이나 일본(90%)을 훨씬 앞섰다. 1982년부터 2000년까지 미국의 1인당 GDP 증가율은 54%로, 독일(44%)보다는 상당히 높았고 일본(55%)과는 비슷한 수준이었다.

국가 간 경쟁이 심화되면서 '국가 간 벤치마킹'이 두드러지고 있다. 미국식 주주 자본주의가 높은 효율성을 인정받는 한 우리나라에서도 이를 흡수하려는 노력이 쉽게 수그러들 수는 없을 것이다.

또 한 가지, 미국식 금융이 세계화되고 있다는 점이다. 미국의 영향력은 국제 자본시장에서 여전히 막강하다. 금융 분야에서 미국의 경쟁력은 세계 최고이고, 국제 자본시장을 주무르고 있는 기업들은 대부분 미국의 투자은행이다. 이들 투자은행은 국제자본시장의 문을 두드리는 기업들에게 미국의 회계기준, 공시제도 등을 강요한다. 글로벌 스탠더드라는 이름을 붙여서 말이다. 더욱이 국제통화기금(IMF)이나 세계은행 등도 미국식 기업지배구조를 가장 우월한 지배구조 모형으로 인정하고 있다.

따라서 앞으로도 주주 자본주의는 확고한 토대를 구축할 것이다. 다만 이해관계자의 이익도 챙기는 형태로 주주 자본주의는 보완될 가능성이 높다. 구체적으로 독립성과 전문성을 갖춘 이사회가 특정 주주를 대변하지 않고 모든 주주를 보호하는 장치를 강화할 것이 예견된다. 더불어 이사회에도 이해관계자의 요구를 반영하는 사람들이 사외이사 등으로 포진할 가능성도 높다.

기업의 사회공헌 활동 역시 더욱 활발해질 것이다. 기업의 사회공헌은 고객에 대한 보답이자 다른 한편으로는 다양한 이해관계자들과의 유대감을 넓히기 위한 선투자이기 때문이다.

김국태 gtkim@lgeri.com

45

새우가 고래를 잡는 와해성 혁신

영원한 1등은 없다

여의도에 직장을 가진 20대 여성 황모씨. 그녀를 좀 심하게 비유하자면 스타벅스(Starbucks) 중독자다. 출근길에 스타벅스 한 잔, 점심 뒤에도 스타벅스, 저녁에 친구들과 만날 때도 으레 스타벅스를 찾는다. 거리 길목 좋은 곳엔 어김없이 스타벅스가 있다. 얼마나 편한가. 황씨가 한 달 평균 스타벅스에 지출하는 돈은 10만 원이 넘는다.

20여 년 전 미국에서도 커피는 단지 매일 마시는 일상 음료이자, 식당에서도 식사에 따라붙는 음료였다. 커피 시장은 크라프트 제너럴푸드 (Kraft General Foods), 네슬레(Nestle), P&G 등이 나눠가져 이윤도 적고 성장률도 낮았다.

그러나 스타벅스는 커피라는 상품을 단순음료에서 '감성적 경험'으로 바꿨다. 기존 대형업체의 캔 커피와는 차별화한 독특한 커피를 제공함과 동시에 커피를 마시는 장소도 고급스럽고 우아한 곳으로 바꿔나간 것이다. 커피라는 음료에 숨어 있는 고객의 욕구를 간파한 것이다. 스타벅스는 현재 8,500개 매장을 보유한 세계적인 커피 체인점으로 성장했다.

미샤(Missha) 역시 기존 업체들이 가진 화장품이란 컨셉을 바꾼 경우다. 전통적으로 화장품 산업은 제품의 기능성보다는 매혹적이고 아름

다운 이미지를 판매해 왔다. 이에 따라 화장품 원가의 상당 부분을 포장이나 마케팅 비용에 지출했다. 그러나 미샤는 불필요한 포장 및 유통 경로를 과감히 없애거나 줄이면서 화장품을 패션이 아닌 생활필수품으로 바꾸는 데 성공했다.

백화점을 와해시킨 할인점

스타벅스나 미샤 같은 업체는 고객의 전통적인 기대와는 전혀 다른 내용과 기능을 개발하여 새로운 고객을 창출해 내는 '와해성 혁신자(disruptive innovator)'들이다. 이 용어는 미 하버드 대학의 크리스텐슨 교수가 '존속성 혁신(sustaining innovation)'과 대비되는 개념으로 사용하면서 유명해졌다. 존속성 혁신은 기존 기술을 지속적으로 업그레이드한다. 반면 와해성 혁신은 주력 시장이 요구하는 성능과는 전혀 다른 차별화된 요소로 새로운 고객의 기대에 대응하면서, 신시장이나 틈새시장의 요구를 충족시킨다.

와해성 혁신은 초기에는 메인프레임 컴퓨터를 몰락시킨 PC, 진공관 시대에 종말을 고한 트랜지스터, 8인치에 대응한 5.25인치 드라이브 등 기술개발에 힘입어 혁신을 의미했다. 지금은 제품의 가치와 시장 영역, 그리고 브랜드 혁신에 이르기까지 그 개념이 넓어졌다.

미국의 시어스(Sears)가 월마트(Wal-Mart)에게 유통업계 1위 자리를 넘겨준 것처럼, 백화점의 시장 기반을 완전히 해체시킨 국내 할인점도 와해성 혁신자들이다. 백화점은 국내 유통업계를 70년 동안 지배했지만 할인점 등장 10년 만에 패퇴했다.

와해성 혁신은 필수

지금껏 와해성 혁신은 후발기업이 선발기업을 따라잡는 방법으로 여겨져 왔다. 선발기업이 주도하는 기술이나 제품으로 후발기업이 경쟁을 한다고 치자. 사람도 부족하고 돈도 딸리게 마련이다. 따라서 이길 가능성이 낮다. 그래서 후발기업은 기존기업이 눈여겨보지 않는 시장을 노리거나, 신기술로 무장한 제품으로 경쟁하는 것이 일반적이었다.

그러나 이제는 선도기업조차 와해성 혁신자로 변신을 모색하고 있다. 기존 경쟁의 틀이 통하지 않는 후발 와해성 혁신자들의 도전에 응전하기 위함이다. 지속적으로 성장하기 위해서도 이 같은 접근법이 필요하다. 1990년대 후반부터 시작된 산업기술의 수렴현상(convergence)으로 제품의 영역이란 구별이 모호해지고 있다. 특정 기술 및 제품 영역에서 잘 나가는 기업도 언제 새로운 와해성 혁신자에게 역전당할지도 모른다.

S&P 500대 기업의 평균 존속기간을 분석한 맥킨지(2001년)는 향후 25년 후에 생존할 기업은 현재 존속기업의 3분의 1에 불과할 것이라고 내다보고 있다. 기존 기술 및 제품의 점진적인 개선에 치중하는, 존속성 혁신은 한계가 있다는 경고다.

한때 독자적인 CRT 개발로 전세계 디스플레이 시장을 주도했던 소니의 경우 개선에 안주하다 와해성 혁신에 해당하는 LCD 중심의 평판 디스플레이(FPD)의 등장에 제대로 대응하지 못했다. 그 결과가 한수 아래로 여겼던 우리 업체들과의 제휴로 나타났다.

와해성 혁신의 세계에 영원한 1등은 없다. CD나 휴대용 카세트 플레이어를 대체한 MP3 플레이어를 보자. MP3 플레이어는 음질, 휴대의 간편함 등의 강점으로 대표적인 와해성 혁신품으로 꼽힌다. 그러나 이 제품의 선도기업도 언제든지 시장에서 밀려날 수 있다. MP3 시장 내에서 플래시메모리 타입과 HDD(하드디스크 드라이브) 타입 간 경쟁이 치열하게 전개되고 휴대폰이나 디지털카메라 등 다른 제품도 MP3 플레이어의 영역을 넘보기 때문이다. 따라서 와해성 혁신기업도 또 다른 와해성 혁신을 준비해야 한다. 마치 파충류가 몸집을 키우기 위해 허물을 벗는 것과 마찬가지 이치다.

새우가 고래를 잡는다

21세기 초의 시장은 불확실성으로 아우성을 치고 있다. 그러나 분명한 사실은 만성적인 공급초과 상황에서 새로운 시장을 개척하지 않는 한 수익은 늘어나지 않는다는 점이다. 따라서 와해성 혁신은 불가피하다.

앞으로 와해성 혁신자가 되기 위해 기업들이 현재 경쟁시장에서 좀 더 세분화한 고객시장으로 타깃을 옮기는 사례가 늘어날 것으로 보인다. 뿐만 아니라 와해성 혁신자가 새로 창출한 틈새시장이 기존 거대시장을 잠식해 나가 결국 규모가 뒤바뀌는, '새우가 고래를 잡는 현상' 도 나타날 것이다. 최근 미국의 할인점인 K마트가 백화점 체인업체인 시어스를 인수한 경우가 이에 해당된다.

와해성 혁신의 세계에서 기업들은 점점 유연해져야 한다. 한 업종을 고수하는 것은 자살행위나 다름없다. 21세기 들어 IBM은 컴퓨터 하드웨어를 대표하는 기업에서 IT 솔루션 중심의 소프트웨어 기업으로 변모했다. 나일론을 개발한 세계 최고의 화학기업 듀퐁(Dupont)은 최근 "우리는 더 이상 화학기업이 아니다"라고 선언했다. 나노 기술로 무장한 첨단기업으로 거듭나겠다는 것인데 와해성 혁신을 준비하는 셈이다.

와해성 혁신자로 거듭나기 위해선 전혀 관련 없어 보이는 기업 간 제휴가 활성화될 수밖에 없다. 와해성 혁신에는 이질적인 교배가 더욱 알맞기 때문이다. 세계 최고의 MP3 제조업체로 떠오른 아이리버가 디자인 전문회사인 이노디자인과 긴밀한 파트너 관계를 구축하고 있는 것도 좋은 사례다. 급변하는 시장환경 속에서는 제 아무리 선도기업이라 할지라도 혼자 힘으로 와해성 기술개발을 완수하기란 어렵다. 따라서 와해성 핵심 기술력을 보유한 외부 신생 기업들을 인수하거나 합병하는 방안이 유력하게 떠오를 것이다.

개인도 와해성 혁신을 이룰 수 있다. 아이스베리나 레드망고와 같은 토종 아이스크림 전문점의 경우를 예로 들 수 있다.

장강일 kang-il@lgeri.com

46

너도 나도 혁신하는 차세대 식스 시그마

생활 속에서 혁신을 추구하라

기업의 평균 수명이 급속도로 줄고 있다. 1955년 45세에 사망했던 기업들의 수명이 2005년에는 15세에 숨을 거둘 것이라는 전망이다. 국내 기업 중 1965~95년까지 100대 기업으로 남아 있는 업체는 16개사에 불과하다. 그만큼 경쟁이 심화되고 시장의 불확실성이 높아져 있다.

시장이 불확실할수록 기업은 덩치를 키우기보다 안살림을 세밀하게 챙기게 된다. 바로 경영혁신 활동이다. 혁신(革新)이란 "가죽을 새롭게 한다"는 뜻이다. 몸을 둘러싼 피부를 한 꺼풀 벗겨내고 새로운 피부를 돋게 하는 것. 기존 관행을 버리고 새로운 체계를 세우는 것이다. 거기엔 고통이 뒤따른다.

사실 혁신 활동은 시대마다 있었다. 그러나 1990년대 이후엔 다양한 혁신기법들이 식스 시그마 경영으로 통합되는 모습이다. 도대체 식스 시그마 경영의 매력은 무엇일까. 그리고 식스 시그마 경영은 지속할 수 있을까.

식스 시그마는 경영혁신의 우산

식스 시그마 경영이 유행처럼 번졌지만 모두 성공을 경험하진 않았다. 처음에 대단한 성과를 보였던 기업들도 점차 약효가 떨어지곤 한다. 모토롤라는 1980년대에 식스 시그마를 선도적으로 도입해 생산성을 획기적으로 끌어올렸지만 이후 기업성과가 부침을 겪고 있다. IBM은 1989년에 식스 시그마 프로그램을 도입했으나, 큰 성과를 얻지 못하고 1993년 CEO의 퇴임과 함께 식스 시그마를 중단했다.

〈MIT경영저널(Sloan Management Review · 2002)〉은 식스 시그마 경영을 할 때 다음과 같은 사항을 염두에 둬야 한다고 지적한다.

첫째, 대부분의 식스 시그마 과제가 개별 부서 범위에서 이루어진다. 과제 범위를 확대하면 성과가 떨어지곤 한다. 둘째, 기업 조직구조의 근본적인 변화 없이는 식스 시그마의 효과는 제한적이다. 즉 식스 시그마를 통해 품질이 좋아지고, 비용은 줄일 수 있지만 기업의 전략적 목표를 달성하는 데는 큰 효과가 없다는 얘기다. 부분적인 성과는 낼 수 있지만, 기업문화, 조직 구조 등 경영시스템 전반을 뜯어고치는 작업에는 별 소용이 없다는 것이다.

최근엔 이 같은 한계를 극복하기 위해 다른 기법들과 식스 시그마를 접목하려는 시도들이 나오고 있다. 식스 시그마가 특별한 기법이 아니라 경영철학이기 때문에 가능한 일이다. 식스 시그마의 키 포인트는 "열심히만 일하지 말고 똑똑하게 일하라"는 것이다. 어떤 경영기법이라도 이러한 철학을 따를 수 있다.

또 식스 시그마는 단계별로 제공되는 기법들보다 체계적인 문제해결 접근법 그 자체를 중시한다. 이러한 접근법은 어떤 종류의 문제에도 적용할 수 있으며, 어떤 종류의 혁신 기법들도 수용할 수 있다.

자신이 망치 전문가라면 모든 사물에 '어떻게 효율적으로 못을 박을까'를 연구하게 된다. 하나의 방법에만 몰입하면 문제를 보는 관점이 극히 좁아질 수 있다. 그러나 식스 시그마는 망치가 아니라 건물을 짓는 가장 적합한 방법을 찾는다. 망치 이외에 다양한 도구들을 조합할 수 있다. 식스 시그마의 창시자 마이클 해리는 이를 우산에 비유했다. 다양한 수단과 혁신 경험들이 식스 시그마라는 우산 밑에 뭉칠 수 있는 것이다. 이런 맥락에서 기존 식스 시그마의 단점을 다른 기법과의 통합으로 극복하려는 시도가 나타나고 있다.

차세대 식스 시그마 : 수렴(convergence)과 진화(evolution)

차세대 식스 시그마는 다른 기법과의 통합을 추구하는 수렴형과 식스 시그마 자체 개선을 모색하는 진화형으로 나눌 수 있다. 두 개념도 명확히 나뉘기보다는 상황에 따라 통합될 수도 있다.

수렴형은 식스 시그마에 균형성과지표(BSC), 린(Lean) 생산방식, 공급망관리 모델(SCOR), 제약이론(TOC) 등 주요 혁신기법의 장점을 가미하는 것이다. 각 기법들은 나름의 장점과 함께 한계를 지니고 있다. 예를 들어, BSC는 기업전략과 실행 과제를 연결 지을 수 있지만 현장에서 문제를 해결하는 데 도움은 주지 못한다. 이 때 식스 시그마는 이미 효과가 검증된 방법을 통해 현장에 BSC를 적용할 수 있게 해준다. 동시에 BSC의 장점을 살려 회사 전체의 경영전략과 연계하여 현장 과제의 성과를 극대화할 수 있다.

린 방식은 불필요한 작업 흐름을 제거할 수 있지만 구체적인 추진 방법이 마땅치 않다. SCOR는 정보와 상품의 흐름을 평가·개선하는 데는 효과적이지만 공급단계에 특화되는 바람에 기업 전체의 문제해결 수단으로는 한계가 있다. 이처럼 개별 방법론의 한계를 보완하는 데 식스 시그마의 체계적인 문제해결 방법을 채용하는 것이다. 이른바 시너지를 강화하려는 것이 차세대 식스 시그마의 수렴적 특성이다.

하니웰(Honey Well)은 1994년부터 전통적 식스 시그마와 여러 가지 개선도구를 통합한 '식스 시그마 플러스(six sigma plus)'를 도입했다. 하니웰은 식스 시그마를 토대로 전사적 자원관리(ERP), 린(Lean) 생산방식 등을 현장에 적용하고 있다. 듀퐁은 1999년부터 식스 시그마 활동을 추진해 왔으며 2004년부터는 기존의 식스 시그마 활동을 넘어 경영전략 수립에서부터 실행·평가에 이르는 전부문에 식스 시그마를 연계하는 활동을 펼치고 있다. 또한 식스 시그마와 린, 공급망관리(SCM) 등을 통합한 차세대 식스 시그마 활동을 전개하고 있다.

진화형은 마이클 해리의 3세대 식스 시그마론으로 대변된다. 1세대 식스 시그마는 1980년대에 모토롤라가 품질개선과 불량률 감소를 목표로 추진한 것이 대표적이다. 그러나 기업의 전략적 목표를 반영하지 못해 기업 전체적으로 효과를 발휘하는 데는 한계가 있었다. 1990년대에는 GE가 기업의 수익성을 높이고, 비용을 아끼는 2세대 식스 시그마 활동을 펼쳤다. 하지만 시간이 지나면서 한계를 맞았다. 기존 프로세스를 개선하는 것만으로는 한계가 있었던 것이다. 3세대 식스 시그마는 프로세스 개선에 매달리지 않고 고객에게 새로운 가치를 만들어내는 데 초점을 맞추고 있다. 기존의 식스 시그마가 논리적인 문제해결 과정에 초점을 맞추었다면 3세대 식스 시그마는 창의적인 혁신 아이디어 도출법을 중요시하는 것이다.

일상 속의 혁신으로 정착

수렴형이든 진화형이든 궁극적으로 생활 속의 혁신을 추구한다. 조직 구성원 모두가 혁신을 일상적으로 자신의 업무에 적용하는 것이다. GE는 식스 시그마 프로젝트에 직접 참여하는 사람이 20% 밖에 안 돼도 모든 직원들이 식스 시그마에 참여한다고 밝혔다. 그만큼 식스 시그마 활동이 전직원의 업무에 녹아 들어가 있다는 것이다.

마이클 해리는 차세대 식스 시그마를 통해 이미 성취된 것에 만족하는 정착자가 아니라 새로운 것을 정복하는 개척자가 돼야 한다고 역설한다. "혁신은 기존의 것을 변화시키는 것이 아니라 없던 것을 새롭게 만드는 것"이라는 파스칼의 표현처럼 혁신의 본질로 돌아가는 것이다. 앞으로도 혁신은 더 폭넓고 더욱 가깝게 일상 생활에 스며들 것이다.

남대일 dinam@lgeri.com

47

합철수록 강해지는 퓨전 경영
핵심은 보존하되 끊임없이 변화하라

"디카야, MP3 플레이어야?"

최신 휴대전화기를 두고 하는 말이다. 디지털화가 급속히 진행되면서 과거의 제품 영역은 갈수록 무의미해져 가고 있다. 사람들은 이제 휴대전화기 하나로 전철도 타고 TV도 보며, 심지어는 당뇨병까지 검사할 수 있다.

그뿐만이 아니다. 티타늄 페이스에 카본 몸체를 가진 퓨전 골프채와 녹차와 우유를 섞은 퓨전 녹차음료에 이어, 심지어는 무에타이와 가라데를 연마한 선수들이 사각의 링에서 맞붙는 이종격투기의 바람마저 불고 있다.

예전에는 상상할 수 없었던 많은 일들이 우리의 눈앞에서 실제로 펼쳐지고 있다. 그 중심에는 언제나 퓨전(fusion)이라는 키워드가 등장한다. 융합을 의미하는 이 단어가 요리와 음악계를 평정하더니, 무엇인가 색다른 것을 얻고자 하는 소비자의 욕구와 맞물리면서 사회 전반에 확산되고 있는 것이다. 바야흐로 퓨전의 시대가 왔다.

잡종을 만드는 경영

디지털화가 진전되면서 기존 제품이나 서비스 등이 합쳐지거나 집약되는 경우가 많다. 더 저렴한 가격에, 더 나은 품질로, 더 많은 기능을 한꺼번에 담아내는 것이 가능하기 때문이다. 더 나아가 이 같은 변화의 힘은 돌연변이 가능성 또한 높여준다. 지금까지 나온 제품, 서비스, 기술 등의 장점을 모은 하이브리드(잡종)가 나올 가능성이 더욱 커지는 것이다.

잡종이라는 말은 더 이상 부정적인 의미를 갖는 것이 아니다. 반드시 생존해야 한다면 하이브리드는 환경 변화에 대한 적응력을 키우는 것이다. 다양성을 높인다는 차원에서 퓨전을 바라봐야지, 단순한 혼란(confusion)으로 여겨서는 안 된다는 말이다. 이러한 퓨전의 의미가 경영에 접목되면 바로 퓨전 경영이 탄생한다. 퓨전 경영을 한 마디로 정의한다면 "제품, 기술, 서비스 등과 같은 경영의 제반 활동이 양자택일의 흑백 논리에서 벗어나 서로 부족한 부분을 메워 상생(相生)의 길로 나아가려는 일련의 경영 혁신 활동"이다.

그렇지만 퓨전 경영을 기존 것들의 단순한 결합이라고 생각하면 곤란하다. 단순하게 합칠 거라면 이미 있는 것들을 두고 굳이 퓨전화된 제품이나 서비스를 택할 이유가 없다. 이것 저것 몽땅 믹서기에 넣고 흔들면 퓨전 경영이 저절로 만들어지는 것은 결코 아니다. 진정한 의미의 퓨전 경영이란 '1+1=2' 이상의 시너지를 얻을 수 있을 때까지 퓨전의 개념을 확장시켜야만 얻을 수 있다.

그렇다면 퓨전 경영을 통해 얻을 수 있는 것이 무엇일까. 퓨전 경영의 어떤 점이 기업들의 관심을 끄는 것일까. 상호 보완에서 나타나는 시너지, 변화 적응능력, 새로운 성장기회의 발굴 등 세 가지가 바로 퓨전 경영에서 기대하는 것들이다.

상호보완의 시너지 추구

우선 상호보완이 만들어내는 시너지를 살펴보자. 즉 퓨전을 통해 규모의 경제를 실현하기도 하고 기존의 업무 기반을 공유하면서 비용을 절감하는 것 등을 말한다. 예를 들어보자. 이미 프린터만 해도 비슷한 기능을 하나로 묶은 올인원(all in one) 기기로 진화하고 있다. 과거 프린터 1대 가격에 프린터, 복사기, 스캐너를 함께 제공하는 복합기가 탄생한 것이다. 동일한 저장매체를 사용하도록 PDA와 MP3를 묶은 컨버전스형 휴대폰도 마찬가지로 상호보완의 효과가 크다.

미래에는 각 서비스 간 융합도 본격적으로 시작될 것이다. 우리나라에도 부분적으로 도입되고 있는 방카슈랑스(은행+보험)만 해도 업종 영역의 파괴로 새로운 기회를 창출해 내고 있다. 궁극적으로는 보험 아줌마가 사라지고 마케팅 비용도 크게 줄일 수 있다. 보험개발원에 따르면 방카슈랑스가 전면적으로 도입되면 생명보험료는 현재보다 평균 7.5%, 손해보험료는 14% 낮출 수 있다고 한다. 소비자 입장에서는 은행에서 '원스톱 쇼핑'이 가능해지는 것이다. 은행은 방대한 고객 정보를 바탕으로 맞춤형 판매 전략을 구사할 수도 있다.

금융 서비스의 퓨전은 이제 초기단계에 불과하다. 앞으로는 은행업, 보험업에 이어 증권업으로까지 그 영역이 확대될 것이기 때문이다. 이렇게 되면 은행 지점 내에서 예금·대출업무와 보험상품 판매에 이어 투자상담, 주식매매 서비스까지 가능하게 된다. 퓨전을 통해 금융의 3대 축인 은행, 증권, 보험의 3대 서비스가 하나의 축으로 통합되는 날도 멀지 않았다.

경영 환경 변화에 효과적으로 대응

두번째 효과는 급변하는 경영환경에 효과적으로 대응할 수 있다는 것이다. 한 가지 기술 또는 제품만으로는 디지털 환경에서 살아남기 어렵다. 제품 기술의 수명은 짧아지고 고객의 요구는 날이 갈수록 세분화·개인화되기 때문이다.

이 같은 미래 트렌드에 살아남기 위해 퓨전을 도입한 것이 DVD 콤비와 같은 이른바 '브릿지(bridge)' 상품이다. 사실 브릿지 상품이란 원래 기존의 기술과 새로운 신기술 제품 간 다리 역할을 하는 상품을 말한다. 따라서 대개 브릿지 상품은 단명에 그친다. 더 나은 혁신기술이 시장을 주도하면 자연스레 시장에서 도태되곤 했다.

그러나 기술변화가 빠르게 이뤄지는 경우 소비자들은 브릿지 상품에 상당한 매력을 느낀다. 한쪽을 선택함으로써 다른 한쪽을 포기하는 것을 원하지 않는 소비자의 욕구 때문이다. DVD 플레이어를 사는 바람에 비디오 테이프를 빌려보지 못할까 걱정할 필요가 없다.

신기술이 소비자에게 다 좋은 것은 아니다. 그 보다는 고객의 욕구를 제대로 반영한 상업성 있는 제품으로 연결시키는 것이 더욱 중요하다. 특히 앞으로는 기술의 수명이 갈수록 짧아져 기술개발에 들인 투자비를 회수하는 일이 더욱 힘들어질 것이다. 신기술에 집착하는 것은 오히려 시대에 뒤떨어진 경영방식일 수 있다.

신(新) 성장 기회의 발굴

마지막으로 퓨전 경영을 통해 새로운 성장기회를 발굴할 수 있다. 이미 퓨전 테크놀로지라고 불리는 신기술 간의 결합은 미래 성장 엔진이라고 불리는 IT(정보통신), BT(생물학), NT(나노기술), CT(문화), ET(환경)의 5T 사이에서 활발하게 진행 중이다.

예를 들어 나노 기술과 의학, 엔지니어링 기술이 융합해 인체에 들어가 병을 고치는 나노 로봇이 등장할 날도 멀지 않았다. 인류를 질병으로부터 구원할 인간 유전자지도 역시 생물학과 정보통신 기술 간의 퓨전이 있었기에 가능했다. 기존 사업 영역을 허무는 퓨전으로 신규 사업 기회를 잡으려는 노력도 나타난다. 영화 산업을 퓨전의 관점에서 보면 영화 상영관 수입 자체보다는 처음에는 별 볼일 없을 것으로 보였던 DVD 사업 분야가 더욱 의미가 있다.

변두리 상품인줄로만 알았던 DVD는 작년 한 해 미국에서만 총 94억 달러를 벌어들였다. 전체 영화산업 매출의 52%를 차지, DVD 수익이 오히려 개봉관 수익을 넘어선 것이다. 예를 들면 애니메이션 〈니모를 찾아서(Finding Nemo)〉는 개봉관에서 6,000만 달러 수익에 그쳤지만, DVD 판매는 무려 7배에 가까운 4억 달러를 벌여들였다. 퓨전을 통해 고정관념을 벗어날 수만 있다면 미래의 성장 기회는 무궁무진한 셈이다.

퓨전 경영의 핵심은 변화 지향성

몇 해 전 미국의 한 심리학자는 《생존자》라는 책에서 전쟁포로, 난치병 환자 등 절망적 상황에서 마지막까지 살아남은 사람들의 특징을 분석했다. 그가 밝혀낸 이들의 생존 특성은 양면성, 유연성 그리고 공감 능력이라는 세 가지였다고 한다.

퓨전 경영과 관련해 특히 눈여겨볼 부분은 다름 아닌 양면성 측면이다. 생존자들의 성격은 한 마디로 설명하기 매우 어려웠으며 독할 때는 독하게, 착할 때는 한 없이 착하게 언뜻 보면 수긍하기 어려운 성격을 소유한 사람들이 많았다는 것이다.

기업도 마찬가지다. 변화가 극심한 미래의 경영 환경에서 '한 우물만 파는' 외곬 경영은 망하는 지름길이다. 앞으로는 퓨전 경영과 다양성을 시도하는 기업만이 살아남아 번영할 확률이 높아진다.

우리는 이미 과거의 철칙이 더 이상 통하지 않는 시대에 살고 있다. 퓨전 경영도 크게 보면 이와 같은 불확실성의 시대에서 번영하고 생존하기 위한 기업의 전략이다. 핵심을 보존하면서도 환경에 대응해 끊임없이 기업을 변화시키는 힘, 그것이야 말로 미래 퓨전 경영의 실체다.

윤여중 ouryu@lgeri.com

48

소비자의 마음을 사로잡는 크리스탈리즘
투명성은 선택이 아니라 필수다

배송확인 서비스, 원산지 표시제, 주택분양가 원가공개, 상호출자금지

규정….

언뜻 관련 없어 보이는 것들이지만 이들의 공통점이 하나 있다.

배송확인 서비스를 통해 고객은 언제든 자신이 주문한 물건의 배송 상황을 알아볼 수 있다. 원산지 표시제는 소비자에게 이 물건이 어디에서 만들어진 것인지 알려준다. 주택분양가 원가가 공개되면 터무니 없이 분양가를 올리는 행태가 사라질 것으로 소비자들은 기대한다. 기업 간 상호출자를 금지하면 기업의 지배구조가 더욱 명확해진다.

이들은 모두 기업, 즉 생산자만이 갖고 있던 정보를 소비자들에게 투명하게 알려준다는 공통점을 갖고 있다. 물론 이 과정에서 소비자들은 더욱 만족하게 된다.

인류의 역사는 참여의 역사

그리스 철학자 아리스토텔레스는 인간을 사회적 동물로 파악했다. 사회공동체의 일원으로서 끊임없이 다른 사람과 관계를 만들며 살아간다는 것이다. 자급자족 경제보다는 타인과 물건을 바꾸는 물물교환이 더 만족스럽다. 이 때 타인과의 관계는 자신의 의지로 선택하는 것이다.

그런데 자신의 의지와 상관없이 외부에서 선택이 이루어질 수 있다. 당연히 그러한 선택들을 신뢰하지 못하고 의문을 품는다. 한 걸음 더 나아가 그러한 선택에 직접적으로 관여하려 들고, 신뢰를 확인하려 한다. 이를 기업과 소비자 간 관계로 바꿔 말하면, 구매단계에서 소비자는 끊임 없이 신뢰를 확인하려 한다는 점이다.

산업혁명이 일어나고 대량생산이 가능해짐에 따라, 정보는 생산자들이 독식했다. 소비자들이 얻을 수 있는 정보는 매우 한정됐다. 그나마 소비자가 접한 정보는 왜곡된 경우가 많았고, 정보가 부족한 만큼 선택의 폭 역시 제한적이거나 획일적일 수밖에 없었다.

하지만 대량생산이 더욱 진전돼 물질적인 풍요를 누리고 만성적인 공급과잉 시대를 맞이하면서 소비자들이 갖는 선택의 폭은 더욱 넓어졌다. 기업 간 경쟁이 심화되고, 미디어와 인터넷이 발달한 덕택이다. 이제 소비자들이 직접 기업과 제품의 신뢰를 확인할 수 있는 토대가 마련된 것이다.

투명하게…, 더욱 투명하게…

기업의 모든 상품은 소비자를 위한 것이다. 소비자가 상품을 사지 않으면 기업이 만들 이유도 없다. 결국 소비자는 모든 제품의 생산과 유통, 판매를 주도하는 힘을 가질 수밖에 없다. 그러나 이런 기본 철칙이 지켜지지 않는 경우가 허다하다. 생산자가 보유한 정보를 공개하지 않기 때문이다.

하지만 우리 사회가 물질적으로 풍요해지고 정보도 공유하게 되면서 기업이 무엇을 생산해야 할지는 소비자의 선택에 따르게 된다. 이런 경향은 최근 다시 거론되는 프로슈머(prosumer)란 용어에서 잘 나타난다. 이 말의 의미는 생산자를 뜻하는 프로듀서(producer)와 소비자를 뜻하는 컨슈머(consumer)의 합성어로, 앨빈 토플러가 1971년 그의 저서 《미래의 충격》에서 생산자 같은 역할을 맡는 소비자라는 뜻으로 사용했다.

실제로 많은 기업들이 생산과 유통 과정에 소비자들을 참여시키고 있다. 한글과 컴퓨터의 '한글2002', LG IBM의 '노트북 컴퓨터'나 르노삼성의 'SM5' 같은 제품은 소비자의 의견에 따라 제품 사양을 변화시켰다. 소비자들은 제품 생산 과정에 깊이 참여하는 욕구를 충족시키고, 기업은 신뢰를 얻으며 고객들에 대한 친밀도를 높일 수 있다. 이는 넓은 의미에서 소비자에게 기업 경영 과정을 공개해 투명성을 제공하는 것이다.

소비자에게 기업활동을 투명하게 공개하는 것은 소비자를 단지 생산과 유통에 참여시키는 것에 국한되지 않는다. 존슨앤존슨(J&J)은 1982년 7명이 숨진 타이레놀 독극물 투입 사건이 발생하자 매우 적극적으로 자사의 제조 과정을 공개했다. 아울러 이미 시장 가판대에 진열된 모든 제품을 수거했다. 모두 2억 4,000만 달러의 추가비용이 들었다. 컨설팅 기관과 경영진 일부는 타이레놀 브랜드를 포기하자고 권유하기도 했다.

그러나 사태가 가라앉은 뒤 타이레놀의 판매량은 더욱 늘어나 성공한 상품으로 정착했다. 초기에 사태의 심각성을 파악하고 소비자들에게 투명성을 제공한 판단이 결과적으로 도움이 된 것이다.

일본의 유키지루시 유업은 존슨앤존슨과 정반대로 움직였다. 이 회사에서는 2000년 제조공정에 문제가 생겨 고객 1만 5,000명이 집단으로 식중독 증세를 보인 사건이 있었다. 그런데도 경영진은 원인 규명이나 피해 보상보다는 자사의 입장을 방어하는 데 급급했다. 2년 뒤에는 자회사 유키지루시 식품이 수입산 쇠고기를 국내산으로 둔갑시킨 사건까지 드러났다. 이 사건에서도 적절한 대응을 못한 식품회사는 결국 소비자들의 외면으로 도산했고 그 영향은 모회사에도 어려움을 줬다.

소비자 주권의 핵, 크리스탈리즘

이제 기업이 주주만 챙겨선 살아남을 수 없는 시대다. 존슨앤존슨과 같이 소비자, 종업원, 지역사회, 주주 모두를 만족시켜야 한다. 기업이 소비자들을 만족시키기 위해 단순히 질 좋은 제품과 서비스를 제공하는 것만으로는 한계가 있다.

　제품과 서비스가 소비자에게 줄 수 있는 가치의 전부일까. 주주를 위해 재무와 회계의 투명성을 제공한다면, 소비자에게는 제조와 유통 정보 등을 줄 수 있다. 소비자들은 알 권리, 선택할 권리, 안전할 권리, 의견을 반영할 권리 등을 행사하면서 만족을 느끼는 것이다.

　인터넷과 미디어의 발전은 정보의 불균형을 해소시키고 있다. 소비자는 기업이 제공하는 투명성뿐만 아니라 훨씬 능동적으로 투명성을 따질 수 있다. 특히 최근 들어 사회 전반에 걸쳐 나타난 웰빙 트렌드, 그리고 만두속 파동이나 유기농 식품 파동을 통해 나타난 먹거리에 대한 불신은 소비자로 하여금 과거보다 더욱 적극적으로 자신들의 권리를 행사하도록 유도한다.

　회계부정으로 파산한 미국의 엔론과 월드컴, 은폐와 조직방어로 인해 곤욕을 치른 닛폰햄과 유키지루시 유업 등은 투명성이 기업 존폐로 연결됨을 보여주는 좋은 사례. 기업의 투명성은 선택사항이 아니라 기업의 소비자들에게 제공해야 하는 필수사항이다. 나아가 기업 투명성은 소비자에게 줄 수 있는 핵심 가치일 뿐만 아니라 경쟁 기업과 차별화할 수 있는 핵심 역량이기도 하다.

　시대조류는 모든 것을 공개할 수 있어야 하는, 그리고 모든 것이 공개돼야만 하는 상황으로 흐르고 있다. 모든 것을 투명하게 내보이는 크리스탈리즘(crystalism)을 기업이 체화할 때 미래를 이끄는 또 하나의 핵심 역량을 획득할 수 있는 것이다.

이병주 bjlee@lgeri.com

49

적응력을 배가하는 동서양 경영의 만남
장점은 취하고, 단점은 버린다

A기업 인사팀에서 채용 업무를 맡은 김 과장은 요즘 고민이 많다. 매일같이 이력서가 쏟아져 들어오지만 뽑는 인원은 극히 일부다. 그나마 대부분이 경력 사원에 국한된다. 2000년부터 인사방침이 공채에서 수시채용으로 바뀌고, 신입 사원보다는 '즉시 전력'인 경력 사원 위주로 채용을 시작했다. 장기적으로 회사를 이끌어나갈 인재를 키우기보다 당장 필요한 사람을 골라 쓰는 형태로 바뀐 것이다.

1996년 공채로 입사할 때만 해도 김 과장의 포부는 컸다. 그러나 치열한 경쟁의 현장을 직접 체험하면서 웅대했던 그의 포부는 형편없이 쭈그러들었다. '사오정', '오륙도'라는 말이 오갈 때마다 마음이 섬뜩해진다.
"뭔가 빨리 인생계획을 세워놓아야 하는데…."

'미국식 경영이 좋아요'

외환위기 이후 우리 기업은 그 동안 고수했던 일본식 성장전략을 수정해야만 했다. 인사 정책에 있어서는 장기적으로 인재를 양성하지 않고, 당장 필요한 인력을 수급해서 활용하는 단기 고용정책이 중시됐다. 많은 기업들이 정리해고 등으로 종업원 평균 연령을 낮췄다. 오랫동안 지속됐던 연공서열식 승진제가 성과와 능력에 따른 승진으로 바뀌었다. 이러한 성과주의는 많은 기업들에 연봉제를 몰고왔다.

기업 경영은 효율 지상주의로 흘러왔다. 여유 자원(organizational slack)을 남기면 경영을 못하는 것이다. 많은 기업들이 식스 시그마와 같은 서구의 혁신기법을 도입해 원가를 줄이고, 프로세스를 정비하는 데 주력했다. 과거 입으로 구전되며 관리를 받았던 많은 업무가 명시적이고 객관적으로 통제되기 시작했다. 개인의 책임과 성과는 명확히 측정된다. 경영층도 빠른 의사결정을 최고의 미덕으로 간주하기 시작했다.

스피드를 생명으로 하는 미국식 경영은 급격한 환경변화에 원활히 대응할 수 있다는 장점이 있다. 또 미국식 경영은 항상 주식시장으로부터 견제와 압력을 받고 있어 변화와 혁신에 능동적일 수밖에 없다.

장거리 경주에 약한 미국식 경영

하지만 단점도 굉장히 많다. 우선 미국식 경영은 주식시장의 눈치를 너무 보고, 성과에 지나치게 집착한다. 즉 단기적 실적을 중시하게 된다는 얘기다.

1989년 미국 경기침체의 원인을 규명한 MIT 경제학과는 미국식 단기 경영의 폐해를 다음과 같이 지적하는 책을 출간했다.

- ▶ 미국 경제의 저축률을 낮추고 재정적자를 늘려 기업의 자본비용이 일본에 비해 많이 든다.
- ▶ 미 기업의 자금조달 창구인 주식시장은 연기금이나 신탁기금처럼 기관 투자가의 영향이 큰데, 이 기금을 관리하는 펀드 매니저들이 기업들을 일일이 파악하지 않고 단기 성과만 따지게 된다.
- ▶ 재투자보다는 주주에 대한 배당에 치중하다 보니 장기 투자를 위한 자금이 부족하다.

이것뿐인가. 고용이 불안정해 근로자의 기업에 대한 충성도가 떨어진다는 점도 지적할 수 있다. 유연한 노동시장은 기업 경영에 탄력성을 부여하는 효과도 있지만, 고용에 대한 불안감을 조성해 근로자들의 직장에 대한 애착을 떨어뜨린다. 근로자들은 기회만 되면 더 나은 직장으로 옮기려 하고, 기업의 입장에서도 그것을 당연하게 받아들인다. 우리에게도 미국의 경영방식이 퍼져 나가면서 이제 평생직장의 개념은 사라지고 평생직업이라는 말이 유행하고 있다. 직장에 대한 애착이 줄어드는 것이다.

동양식 보완재

최근 우리 기업들은 이 같은 서양식의 한계에 물린 듯 동양식의 장점에 점차 눈을 돌리고 있다. 요컨대 두 가지 경영의 장점을 취하자는 의도다.

동양식 경영은 인재를 키워서 활용하거나, 종업원을 한 가족으로 대하는 등 기업 경영을 좀더 장기적이고 온정주의적인 입장에서 바라본다. 일본 경제의 침체와 아시아 외환위기로 동아시아식 경영방식이 퇴출 위기를 맞기도 했다. 그러나 여전히 동양식 경영을 채택한 많은 기업이 세계 1등을 차지하고 있다.

예컨대 일본 도요타는 자동차업계에서 최고의 수익을 올리고 있다. 이 도요타는 1950년대 위기를 겪은 이후 한번도 종업원을 해고하지 않았다. 종신고용은 종업원들이 회사에 대한 강한 애착을 심어주었고 끊임 없이 스스로 개선한다는 회사의 철학을 받아들여 TPS(Toyota Production System)라는 독특한 생산방식을 만들어냈다.

사실 미국도 부분적으로 동양식 경영의 장점을 받아들여 왔다. P&G에는 경력직 채용이란 것이 없다. 오직 신입 사원만을 뽑아 회사의 문화와 중요한 가치를 주입하고, 조직에 대한 충성을 강조한다. 더욱 긴

안목에서 내부 구성원들을 각 포스트의 리더로 키우는 것이다. 또 미국의 전문 유통점 분야에서 빠르게 성장하는 맨스웨어하우스(The Men's Wearhouse)는 전형적인 일용직인 매장 직원들을 핵심 자원으로 인정하고 있다. 가능하면 매장 직원을 정규직으로 뽑고, 사내 대학은 점원 교육에 많은 공을 들이고 있다. 이들 고객서비스를 맡는 종업원들이 업무가 안정되고 스킬이 향상되면서 회사가 성공하는 토대가 된 것이다.

스타벅스의 경우 한 걸음 더 나아가 종업원을 브랜드 전달자로 간주하고 마케팅 비용을 이들에게 투자함으로써 성공을 거뒀다. 1988년 임시직과 비정규직 사원에게 의료보험 혜택을 준 데 이어 1991년에는 스톡옵션까지 부여했다. 그 결과 회사에 대한 로열티가 크게 올라갔다. 당연히 이직률이 175%에서 65%까지 낮아져 회사 성장에 큰 기여를 했다.

경영혁신은 우리 기업들의 영원한 화두다. 이 분야에서도 서구의 경영방법론을 무비판적으로 받아들인 기업들이 곤욕을 치렀다고 한다. 서구의 경영기법은 합리주의와 개인주의 문화 풍토를 토대로 만들어진 것이기 때문에 우리 문화와 접목하긴 어렵다. 오히려 우리 현실에 맞는 혁신을 수행한 기업들이 성공한 경우가 더 많다.

유한킴벌리는 외환위기 이후 위기상황에서 인력 구조조정보다는 종업원 재교육과 집중근무, 휴일 등을 순환하는 독특한 근무방식을 도입해 종업원들의 사기와 회사의 생산성을 동시에 향상시킨 모범 사례다. LG전자는 경영혁신 기법보다 종업원의 혁신에 대한 태도를 중시해 생산성 향상에 큰 도움을 받았다. 영국 테스코가 일부 지분을 인수한 삼성 테스코도 영국식 합리주의에 신명나는 기업문화를 접목하자는 '신바레이션' 운동으로 성과를 극대화하고 있다.

일반적으로 서구 기업은 성과주의가 정착되어 있기 때문에 경영혁신을 할 때 성과측정에 많은 공을 들인다. 실적평가와 정확한 보상이 중요하기 때문이다. 이에 반해 우리 기업은 성과측정이 정밀하진 않다. 대신 '동양식으로' 혁신 활동의 분위기를 조성해 많은 성과를 거두고 있다.

경영 수렴의 시대

과거 일본 기업이 잘 나가던 당시에는 일본식 경영에 대한 연구가 활발했다. 1990년대 이후 상황이 역전돼 미국의 경제가 호황을 구가하고 아시아 경제가 위기를 맞자 이번엔 미국식 경영이 모범답안으로 떠올랐다. 하지만 미국식 경영방식도 쉴새없이 변한다.

30여 년을 풍미했던 외형 성장 중심의 한국 모델은 글로벌 환경에서 적응력이 떨어진다는 사실이 외환위기를 통해 입증됐다. 위기 이후엔 미국식 경영방식이 대거 채용됐다. 하지만 미국식 방식이 분명한 효과를 내긴 했지만, 부작용 또한 심각해지고 있다. 따라서 동양식 경영이 보완재로서 부상하고 있다.

최근 미국의 여러 대학에서 동양의학과가 늘고 있는 중이다. 단순히 대체의학 수준이 아니라 정규 의사 자격증을 주는 주정부가 늘고 있다. 서양의학이 지니는 부분 치료의 한계를 인체의 조화와 균형을 유지하는 동양의학으로 보완하려는 움직임이다. 경영 분야에서도 서구식 경영과 동양식 경영 어느 한 가지가 일방적으로 우위를 점하는 시대는 지나갔다. 서로 보완해 더 나은 경영방식을 이루어 나가는 수렴의 시대가 오고 있다.

김창헌 chkim@lgeri.com

50

모순을 관리하는 **역설의 경영**
단순 논리에서 벗어나 조화로운 해법을 찾는다

모순(矛盾)은 중국 전국시대 초(楚)나라 사람의 고사에서 비롯됐다. 어떤 방패라도 뚫을 수 있는 창과, 어떤 창으로도 뚫지 못하는 방패를 모두 파는 상인의 어리석음을 지적하는 얘기다.

지금 우리는 당시 어리석음의 상징을 다시 주목하고 있다. 웃음거리가 될 것을 알고도 물건을 팔았던 그 상인의 처지와 오늘날 장사꾼들의 고민이 비슷한 탓이다. 서로 충돌하는 대립적 가치를 모두 포기할 수 없는 것은 오늘날 기업인들이 겪는 숙명 중 하나다.

일반적으로 기업경영에 있어서, 모순을 파는 상인과 같은 행동은 전략적 실수로 여겨져 왔다. 능력도 없는 기업이 차별화된 제품을 낮은 비용으로 생산하려는 것 등이 이런 실수에 해당한다. 모순을 좇다가 진퇴양난에 빠질 수 있으니, 하나라도 잘 할 수 있는 것에 집중하라는 것이 일반적인 진리처럼 받아들여진 것이다. 우리 기업들은 이 같은 진리대로 품질은 적당하게, 그 대신 싼 노동력을 투입해 가격을 낮춰 세계시장에서 승부할 수 있었다.

그러나 자본이 국경을 넘어다니는, 다국적기업이 횡행하면서 사정이 달라졌다. 풍부한 노동력 등 저렴한 생산요소 같은 국가 우위는 어느 나라 기업들이나 누릴 수 있는 비교우위 요소가 된 것이다. 우리의 노동임금이 저렴하다면 얼마든지 선진 기업들도 우리나라에 투자할 수 있고 임금이 더 낮은 중국에 공장을 짓고 제품을 생산할 수 있게 됐다.

마찬가지로 시장도 각종 관세 장벽이 사라지면서 내수 시장과 글로벌 시장의 경계가 사라지고 있다. 이제 한 가지 목표에 매달려, 그것만 잘해서는 생존조차 장담할 수 없는 상황이다. 우리 기업들이 중국의 저가 공세와 일본의 첨단기술 사이에 끼인 신세가 됐다는 위기감도 대두되었다. 하나의 목표에 매진하면 통했던 과거의 성공방정식이 더 이상 먹히지 않는 것이다.

산업기술의 발전 양상도 기업에겐 모순적 상황을 만들어낸다. 디지털 컨버전스로 산업 간 융합과 복합화는 일상처럼 일어나고 있다. 휴대전화기와 디지털 카메라, TV와 모니터, PC와 오디오가 서로 붙었다, 흩어지는 상황이 벌어지면서 산업 영역이 흔들리고 있다. 기업은 특정 사업을 추진하는 조직단위를 만들 때 고민에 빠진다. 과거엔 경영자는 사업 부문 간 영역을 나누고 각 조직을 서로 치열히 경쟁시켜 성과를 극대화시켰다. 그러나 이젠 어느 한쪽의 성과가 좋으면 다른 쪽이 악화하는 상황이 비일비재하다.

혁신과 효율성의 조화

그렇다면 기업들은 이런 모순적 상황을 어떻게 극복하고 있을까. 사실 예전부터 이른바 초우량 기업은 이러한 모순을 대하는 태도가 달랐다. 모순이 존재하면 무슨 큰 잘못이 있는 것처럼 생각한 것이 아니라, 모순을 잘 관리해 새로운 길을 찾는 쪽으로 옮겨간 것이다. 따라서 이들 기업에 모순적 상황이란, 이것 아니면 저것을 선택해야만 하는 딜레마적 상황이 아니라 '역설의 경영'을 통해 두 가지를 조화시켜 탁월한 성과를 내는 계기로 삼은 것이다. 유연한 생산체제를 갖춰 원가도 낮추고, 제품 차별화도 동시에 이룬 일본 도요타 자동차가 대표적 사례다.

최근 휴대전화기 사업도 역설의 경영이 그대로 적용될 수 있는 분야다. 세계 최대의 휴대전화기 제조업체인 핀란드의 노키아와 그 아성에 도전하는 삼성전자를 보자. 노키아는 휴대전화기 개발과 생산의 뼈대가 되는 글로벌 플랫폼을 6개로 고정해 비용을 극소화시키는 전략을, 삼성은 가장 혁신적 제품을 시장에 먼저 다양하게 내놓아 비싸게 파는 전략을 취했다.

효율에 특화한 노키아와, 혁신에 포커스를 맞춘 삼성 모두 30%에 달하는 영업이익률을 기록해 왔다. 그러나 2004년 들어 휴대전화기 사업의 국제경쟁이 더욱 치열해지면서 상황이 달라졌다. 노키아의 전략은 빠르고 다양하게 성장하는 다기능 고급 휴대전화기 시장을 놓친 결과를 가져왔다. 그 결과 시장 점유율이 30% 아래로 떨어지고 영업이익률도 크게 악화했다.

삼성전자도 LG전자나 소니에릭슨 같은 경쟁사들이 고급화 전략으로 맹추격하자 차별성이 떨어지고 있다. 자연히 시장에서 높은 가격으로는 경쟁하기가 어려워져 영업이익률이 10%대까지 하락하고 있다.

그렇다면 두 회사는 이 같은 상황을 어떻게 대응하고 있을까. 노키아는 오랫동안 유지해 온 플랫폼을 부분적으로 포기했다. 대신 2005년에는 40여 개에 달하는 다양한 신규 모델을 내놓을 계획인 것으로 알려진다. 삼성전자도 국제적인 개발 생산의 효율을 높이기 위해 고민 중이다. 두 회사 모두 효율과 혁신이라는 기존의 강점과 모순되는 목표인 상대측의 장점을 어떻게 접목할 것인가 고심하는 것이다. 두 회사의 고민은 역설의 경영을 위한 해법을 찾는 과정으로 볼 수 있다.

조직의 모순을 해결하라

역설의 경영이 확산되면서 조직의 운영방식도 바뀌고 있다. 지금처럼 조직을 최소 단위로 쪼개고 이들 간 경쟁을 붙이는 사업부제 형태의 조직운영을 개혁하려는 기업이 늘고 있는 것이다. 사업 간 컨버전스로 비슷한 사업부가 많이 생겨나는데다 사업부 간 협력도 중요해진 탓이다.

사업부제 도입의 효시라 할 수 있는 일본 마쓰시타(Matsushita)와 디지털 카메라로 유명해진 캐논(Canon)의 사례를 살펴보자. 이들 회사는 사업부별로 생산, R&D, 영업조직을 따로 만들어 내부 경쟁시키는 방식이 비효율을 만들어내는 주요 요인으로 지목되고 있다. 내부 경쟁이 기업 전체의 최적화를 가져오기는커녕 오히려 제 살 깎아 먹기 경쟁으로 변질됐다는 반성이다.

최근 마쓰시타는 사업부별로 가지고 있던 생산설비를 더 큰 단위인 '사업 도메인'에 통합시켰다. 사업을 좀더 큰 사업단위에서 파악해 생산규모도 키우고, 생산 모델도 다양하게 가져가려는 포석이다. 캐논은 셀(cell) 생산방식을 도입해 원가도 낮추고, 모델도 다양하게 선보이겠다는 목표를 세웠다. 또한 여러 사업단위가 모인 회사를 하나의 실체로 파악하는 연결평가제도를 도입했다. 마쓰시타는 전자 사업부문의 호조로 경쟁사인 소니를 앞서고 있으며, 캐논은 일본 전자업체 중 가장 시장가치가 높다.

매트릭스 조직의 부활

또 1990년대 중반 다국적 기업 사이에 유행했던 매트릭스 조직이 부활할 가능성이 높아졌다. 사업부의 효율성과 지역 소비자의 니즈를 모두 만족시킬 수 있는 장점 덕택이다. 대표적인 것이 글로벌 기업들의 지역본부 제도다. 1990년대 중반 우리 기업들은 글로벌화를 적극 추진한다며 전세계에 지역본부를 경쟁적으로 설립했었다. 해외시장 변화에 빠르게 대응하기 위해선 현지 관점에서 사업을 이끌 주체가 필요했고 이러한 역할을 지역본부가 해 줄 것으로 기대했다.

그러나 지역본부가 현지 사정에 걸맞는 해법을 내놓으면, 사업본부가 글로벌 차원에서 비효율적이라고 비판하는 상황이 잇따라 벌어지면서 지역본부의 인기는 1990년대 말 사그러들었다. 지역별 조직과 제품별 조직이 공존하는 매트릭스 조직의 긴장을 견디지 못한 탓이다. 우리 기업뿐 아니라 매트릭스 조직의 유일한 성공사례로 꼽혀왔던 스위스의 아세아브라운보베리(ABB)도 신화적인 경영자인 퍼시 바네빅(Percy Banevik) 회장이 일선에서 물러나면서 매트릭스 조직을 포기했다고 한다.

최근 해외사업이 우리 기업의 생존에 중요해지고, 특히 OEM이 아닌 브랜드 사업의 매출이 급격히 늘어나면서 지역본부가 새롭게 조명받고 있다. 지역에서 브랜드 육성의 기본원칙을 세우고, EU나 북미자유무역협정(North American Free Trade Agreement : NAFTA)과 같은 지역경제 블록에 공동대응해야 할 필요성이 커졌기 때문이다.

실제로 LG전자는 2004년 초 유럽・미국 등의 지역총괄 본부를 설립했고, 삼성전자도 지역 본부의 권한을 강화하는 추세다. 마쓰시타나 소니 등 일본의 가전업체들도 완전한 형태의 매트릭스 조직은 아니지만, 지역본부제와 사업본부제의 성격이 적당히 혼합된 하이브리드형 해외조직을 구축해 나가고 있다.

모든 문제 해결의 출발점은 생각의 변화다. 이것 아니면 저것이라는 단순 논리에서 벗어나 조화로운 해법을 찾아내려는 시도를 해야 한다. 전통적으로 중용(中庸)을 숭상했던 동양적 가치관은 서양의 이분법적 사고보다 모순을 통합하고 관리하는 데 적당하다. 우리 기업도 동양적 가치관을 바탕으로 모순 관리에 성공할 수 있다면 글로벌 기업으로 도약하는 계기를 찾을 수 있을 것이다.

유호현 hhyou@lgeri.com

51

세계 경제의 신대륙, **저개발국**
아무도 주목하지 않는 곳을 찾아라

1997년 LG전자가 인도에 첫 발을 내디뎠을 당시, 인도는 1인당 GDP가 500달러도 안 되는 척박한 시장이었다. 도로와 항만 등 사회 인프라가 턱없이 부족했다. 그나마 기대할 만한 것으로 9억 인구와 상대적으로 높은 구매력 두 가지였다.

LG전자 직원들은 트럭에 제품을 전시해 전국을 누볐고, 인도의 인기가요를 개사한 로고송을 만들고, 주부들에게 요리를 가르치면서 LG전자를 알렸다. 또 인도 시장에 맞는 제품도 연이어 내놓았다.

요즘엔 인도인들이 좋아하는 스포츠인 크리켓을 전자오락으로 즐길 수 있게 한 TV, 문을 자물쇠로 잠글 수 있는 냉장고 등이 불티나게 팔리고 있다. 2003년 현재 인도의 1인당 GDP는 485달러로 1997년과 여전히 큰 차이가 없다. 그런데도 LG전자 인도법인은 본사의 지원 없이 매출을 350억 원에서 1조 원으로 30배 끌어올렸다. LG전자는 2010년까지 인도 시장에서 10조 원의 매출을 자신하고 있다.

한국기업의 오지(奧地)경영

인도는 우리 기업의 '전매 특허'인 오지경영의 가장 최근 사례다. 베트남전쟁이 발생했을 때 국내 기업은 베트남 특수를 누렸고, 오일 쇼크가 발생했을 때에는 중동 특수를 누렸다. 현대건설이 이룩한 중동 건설신화는 지금도 잊혀지지 않는 성공 사례다. 옛 소련이 몰락하고 자본주의 물결이 전세계를 유행처럼 휘몰아치면서 선진기업들 못지않게 중국·러시아·인도 등으로 앞 다투어 진출했다.

1990년대 초반까지 한국은 2등 제품 생산국이었다. 선진국 제품에 비해 값은 쌌지만, 품질은 한참 뒤졌다. 대신 우리 기업들은 2등 제품이라도 반기는 시장을 찾아 발품을 팔았다.

저개발국 시장은 여러모로 사업 여건이 불투명했다. 그래도 우리 기업들의 시장진출은 계속 진행되었다. 이런 왕성한 시장욕은 지금도 가라앉지 않았다.

국내 대규모 SI 업체들은 포화상태를 맞은 내수 시장에서 벗어나 중남미 시장에 진출하고 있다. 중견 SI 업체들은 캄보디아, 파키스탄 등지에서 계약을 맺고 있다. 마찬가지로 내수 시장의 한계를 맞은 주택건설업체들도 중앙 아시아, 베트남 등지로 속속 진출하고 있다. 통신업체들도 베트남, 몽고 등으로 진출을 서두르고 있으며, KT의 경우 연해주에서 기대 이상의 성과를 올리고 있다는 소식이다. 국내 중견 제약기업들까지 베트남에 직접 공장을 짓고 있다.

유니레버의 성공

우리 기업들이 무모하게 저개발 시장에 뛰어드는 것은 아니다. 나름대로 계산이 섰기 때문에 진출하는 것이다. 잠시 미시간 대학의 프라하랏 (C.K. Prahalad) 교수가 제시한 소득 수준별 인구구성으로 표현한 경제 피라미드를 살펴보자.

프라하랏 교수는 세계은행이 2003년 8월 발표한 자료 〈World Development Indicators〉를 인용, 지구촌 경제 피라미드의 하부층 (bottom of pyramid)에 속하는 연소득 1,500달러 이하의 저소득층 인구가 전세계 인구의 3분의 2가 넘는 49억 명이나 된다고 추산했다. 이들의 높은 출산율을 감안하면 40년 안에 60억 명으로 증가할 것이다. 비록 이들이 한 해 1,500달러 이하의 소득으로 생계를 유지하고 있지만, 4.5조 달러(약 5,000조 원)로 추정되는 저소득층 전체 시장규모는 무시할 수 없다. 실제로 1인당 국민소득이 1,500달러 이하인 중국·인도·인도네시아·필리핀·파키스탄·이집트·방글라데시·우크라이나·베트남 등의 구매력 기준 GDP 합계는 경제대국인 일본·독일·프랑스·영국·이탈리아 등 5개국 구매력 기준 GDP의 합보다 크다.

이런 조사결과에 고무된 선진 기업들도 저개발국 시장에 눈독을 들이고 있다. 글로벌 생활용품 업체인 유니레버를 보자. 이 회사는 인도에 자회사 힌두스탄 레버(Hindustan Lever)를 세워 저개발 국가인 인도를 공략했다. 인도 시장의 특성을 파악하고, 거기에 맞는 제품들을 마련했다. 1센트 짜리 샴푸, 성냥, 차, 4센트 짜리 잼, 치약, 비누, 10센트 짜리 치약과 색조 화장품, 식용유 등이다. 저가상품에 맞는 효과적인 유통망도 구축했다.

지금 힌두스탄 레버가 내놓은 브랜드 중 6개가 인도의 대표 브랜드 10걸에 포함된다. 2003년 매출은 25억 달러(약 2조 8,000억 원)다. 유니레버는 인도에서의 성공 이후, 더욱 저돌적인 자세로 저개발 시장을 훑고 있다.

허술한 경쟁이 매력

경제 피라미드의 바닥에 놓인 시장이 더욱 매력적인 또 다른 이유는, 아직 경쟁이 치열하지 않기 때문이다. 러시아가 좋은 예다. 우리나라가 러시아 그리고 중국과 수교를 한 후에 수많은 우리 기업이 현지에 진출했다. 특히 지리적·문화적으로 가까운 중국으로의 진출이 더욱 활발했다. 현재 중국은 한국 제1의 해외직접투자(FDI) 시장이며, 우리 수출품을 가장 많이 구입하는 시장이 됐다.

그러나 10여 년 적공(積功)의 성적표는 중국보다 러시아가 훨씬 낫다. 매출이나 수익성도 그렇고, 시장 지위 면에서도 러시아가 중국보다 한 수 위다.

여러가지 요인이 있겠지만, 가장 큰 이유는 중국과 러시아 시장의 경쟁 강도가 달랐다는 점이다. 중국은 저개발 국가였지만, 광대한 시장을 보고 전세계 내로라 하는 기업이 전부 몰려왔다 해도 과언이 아니다. 경쟁 강도는 미국에 버금간다. 반면 러시아는 서구 국가와의 오랜 냉전, 그리고 중국보다 시장이 과소평가되면서 서구 기업의 진출이 더 뎠다. 그 여유 속에 우리기업이 좀더 효과적으로 생존할 수 있었던 것이다.

러시아 시장에 발 빠르게 진출한 우리 기업들은 현지 기업보다 상대적으로 제품 품질이 좋은 데다 적극적으로 현지 밀착경영을 펼쳤다. 이러한 노력으로 많은 우리 기업들이 러시아 국민기업으로 인정받으며 다시 시장을 석권했다. LG전자는 에어컨·진공청소기·오디오 등의 품목에서, 삼성전자는 TV·프린터기 등에서 국민 브랜드로 인정 받았으며, 동양 오리온의 초코파이는 러시아 간식 시장의 최강자로 자리잡았다.

중국어보다는 베트남어가 낫다

저개발국 시장에 진출하다 보면 현재 미국·중국에 편향된 우리 기업들의 글로벌 시장기반이 더욱 단단해지는 결과를 얻는다. 진정한 의미의 글로벌 기업에 한층 다가서는 셈이다. 그 결과 브랜드는 우리 것이지만, 라벨에는 '메이드 인 차이나', '메이드 인 인디아', '메이드 인

베트남' 등이 붙은 제품이 넘쳐날 것이다.

시장의 국적이 다양해지면 기업이 원하는 인재도 다양화되게 마련이다. 1990년대 중반까지만 해도 기업은 영어를 능숙하게 구사하는 인재를 중용했다. 그러다가 중국 시장이 부상하자 중국 전문가에 대한 수요가 늘었고, 입사 시험에 한문 과목을 포함시킨 기업이 늘었다. 하지만 이젠 인도 액센트가 강한 영어·베트남어·포르투갈어 등이 각광받을 차례가 됐다.

박천규 jcpark@lgeri.com

52

지속 성장을 위한 기술 이식
돈 되는 기술이면 다 산다

광통신 부품을 만드는 벤처기업 A사의 박 사장은 올해 초부터 시름에 빠졌다. 3년 전 출발은 좋았다. 뛰어난 기술력으로 광통신 및 광학기술 관련 특허를 여러 개 냈고, 동창생 5명으로 출발한 임직원 수도 50여 명으로 늘었다.

하지만 성장가도를 달렸던 A사는 이제 생존의 위협을 느끼는 처지에 놓였다. 실적이 급격히 악화되고 있기 때문이다. 광통신 서비스 시장의 성장 속도가 더딘데다 중국 및 대만 업체들의 덤핑으로 납품단가가 끝을 모르고 추락하고 있다. 또 해외시장 진출도 네트워크와 경험이 부족해 어려운 상황이다. 일본에 있는 친구의 소개로 일본 대형 시스템 업체의 투자에 마지막 희망을 걸었지만 답신이 없다.

기술력 하나로 2년 만에 매출 100억 원을 달성한 회사였다. 지금도 박 사장은 운전자금만 안정적으로 댈 수 있다면, 그리고 마케팅 능력만 좀더 보완한다면 지금보다 10배 이상의 매출을 자신한다. 이런 박 사장의 자신감이 빛을 발한 걸까. 최근 박 사장에게 단비와 같은 소식이 전해졌다. 급성장하는 디지털 카메라 시장에 매력을 느낀 B사가 우수한 광학기술을 가진 업체를 찾고 있다는 것이다. B사는 국내 굴지의 대기업이다.

협상은 대체적으로 순조로웠다. B사가 박 사장의 광학기술을 높게 평가한 것이다. B사의 협상대표는 '기술 이식을 조건으로' 자본조달을 약속했다. 새로운 판로 개척 및 마케팅 지원도 B사가 맡는다. 그 결과 B사에게도 새로운 성장 엔진 창출에 필요한 기술을 손쉽게 확보할 수 있게 되었다. 기술 이식을 통한 상생(相生)이 이뤄지는 순간이다.

더 나은 기술을 위해 뭉쳐라

기술을 이식한다는 것은 아직까지는 생소한 개념이다. 기술 이식은 새로운 제품 및 서비스를 만들어내기 위해 한 기업이 다른 기업으로부터 기술을 얻어 자체 기술과 접목하는 것을 말한다. 이 기술접목이 앞으로 우리 기업의 생존과 성장을 위해 활발해질 것으로 예상된다.

글로벌 경쟁이 심화되고 기술 불확실성이 커지면서 기업 혼자서 시장이 요구하는 모든 기술을 갖추기란 쉽지 않다. 자신이 잘 할 수 있는 것과 없는 것을 잘 나눠 필요한 기술이 없다면 다른 기업으로부터 조달받아야 한다. 혼자 할 수 없다면 같이 해야 하는 것이다.

시장은 변덕스럽다. 새로운 제품과 서비스를 끝없이 원한다. 신제품, 새로운 서비스를 만들려면 새 방식, 새 기술이 필요하다. 그러나 완전히 차원이 다른 새 지식과 기술이 쉽게 얻어지는 것이라기보다는 기존의 지식과 기술을 재조합해서 만들어진다.

그렇다면 미래의 기업 경쟁력이란 무엇일까. 이는 새로운 지식과 기술들을 지속적으로 조달하는 능력과 그것을 기존의 기술과 조화롭게 연결하는 능력이라고 정리할 수 있다. 기업 간 기술 이식은 바로 이런 문제의식에서 출발했다. 더 나은 기술을 위해 기업들이 뭉치는 것이다.

세계는 지금 기술 이식 열풍

미국을 비롯한 선진국에서는 기술 이식이 이미 상당히 보편화돼 있다. 어떤 기술도 영원할 수 없다. 산업 간 장벽도 무너진다. 따라서 기업들은 연구개발 능력의 한계를 넘어서기 위해 우수한 기술을 가진 신생 벤처기업에 주목한다. 이것이 대기업과 벤처 간 협업 트렌드인 것이다.

시스코(Sysco), 인텔(Intel), 마이크로소프트(MicroSoft), 휴렛패커드(Hewlett Packard Company), 선 마이크로시스템즈(Sun Microsystems) 등의 기업은 경영의 문외한도 대충 들어보았을 법한 이름들이다. 이들 기업에는 IT 기업이란 점 말고도 또 하나의 공통점이 있다. 다름 아닌 기술 이식을 통해 성장했다는 사실이다.

기술 이식은 IT 산업을 중심으로, 기술 개발 및 상업화에 한계를 느끼는 대기업과 벤처기업 간에 주로 이루어진다. 일반적으로 시장에서 어느 정도 안정적 위치를 차지하게 된 대기업들은 현실에 안주하는 경향이 있다. 그 결과 혁신 노력을 게을리하거나 과거의 성공 법칙에 안주함으로써 새로운 기술과 시장의 변화에 적절히 대응하는데 한계를 보이곤 한다.

반면 신생 벤처기업의 경우 뛰어난 아이디어와 기술을 보유했지만,

그것을 제품 및 서비스로 만들어내는 상업화 능력이 부족해서 어려움을 겪는 경우가 많다. 기술 이식은 이때 두 기업 모두 윈-윈(win-win) 할 수 있도록 도와준다.

돈 되는 기술이면 다 산다

세계적인 IT 기업 시스코는 단순하지만 차별화된 전략을 갖고 있다. 새로운 사업에 필요한 기술은 외부에서 얻는다는 원칙이다. 옛 기술은 현재 만드는 제품을 더 좋게 만드는 데 집중한다. 이는 시스코가 자체 기술만으로 미래를 준비하는 것이 위험하다고 여기기 때문이다. 즉 시스코는 미래에 필요한 기술이 있을 때 자체적으로 개발하기보다는 그 기술을 가진 벤처기업에 투자한다.

시스코는 적극적인 기술 이식으로 회사의 미래를 책임질 핵심 기술들을 지속적으로 얻을 수 있었다. 2004년 말 시스코 한국지사 창립 10주년을 맞아 방한했던 존 챔버스(John Chambers) 회장은 "기술력 있는 한국의 벤처기업에도 관심이 많다"라고 밝힌 바 있다. 기술 이식에는 국경도 장애물이 될 수 없다는 얘기다. 지난 10년 간 시스코는 70개가 넘는 자국 및 외국 회사를 인수했는데 이들 중 대부분이 신생 벤처기업이다.

국내에도 기술 이식에 앞장선 기업이 적지 않다. 얼마 전 지주회사 체제를 출범시킨 이수 그룹은 유망 벤처기업을 잇달아 인수했다. 피인수 기업의 기술을 자신들의 기존 조직에 이식하려는 것이다. 그 중 대표적인 것이 의료기술정보 전문기업인 유비케어를 인수한 것이다. 유비케어로부터 핵심 의료기술을 이식 받아 향후 바이오 산업에서의 경쟁력을 확보하겠다는 취지다. 이수그룹은 공개적으로 유망 벤처를 발굴할 계획임을 밝혔다.

CDO(Corporate Development Officer)에 달렸다

GE의 경우 신사업 추진 부서를 상설 조직으로 운영하고 있다. 신사업 추진 업무를 생산이나 재무, 마케팅과 같은 전문적인 관리기능 중 하나로 인정하는 것이다. 시스코의 경우 신사업 추진팀이 조직 내부에서 막강한 영향력을 갖는다.

이렇게 신사업 추진이 기업 내 핵심 업무로 인정 받으면서 몇몇 기업엔 'CDO(Corporate Development Officer)'라는 새로운 직책이 생겼다. 이는 신사업 추진을 위한 인수·합병 및 제휴 업무를 전담하는 자리다. CDO는 기획 업무에서부터 새로운 조직을 통합하는 업무까지 총괄한다는 점에서 CTO(최고기술책임자)나 CFO(최고재무책임자)와 차이가 있다. 또 CTO나 CFO의 역할이 조직 내 자원을 효과적으로 활용하는 데 초점을 둔다면, CDO는 주로 조직 외부에서 필요한 역량을 확보하는 데 주안점을 두고 있다. 따라서 앞으로 기술 이식과 같이 외부로부터 성장 동력을 찾는 사례가 늘어나면 국내 기업들도 신사업 추진 총괄 책임자인 CDO를 두게 될 것이다. 이미 국내 일부 대기업들도 CDO라고 부르지는 않지만, 신사업 추진을 전담하는 책임자와 상설 조직을 갖추고 있다.

기업의 영속성은 거저 주어지는 것이 아니다. 미래를 준비하지 않고 당장의 손익에만 관심을 쏟는 기업들은 머지 않아 기억의 저편으로 사라지고 말 것이다. 어떤 이들은 기업이 유명 비즈니스 잡지의 표지 모델이 되는 순간 위기가 시작된다고도 말한다.

지금의 성공이 미래의 성공을 보장해 주지 않는 시대다. 아마도 2010년쯤이면 혁신능력은 기업의 생존과 성공을 위한 절대적인 요소가 될 것이다. 그리고 기술 이식은 기업의 지속적인 생존 및 성장을 위한 몇 안 되는 혁신대안 중 하나로 자리매김할 것이다.

최병권 bkchoi@lgeri.com

53

기업 가치를 상승시키는 CEO 브랜드
CEO가 기업 가치에 날개를 달아준다

'한석규, 최민식, 장동건, 이영애….'
이들 배우는 흥행의 보증수표들이다. 출연작마다 대박을 예상할 수 있다. 연기자뿐 아니다. 강재규, 김수현 등 흥행을 예감케 하는 감독과 극작가도 있다.

흥행 보증수표들은 해외 연예가에선 더욱 기세등등하다. 톰 크루즈, 톰 행크스, 줄리아 로버츠, 니콜 키드먼, 스티븐 스필버그, 조안 롤링 등등.

영화 제작자들은 천문학적인 액수의 돈을 들여서라도 이들을 캐스팅하고자 많은 노력을 기울인다. 돈을 들인 만큼 뽑을 수 있기 때문이다. 영화 소재의 참신함, 견고한 스토리, 영상미학, 심지어 조연들의 빛나는 양념 연기도 중요하지만, 스타급 배우가 없다면 '물 없는 오아시스'에 불과하다.

연예인이 국가의 이미지에 큰 영향을 미치는 것을 우리는 2004년에 지켜볼 수 있었다. 일본 열도를 후끈 달아오르게 한 '욘사마' 배용준은 일본 여성들의 한국관, 심지어 한국의 남성관조차 바꿔버렸다. 같은 TV 드라마에서 열연한 최지우, 일본 대중가요계를 석권한 보아 등도 마찬가지다.

한류 열풍은 중국과 동남아에서 먼저 불었다. 동남아의 10, 20대는 한국 스타에 열광하고, 한국제품을 구입하고, 한국관광 길에 오른다. 스타들의 해외시장 진출은 개인 차원의 인기를 넘어 국가 브랜드를 높이는 선봉장 역할을 톡톡히 감당하고 있다. 스타급 유명인이 지닌 브랜드 가치의 위력을 잘 보여주는 사례라고 할 수 있다.

GE는 몰라도 잭 웰치는 안다

기업에 다니는 사람이 아니더라도 대학생, 주부 등 일반 대중의 입에 자주 오르내리는 유명한 경영자가 있다. 다름 아닌 GE(General Electric)의 전 최고경영자(CEO)였던 잭 웰치(Jack Welch)다. 그는 1980년 45세의 나이에 CEO로 뽑혀 20여년 간 GE를 세계 최고의 기업으로 변모시켰다. 세계 최고의 경영자, 위기극복의 달인, 탁월한 리더십, 중성자탄 잭(Neutron Jack). 그에게 바친 헌사를 일일이 열거하기에도 벅차다. 우리나라에서 실시한 해외 유명 CEO 설문조사에서도 단연 잭 웰치가 수위에 올랐다.

그런데 놀라운 사실이 있다. 일반인들은 GE가 어떤 회사인지 잘 모른다는 것이다. 도대체 이 회사가 어떤 제품을 만들고, 어디에 본부가 있으며, 얼마나 돈을 잘 버는지 제대로 알고 있는 사람은 드물다. 발명왕 토마스 에디슨이 창업한 회사인데도 말이다. 그럼에도 잭 웰치의 명성은 자자하다.

기업인들도 GE를 연구하기보다 잭 웰치를 모방하려 한다. 그가 출연한 TV 프로는 꼭 챙겨보고, 잭 웰치의 저서는 적어도 1권씩 책꽂이에 소장하고 싶어한다. 잭 웰치 없는 GE는 뭔가 빠진 것처럼 허전하다. GE 덕분에 잭 웰치가 유명해졌을까, 아니면 그 때문에 GE가 유명해졌을까.

최근 기업들은 이처럼 CEO의 이름과 명성이 자기 회사의 인지도나 경영 성과에 영향을 미치는 현상에 주목하고 있다. 일명 'CEO 브랜드'

를 중시하는 것이다. 휴렛패커드(HP)하면 멋진 칼리 피오리나(Carly Fiorina) 회장이 생각나고, 마이크로소프트하면 고독한 천재형인 빌 게이츠 회장이 자연스럽게 떠오르는 것도 바로 CEO 브랜드의 힘이다. 우리나라에서도 CEO 브랜드의 힘이 서서히 그 위력을 드러내고 있다.

최근 〈한국경제신문〉의 조사에 따르면 LG전자, 포스코, 현대자동차 등 평판이 자자한 우리 기업들의 공통점으로 CEO의 리더십이 꼽혔다. 'LG=구본무 회장', '삼성=이건희 회장'이라는 등식 또한 CEO의 파워를 단적으로 보여주는 사례다.

CEO 브랜드의 힘이 대기업에서만 나온다고 생각하면 오산이다. 1997년 당시 퇴출 1순위 기업을 부임 2년 만에 경영평가 1위 기업으로 탈바꿈한 한국전기초자의 서두칠 전 사장, 부드럽고 겸손한 이미지에 시대를 앞서가는 진취성을 인정받은 안철수랩의 안철수 사장 등이 있다.

CEO 브랜드의 이점은 무척 많다. CEO의 평판이 좋은 회사는 투자자들에게 "앞으로 기업가치가 늘겠구나"라는 기대감을 쉽게 심어줄 수 있다. 주가 관리에 도움을 받는 것이다. 고객들도 제품이나 서비스를 신뢰하게 된다. 또한 예비 취업자들에게는 몸바쳐 일하고 싶은 이미지를 심어줄 수 있다. 때때로 CEO 브랜드가 기업 브랜드보다 더욱 큰 힘을 발휘할 수도 있다.

CEO 주가 시대

CEO 브랜드 효과는 생각보다 강하다. 세계적인 CEO의 말 한 마디, 행동 하나에 주가가 오르내리고 회사 신인도가 요동친다. 2000년 GE에서 경영 수련을 받은 제임스 맥너니(James A. McNerney)가 3M의 CEO로 선임될 것이란 발표가 나자 3M 주가는 이틀 만에 약 11% 뛰었다. 1993년 모토롤라 회생의 주역이었던 조지 피셔(George Fisher)가 이스트만 코닥의 CEO로 취임한다는 발표 역시 코닥의 주가를 57.3달러에서 62.3달러로 약 10% 끌어올렸다. 이처럼 명성 높은 CEO의 영입 또는 사임에 따라 주가가 변동하는 현상을 주식시장에서는 'CEO 주가'라고 부른다.

펜실베니아 대학의 데이비드 라커 교수는 "CEO 브랜드가 10% 좋아지면, 주식 가치는 24% 증가한다"라는 분석결과를 내놓기도 했다. CEO 주가는 국제 자본시장에서는 당연한 것으로 받아들여진다.

앞으로 우리 주식시장에서도 CEO 주가 현상은 좀더 두드러질 것이다. 안철수랩은 코스닥 시장에 등록할 때 안철수 CEO의 이름값 덕택에 공모가격을 약 10~20% 높게 끌어올릴 수 있었던 것으로 알려져 있다. 올해 초 삼성증권 황영기 사장이 우리금융지주회사 회장으로 옮긴 후, 주가가 3일 연속 상승세를 탔던 것도 CEO 주가 효과로 볼 수 있다. 반면, 김정태 행장의 사임에 따른 국민은행의 주가 급락 역시 CEO 주가가 반영된 결과다. 앞으로 스타급 CEO들이 많이 등장한다면 CEO 주가 효과 역시 빈번하게 나타날 것이다.

CEO 행보 따라잡기

CEO의 명성이 기업 이미지 및 실적에 미치는 영향이 커지면서, CEO 행보를 좇는 사람들도 나타난다. 기업 가치를 분석하듯 그들의 행보를 챙기는 것이다. 지금까지는 제품 자체나 매출(수익) 등이 기업 평가의 주요 잣대였다. 그러나 앞으로는 '그 회사의 CEO가 어떤 사람인가', '어떤 스타일인가' 등의 정보도 제품과 기업의 신뢰성을 평가하는 기준으로 부상할 가능성이 높다.

특히 최근 들어 기업의 사회적 책임이나 투명경영에 대한 요구가 거세지고 있는 상황에서 향후 CEO 행보에 대한 관심은 더욱 높아질 수밖에 없다. 최근 언론들의 보도에도 이런 경향이 두드러진다. TV에서는 제품 광고가 많은 반면 신문·잡지의 기사나 광고에는 제품보다는 CEO의 경영철학이나 사회활동, 심지어 성장과정이나 가족관계 등 시시콜콜한 CEO 관련 기사가 늘고 있다. 미국의 경우 작년 한 해 유명 경제경영 주간지의 표지엔 코카콜라나 마이크로소프트의 로고보다 잭 웰치, 빌 게이츠 등 유명 CEO들이 더 많이 등장했다고 한다.

CEO 행보에 대한 대중과 언론의 관심이 높아지면서, 앞으로는 CEO 유명세로 성공하는 기업뿐 아니라 잘못된 CEO의 언행이 빌미가 돼 망하는 기업도 나타날 것이다. 종종 잘못된 언행으로 수명을 단축하는 연예인, 퇴진하는 정치인들을 목격한다. 유명한 만큼 그에 따른 위험 부담도 크다는 의미다. CEO 브랜드도 마찬가지다. 기업 가치에 날개를 달아주기도 하지만, 단 한 번의 실수로 기업을 위기로 내몰 수도 있다는 점에서 CEO 브랜드는 검의 양날과 같다.

CEO들의 나들이도 늘고 있다. 제품 광고에 등장하는 CEO를 더욱 자주 접할 수 있을 것이다. 자동차 광고에 CEO가 직접 나와 제품 신뢰도를 높인 GM-Daewoo, 사회봉사 활동을 펴는 경영진의 모습을 홍보 CF로 내보낸 삼성 등이 먼저 스타트를 끊었다. 더불어 호의적인 기업 이미지 전달을 위해 신문, 방송, 잡지 등을 대상으로 CEO 개인 홍보도 치열해질 것이다. CEO 개인 홈페이지를 개설하거나, 각종 관련 이벤트를 만들고, 장학재단을 설립하는 것들을 예로 들 수 있다.

CEO 브랜드가 기업 경영의 한 축으로 등장하면서 우리나라에도 수십 억대의 연봉과 스톡옵션을 받는 CEO들이 등장할 것이다. 이에 따라, 유명 CEO를 영입하려는 CEO 쟁탈전이 가속화되고, 우수한 CEO를 알선하는 헤드헌팅 활동도 늘어날 것이다. CEO 세계에도 빈익빈 부익부 현상이 벌어질 날이 멀지 않은 듯하다.

한상엽 syhan@lgeri.com

54

생산성을 위협하는 최대의 적, 스트레스
일류 기업은 직원들의 스트레스도 관리한다

일본인에게 가장 익숙한 외래어가 '스트레스'라고 한다. 우리나라는 어떨까.

인터넷 검색 사이트에 들어가 '스트레스'란 키워드를 넣자, 2004년 11월 한 달 동안 10개 종합일간지에 실린 스트레스 관련기사는 총 285건으로 나타난다. 혹시 고3 학생들의 수능 시즌이기 때문이 아닐까. 다시 검색 기간을 1년으로 정하고 검색해 보니 총 3,348건이 튀어나온다. 신문 하나당 하루 한 건 정도는 스트레스가 포함된 기사문장이 있는 셈이다.

일상 대화에서도 우리는 하루 한 번 이상 스트레스와 관련된 말을 한다. 굳이 '스트레스 받는다'는 표현을 쓰지 않아도 '열 받는다', '짜증난다', '가스가 찼다', '우울하다' 등의 표현으로 우리 내면에 자리한 스트레스를 내비친다.

과거에 들을 수 없었던 스트레스 관련 신조어들도 많이 나타나고 있다. 주부들의 명절증후군, 청소년들의 성적 스트레스, 얼짱·몸짱 스트레스, 구직자들의 취업 스트레스 등이 다 그렇다. 스트레스라는 말은 없지만 샐러던트(saladent : salaryman+student)라는 신조어 역시 경쟁에 치인 직장인들 처지를 고스란히 반영한다.

한국의 스트레스 수준

그렇다면 우리 사회의 스트레스 수준은 얼마나 될까. 사회 전반적인 스트레스 수준에 대한 연구나 조사결과가 없기 때문에 단편적으로 살펴볼 수밖에 없지만, 매우 심각한 수준이라고 여겨진다.

우선 주부들의 명절증후군을 살펴보자. 2003년 8월 사이버주부대학(www.cy-berjubu.com)이 회원 2,309명을 대상으로 설문조사를 한 결과, 설문에 응한 회원들의 68.1%가 명절증후군으로 고생한다고 응답했다.

청소년들의 스트레스도 심각한 수준이다. 2003년 가톨릭대 채정호 교수는 가벼운 시험불안을 느끼는 경우는 34%, 중간 정도의 불안은 11%, 심한 시험불안을 느낀다고 응답한 수험생은 2%로서 절반에 가까운 47%의 학생들이 크고 작은 시험불안에 시달린다고 밝힌 바 있다.

직장인 스트레스의 경우도 마찬가지다. 2002년 연세 의대 장세진 교수의 연구 결과, 응답자의 23%는 각종 스트레스성 질환이나 탈진(burnout), 극단적인 경우 과로사로 진행될 위험이 있는 것으로 나타났다. 스트레스를 받지 않는다고 응답한 사람은 고작 6%에 불과했다.

실제로 노동부 통계를 살펴보면, 스트레스가 주요 원인이라고 할 수 있는 뇌심혈관계 질환으로 고생하는 사람들이 늘고 있는 것으로 나타났다. 2000년 1,950명에서 2003년 2,358명으로 급증한 것이다. 이에 따른 사망자도 1998년 236명에서 2000년 658명, 2003년 820명으로 크게 늘었다.

자살은 극한의 스트레스를 이기지 못한 경우 선택하는 최후의 방법이다. 2004년 9월에 발표된 통계청의 〈2003년 사망 원인 통계 결과〉에 따르면, 인구 10만 명당 24명이 자살했다. 이는 OECD 가입 30개국 중 네번째로 높은 수치이자, 10년 전에 비해 2배 이상으로 늘어난 것이다.

슬로비족과 다운시프트족

2004년 말 대한신경정신과개원의협의회가 인터넷을 통해 설문했더니, 응답자 중 75%는 스트레스를 해결하는 법을 잘 모른다고 답했다. 사실, 한국인들이 스트레스를 푸는 가장 쉬운 방법은 술과 담배. 한국은행의 〈2004년 2분기 국내총생산〉이라는 자료에 따르면 경기가 침체되면서 오락 · 문화비와 음식 · 숙박비뿐 아니라 교육비 지출도 줄고 있는 반면에 스트레스 지수를 반영하는 술 · 담배와 의료 · 보건비 지출은 전분기보다 12.2%나 증가한 것으로 나타났다.

스트레스가 없는 세상이란 현실적으로 가능하지도 않고 재미도 없을 것이다. '스트레스'라는 단어를 처음으로 사용한 한스 셀라이(H. Selye)는 "스트레스로부터의 완전한 자유는 바로 죽음"이라고 말했다. 어쨌든 스트레스에서 벗어나고 싶어하는 사람은 점점 증가하고 있으며, 이를 반영하는 새로운 유행어들도 속속 등장하고 있다.

'슬로비족(Slobbie: Slower but better working people)'이 인생을 즐기기 위해 열심히 일한다는 생각을 공유하는 이들이라면, '다운시프트(Down-shift)족'은 스트레스를 받으면서 많은 돈을 벌기보다는 적은 돈을 벌더라도 긴장을 덜 받는, 마음에 드는 일을 선호하는 부류를 일컫는다.

스트레스로 인한 웰빙 산업의 부흥

스트레스를 피하고자 하는 사람들의 욕구는 새로운 형태의 웰빙 산업을 부상시킨다. 최근 급증한 단학이나 요가 등 명상 관련 서적이나 수

련장 등이 대표적이다. 경제적·시간적으로 좀더 여유가 있는 사람들은 주말마다 도시를 벗어나 전원주택이나 주말농장을 찾는다.

　기업들도 변화하는 소비자들의 니즈에 맞추어 다양한 웰빙 상품을 내놓고 있다. 그 대표적인 변화는 식품업계에서 찾아 볼 수 있다. 가전 업체들도 이에 뒤질세라 다양한 웰빙 제품을 내놓고 있다. 한 휴대폰 업체는 맥박수를 측정해 자신의 스트레스 수준을 파악하고 간단한 심리치료 기능까지 가능한 제품을 출시하기도 했다.

　아직까지 국내 기업들 중에는 종업원들의 스트레스를 적극적으로 관리하려는 기업은 매우 드물다. 그러나 젊고 우수한 인재들이 일과 삶의 균형(work & life balance)을 중시하는 기업을 더 좋아하고 있어 스트레스 경영도 조만간 확산될 것이다.

　스트레스를 극복하지 못해 회사를 옮기는 사례가 매우 많다. 2004년 LG경제연구원이 일부 기업을 대상으로 서베이를 실시한 결과 '보수가 적어', '성장기회가 적어'에 이어 '과도한 업무 스트레스'가 이직의 주된 요인으로 나타났다.

　이미 선진국 기업들은 종업원들의 스트레스가 기업 생산성에 심각한 영향을 미친다는 것을 인식하고 대책을 마련하고 있다. 〈포춘〉이 매년 선정하는 500대 기업의 대부분은 이미 임직원들의 스트레스 관리 프로그램인 EAP(Employee Assistance Program)를 도입하고 있다.

새로운 유망 직업, 스트레스 매니저

아직 국내에서는 스트레스로 인해 병원을 찾는 경우는 그리 많지 않다. 우리 사회에는 신경정신과에 가서 상담을 받는 것을 정신병자에게나 필요한 것으로 생각해 이를 꺼리는 경향이 있다. 하지만 앞으로는 스트레스를 줄이거나 없애기 위해 상담을 원하는 사람들이 폭증할 것으로 예상된다. 작은 스트레스에도 정신과 의사로부터 상담치료를 받는 미국이나 유럽 여러 나라들도 20년 전에는 지금의 우리나라와 비슷한 상황이었다.

전문 카운슬러에 대한 기업의 수요도 커질 전망이다. 앞에서 살펴본 바와 같이 초보적인 수준이긴 하지만 경쟁력을 제고한다는 측면에서 구성원들의 스트레스 관리에 대한 기업들의 관심은 점점 증가할 것이다.

기업체들을 대상으로 스트레스 해소 프로그램과 같은 전문적인 서비스를 제공, 관리하는 기업의 등장도 예상된다. 예전에 일부 대기업을 중심으로 인사상담실이나 고충상담실 제도가 운영된 적이 있었다. 하지만 외환위기 및 기업 구조조정을 거치면서 대부분의 기업이 그 기능을 축소하거나 폐지했다. 경기침체에 따른 경비절감의 목적도 있지만, 전문성이 부족해 기대했던 효과를 거두지 못한 이유도 있다. 이런 경험이 있는 기업들은 내부적으로 카운슬러를 고용하기보다는 외부의 전문 업체에 아웃소싱할 가능성이 높다. 실제로 일부에서는 글로벌 EAP 전문 기업들이 한국 진출을 준비하고 있다는 소리도 들려온다.

과거와 다른 급격한 사회 변화와 점점 치열해지는 경쟁은 우리에게 끊임없는 발전을 요구한다. 이것이 바로 스트레스다. 이런 추세는 앞으로도 더욱 심화된다. 세계보건기구(WHO)도 2020년 인류의 최대 질병은 AIDS나 암이 아니라 우울증과 같은 정신적 질병이 될 것이라 경고하고 나섰다. 스트레스를 제대로 관리하지 못하는 사회나 기업의 운명은 정체될 가능성이 높다.

김현기 hkkim@lgeri.com

55

불황일수록 빛나는 감성 경영

머리가 아닌 가슴으로 경영한다

"21세기엔 지식 못지않게 감성도 중시될 것이다."

20세기 말 최고의 미래학자인 앨빈 토플러의 말이다. 이성과 지식 못지않게 감성이 중요한 역할을 하는 경우를 우리는 숱하게 목격한다. 시장의 고객은 자신의 취향과 감성에 맞는 제품과 서비스를 사고, 기업 조직원들은 감성이 풍부한 직장에 더 큰 매력을 느낀다.

최근엔 최고경영자(CEO)들이 앞장서 격식을 벗어던진 채 감성을 자극하고, 감성에 호소하며, 감성을 관리하는 모습을 자주 볼 수 있다. 이른바 '감성 경영'이다.

현장 직원들과 격의 없는 대화를 주고받고, e메일로 말단 직원에게 속내를 털어놓은 친필 편지를 보내는가 하면, 자신이 감명받았다는 대목에 밑줄쳐 책을 선물한다. 고객에게도 합리적인 선택의 결과로서 자사 제품을 구입해 달라고 요구하지 않는다. 고객이 스스로 찾아오도록 감성에 호소하는 마케팅이 봇물을 이루고 있다.

스타벅스 커피점을 보자. 이 가게는 커피만 파는 것이 아니다. 커피나 음료를 마시면서 일행과 즐겁고 친밀한 분위기를 느끼거나, 또는 홀로 상념을 느낄 만한 분위기를 파는 전략으로 큰 성공을 거뒀다. 바로 감성적인 경험에 고객을 중독시키는 것이다. '보고', '듣고', '냄새를 맡는' 등 오감을 통해 사람의 감수성에 호소하는 감성 마케팅이 대유행이다.

감성 경영은 선택이 아닌 필수

감성 경영이 무섭게 확산되고 있는 이유는 간단하다. 사회 구성원들이 '이성, 이성, 이성만을 따지는' 분위기에 지쳤기 때문이다. 그 대신 상호 존중과 신뢰, 즐거움과 열정 등의 감성 에너지가 넘치는 조직, 즉 '일할 맛 나는' 직장이 크게 각광받는다. 감성 경영이 과거의 경영 조류처럼 반짝하다 이내 사라질 것 같지는 않다. 신세대와 디지털 세대 등 다가올 세대의 특성과 일맥상통하는 면이 있기 때문이다. 이제 기업들은 감성 에너지를 무한대로 끌어올 수 있는지의 여부에 따라 시장의 생존이 결정되는 시대에서 경쟁해야 한다.

감성 경영이란 리더십, 조직운영 및 인재관리 등 모든 경영활동에 감성을 반영하는 것이다. 감성 경영은 지능지수(IQ)와 감성지수(EQ) 중 EQ에 좀더 주목한다. 머리만이 아닌 머리와 가슴 모두에 접근하는 경영 기법이다. 구체적으로 위기나 스트레스를 잘 관리하고 타인과 신뢰성 있는 좋은 관계를 맺게 하며, 직장이나 가정에서 자신의 역할을 충실히 할 수 있는 인재로 키우기 위해 배려하는 것이다.

요즘처럼 경기가 침체될수록 인간이 지닌 감성 에너지가 중요한 역할을 감당할 수 있다. 경제가 잘 돌아갈 경우에는 조직이 갖춘 시스템에 따라 경영목표나 원칙들이 원활하게 작동하지만, 불황기에는 그렇지 못하다. 불황기일 땐 시스템보다는 조직원이 가진 열정, 창의성 및 끈끈한 감성적 유대감이 훨씬 강력한 힘을 발휘한다.

아메리칸익스프레스사의 경우, 고객이 보험에 가입할까 고민할 때 상담원들의 친절한 배려와 자부심, 아울러 그들에 대한 신뢰 등 감성적 요인이 가장 큰 영향을 미친다는 사실을 파악했다. 따라서 고객의 감성을 이해할 수 있도록 돕는 스트레스 관리 프로그램(Focus On Coping Under Stress : FOCUS)을 종업원들에게 꾸준히 실시했다. 그 결과 실적이 개선되고, 종업원들의 삶의 만족도 역시 향상됐다고 한다.

인재를 관리하는 방식에도 변화가 예상된다. 지금까지는 대부분의 우리 기업이 관리비용을 줄이기 위해 획일적인 잣대로 조직원을 평가·관리해 왔지만 앞으로는 직원 개개인의 니즈를 반영한 '맞춤식 인사'를 하는 쪽으로 변화할 것이다.

감성 경영이 통하는 조직을 구성할 때 가장 중요한 것은 리더십 특히, 감성 리더십이다. 최고경영자가 직원들의 목소리를 현장에서 직접 듣고 그들의 고충을 이해하는 동시에 문제 해결을 위해 솔선수범하는 열정과 의지를 보여야 한다는 것이다. 리더 스스로 진정한 마음에서 솔선수범을 보이고, 임직원들과 보조를 맞춰야 한다. 이 같은 감정의 교류가 없다면 감성적인 조직으로 변화한다는 것은 불가능하다.

국내 모 대기업 CEO는 주말이면 청바지 차림으로 일선 직원들과 인라인 스케이트를 즐긴다. 신세대 직원들과 친밀하게 격의 없이 대화하면서 서로를 이해하는 시간을 조금이라도 더 갖기 위한 감성 경영의 일환이다.

감성 개발은 지식을 많이 쌓는다고 얻을 수 있는 것은 아니다. 그렇다고 타고난 성격이나 기질을 바꿀 수는 없는 노릇이다. 마치 수영이나 자전거 타는 것을 배우듯 부단한 연습을 통해 몸에 익히는 것이 필요하다.

용·어·해·설

감성지수(EQ : Emotional Quotient)

인간의 정신작용을 정서적으로 파악한 지능지수. 인간의 정신작용을 인지(기억력 위주) 능력으로 구분한 지능지수(IQ)와 비교되는 개념이다. 감성

지능은 1995년 미국 시사주간지 〈타임(Time)〉이 다니엘 골먼 교수의 저서 《감성 지능》을 머릿기사로 취급한 뒤 감성지수(EQ)라는 개념으로 바뀌어 대중화됐다.

감성지능은 현재 정신의학, 상담, 생리심리학, 인지심리학 등 여러 분야에 걸쳐 연구가 진행 중이다. 현대 사회는 청소년 비행, 성인의 정신건강과 사회적 적응 혼란 등 많은 '병적 현상'을 노출하고 있다. 이런 문제들이 기존의 IQ 이론이나 인지 중심의 심리학, 또는 교육학 이론에서 명확히 설명되지 않는다는 인식에서 감성지능에 관심을 갖게 됐다.

일반적으로 감성지능이 높을수록 인생에 대해 긍정적이며, 대인 관계가 원만하고 창조적 문제 해결 능력을 갖춘 것으로 조사되고 있다. 기업들이 글로벌 경영 시대의 인재를 확보하기 위해 감성지능의 개발과 연구에 착수하는 것은 이 때문이다.

골먼 교수는 GE, 휴렛패커드, 3M 등 미국 굴지의 188개 회사의 리더십 모델을 분석한 결과 일을 수행할 때 지능지수보다 감성지능이 배 이상 중요하다는 결과를 얻었다. 그는 특히 감성지능은 고위직으로 올라갈수록 중요하다고 강조했다.

감성지능은 느낌, 기분, 취향 등을 관장하는 대뇌 변연계의 신경전달 물질에 작용하므로, 분석과 기술능력을 관장하는 대뇌의 신피질을 통한 훈련 프로그램은 감성지능 향상에 아무런 도움이 되지 못한다는 연구결과도 있다. 즉 개인의 감성은 세미나나 감성지능을 높이려는 책자 등을 보는 것으로는 큰 효과를 기대할 수 없고, 개인의 세심하고 부단한 노력과 연습, 그리고 직원들 간의 조언 등을 통해서만 향상될 수 있다는 것이다.

허진 jinhur@lgeri.com

56

인적 자원의 **손익계산서**

낭비를 줄이려면 인적 자원도 수치화하라

2004년 말, 미국 뉴욕 언론에 '잘못된 계약(Contract Killers)'이라는 기사가 실렸다. 거액 몸값이 부끄러운 프로 선수들을 비난하는 내용이었다. 유감스럽지만 텍사스 레인저스의 코리안 특급 박찬호 선수도 포함됐다. 5년 간 6,500만 달러에 계약했지만 2004년 한햇동안 그가 거둔 성적은 4승 7패. 게다가 몸에 맞는 볼 1위, 볼넷 5위, 폭투 9위의 초라한 성적이 전부다. 텍사스 레인저스 구단주는 박 선수가 1승을 거두는 데 325만 달러(약 36억 원)를 투자한 셈이다.

반면 삼성 라이온스의 배영수 투수는 연봉 1억 1,000만 원을 받는 평범한 선수였다. 그러나 그는 2004년 페넌트레이스에서 17승 2패를 거뒀으며, 한국 시리즈에서도 빛나는 투구로 박빙의 승부를 이끌었다. 삼성은 배 선수의 1승에 647만 원을 투자한 셈이다. 만약 당신이 구단주라면 누구에게 투자하겠는가.

스포츠에서는 선수별로 팀에 기여한 성과를 계산하고 관리하는 것이 일반화돼 있다. TV 방송도 주요 드라마 출연진의 캐스팅 비용과 시청률, 광고수입을 서로 비교하고 이것이 다음 캐스팅에 그대로 이어진다. 사업의 특성상 사람이 유일한 자산이며 경쟁력이기 때문이다. 각 개인의 능력이 조직의 성패를 좌우할 수 있어 이들을 과학적이고 체계적으로 관리하지 않을 수 없는 것이다.

노동력이 아니라 인적 자원이다

최근 들어 일반 기업들도 '인재, 인재'를 외치고 있다. 정보화 사회에서는 정보와 지식이 경쟁력의 원천이다. 따라서 이를 만들어내는 사람이 핵심자원으로 부각되는 것은 당연하다.

"우리 회사에서 최고 인력 20명만 데려가 보라. 그러면 별 볼일 없는 회사가 되고 말 것이다."

마이크로소프트 빌 게이츠 회장이 한 말이다. 사람을 경쟁력의 핵심적인 원천으로 생각하고 있음을 잘 보여준다.

요즘엔 직원을 노동력이라고 하지 않고, 인적 자본이라고 부른다. 노동력이란 적으면 적을수록 좋은 비용의 개념이다. 반면 인적 자본은 장기 수익의 원천으로서 많으면 많을수록 좋은 투자를 의미한다.

주가에는 이미 사람의 가치가 반영되고 있다. 스타급 CEO나 특정 분야의 세계적인 전문가를 영입했을 때 주가가 오르는 것이 그 단적인 예다. 심지어 몇몇 기업의 경우 그들이 보유한 자산 중에서 물질적 자산보다 인적 자산을 더 높에 평가하기도 한다. 예를 들면 마이크로소프트나 시스코의 시장가치는 장부가치보다 무려 4배 이상이나 높다. 물질적 자산보다 사람의 지식을 포함한 무형자산이 4배나 더 가치 있다고 보는 것이다.

상황이 이렇다 보니 국가나 기업들이 사람을 키우는 데 들이는 돈이 급격히 늘고 있다. 우리나라가 매년 국민교육에 쓰는 돈은 1980년에 약 1조 원 정도였다. 2003년엔 25조 원으로 늘어 국내총생산(GDP)의 약 4%에 달한다. OECD 국가들도 평균적으로 GDP의 약 5%를 투자하고 있어 전세계적으로는 가히 천문학적인 금액을 사람 키우기에 쓰고 있는 셈이다.

기업들도 마찬가지다. 공정위가 지정한 상위 10대 대기업 집단을 대상으로 조사한 결과, 2000년대 들어 인건비와 교육훈련비 등 사람에 대한 투자액이 매출액의 15%가 넘는다. 이는 시설이나 장비 등 유형자산에 투자하는 금액을 훨씬 상회하는 금액이다. 교육훈련비도 1987년에 164억 원에 불과했던 것이 2003년에는 5,824억 원으로 약 36배나 증가했다.

투자만 있지 관리는 없다

상위 10대 대기업 집단의 2003년 회사별 평균 교육훈련비를 계산해 보면 약 100억 원에 이른다. 그런데 이런 거액의 지출이 성과에 얼마나 도움이 되는지 경영자는 알고 있을까.

일례로 보수가 적어 이직이 잦은 회사를 생각해 보자. 경영진이 바뀌어 '핵심인재를 잡는다' 며 월급을 올려준다. 급여 불만을 줄여 이직을 줄이면, 실적도 좋아질 것이라고 판단한 것이다. 그러나 월급을 얼마나 올려야 직원의 불만이 사라지고, 또 실적을 얼마나 개선할 수 있는지 객관적인 데이터가 없다. 따라서 사람에 대해서는 '투자만 있지 관리는 없다' 라는 지적이 재기된다.

사람 투자의 효과를 면밀히 파악하지 못하다 보니, 경기가 어려워지면 가장 우선적으로 사람 예산을 줄이려 한다. 우리 기업들의 경우 외환위기가 터진 1997년에 6,000억 원에 달하던 교육훈련비가 1998년과 1999년에 절반 수준인 3,000억 원으로 급감했다. 다시 5,000억 원 수준으로 회복한 것은 2002년 이후의 일이다(상위 10대 대기업집단 기준).

측정하지 않으면 관리할 수 없다.

최근 우리 기업들은 감(感)에 의존한 주먹구구식 경영이 아닌 데이터와 분석자료에 기초한 체계적 경영을 추구하고 있다. 이는 조만간 사람에게도 적용될 것이다. 사람에 대한 투자를 늘리는 마당에 그 수익을 면밀하게 계산하지 않을 수 없는 일이다. 고가의 설비를 살 때 현재가치 할인법이나 내부수익률법 등 다양한 통계적·수학적 기법을 동원하는 것과 마찬가지다.

현재 이런 시도를 하는 기업은 드물다. 그러나 세계적 처방의약 업체인 미국의 머크사를 살펴보자. 이 회사는 사람에 대한 투자수익률을 측정하는 작업을 매우 중시한다. 투자수익률을 계산할 수 없거나, 계산결과 적정 수준 밑이면 투자를 아예 안 한다. 예를 들어 1,600만 달러 예산이 드는 장기 근속 인센티브나 무결근 인센티브를 도입하는 경우를 보자. 인센티브는 직원들의 이직이나 결근을 줄이려는 목적이다. 그런데 분석결과 이 제도를 통해 얻을 수 있는 기대이익이 1,400만 달러로 나타났다. 투자수익이 마이너스로 나타난 것이다. 그래서 다른 대안을 모색하기로 했다.

사람 투자의 손익계산서를 쉽게 뽑을 수 있다면 기업 인사·마케팅 팀은 신바람이 날 것이다. 매출을 늘리려고 직원별 성과급에 격차를 두거나, 영업교육을 강화하거나, 보수를 높여 영업사원 이직률을 떨어뜨리는 등 어떤 조치를 취해야 할지 분석이 가능하기 때문이다.

인과관계가 좀더 명확해지면 직원들의 요구나 불만에 의해서가 아니라 실적을 높이기 위한 전략으로 사람에 투자할 수 있다. '우는 아이 떡 더 주는 식'이 아닌 '클 아이 떡 더 주는 식'의 투자를 할 수 있다는 얘기다.

이러한 활동에 주력했던, 또 다른 회사가 미국의 시어스 백화점이다. 1998년 시어스는 매출과 순익이 줄어들자 그 원인을 분석한 결과 점원들의 태도나 행동이 매우 중요함을 깨달았다. 점원의 태도가 고객 만족에 영향을 주고, 이것이 기업 실적에 연결되는 인과관계를 확인한 것이다. 구체적으로 점원들의 태도가 5% 개선될 때마다 고객 만족이

1.3% 상승하고, 이는 회사 성과를 0.5% 높인다는 결과였다고 한다. 이후 시어스는 점원들의 태도 변화를 유도하는 교육에 꾸준히 투자했다. 그 결과 고객 만족이 4% 상승했으며 성과 측면에서는 2억 달러 이상의 추가 수익을 올렸다(시어스는 이후 대형 할인매장의 출현에 적절히 대응하지 못해 2004년 인수·합병됐다).

"측정하지 않으면 관리할 수 없다"라는 말이 있다. 아무리 중요하다고 생각해도 구체적인 수치나 데이터로 입증하지 못하면 그 효과를 의심하게 되고 관심도 사라질 것이다.

과거 블랙박스(Black-box)였던 사람의 영역이 조금씩 열리고 있다. 사람이 경쟁력이라는 식의 막연한 사고와 말만으로 '묻지마 투자'를 하는 시대는 이미 지나갔다. 사람이 기업의 중요한 전략적 자산이 되었고 투자규모도 급증하고 있다면, 그 가치를 구체적인 수치로 입증해야 함은 피할 수 없는 도전이다.

조범상 bscho@lgeri.com

57

블랑카의 성공 시대
로마 기업은 로마인이 가장 잘 경영한다

블랑카는 아마 TV에 나온 외국인 근로자 중 가장 인기가 많을 것이다. 스리랑카 출신 노동자 '블랑카'는 "뭡니까 이게?", "사장님 나빠요"라

는 대사를 유행시켰다. 우리 사회 구성원들의 잘못된 관습이나 외국인들에 대한 편견을 풍자하면서 사회의 어두운 그늘을 되돌아보는 계기를 제공한 것이 이 개그 코너의 인기비결일 것이다.

그런데 우리가 '블랑카'를 보면서 놓치지 말아야 할 점이 있다. 우리 사회가 어느덧 개도국 사람들에 대해 큰 거부감을 느끼지 않게 됐다는 점이다. 비록 한국 개그맨이 블랑카란 배역을 맡았던 사실이 나중에 알려졌지만, 외국 노동자들의 애환과 정서를 안방극장을 통해 전달하는 것은 큰 의미가 있다. 5년 전과 비교해 보면 격세지감이 느껴진다.

전국적으로 국내에 체류하는 외국인 노동자 수는 50만 명(불법체류자 포함)에 이른다고 한다. 웬만한 국내 중소도시 인구와 맞먹는 규모다. 이러한 외국인 노동인구의 증가는 비단 국내에만 국한된 것은 아니다. 우리 기업들의 글로벌화가 진전되면서 해외 현지에서 뽑는 인력도 증가하고 있다.

2004년 UNCTAD(United Nations Conference on Trade and Development)의 기업 국제화 수준에 대한 비교보고서에 따르면 상위 50개 기업 중 국내 기업이 4개나 포함돼 있다. 국내 기업들의 해외진출이 더욱 확대되면서 현지인력의 비중이 점점 늘고 있는 추세다.

해외법인의 고민

해외사업의 비중이 커지고, 현지인력이 증가하면서 기업들은 색다른 고민을 하고 있다. "어떻게 하면 이들을 잘 관리할 것인가", "어떻게 하면 이들과 잘 융화할 것인가"라는 이슈가 새로운 고민거리다. 실제 중국에 공장을 세운 우리 기업인들은 처음엔 "생산 차질이 없을까"라는 고민을 하다가 시간이 지날수록 "현지인을 어떻게 잘 관리하고 활용해야 하나"라는 이슈에 매달린다고 한다.

이제껏 우리 기업들은 해외 현지법인을 운영할 때 본사에서 파견된 직원을 구심점으로 운영해 왔다. 제품이나 서비스에 대한 이해는 물론, 사업목표나 기업문화 등을 파견인력이 더욱 잘 이해하고 있기 때문이었다. 그러나 이 방식은 현지 채용 직원들의 불만을 사기 십상이다. 승진기회가 원천적으로 차단된 그들은 '우리 회사'라는 생각보다는 '그들의 회사'라는 생각을 갖고 '아웃사이더'로 행동한다는 것이다.

중국에 진출한 A사를 보자. 현지인력이 입사 후 2~3년 동안 경험을 쌓으면 대부분 다른 회사로 옮겨버리는 문제로 골치를 썩었다. 급기야 A사 현지법인장이 설문조사를 벌였는데, 그 결과 '승진 및 발전기회 부족'이 가장 중요한 이직 동기로 나타났다.

또 본사 파견 인력만으로는 날로 확장되는 글로벌 사업장을 일일이 챙길 수 없다. 이는 오랜 국제화 경험을 가진 글로벌 기업들조차 피해가지 못하는 문제다. 〈포춘〉 500대 기업의 경영자들 중 약 85%가 "글로벌 사업을 담당할 리더가 양적 질적으로 부족하다"고 답했다. 이 문제를 해결하려면 현지인력을 키우는 것 외에 뚜렷한 대안이 없다.

현지 인재육성에 나선 기업들

현지 사정은 현지에서 뽑은 인력이 가장 잘 안다. 중국에서 채용한 중국인들이 그 곳의 문화 · 사회 · 인적 네트워크에 가장 강하다. 이들의 역량을 잘 받아들여, 조직의 힘으로 키우는 것이 성패를 좌우하는 시대에 와 있다.

몇 가지 글로벌 사례를 들겠다. 이동통신기업 모토롤라는 해외인력 관리프로그램인 OVP(Organization Vitality Process)를 운영하면서 해외법인의 중간관리자 중 현지인 비율을 평균 90% 이상 유지하고 있다. 중국에서 휴대폰으로 대박을 터뜨린 노키아는 1998년 초 R&D 센터를 설립해 우수한 IT 인재를 키우는 한편, 베이징 대학 경영대학원과 협력해 노키아 관리학원이란 석사과정을 개설했다. 현지경영을 책임질 차세대 핵심 인재가 필요한 이유에서다.

네트워크 장비 전문업체인 시스코도 해외인력의 90%를 현지에서 조달한다. 특히 이 회사는 현지 채용인들도 모두 캘리포니아 본사로 불러들여 교육시키고, 고위경영진에 올라갈 기회도 열어놓았다.

질레트는 해외 현지의 명문대학 출신을 뽑아 6개월 정도 교육시킨 뒤 다시 보스턴 본사에서 1년 반 동안 전체 사업현황 교육과 사내문화 적응기간을 거치도록 한다. 현지 채용인들의 문화적 이질감을 극복하기 위한 것이다. 이 중 성적이 좋은 사람은 관리자로 끌어올려 현지 자회사를 관리하는 데 활용한다.

이제는 우리의 여러 기업들도 현지인 채용의 관행을 바꾸고 있다. LG전자의 경우 중국 사업을 키우기 위해 2004년부터 탁월한 성과와 능력을 발휘하는 현지인재를 매년 뽑아 2008년까지 예비경영자로 육성할 계획이다. SK텔레콤는 최근 중국 법인의 최고경영자(CEO)를 현지인으로 선임했다.

그 밖에도 전자, 화학, 자동차 분야를 포함한 상당수 국내 기업이 현지인재의 선발 및 양성에 투자할 계획이다. 이런 추세라면 향후 5년 이내에 상당수의 현지인력이 고위관리자로 성장해 해외 법인에서 중추적인 역할을 하게 될 것으로 보인다. 2004년 말 LG경제연구원이 중국 현지에서 실시한 인터뷰에서 많은 현지인력들이 "동료가 고위관리자로 성장해 가는 것을 보면서, 나도 기대감을 갖게 되었다", "이 회사가 이제야 '내 회사'라는 생각이 든다"라고 솔직히 밝히기도 했다.

현지인력을 경영자로 키우다 보면 시장에도 긍정적 신호를 줄 수 있다. 현지 고객들에게 입소문이 퍼져 아무래도 친숙한 이미지를 주기 때문이다.

사고는 글로벌하게, 행동은 현지에 맞게

맥도날드의 사훈(社訓)인 '사고(思考)는 글로벌하게, 행동은 현지에 맞게(Think Globally, Act Locally)'라는 말은 글로벌 기업들이 체득하고 있는 지침이다. 그런데도 우리 기업들은 해외 사업을 벌이면서 이처럼 분명한 원칙을 가지고 대응하는 사례가 적었다. 뒤늦게나마 최근 우리 기업에 불고 있는 현지화 바람은 매우 긍정적인 신호다. 하지만 해외 현지인재의 발탁을 위한 선발기준 및 처우·보상 등과 같은 문제는 계속 고민해야 할 과제다.

일반적으로 해외 노동시장은 우리 사회와 달리 인종·민족 구성이 복잡하게 얽혀 있다. 대규모 시장일수록 더욱 그렇다. 따라서 다양성을 관리할 수 있는 능력을 키우는 일도 현지화 경영의 핵심이 될 것이다.

윤언철 ucyoon@lgeri.com

58

위대한 기업은 사회복지 센터
사회공헌도 전략적으로 실천한다

로마 제정을 열었던 초대 황제 아우구스투스에게는 평생 의지했던 두 명의 측근이 있었다. 무장 아그리파와, 제국의 안 살림을 도맡은 마에

케나스가 그들이다.

아그리파가 몸이 약했던 황제를 대신해 변경의 이민족을 정벌하며 국가방위와 치안을 담당했다면, 마에케나스는 내정과 외교를 두루살폈다. 이 마에케나스가 후세 기업의 문화예술 지원활동을 뜻하는 '메세나(Mecenat)'의 어원이 됐다. 바쁜 일정 사이에도 당대의 시인 호라티우스, 베르질리우스와 돈독한 관계를 유지하며 이들의 창작활동을 지원했기 때문이다. 오늘날 메세나는 '스포츠 지원, 사회적·인도적 입장에서의 공익사업 지원'의 뜻까지 포함하는 뜻으로 확대됐다.

해외의 메세나 운동은 이미 기업 사회공헌의 뼈대를 이룬다. 독일 자동차업체인 아우디(Audi)는 바이에른 주립 교향악단의 해외 순회공연 비용이나 바이에른 국립 오페라단의 새로운 레퍼토리 제작비용을 전부 책임진다. 때로는 직접 문화행사를 기획하기도 한다. 1990년 지역 방송사와 함께 시작한 아우디 콘서트는 2만 명 이상이 참가하는 성공적인 축제로 성장했다. 매년 열리는 '아우디 공장 오케스트라'와 사내 '재즈밴드'의 연주회는 지역사회의 자랑거리다.

아우디의 메세나 활동은 자동차 회사가 갖는 기계적이고 딱딱한 이미지를 우아하고 고급스러운 이미지로 바꾸는 데 크게 기여했다.

자의반 타의반의 기업 사회공헌 활동

전국경제인연합회가 국내 202개 기업을 대상으로 사회공헌 활동을 조사했더니, 사회공헌 활동비가 1998년 3,300억 원에서 2002년 1조 900억 원으로 3배 이상 늘었다. 그 중 비중이 가장 높은 기부금은 3,200억 원에서 8,600억 원으로 역시 2배 이상 증가했다.

메세나 운동과 같은 기업의 기부 활동이 이처럼 활발해진 것은 스스로 필요하기도 했지만, 기업 이해관계자(Stakeholder)들의 압력 때문이기도 하다. 경영 활동을 만족시켜야 할 대상이 주주뿐 아니라 정부, 종업원, 소비자, 사회단체 등으로 범위가 확대되고 있다. 우리 사회의 대표적 시민단체인 경실련이 기업을 평가하는 지표에는 사회복지(봉사) 및 환경기여도가 포함된다. 기업의 기부 현황이나 기업 출연 공익재단의 활동내용 등이 구체적 평가항목이다. 산업자원부가 최근 마련한 '기업윤리 평가지수'에서도 사회복지 기여도와 환경보호 항목이 지표로 채택됐다.

2004년 말 정부가 입법 예고한 〈기부금품 모집 및 사용에 관한 법률〉 역시 기업의 사회복지 부담을 키울 것으로 예상된다. 이 안에 따르면 각종 단체가 기부금품을 모금할 때 행정차지부 장관이나 시장, 도지사에게 허가를 받아야 했던 것을, 등록 신청만으로 간소화했다. 중소기업중앙회를 비롯한 경제계 이익단체들은 "모금 전문 단체까지 생기는 등 기업의 준조세 부담이 크게 늘 것"이라며 우려의 목소리를 보이고 있다. 이미 같은 해 5월에는 자동차업체 4개 노조가 2004년 임단협에서 사회공헌기금 조성을 요구해 사회적 파장을 일으켰다. 순이익의 5%를 산업발전 및 사회공헌에 쓰자는 제안이었다.

전략적인 마케팅 수단으로

어차피 낼 돈이라면 잘 활용하려는 것이 기업의 입장이다. 예전의 기업경영과 무관하게 단순히 박애정신(Philanthrophy)을 근거로 이뤄졌던 기부가 이제는 기업의 장기적인 이익에 도움이 될 수 있다는 관점으로 바뀌는 중이다. 장기적으로 기업의 평판(Reputation)을 좋게함으로써 경영실적에 반영하자는 취지다. 독일 아우디 사례에서도 클래식 음악에 대한 지원이 아우디 차를 판매하는 데 직접적인 도움을 주진 않을 것이다. 그러나 기업의 이미지를 구축하고, 소비자 신뢰를 얻는 데 중요한 역할을 했을 것이라는 데는 이견이 없다.

한발 더 나아가 사회공헌 활동의 '선택과 집중'이 기업 내 새로운 키워드로 등장하고 있다. 기업이 잘 할 수 있는, 자신의 활동 영역과 관련이 깊은 용처에 돈을 쓰자는 것이다.

시스코는 지역 사회단체와 학교 등에 네트워크 장비를 무료로 기부하고, 네트워킹 교육프로그램을 만들어 장비를 다루는 교육까지 시켰다. 그 결과 네트워크 시스템이 더욱 널리 보급돼 시장도 자연스럽게 커졌다. '최소비용으로 최대효과'를 얻으려는 전략적 사회공헌 활동의 사례다.

국내에 진출한 외국계 기업들도 이미 전략적 관점에서 사회공헌 활동을 펼치기 시작했다. 직접적인 기부행위도 병행하지만, 사랑의 집짓기 운동(볼보건설기계코리아)이나 장애인 전동 휠체어 기증(D&T모터스), 청소년 흡연 예방(BAT코리아), 성인용 기저귀 기부(한국 P&G) 등은 일회성 지원보다는 마케팅 차원에서 장기적으로 이뤄지는 활동들이다.

경쟁력이 선행되어야

사회공헌 활동으로 기업의 내부문제를 덮으려는 시도는 위험하다. 회계 투명성, 공정한 사내 거래, 주주가치 중시 등과 같이 기업이 걸어야 할 정도(正道)를 우선시하기보다 자칫 기부금을 많이 내 이미지 관리만 하려는 오류도 나타날 수 있다. 또 사회공헌 활동비를 충당할 만한 생산성 향상이 뒤따르지 못한다면 기업은 더 큰 어려움에 빠질 가능성도 있다.

청바지의 대명사인 리바이스는 기업 현실을 제대로 파악하지 못한 채, 근로조건 향상이나 환경보존과 같은 복지 우선적인 경영방침을 추구했다. 그러나 1990년대 말 2년 연속 적자를 기록하고 결국 2004년 미국 내 공장을 폐쇄했다. 경쟁사들이 생산 기지를 해외로 옮기고 원가를 줄이기 위해 사투를 벌일 때 리바이스는 많은 자금을 사회복지에 투입했던 것이다. 그 결과 리바이스는 공장폐쇄로 지역사회의 인심을 더욱 많이 잃었다.

반면 일본 도요타 자동차는 품질 향상과 끊임없는 자기혁신 노력을 통해 일본에선 최초로 순이익 1조 엔 시대를 열었다. 그 결과 도요타 종업원의 복리후생 수준 및 지역사회 공헌 활동은 타의 추종을 불허하는 수준이 됐다.

도요타는 특히 지역사회와의 공존전략으로서 '기업시민 의식(corporate citizenship)'을 강조하고 있다. 기업시민 의식이란 개인과 마찬가지로 기업 역시 지역사회의 한 구성원으로서 일정한 권리와 책임을 갖는다는 것이다. 구체적으로 사회로부터 우수한 경영자원을 공급받을 권리가 있는 반면, 그에 상응해 사회에 봉사하고 기여해야 기업시민이 된다는 주장이다. 이는 기업이 경쟁력을 높여 돈을 벌어들이고 이를 사회에 환원시켜 필요한 인프라를 조성하는 식으로 상생(相生)의 구조를 만들어야 한다는 뜻이다.

우리 경제가 침체기를 맞고, 산업 양극화가 심화되면서 기업의 사회공헌 활동은 더욱 우리 사회의 주목을 받을 것이다. 주주가치가 중시되는 오늘날 기업이익을 마냥 사회공헌 활동에 쏟아 부을 수도 없다. 사회적 요구와 기업의 전략적 필요를 절묘하게 절충하는 지혜가 기업의 미래성장 요소로 떠오르고 있다.

chapter 6

국내 경제 트렌드
돌다리도 두드려라

인구학적 변화가 초래할 성장신화의 종언
척박한 현실이 초래한 위험기피형 사회
저성장 시대의 슬픈 자화상, 소득양극화
집으로 평생을 살아가는 평생주택소비
간접투자로 변화하는 재테크 지형도
몰려오는 중국 기업들
삶의 질을 찾아 떠나는 한국탈출 신드롬
일과 취미가 하나되는 취미 노동자

김주형 jhk@lgeri.com

59

인구학적 변화가 초래할 성장신화의 종언
지식과 기술의 집적도를 높여라

한국의 지난 40여 년 간 경제성장은 세계사에 유례를 찾을 수 없는 기적인 사건이었다. 세계 최빈국 중 하나였던 한국이 이제 철강, 조선, 메모리 반도체, TFT-LCD, PDP, 휴대폰 생산, 초고속 인터넷 보급률 등에서 이미 세계 경제의 강자로 등장했다.

성장률, 장기하락 가능성 커

큰 자부심을 가질 만하다. 그러나 지금부터가 문제다. 우리 경제가 어느 정도 성숙단계에 접어든 만큼 과거처럼 높은 성장세를 구가하기 어렵다는 것은 주지의 사실이다. 연 8~10%의 고도성장은 물론이고 연 5~6% 성장도 기대하기 힘들다. 우려스러운 것은 이런 성장률 하락이 구조적인 문제에서 비롯된 것으로, 한두 해에 그칠 문제가 아니라는 점이다. 현재 우리 경제 규모는 세계 12위이지만 장기적으로 후퇴할 수도 있다. '지금의 한국인이 한국 역사에서 가장 잘 살았던 세대'가 될 것이란 비관론을 한쪽 귀로 흘려버릴 수만은 없게 되었다.

도대체 왜 이렇게 바뀌었는가. 지난 40년과 다가올 40년이 어떻게 다른가. 지난 30년 동안 우리가 빈약한 자원과 취약한 기술기반을 이겨내고 높은 성장을 이룩한 배경을 보자. 우선 성취욕 강한 근면함, 풍부한 노동력과 위험을 두려워하지 않고 강한 성장욕구를 가진 기업가

정신을 동력으로 꼽을 수 있다. 그리고 1960~70년대 형성된 이른바 '개발독재'라고 불리는 독특한 사회경제 시스템도 거론된다.

줄어드는 노동력

다가올 40년은 이들 성공요인이 더 이상 작동하지 않을 가능성이 높다. 가장 근본적인 변화는 노동에서 생겨난다. 노사관계가 나빠져 근로윤리가 예전보다 못해서, 임금이 경쟁국에 비해 너무 높아서 때문만은 아니다. 좀더 결정적인 것은 노동의 양적투입 확대가 불가능해지는 인구학적 변화다. 우리 인구는 1965년 2,870만에서 2000년 4,701만으로 연평균 1.42%씩 늘어났다. 경제활동 인구는 이보다 훨씬 빠른 연평균 2.68%, 취업자 수는 2.78%씩 증가했다. 수십 년의 긴 세월 동안 일할 수 있는 사람, 일하는 사람이 매년 2.8% 가까이 늘었으니 이것만 해도 연간 GDP 성장률 2.8% 정도가 설명이 된다.

경제활동 인구나 취업자가 지속적으로 늘어난 배경에는 한국전쟁 이후 베이비 붐 현상으로 초래된 연령별 인구구조의 변화가 자리하고 있다. 1965년에는 전체인구 중 20세 이상부터 60세 미만 연령대의 비중이 전체 인구의 42%였지만 2000년에는 60%나 되었다. 국민 중 가장 활동적으로 생산에 종사할 수 있는 연령층 비율이 증가했고, 그들을 흡수할 수 있도록 일자리가 빠르게 늘어난 것이다.

그러나 앞으로는 달라진다. 2001년 11월에 발표한 통계청의 〈장래인구추계 결과〉에 따르면 우리나라 인구증가율은 2007년에 0.5% 아래로 떨어지고, 2024년부터는 인구가 감소할 것으로 예상된다. 20~60세 인구비중은 2006년 전체 인구의 61%를 정점으로 떨어지기 시작해 2050년에는 45%로 낮아지게 된다. 인구증가율이 낮아질 뿐 아니라 인구 중 가장 생산적인 인구의 비중이 줄면서 노동의 양적투입이 빠르게 줄어들 것이다.

　해법이 없는 것은 아니다. 고령자와 여성 인력을 적극 활용하거나 경제 구조조정을 통해 노동의 비효율적인 부분을 효율적 부분으로 재배치시키는 방안이다. 이를 통해 양적투입의 한계를 어느 정도 극복할 수는 있다. 예를 들어 전체 취업자의 3% 정도가 실제 생산에 별로 기여하지 못하는 인력이라고 가정하자. 이들을 생산적인 부문에 재배치하면 그 해 성장률을 3% 끌어올리는 효과가 있다. 하지만 성장률 상승효과는 딱 한 번뿐이다. 여성과 노인 노동력을 아무리 열심히 활용해도 생산인구의 지속적 감소를 상쇄할 수는 없다.

식어가는 기업투자 열기

노동력의 추가 투입만으로 고성장을 할 수는 없다. 자본투자를 늘려 노동생산성도 함께 높여야 한다. 지난 수십 년 간 한국의 투자는 세계 어느 나라보다 높은 수준을 유지했다. 1971~2000년까지 30년 간 매년 국내총생산의 32% 정도를 투자했고 같은 기간 연평균 투자 증가율은 12.4%에 달했다.

　우리나라 기업가들이 원래 위험을 두려워하지 않은 공격적인 투자성향을 갖고 있었던 것은 아니었다. 투자의 실패를 금융기관과 정부가 막아주고, 투자에 필요한 재원조달에 특혜를 주는 정부 주도의 경제성장 전략이 빚어낸 독특한 사회·경제환경이 맹렬한 투자열기를 유발했다고 보는 것이 타당할 것이다. 투자실패에 대한 위험은 적고 투자성공에 대한 과실이 큰 상황에서 공격적 투자성향의 기업가가 성공했고, 또 그런 기업가들이 많이 나타난 것은 당연하다.

　그러나 1980년대 말부터 경제개방이 가속화되면서 정부의 역할이 줄어들고 시장의 힘이 기업의 성패를 가늠하는 데 결정적인 역할을 하기 시작했다. 투자실패에 대한 개별 기업의 위험은 더욱 커졌다. 그럼에도 불구하고 상당수 기업들이 이러한 변화를 무시하고 공격적인 투자전략을 유지했다. 이것이 이른바 'IMF 외환위기'의 주요 요인이 된 과잉투자, 기업부실, 금융기관 부실의 씨앗이 되었다.

IMF사태 발생 후 위기극복을 위한 기업·금융구조 개혁의 핵심은 민간의 투자책임을 철저히 투자주체인 기업·기업가가 지도록 하는 데 있었다. 투자의 위험을 사회적으로 공유하는 것이 아니라 투자주체가 전적으로 책임지게 함으로써 한정된 경제자원의 낭비를 막고 자원 배분에서 일종의 도덕적 해이(moral hazard)를 제거하자는 것이다. 기업개혁 구조와 관련해서는 미국식 자본주의의 특징이랄 수 있는 주식투자자의 기업경영에 대한 지배력 강화, 주주가치 극대화를 위한 제도들이 속속 도입되었다. 대개 주식투자자들은 기업이 불확실한 분야에 투자하는 것을 극도로 싫어한다. 이익이 나면 부채를 갚고 배당을 늘리기를 원한다.

자본시장의 시장규율 강화가 향후 기업투자에 주는 시사점은 분명하다. 무모하고 공격적인 투자를 하는 경영자는 도태되고, 위험을 두려워하지 않는 모험적 기업가 정신도 쇠퇴하리라는 것이다. 자본투입의 효율은 이미 떨어지고 있다. 떨어지는 자본효율과 약해지는 기업가 정신으로 설비투자 규모가 크게 줄었다. 노동감소에 더해 자본축적 감소 탓에 성장이 이중으로 한계에 부딪히고 있는 것이다.

지식과 기술의 기여를 높이는 게 관건

이제 우리 경제가 지향해야 하는 방향은 분명하다. 주어진 노동과 자본으로 더 많은 부가가치를 창출할 수 있도록 지식 또는 기술의 집적도를 높일 수밖에 없다. 그러나 문제는 간단치 않다. 어느 나라, 어느 기업,

어느 개인인들 동일한 노동과 자본으로 더 높은 부가가치를 창출하려 들지 않겠는가. 모든 나라, 기업, 개인이 명시적이든, 암묵적이든 이러한 목표를 갖고 있을 것이다. 노동이나 자본의 양적투입 확대와는 달리 기술혁신에 따른 총요소 생산성의 제고는 일반적인 경제정책만으로 달성될 수 없다.

영(Alwyn Young)에 따르면 한국·대만·싱가포르 등의 기적적인 경제성장 기록은 노동의 부문 간 이동, 투자율의 상승 등 노동과 자본의 증가를 통해 주도된 것으로 총요소 생산성 증가 속도는 다른 나라보다 나을 게 없다고 한다. 그의 분석에 따르면 1966~90년 사이 한국의 총요소 생산성 증가율은 연평균 1.7%로서 1966~89년 기간 중 미국의 0.4%보다는 높았지만 일본·이탈리아의 2.0%보다 낮았으며, 독일·브라질·프랑스의 1.6%, 1.6%, 1.5%와 비슷한 수준으로 나타났다. 바꿔 말하면 노동과 자본의 투입 증대가 불가능해지면 우리 경제의 성장률이 다른 나라보다 특별히 높아야 할 이유가 없다는 얘기다.

여기에서 중요한 변수가 있기는 하다. 바로 남북한 통일이다. 독일 통일에서 보듯 경제가 큰 어려움을 겪을 수 있지만 잘만 하면 노동의 양적투입 확대, 새로운 투자기회 제공 등 한국 경제가 맞게 될 저성장의 덫을 상당 기간 피해갈 수도 있다.

기업은 더 빨리 성장하는 시장을 찾아야

저성장 시대, 우리 생활은 어떻게 바뀔까. 소득증가율, 임금상승률은 당연히 낮아질 것이다. 저축은 더욱 중요해진다. 미래에 소득이 계속 커지리라는 기대가 적어지기 때문에 여유가 있을 때 미리 축적해 놓지 않으면 안 된다는 생각이 지배할 것이다. 저성장 시대의 또 다른 특징은 금리가 낮다는 것이다. 유망한 투자기회가 적기 때문에 돈을 빌려서 사업을 확장하거나 새로운 사업을 하려는 기업이 줄어든다. 저축이 늘어 자금공급은 증가하는 데 빌려 쓰려는 사람은 줄어드니 이자율이 떨어질 수밖에 없다.

이자율이 낮아지면 저축이 줄어드는 게 아니라 오히려 늘어날 가능성이 높다. 불확실한 미래나 은퇴 이후의 생활수준을 유지하려면, 저축하는 사람은 같은 수준의 소비생활을 위해 더 많은 저축을 해야 하기 때문이다. 이는 다시 소비를 억제시켜 내수를 줄이고 자금공급을 늘려 이자율을 더욱 떨어뜨린다. 불경기 때에는 이자율이 물가상승률에도 못 미쳐 돈을 은행에 예금하는 것이 물건을 사서 갖고 있는 것보다 손해를 보는 마이너스 실질금리 현상을 자주 보게 될 것이다.

국가의 경제정책은 성장을 유지하기 위해 총요소 생산성을 높이는 데 최선을 다해야 한다. 특히 과학기술의 발전, 교육혁신을 통한 인재 육성, 효율적 사회·경제 시스템의 구축이 중요하다. 또한 여성과 건강한 고령인구의 생산활동 참가 기회를 늘리고 인구의 지나친 감소를 억제해 노동력의 감소를 묶어둘 필요가 있다.

저성장 시장에만 안주하는 기업은 클 수 없다. 더 넓게, 더 빨리 성장하는 시장을 찾아야 한다. 개인은 생애소득 흐름에 대한 합리적 기대와 이를 바탕으로 한 평생소비 계획을 세워야 한다. 국민연금 같은 공적연금 외에 노후를 위한 사적연금 계획이나 보험을 준비하는 지혜가 필요할 것이다.

또 개인이든 기업이든, 금융자산을 반드시 국내에 둬야 한다고 고집할 필요가 없다. 해외 주식이나 채권 투자에도 눈을 떠야 한다. 안정성은 다소 높을 수 있지만 수익률에서 국내 자산이 불리할 수 있기 때문이다.

신민영 myshin@lgeri.com

60

척박한 현실이 초래한 위험기피형 사회
젊은이에겐 진취적인 태도와 혁신 마인드가 절실하다

"결혼은 해야겠고, 아무래도 공무원 시험을 치거나 공사라도 들어가야겠어요."

실직자의 이야기가 아니다. 버젓이 대기업에 다니는 노총각 김모 씨(34세)의 푸념이다.

2004년 11월 중순 한 결혼정보 업체의 조사에 따르면 지난 5년 간 결혼이 성사된 커플 가운데 직업별로는 공사 재직자의 비율이 32.6%로 가장 높게 나왔다. 다음은 공무원 · 의사 · 변호사 등 전문직이 뒤를 이었다.

서울대학교 대학신문(2004년 11월 15일)에 따르면 서울 시내 5개 대학 학보사가 공동으로 실시한 설문조사에서 조사 대상의 33%가 "공무원이 되고 싶다"고 답했다. 이러니 매년 공무원 시험 경쟁이 치열해지고 교직의 인기가 올라간다. 아울러 공대나 자연과학대보다 의과대학에 고득점자가 몰리고 있다. 의과대 선호 현상은 어제 오늘의 일은 아니지만 과거에 비해 그 정도가 훨씬 심해지고 있다. 과거의 이과 수재들이 노벨상을 꿈꾸며 물리학과나 공대를 지원한 반면, 이제는 카이스트 등 유수의 이공계 대학에 입학한 인재들마저 의과대 입시로 몰리는 형국이다.

가늘지만 길게

이러한 배경에는 우리 사회 구성원들의 위험기피적인 성향이 자리잡고 있다. 위험기피 성향은 직업이나 배우자 선택에서도 뚜렷이 나타나지만 기업과 소비자 등 경제주체들의 행태에서도 잘 드러난다. 기업들이 투자를 기피하고, 개인들이 창업과 소비를 두려워하는 안정 추구적 성향이 그것이다.

기업들의 투자 부진은 외환위기 이후 외형보다 실속 위주의 경영과 주주 중시의 경영이 자리잡고 있는 것과 관련이 깊다. 그 결과 우리 경제의 설비투자 증가율은 2000년까지 두 자릿수를 기록한 뒤 감소하거나 미미한 증가에 그치고 있다. 2001~04년 동안 연평균 증가율은 0.3% 수준이다.

최근 소비 부진도 상당 부분 위험기피 성향에서 비롯된 것으로 설명할 수 있다. 우리 경제의 미래가 불투명하다고 보는 소비자들이 정상적이고 합리적인 소비조차 하지 않는 '소비 거부증'을 보이면서 2003년에 이어 2004년까지 2년 연속 소비가 줄었다. 도대체 왜 이러한 현상이 벌어졌을까.

우선 경제발전으로 생활수준이 높아지고 아울러 평균수명이 길어지면서 안정성을 추구하기 시작한 점을 들 수 있다. 경제적으로 덜 윤택할지 몰라도 안정적인 생활이 더 낫다. 가늘지만 긴(thin but long) 생활을 원하는 것이다. 이 점에서 위험기피 현상은 사회의 성숙 내지는 안정을 반영한다는 긍정적 시각도 있다.

그렇지만 위험기피 현상은 아무래도 척박해지는 우리의 경제 현실과 무관치 않다. 그 중 하나가 조기퇴직 현상이다. 일반 기업체의 경우 삼팔선이다, 사오정이다 해서 조기퇴직 현상이 확산되고 있다. 의학의 발달로 사람의 평균수명은 길어지는데 사회적인 수명은 오히려 짧아지고 있는 것이다. 반면에 교직 등 공무원은 과거보다 덜하더라도 여전히 우리 사회에서 가장 안정성이 보장된 직군이라고 할 수 있다.

다음으로 경쟁이 심화되면서 전반적으로 사업의 성공확률이 낮아지는 측면을 들 수 있다. 그 와중에도 어수룩했던 우리 사회의 제도적 허점이 보완되면서 실패에 대한 '징벌(punishment)'은 오히려 강화되는 추세다. 그 결과는 사업의 기대보수보다 기대손실이 더 큰, 순기대보수(net expected reward)가 마이너스인 상황이다. 사업에 실패하거나, 불가피하게 경제사범이 됨으로써 전과자나 파산자, 또는 신용불량자라는 낙인이 찍히면 돌이키기 어려운 상황으로 내몰린다. 우리 사회는 여전히 '패자부활전이 없는 사회'이고, 따라서 '실패는 곧 죽음'이다.

마지막으로 '눈에 보이지 않는' 투자수익률이 감소하고 있다는 점도 들 수 있다. 때때로 기업이 돈을 많이 버는 것에 대한 우리 사회의 시선이 곱지 않다는 것이다. 폭넓게 퍼진 반기업 정서 탓일까. 기업들이 많은 돈을 벌면, 그 기업가와 경영방식을 칭송하는 목소리는 잘 들리지 않는다. 오히려 정경유착 등 기업이 돈을 벌 수밖에 없었던 구조적인 배경을 찾는다든가 또는 가격을 비싸게 받아 독점이윤을 취했다는 식의 비판이 흔히 나온다. 이러한 사회적인 투자수익률의 감소는 기업 간 실적 양극화가 심각해지는 요즘 더욱 가속화될 수 있다.

사회·경제적 발전에 따라 위험기피 성향이 늘어나는 것은 불가피한 일인지도 모른다. 문제는 우리 사회에서 이 경향이 지나치게 빠른 속도로 진행된다는 점이다. 인구고령화로 인한 생리적인 노쇠화도 모자라 이제 사회·경제적 노쇠화가 심화되고 있다.

이노베이션 마인드의 소멸

개인들의 안정성 선호 경향, 기업들의 실속경영과 초과이윤을 누릴 틈새의 감소 등은 금방 해소될 성질의 것이 아니다. 따라서 위험기피 성향은 당분간 우리 사회 트렌드의 한 축을 이룰 것이다. 문제는 이러한 위험기피 현상이 우리 사회에 여러 부정적 영향을 미친다는 점이다.

가장 큰 문제는, 투자감소가 경제의 성장잠재력 약화로 이어지는 것이다. 장기적으로 경제성장은 노동과 자본, 총요소 생산성에 따라 결정된다. 이 가운데 노동은 인구고령화와 출생률 감소로 인해 늘어나는 것이 상당히 어려운 상황이다. 여기에 더해 투자부진에 따른 자본축적 둔화는 장기적으로 우리 경제의 성장동력을 훼손시킨다. 주주가치를 중시하는, 단기 성과가 좋지 않으면 CEO를 해고하는, 현재의 경영환경이 바뀌지 않는 한 이러한 추세는 지속될 것이다. 이 같은 투자부진은 특히 미래 성장산업 분야에서 우리 기업들의 경쟁력을 크게 약화시킬 것이다.

해법은 우리 사회의 전반적인 혁신(innovation) 마인드를 고양하는 것이다. 특히 현재의 반도체나 휴대폰처럼 우리 경제를 끌고 갈 고부가가치 미래산업, 이른바 신성장산업의 발전과 도약을 위해서는 젊은이들의 진취적인 태도가 절대적으로 필요하다.

그러나 상황은 낙관적이지 않다. 우수하고 풍부한 이공계 인력의 공급이 어려울 것이기 때문이다. IT 중심의 기술발전으로 우리나라는 세계적인 인터넷·디지털 강국으로 자리잡고 있다. 그러나 디지털 시대에 걸맞은 성향과 자질을 갖춘 젊은 인재들이 안정성을 중시해 그다지 창의적이지 못한 직종에 몰리고 있는 실정이다. 우리 사회·경제의 질적 발전은 더욱 힘들어지고 있다.

이공계로 인재들이 몰린들 또 어찌할 것인가. 실패 가능성이 높지만 부가가치가 높은 기술보다는, 성공 가능성이 높아도 부가가치가 낮은 기술개발에 몰두할 가능성이 높다. 씨름의 예를 들면, 뒤집기나 밧다리

후리기보다는 샅바싸움이나 하면서 잡치기나, 안다리 후리기를 노리는 셈이다. 잡치기로 이겨도 이기는 것이다. 그러나 우리 사회는 지금 뒤집기와 같이 크고 화려한 기술에 목말라하고 있다. 안정을 희구하는 성향이 강한 젊은 인재들에게 우리의 장래가 걸린 원천기술의 발전을 기대하기는 어렵다.

김기범 kbkim@lgeri.com

61

저성장 시대의 슬픈 자화상, 소득양극화
소득격차 해소 없이는 사회 발전도 없다

수십억 자산가가 늘어난다

어느 정도 재산이 있어야 부자라고 할까. 문자 그대로 100만 달러 이상을 가진 백만장자, 즉 우리 돈으로 대략 10억 원 이상의 금융자산가들을 부자라고 불러보자.

미국 투자은행 메릴린치(Merrill Lynch)가 2004년 발표한 〈세계 부자보고서〉에 따르면 우리나라의 경우 백만장자가 2003년 기준 6만 5,000명이다. 전년의 5만 5,000명보다 18%나 늘었다. 2003년은 내수가 본격적으로 침체하면서 경제성장률이 3.1%에 그쳤던 시기다. 경기가 좋지 않았는데 부자가 더욱 늘어났다는 사실은 소득양극화가 심화됐음을 뜻한다. 보스턴 컨설팅그룹(Boston Consulting Group)은 2005년에 이르면 우리나라에서 백만장자들의 금융자산 규모가 대략 290조 원 대에 이를 것으로 내다보고 있다. 우리나라 한 해 정부 예산의 두 배가 넘는 규모다.

우리 사회의 개방화와 기술정보화는 소득격차를 더욱 벌리고 있다. 부를 가진 사람들이 상대적으로 부를 얻을 수 있는 정보에 더 가깝기 때문이다.

극빈자 역시 늘어난다

2004년 6월 기준 정부의 기초생활보장 대상자는 139만 5,000여 명으로 1년 사이 약 5만 명이 늘었다. 내수부진으로 경기가 급락하면서 노동 및 사업소득이 감소한 결과다. 사실 빈곤층이나 저소득층을 어떻게 규정하느냐에 대해선 저마다 생각이 다르다. 그러나 어떻게 정의하든 가까운 미래에 이 계층이 늘어날 것이란 비관적 전망에는 이견은 없다.

IMF 경제위기 이후 기업들의 구조조정이 진행되면서 취업자 중 비정규직 비중이 48.4%까지 늘었다(2004년 10월 기준). 15~29세의 청년 실업률도 7.2%로 치솟았다(2004년 10월 기준). 비정규직 근로자는 정규직 월급의 절반 정도만 받는다. 그나마 일자리조차 불안정하다. 경기가 악화되면 일자리를 잃을 가능성이 높고, 이는 저소득층이나 극빈층으로 내몰릴 가능성을 높인다.

370만 명을 넘어선 신용불량자들은 또 어떻게 할 것인가. 신용을 잃었기에 변변한 일자리를 찾기도 어렵다. 취업을 해도 불안정하고, 보수가 낮은 직군에 종사할 수밖에 없기 때문에 그 신세에서 벗어나지 못한다.

우리 산업의 고용흡인력은 갈수록 떨어지고 있다. 산업을 크게 제조업과 서비스업으로 나눌 때 매출액이 10억 원 늘어날 경우 유발되는 제조업 부문의 추가적인 일자리는 1995년 8.6명 수준이었다. 이것이 2000년엔 4.9명으로 낮아졌다. 같은 기간 서비스 부문도 25.7명에서

18.2명으로 급감했다. 노동생산성이 늘어났다고 반길 일만은 아니다. 경제가 고성장세를 구가하지 못한다면 갈수록 일자리를 얻기가 어렵다는 얘기도 된다.

우리 경제의 성장잠재력은 갈수록 악화하고 있다. 장기적으로 일자리를 크게 늘리지 못하는 저성장 경제구조가 지속될 수밖에 없는 상황이다. 신용불량자나 비정규직 근로자를 획기적으로 줄이지 않는 한 저소득층의 비중은 늘어날 수밖에 없을 것이다.

자산격차가 가져오는 삶의 차이

부유층과 저소득층이 동시에 늘어나는 소득양극화 및 소득의 격차는 소비문화의 차이로 나타나며, 사회적 위화감을 조성한다. 즉 사회 전체의 응집력을 떨어뜨린다. 부자에게도 좋을 것이 없다.

먼저 씀씀이를 살펴보자. 부유층의 소비는 갈수록 '그들만의 소비'로 치닫고 있다. 1999년부터 고가의 수입자동차 시장은 매년 두 배씩 늘어나고 있다. 고가의류 등 명품의 수입도 크게 늘어 해외 유명 브랜드마다 앞다퉈 한국시장에 진출했다. 서울 강남의 초등학교 학생들에게 영어 조기연수는 기본이다. 자녀들을 해외로 유학 보낸 집을 한 집 건너 찾아볼 수 있다. 한 달 수십만 원을 내고 원어민 영어강사를 초빙, 과외를 시키는 집이 허다하다.

타워펠리스 같은 초고층 주상복합 아파트는 계속 늘어나고 있다. 평당 3,000만 원에 육박하는 분양가에도 프리미엄이 붙어 거래된다. "어느 동 ○○아파트에 살아요"라는 말 자체가 고양된 신분을 은연 중 과시하는 세태다.

그러면서도 고가의 아파트에는 철저한 보안경비 시스템이 채용된다. 부유층을 타깃으로 삼는 강력범죄에 대비해 장막을 치는 것이다.

서울 강남 지역은 아예 골목길 곳곳에 감시 카메라를 설치했다. 사회 전체적으로 보안 및 경비 수요가 커간다는 사실은 소득계층 간 갈등이 위험수위에 다다랐음을 의미하는 증거다. LA의 비벌리 힐스처럼 일반 소득계층이 얼씬거릴 일이 없는 부유층 집단거주 지역이 점차 서울 곳곳에 생겨나고 있다.

기업금융과 일반 가계대출이 사실상 한계를 맞은 금융기관마다 이들 부유층 고객을 잡기 위해 혈안이 돼 있다. 은행들마다 내놓은, 장밋빛 프라이빗 뱅킹(private banking)이 그것이다. PB는 대개 금융자산 10억 원 이상인 부유층을 대상으로 자산투자, 법률 및 세무자문 등 종합적인 자산관리 서비스를 제공한다. 은행들은 예금고객을 구별할 때 5억 원 이상 저축성 예금계좌를 최고 소득층으로 분류하고 있다. 이 고소득 예금계좌 수는 2003년 말 기준으로 5만 4,000계좌, 124조 원에 이른다. 2000년에 비해 계좌 수에서는 38.5%, 액수에서는 38.4% 증가한 수치다. PB시장이 꾸준히 늘어난다는 것은 부유층의 자산운용이 더욱 전문화되고, 이는 소득격차가 확대된다는 의미다.

이런 가운데 저소득층은 갈수록 막다른 길로 내몰리고 있다. 자살 사례는 매년 증가해 IMF 외환위기 직후 패닉 상태에 버금갈 정도로 심각해졌다. 자살 중에서도 사업실패나 빈곤을 비관한 자살유형이 크게 늘었다. 2003년엔 가난을 비관한 자살이 731명으로 경제위기 직후인 1998년의 897명 이후 가장 많았다. 사업실패를 비관한 자살 역시 426명으로 1998년 595명 이후 최고 수치다.

빈곤은 단란했던 가정도 박살낸다. 경제적인 사유로 인한 이혼이 전체에서 차지하는 비중은 2000년의 10.7%에서 2003년에는 16.4%로 높아졌다. 저성장세가 굳어질수록 자살과 이혼사례는 늘어날 것이다. 우리 사회는 더욱 복잡다단해지고, 경쟁이 치열해지고 있다. 삶에 대한 긍정적 자세를 유지하기가 어려워지는 상황에서 생활고는 빈곤층을 극단의 길로 내몰고 있다.

사실 우리 사회의 소득양극화는 다른 동남아국가는 물론 미국 등 서구사회와 비교한다면 그 정도가 심하진 않다. 그런데도 최근 소득격차가 유달리 심각하게 느껴지는 것은 기계적인 평등주의가 아직도 사회 곳곳에 잔존하는데다 우리 경제의 저성장 기조가 이대로 굳어질 가능성이 높기 때문이다. 즉 소득격차가 세대를 이어져 내려가며 고착될 수밖에 없다는 좌절감, 패자부활전이 더 이상 벌어지지 않을 수 있다는 막막함이 극빈층을 괴롭히기 때문이다.

동서고금의 역사를 통해 볼 때 극단적인 소득양극화를 치유하지 않고도 유지되는 사회는 없다. 실제 피부로 느끼는 생활수준의 격차를 성장을 통해 해소하거나, 그것도 여의치 않으면 물적 행복을 포기하고 영적인 세계의 풍요를 좇는 사회로 변모해야 한다.

미국 사회의 소득격차는 세계에서 가장 심각한 수준이다. 그런데도 미국 경제와 사회의 건강성 및 역동성은 선진국 중 최고다. 부자들에 대한 감세혜택을 늘리고, 빈곤층과 소수인종에 대한 지원에 인색했던 공화당이 2004년 대선과 상원의원 선거에서 다시 승리했다. 어떻게 이럴 수 있을까.

해답은 부의 세습을 차단하는, 가혹할 정도의 상속·증여세 부과와 미국 중상위층이 종교적 신념처럼 떠받드는 '나눔의 문화'다. 세계 최대의 갑부인 빌 게이츠 마이크로소프트 회장은 이제까지 4조 원 이상을 전세계에 기부했다. 뉴욕 주 렌설리어 공대는 수년 전 한 독지가로부터 무려 4,680억 원의 기부금을 받았지만 익명을 철저히 당부한 그의 뜻을 기려 아직도 입을 다물고 있다. 〈뉴욕 타임스〉는 수년 전 복지기관에 매년 수억 원을 기부해 온 익명의 독지가를 추적한 결과 뉴욕 J.F.케네

디 공항에서 작은 가판대를 경영하는 주인이라는 것을 밝히기도 했다.

부시 행정부는 1기 정부 출범 직후 상속세 폐지를 추진했다가 여론의 거센 역풍을 받았다. 당시 폐지 방침에 공개반대를 천명했던 인사들은 워런 버핏, 조지 소로스, 윌리엄 게이츠 시니어(빌 게이츠 회장의 아버지) 등 억만장자들이었다. 대를 이은 부의 세습이 미국 사회의 뿌리를 갉아먹는다는 공감대가 형성돼 있는 것이다.

우리 사회도 21세기 들어 나눔의 문화가 확산되고 있다. 그만큼 소득격차가 심각해졌다는 반증이다. 그런데도 사회적 위화감과 소득계층 간 갈등을 해소하는 데는 아직 태부족이다. 상속·증여세율도 선진국보다 턱없이 낮다.

소득격차를 해소하려는 다양한 노력이나 빈곤층의 아픔을 나누려는 사회적 노력이 없다면, 우리 사회의 삶의 질은 개선되지 않을 것이다. 이는 부유층에게도 마찬가지다.

조영무 choym@lgeri.com

62
집으로 평생을 살아가는 **평생주택소비**
집으로 저축하고 집으로 소비한다

돈 없는 노인, 집 없는 젊은이

2003년 스스로 목숨을 끊은 61세 이상 노인이 3,653명에 달한다. 하루

10명 이상의 노인이 스스로 이생의 연을 끊은 것이다. 자살의 이유는 질병·자녀학대 등 다양하다. 그러나 그 바탕에는 '가난'이 자리잡고 있다.

우리나라 노년층이 맞닥뜨린 현실은 절박하다. 국민기초생활보장법에 의거한 수급자 중 65세 이상 고령자 비율은 무려 24.2%다. 통계청 조사에 따르면 50세 이상의 소득수준은 그럭저럭 괜찮았으나 60세를 넘어가면 소득이 뚝 떨어진다. 연간소득은 30대의 73%, 40대의 61% 수준이다. 노년층의 상당수가 저소득층 또는 사회빈곤층인 것이다.

자식들이 보살핌을 받았던 만큼 부모를 봉양하면 좋겠지만, 사정은 그렇지 못하다. 세계에서 전례 없는 빠른 고령화와 출산율 급감이 맞물리면서 청장년층의 노인부양 부담이 급증하고 있기 때문이다. 1970년에는 100명의 젊은이들이 6명의 노인만을 부양하면 됐다. 그러나 2030년에는 무려 36명에 달하는 노인들을 부양해야 한다. 조부모와 외조부모가 모두 살아 있는 가운데 결혼한 아들과 딸이 아이 하나만을 낳아 키우는 역피라미드형 가족 형태는 이미 흔해졌다. 이 아이가 자라서 조부모와 부모를 모두 부양해 주기를 감히 기대할 수 있을까.

갖가지 연금제도가 있기는 하다. 그러나 혜택은 일부에 그친다. 60세 이상 노년층 가운데 노령연금을 받는 비율은 2000년 기준 9.3%. 노년층 10명 중 9명은 갖가지 연금제도의 사각지대에 놓여 있다. 대부분 국민연금제도가 본격 시행되기 이전에 은퇴했거나, 청장년기에 목돈을 만질 기회가 적었던 농어촌 주민들이다.

가족에게도 국가에게도 기대기 어려운 노인들. 이들이 마지막 버팀목으로 생각하는 것이 바로 집이다. 한두 푼 아껴 장만한(buying) 소중한 자산이다. 통계청의 조사에 따르면 우리나라 60세 이상 가구주의 주택소유 비율은 80%에 달한다. 쓸 돈은 없지만 덩그러니 집 한 채씩은 가지고 있다는 얘기가 된다.

주택을 은행에 맡기고 돈을 빌리면 어떨까. 일시에 목돈이 생길 것이다. 그러나 노인들은 오랫동안 조달할 생계비가 필요하지, 일시적인 목돈이 필요한 것이 아니다. 대출금리보다 훨씬 싼 예금이자를 받기 위해 다시 은행을 찾아야 하는 상황이 벌어진다. 더욱이 만기 때는 또 어쩔 것인가. 벌어놓은 돈이 없으니 집을 처분해야 한다. 불행하게 만기보다 오래 산다면 거리에 나앉을 판이다.

그러나 젊은이들은 노인들과는 정반대다. 소득은 노인들보다 많지만 집을 살(buying) 수가 없다. 우리나라 30세 미만 가구주의 주택 소유 비율은 24% 수준. 대부분이 전세·월세 등 비싼 임대료를 내며 산다. 지상 과제는 주택을 구입하는 것이다. 먹는 것, 입는 것 모두 아끼면서 이들이 세우는 재테크 계획의 정점에는 '내집 마련'이 있다.

문제는 천정부지로 치솟는 집값 때문에 이들의 목표달성 가능성이 갈수록 희박해진다는 것이다. 얼마 전 통계청은 결혼 후 내집 마련에 걸리는 시간이 평균 10년 1개월이라는 조사결과를 발표했다. 그러나 대도시 또는 수도권에 집을 장만하기 위해선 그 시간이 더욱 길어진다. 통계청 조사에 따르더라도 자기 집을 가진 30대는 채 절반이 되지 않는다.

집으로 저축하고 집으로 소비한다

이제 드디어 모기지론과 역(逆)모기지론을 설명할 때가 왔다. 젊어서는 모기지론을 통해 큰 돈 없이도 쉽게 살 집을 장만할 수 있다. 나이 들어서는 역모기지론을 통해 살던 집에서 계속 생활하면서 부족한 생계비를 조달할 수 있다.

유소년기에는 소득이 거의 없다가 청장년기에는 소득이 급증하고, 다시 노년기에는 소득이 감소하는 등 생애 전체적으로 보면 소득은 들

쭉날쭉하다. 그러나 이 제도를 도입하면 주거 문제만큼은 안정적으로 해결할 수 있다. 평생에 걸쳐 안정적으로 주택을 소비(consuming)하는 '평생주택소비' 사이클이 형성되는 것이다.

간단한 예를 하나 들어보자.

30세의 A씨는 사랑하는 그녀와의 결혼을 앞두고 1억 5,000만 원짜리 집을 장만하기로 결정했다. 그 동안 모아둔 돈 5,000만 원에 1억 원을 모기지론으로 조달하기로 계획을 세웠다. 금리는 6%. 상환기간은 20년이다. 매달 원리금으로 빠져나갈 금액은 71만 6,000원으로 결코 적지 않은 금액이다. 아이마저 생긴다면 적금·주식 등으로 돈을 모으기에는 빠듯하다. 즉 모기지론을 이용하면 젊어서 집을 장만하기는 쉽지만 한참 돈을 벌 시기에 목돈을 저축하기는 어렵게 된다.

하지만 모기지론의 원리금이 허공으로 사라진 것이 아니다. A가 50세가 되고 원리금을 다 갚았을 때, 이제 집은 온전히 그의 것이다. 그러나 '오륙도' 시대를 맞아 A가 60세에 은퇴한다면….

역모기지론의 진가는 이 때 발휘된다. A씨가 30세에 1억 5,000만 원을 주고 샀던 집은 매년 2% 정도씩 가격이 올라 60세 즈음에는 6억 원을 호가한다(우리 경제의 잠재성장률을 감안할 때, 매년 2%씩 주택가격이 오른다는 가정은 보수적인 것이다). 주택가격의 70%를 담보로 잡히고, 금리 6%의 역모기지론을 이용키로 했다. A씨가 60세부터 15년 동안 매달 받는 이자는 143만 7,000원이다(더 오래 살 것 같으면 이자를 낮추고 지급기간을 늘리면 된다).

A씨 사례를 정리해 보자. 청·장년기에는 모기지론을 갚아나가면서 소득의 상당 부분을 주택의 형태로 저축한다. 반면 노년기에는 역모기지론을 통해 생계자금을 받는 대신 주택이라는 저축의 일부를 소비하

는 셈이다. A씨의 재산목록으로 집이 온전하게 등기된 것은 50대뿐이었다. 그러나 훨씬 긴 나머지 기간에 집이란 자산을 골고루 분산시켜 효과적인 소비생활을 해온 것이다.

구체화되는 평생주택 소비 사이클의 형성

2004년 초 주택금융공사의 출범으로 우리나라에도 본격적인 모기지론 시대가 열렸다. 2004년 10월까지 모기지론 판매 실적은 3만 7,000건, 2조 6,000억 원에 달한다. 한편 일부 금융기관에서 역모기지론 상품을 시도하고 있으며, 정부도 2005년부터 세제지원을 포함한 활성화 방안을 제시할 계획이다. 부동산가격이 안정세를 보이면서 주택투자에 대한 인식도 달라지고 있다. 과거처럼 시세차익을 노리기보다는 미국과 같이 안정적인 임대수익을 얻기 위한 목적으로 변화할 조짐이다.

그러나 평생주택 소비 사이클이 우리 사회에 널리 보편화되려면 많은 걸림돌이 남아 있다. 우선 금리 움직임이 문제다. 모기지론과 역모기지론 모두 고정금리 상품이다. 금리가 급격히 변하면 이용자들에게 커다란 부담이 된다.

또한 소득증가 속도와 비슷하게 주택가격이 올라가야 한다. 주택가격이 급등할 것으로 예상되면 집을 장만하기 위해 빌려야 하는 모기지론 금액도 커질 수밖에 없다. 매달 갚아야 하는 원리금은 많은데 소득증가폭이 작다면 모기지론을 포기하고 말 것이다. 역모기지론 제도도 금융기관의 리스크를 줄이는 공적인 보증제도 도입으로 보완할 필요가 있다.

우리 사회는 살고 있는 집을 저당 잡힌다는 사실에 큰 거부감을 가지고 있다. 세상을 뜰 때 자녀에게 집 한 채 정도는 남겨야 한다는 상속 욕구도 무시할 수 없는 심리적 장벽이다.

현재 저당이 잡히지 않은 '깨끗한' 집에 살고 있는 고령자 가구는 46

만 7,000 가구에 달하는 것으로 추산된다. 이들 중 10%만 역모기지론을 활용하더라도 4만 6,000 가구 이상의 생계비 마련에 도움을 받는 셈이다.

모기지론 및 역모기지론에 대한 사회적 관심은 갈수록 커가고 있다. 경기침체가 지속되고 젊은 층의 내집 마련이 어려워질수록, '젊은 노인'들이 많이 생겨나 한 채 남은 집을 활용하고픈 욕구가 커질수록, 두 상품에 대한 니즈는 커질 것이다.

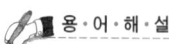
용·어·해·설

모기지론(mortgage loan)
주택을 담보로 장기 대출을 받아 집을 산 뒤 오랜 기간에 걸쳐 정해진 원금과 이자를 나눠 갚는 제도. 현재 주택금융공사가 판매 중인 모기지론의 경우 집값의 30%만 내고 일단 주택을 구입할 수 있다.

역모기지론(reverse mortgage loan)
노년층이 자신이 소유한 집을 담보로 금융기관으로부터 매달 일정액 또는 일시불로 돈을 빌려 쓰는 금융상품. 미국의 경우 본인과 배우자가 모두 사망하거나 이사하기 위해 집을 처분할 때까지는 원리금을 갚을 의무가 없다. 따라서 금융기관은 부동산 값이 떨어지거나, 금리가 낮아지거나, 고객이 장수할 경우 손해를 볼 수 있다. 그렇기 때문에 정부 기관인 미국 연방주택국(FHA)이 보증을 선다.

현재 국내 일부 금융기관들이 내놓은 역모기지 상품은 변형된 주택담보대출이라고 할 수 있다. 대출 연령에 제한이 없고, 대출기간이 짧으며, 만기 때에는 반드시 집을 팔거나 일반주택담보 대출로 전환해야 하거나 자녀가 대신 빚을 갚아야 하기 때문이다.

이한득 hdlee@lgeri.com

63

간접투자로 변화하는 재테크 지형도
재무설계사의 전성시대가 온다

요즘 돈이 많으면 상대적으로 고민도 많아진다. 부동산을 덜컥 사놓았다간 가격이 떨어지고 거래가 끊겨 되팔지 못하곤 한다. 주식은 워낙 가격이 춤추는 바람에 거액을 집어넣기엔 부담스럽다. 은행예금은 금리가 낮아져 물가가 오르는 속도도 따라가지 못한다. 은행이나 증권, 보험사마다 신상품이라고 내놓았지만, 다 비슷한 것 같다. 내용은 왜 그리도 복잡한지….

이쯤 되면 돈을 굴린다는 것은 '예술가의 경지'다. 아니면 수억을 잃어도 끄떡하지 않는 강심장의 자산가이거나, 로또에 당첨돼 벼락부자가 된 사람일 터다.

많이 버는 것보다 적게 잃는 것이 낫다

외환위기 이전 예금이자율은 10%를 넘었다. 지금은 3%대다. 그런데도 우리나라 개인들은 금융자산의 56%를 예금으로 가지고 있다(2004년 중반 기준). 잠재성장률이 낮아지면 저금리 기조는 피하기 어렵다. 과거에는 은행에 돈을 맡기면 날릴 위험도 없으면서 높은 이자를 받았다. 하지만 지금 은행에 돈을 맡겨 불릴 생각은 접는 것이 현명하다. 이자를 좀더 받으려면 위험을 감수해야 한다.

소득양극화 속에서 부자들과 그들의 여유자금 규모도 커졌다. 늘어나는 부유층은 다양한 투자상품에 관심을 갖지만 큰 위험은 고사한다. 투자대상도 채권·주식 등 금융상품을 벗어나 부동산 등으로 확대된다. 부동산 상품의 종류는 또 얼마나 많은가. 사정이 이렇다 보니 아마추어인 자신이 직접 투자대상을 고르기보다 전문가에게 맡기는 방안을 찾게 된다.

우리 사회가 고령화될수록 투자 유형도 변한다. 젊은이들은 여생이 길다. 다소 위험을 감수하더라도 높은 수익을 원하는 경우가 많다. 그러나 나이를 먹을수록 높은 수익률보다는 안정적인 수입을 원한다. 앞으로 돈을 벌 수 있는 기간이 짧아지고 자녀 학자금, 결혼자금 등으로 써야 할 돈은 많아진다. 원금을 날리면 큰일 나는 것이다. 따라서 안정적으로 수익을 내면서도 위험이 덜한 투자대상을 찾게 마련이다. 이러한 경향도 간접투자를 활성화하는 배경이 된다.

금융시장이 효율적으로 움직일수록 위험이 낮으면서도 높은 수익을 얻는 금융상품은 귀해진다. 돈이 좀 된다 싶으면 너도나도 몰려들기 때문에 수익률이 떨어질 수밖에 없다. 고수익·고위험 금융상품을 찾으려면 위험을 잘 관리해야 한다. 그런데 금융지식이 짧은 일반인들이 복잡한 위험관리 기법을 사용하거나, 여러 금융자산에 돈을 나눠 투자하고 관리하기란 현실적으로 힘들다. 이를 손쉽게 해결하는 방안이 뮤추얼 펀드(mutual fund)나 수익증권과 같이 금융기관들이 이미 위험을 분산시킨 간접투자상품을 구입하는 것이다.

금융기관은 여러 고객의 자금을 모아 펀드를 구성한다. H투자신탁의 '바이 코리아 펀드 1호' 같은 식이다. 이런 펀드는 주식·채권·파생상품 등 다양한 금융상품을 사들이고, 복잡한 공학기법을 활용해 위험을 낮춘다. 투자자 입장에서는 '펀드 1호'를 사는 것만으로 전문가(펀드 매니저)들의 '예술적 경지'를 기대할 수 있다. 고령 세대가 이런 간접투자 상품을 찾는 것은 당연하다.

펀드에 가입하기 위해 은행을 찾는다

그렇다면 간접투자 대상은 어떤 것들이 있을까. 지금까지 위험과 수익률을 관리하는 대표적 방법이 주식과 채권의 매입비중(편입비중)을 여러 가지로 가져가는 것이었다. 위험이 크더라도 고수익을 원하는 투자가들에게는 주식형 펀드를, 반대로 위험보다는 안정성을 따지는 투자가들에게는 채권형 펀드를 제공하는 것이다.

그러나 앞으로는 주식이나 채권, 파생상품은 물론이고 뮤추얼 펀드, 헤지 펀드와 같은 펀드 상품을 사들이거나 부동산·귀금속·원유 등의 실물자산까지 투자대상이 될 전망이다. 국제 원유가격이 올라갈 것으로 예상되면 원유를 사들이는 간접투자 상품을 매입하고, 금값이 올라갈 것으로 예상되면 금값과 함께 가격이 움직이는 간접투자 상품을 매입한다는 것이다. 이는 선진국에선 널리 퍼진 투자 유형이기도 하다.

부동산도 간접투자 대상이다. 부동산을 직접 사려면 많은 위험과 번거로운 절차를 감수해야 한다. 아파트처럼 획일화된 부동산이 아니라 단독주택·상가·토지 등으로 투자대상이 넓어지면 솔직히 부동산 전문가의 도움을 받아야 한다. 그러나 이들 부동산을 사들여 수익을 내는 간접투자 상품을 매입한다면 비슷한 효과를 얻을 수 있다. 급전이 필요하다면 투자상품을 되팔면 된다. 부동산을 되팔 때와 비교하면 얼마나 간편한가. 간접투자 상품의 이 같은 매력 때문에 금융기관들로서는 결코 놓칠 수 없는 시장으로 떠오르고 있다.

내가 죽어도 재산관리 서비스는 남는다

최근 부유층을 대상으로 한 종합자산관리 서비스인 프라이빗 뱅킹(private banking)이 뜨는 중이다. 투자자문 서비스를 기본으로 하되 세금·법률 서비스 등까지 제공하는 토털 서비스다. 상속·절세·기부 등에 관련된 자문이나 국제 금융 동향에 대한 정보제공 서비스 등도 포함된 경우가 많다. 이런 추세라면 조만간 고객들의 사후 재산관리도 부가 서비스로 제공될 것이다.

PB가 뜨는 이유는 금융기관들이 안정적으로 수익을 올릴 수 있기 때문이다. PB는 고객 투자금의 일정 부분을 대가로 받기 때문에 상당히 안정적이고, 투자 이익이 많아지면 수수료 수입도 늘게 된다. 2003년 미국 증권업계 전체 수익 중에서 자산관리 서비스 관련 수입은 41.4%나 차지했다. 반면 펀드 판매수입은 4.2%에 불과하다. 우리 금융계의 향후 진로도 미국을 닮아가고 있다.

이제까지 논의를 정리해 보자. 일반 투자가들에게는 '기성복형' 간접투자 상품이, 좀더 여유 있는 부유층에게는 '맞춤복형' 자산관리 서비스가 제공된다. 자산관리 서비스도 사실상 양극화된다. 일반인에게는 이미 만들어져 있는 기성복형 간접투자상품이 제공된다면, 부유층에게는 특성에 맞는 맞춤복형 자산관리 서비스가 제공된다고 할 수 있다. 부유층 고객에 대해서는 호화로운 접견실에서 자산관리 전문가가 인터뷰를 통해 투자성향을 파악하고 개인적인 정보를 참작해 결정한 종합 서비스가 제공된다.

간접투자 상품이 뜨면서 자산운용기관들의 경쟁은 점차 치열해질 것이다. 외국 기관들의 시장 진입도 예상할 수 있다. 우리 경제가 저성장·저금리시대에 접어들고 자산시장의 침체라는 상황을 맞으면서 부유층들의 해외 투자상품에 대한 관심은 갈수록 높아지고 있다. 글로벌 관점에서 투자수익을 높일 수 있는 역량이 중요해진다는 애기다.

각광받을 재무설계사

외환위기 이후 가장 유망한 직업으로 증권사 애널리스트, 투신사 펀드 매니저 등이 꼽혔다. 수억 원 대의 연봉과 높은 지명도 덕택이다. 그러나 향후 간접투자가 활성화되면 재무설계사(financial planner)가 더욱더 각광받을 것으로 전망된다.

재무설계사는 금융뿐 아니라 조세제도·법률·회계·심리학 등에 대한 해박한 지식을 가져야 성공할 수 있다. 몇몇 재무설계사는 금융기관에 소속되지 않고 독립적으로 영업하는 사례도 생겨날 것이다. 미국에는 재무설계사의 3분의 2가 독자적으로 개업하고 있다.

김석진 sjkim@lgeri.com

64

몰려오는 중국 기업들
핵심 기술과 글로벌 경영 역량을 사수하라

2004년 7월, 미국의 시사경제지 〈포춘〉이 세계 500대 기업 명단을 발표했다. 이 가운데 포함된 한국 기업은 전년보다 2개 줄어든 11개인 반면 중국 기업은 4개 늘어난 15개였다. 중국 기업은 10년 만에 3개에서 15개로 늘어나 세계 최고의 성장속도를 자랑했다. 2014년엔 격차가 얼

마나 벌어질까.

과거 우리 기업들이 걸었던 길을 따라 중국 기업들이 재빠르게 추격하고 있다. 우리 기업의 성공 체험보다 훨씬 휘황찬란한 성공이 기다리고 있을지 모른다. 중국 시장이 한국과 비교할 수 없이 크기 때문이다.

〈Made in China〉에서 〈Made by China〉로

2004년 중국의 수출액은 6,000억 달러에 육박했다. 1,000억 달러를 넘어선 게 1994년의 일이니 불과 10년 만에 5배로 커진 것이다. 이런 추세라면 1조 달러 돌파는 시간 문제다. 싸구려 제품만 수출하는 것도 아니다. 예전엔 의류·신발·완구 등 경공업 제품 일색이었으나, 이제는 컴퓨터·휴대폰·TV 등 전자산업이 당당히 수출 주역으로 떠올랐다.

이처럼 눈부신 실적에도 불구하고 아직까지는 세계시장에서 중국 기업, 중국 브랜드 제품으로 뚜렷이 기억나는 것이 별로 없다. 왜 그럴까. 그것은 중국 수출의 약 55%를 외자 기업이 담당하기 때문이다. 즉 중국 수출의 절반 이상이 '메이드 인 차이나'이지만, '메이드 바이 차이나'는 아니었던 셈이다. 더구나 중국 기업이 담당하는 수출의 나머지 부분도 주문자상표부착(OEM) 방식이 많아 중국의 독자 브랜드는 찾아보기 힘들었다.

하지만 사정이 달라지고 있다. 중국 기업이 고유 브랜드를 내걸고 해외시장을 찾기 시작한 것이다. 대표적인 사례가 중국 최고의 가전업체인 하이얼(海爾)이다. 하이얼은 이제까지 자국에서 쌓은 실력을 토대로 자사 브랜드로 선진국 시장에서 입지를 구축하고 있다. 이미 미국에서 와인 냉장고 시장을 제패해 가능성을 입증했고, 최근에는 대형 냉장고, 세탁기, 에어컨 등 백색가전 분야에서 독자적인 마케팅을 시작했다. 이 같은 노력에 힘입어 하이얼은 세계 100대 브랜드에 진입했다.

중국 최고의 컴퓨터 기업인 렌샹(聯想)도 이제까지의 내수 중심에서 벗어나 수출을 획기적으로 늘릴 계획이다. 2003년에 기존의 'Legend' 브랜드를 'Lenovo'로 바꾼 데 이어 베이징 올림픽 공식후원업체로 지정된 것을 계기로 세계진출에 박차를 가하고 있다.

중국 기업들의 해외진출은 선진국 업체들의 간접 지원을 받고 있다. 최근 선진국 유통업체들은 중저가에 고품질을 갖춘 2급 브랜드 제품을 찾고 있는데, 여기에 딱 맞는 게 중국 제품이라는 것이다. 대표적으로 중국 유수의 전자기업인 SVA(上海廣電)는 아마존, 코스코, 베스트바이, 오피스디포 등 미국의 유명 전문할인 매장에 자사 브랜드를 붙인 고가 TV를 팔고 있다.

다국적기업들과의 전략적 제휴에도 열심이다. 중국 최대 TV 메이커인 TCL은 세계로 진출하기 위해 유럽의 대표적 가전업체인 톰슨과 전략적 제휴를 맺었다. 톰슨의 중국 안방 진입을 돕는 대신 톰슨의 글로벌 영업망을 이용해 해외시장을 노리겠다는 것이다.

우리 안방 넘보는 중국 제품

중국과 한국은 지척이다. 따라서 중국 기업이 해외로 뻗어간다면 한국 시장도 타깃이 될 것은 자명하다. 이제까지 중국 기업들은 우리 시장에서 위협적인 존재는 아니었다. 중국 수입제품이라는 게 주로 전기전자 부품, 소형 가전, 금속제품, 섬유의류, 농수산물, 광산물 등이었다. 이들은 우리 제품과 경쟁하기보다 우리 기업들이 채산성이 맞지 않아 포기한 제품 분야다.

하지만 중국이 가전을 들고 우리 시장에 들어온다면 사정은 완전히 달라진다. 중국 전자업체들의 왕성한 해외진출욕에 미뤄볼 때 한국 시장 진입은 시간문제다. 과거에는 가전사들이 장악한 유통망이라는 버

품목이 있었다. 그러나 최근엔 가전 양판점, 대형 할인점, 홈쇼핑 등 다양한 매장이 속속 들어서면서 중국 기업들이 얼마든지 비집고 들어올 만한 틈새가 생겼다. 선진국 시장에서 어느 정도 마케팅 경험도 쌓고 제품력도 키우면서 브랜드 파워도 끌어올린다면 한국 시장이 난공불락 요새도 아닐 것이다.

중국산 자동차도 위협적이다. 아직은 중국이 내수 물량을 충족하느라 나라 밖 시장에 눈을 돌리지 못하는 실정이지만, 치열한 경쟁 덕택에 자동차 생산 능력과 기술이 날로 향상되고 있다. 중국은 2003년에 이미 400만 대 생산체제를 넘어 세계 4위로 올라섰고, 외국 자동차회사의 잇따른 설비증설로 10년 내에 1,000만 대 수준으로 도약할 전망이다. 미국·일본과 어깨를 나란히 하는 '3대 자동차 생산대국'이 된다는 것이다. 중국의 내수도 늘지만, 생산능력은 그보다 더 빨리 늘고 있어 조만간 자동차가 주요 수출품목으로 등장할 것이다. 그 때쯤이면 가장 가까운 한국 시장부터 저가 소형차를 시작으로 공략하게 될 것이 틀림없다.

의류 분야는 어떨까. 이미 중국에서 만들어진 옷들이 시장에 넘쳐나고 있다. 하지만 대부분 중국에 진출한 우리 기업이 자체 디자인으로 만들어 우리 브랜드를 붙인 경우다. 하지만 중국의 의류산업은 단순한 '입을 것'에서 패션을 중시하는 단계로 급속히 옮겨가는 중이다. 중국인들과 중국 기업들이 스스로 창안한 디자인과 브랜드로 우리 시장을 넘볼 날이 그리 멀지 않았다.

중국 기업들의 외출

중국은 '직접투자의 블랙홀'로 유명하지만 이제는 중국 기업들의 해외 투자를 눈여겨 봐야 할 때다. 매년 9월, 중국의 샤먼(廈門)에서 열리는

'국제무역투자상담회'를 보자. 본래는 외국 기업들의 투자를 끌어오기 위해 중국 정부가 마련한 이벤트였다. 그러나 2004년 대회에서는 거꾸로 중국 기업을 유치하기 위해 세계 각국 투자유치단이 대거 참석했다. 중국이 문을 연 지 20여 년 만에 역으로 '밖으로 나가는(走出去)' 전략을 구사하게 된 것이다.

중국 기업의 초창기 해외투자는 자원 개발과 서비스업, 무역업 분야에 집중되었다. 최근에는 제조업도 여기에 가세했다. 선두주자는 전자 기업들이다. 하이얼, 렌샹, 콩카(康佳), TCL, 창훙(長虹) 등 쟁쟁한 전자 기업들이 앞다투어 미국·유럽·동남아·인도·러시아 등에 해외 생산기지 및 연구개발 거점을 세우는 중이다.

우리 기업들도 '먹잇감'으로 오르내리고 있다. 중국이 한 단계 더 도약하기 위해 꼭 필요한 기술을 우리 기업이 갖고 있는 경우가 많은 탓이다. 우리 기업이 저임금과 광대한 시장을 노리고 중국으로 간다면, 중국 기업은 기술을 사기 위해 우리한테 몰려온다는 얘기다.

실제로 2003년에 중국의 모니터 생산업체인 BOE 그룹(京東方科技集團)이 하이닉스 반도체의 자회사이며 LCD 생산업체인 하이디스를 사들인 것을 시작으로, 2004년에는 중국 최대 자동차 회사인 상하이자동차가 쌍용자동차를, 중국 국영석유회사인 시노켐은 인천정유를 사들였다. 세 건 인수 모두 중국의 해외투자 역사상 최대 규모에 속한다. 중국 기업의 높은 한국 투자열을 짐작할 수 있다. 2004년 1~9월 동안 중국의 한국에 대한 직접투자 규모는 5억 8,440만 달러로 전년 동기보다 10배 이상 늘었다.

신(新) 베세토 시대

10여 년 전, 한·중 수교가 이루어지면서 '베세토'란 말이 떴다. 베이징·서울·도쿄를 연결하는 동북아 네트워크가 발전할 것이라는 의미다. 이제 한중일 간의 경제관계가 급격히 확대되면서 베세토 시대는 이미 현실화되었다.

과거의 '베세토'는 일본과 한국이 우위에 서고 중국은 수동적인 입장에서 발전하는 것이었다. '신 베세토' 시대엔 중국 기업들이 당당히 능동적인 주체가 되어 3국 네트워크의 주역으로 등장할 것이다.

'신 베세토' 시대에 우리 기업들이 설 자리는 어디인가. 중국 기업들에게 밀려나 서서히 퇴장하게 될 것인가. 이런 비관적인 전망은 국가 간 경협관계, 기업 간 제휴관계를 '제로섬 게임(zero sum game)'으로 보기 때문에 생겨난다.

그러나 경제현실은 오히려 '포지티브 섬(positive sum) 게임'에 가깝다. 중국경제가 발전하고 중국 기업들이 성장하면서 동아시아, 나아가 세계경제의 파이 자체가 커지는 것이다. 그만큼 우리 기업들이 살 공간도 커진다.

중국과의 격차가 좁혀지더라도 핵심기술과 글로벌 경영 역량의 우위를 지켜간다면 새로운 분업 관계 속에서 더 많은 이익을 누릴 기회는 얼마든지 찾아낼 수 있다. 물해(物海)·금해(金海) 전술로 몰려오는 중국기업에 맞서 지식과 정보, 그리고 기술로 승부해야 할 때다.

박래정 ecopark@lgeri.com

65
삶의 질을 찾아 떠나는 한국탈출 신드롬
한국땅이 비좁다

1902년 12월22일, 제물포항(인천항의 옛이름)을 빠져나가는 미국의 증기선 갤릭 호엔 102명의 한인이 타고 있었다. 하와이 사탕수수 농장으로 떠나려는 최초의 공식 한인 이민이었다. 1905년 8월까지 고종의 윤허를 받아 이민선을 탄 한인은 7,200여 명. 미지의 땅에서 새로운 희망을 찾아나선 이들이 미주 한인사회의 뿌리를 내린 1세대들이다.

102년 뒤인 2004년 12월의 인천국제공항. 증기선 대신 대형 점보기가 북미주행 코리언들을 실어 나른다. 미주 항공편은 이제 명절 때 지방 비행기 편보다 좌석 구하기가 더 어렵다. 어디 미국뿐이랴. 베이징, 상하이·파리·로마·오사카 등 지구촌 곳곳으로 한국인들이 뻗어가고 있다. 구한말 이후 최대의 한국인 엑소더스(exodus)이자 이산(diaspora)이다.

2004년 상반기 내국인 출국자 수는 400만 명을 넘어섰다. 2001년 상반기 300만 명을 넘어선 지 불과 3년 만에 100만 명이 더 늘었다. 행선지도 미국 일변도에서 중국·일본·동남아·유럽 등지로 다양해졌다. 대부분 좁은 땅을 벗어나 잠시나마 전혀 다른 환경에서 배우거나, 일하고, 즐기거나, 치료하기 위한 것이다. 국내 거주자 외화예금이 2000년 말 103억 2,000만 달러에서 2004년 10월 말 221억 8,000만 달러로 크게 늘어난 것은 무엇을 말하겠는가.

한 홈쇼핑 업체가 미주 이민상품을 내놓았다가 혼쭐이 났다. 너무나 많은 구매자가 밀려든 탓이다. 그러나 미국·캐나다·호주 등 이민 수입국들이 나이, 경력, 영어구사 능력, 재산 등을 까다롭게 따지면서 한국인의 해외이민 절대치가 크게 늘지는 않고 있다. 외교통상부 공식 집계로는 외환위기의 충격이 가시기 전인 1998년 1만 3,974명 선이었던 해외 이민자 수는 2003년엔 9,500여 명으로 줄었다. 불법으로 현지에 눌러앉는 한인을 감안하면 이보다 많기는 하겠지만, 급팽창한 이민수요를 공급이 전혀 따라가지 못하는 상황이다.

100년 전 미주 이민을 나선 한인들은 대한제국에서 희망을 발견할 수 없었다. 이미 구한말 대흉작으로 압록강 인근의 주민들이 만주 벌판의 식량을 찾아 이주한 터였다. 외세의 침탈로 나날이 국권까지 흔들리는 제국에 자신의 운명을 맡길 수는 없었다.

'생계형' 에서 '삶의 질 중시형' 으로

반면 오늘날 인천공항을 떠나는 한국인들에게서 이 같은 절박함은 찾기 어렵다. '좀더 나은 자녀교육 여건을 찾아', '다이내믹하지만 스트레스를 주는 한국사회의 일상이 싫어', 또는 '더 나은 삶의 질을 찾아서' 등의 이유로 고국을 떠난다. '생계형 이민' 에서 '자기 성취형', '삶의 질' 을 찾아 떠나는 부류다. 자연히 저학력, 단순직들이 떠나던 이민 패턴이 '고임금, 고학력' 으로 이동하고 있다. 상황이 이렇다 보니 '두뇌유출(brain drain)' 의 우려가 커지지 않을 수 없다.

사람이 들썩이면 돈도 따라가게 마련이다. 사실 더 경계심을 가지고 바라봐야 할 것은 자본의 움직임이다. 한국은행의 국제수지 통계를 살펴보자. 해외여행 경비, 유학, 연수자금에 경상이전 지급액을 더하면 개인의 자금 유출액이 된다. 경상이전액은 아무런 대가 없이 내국인이

다른 나라에 있는 경제주체에 건네는 자금을 말한다. 여기에 해외동포가 국내 자산을 해외로 반출하거나, 내국인이 이민을 가면서 빼가는 자산인 '자본이전지급' 계정까지 합쳐보자.

분기 단위로 파악해 보면 1998년 급락했던 이 자금 규모가 이후 점차 늘어나다가 2003년부터 50억 달러 규모로 커졌다. 2004년엔 3분기까지 150억 달러를 넘어서 한 해 경상수지 흑자 규모에 맞먹을 정도다. 상품을 팔아 번 돈으로 여행가고 연수, 유학을 가는 셈이다. 더욱이 그동안 2001년 이후 지속적으로 플러스를 보였던 투자수지가 2004년 2분기부터 적자로 돌아섰다. 직접투자와 포트폴리오 투자가 유출초(超)와 유입초를 오락가락하는 불안정한 유형이다.

항상 벌어들이는 데 익숙했던 우리 사회가 이런 경고음을 놓칠 리 없다. 2004년 초부터 국부유출 논란이 불거지더니 한국은행이 매월 국제수지 통계를 발표하기가 무섭게 자본 탈출을 기정 사실화하는 언론 보도가 이어지고 있다. 급기야 금융감독원이 외화관리를 느슨하게 한 은행들을 대상으로 검사에 나서고, 관세청이 환치기 사범을 적발해 공개하기 시작했다. 국세청도 해외 고급주택을 사들인 고소득층을 대상으로 세무조사 엄포를 놓는다. 익숙한 풍경들이다. 감독기관이 총출동하면 자금유출에 제동이 걸릴까.

한번 터진 물꼬는 수습하기 어렵다. 최근 개인자금의 해외유출이나 해외투자가 늘어나는 근본적인 이유는 자산시장의 침체와 깊은 관련이 있다. 부동산이나 주식, 채권수익률 모두 하향세인 반면 좀더 고수익을 보장하는 해외투자 상품은 봇물을 이루고 있다. 대기업의 현금유보 경향이 두드러지고 투자부진 현상이 심화돼 국내 이자율은 더욱 하락할 태세이지만 국제 금리는 상승국면을 타고 있다. 금리의 디커플링(decoupling : 국가와 국가 또는 한 국가와 세계의 경기 등이 같은 흐름을 보이지 않고 탈동조화되는 현상) 현상이 심화될수록 국내 자본수지는 부정적인 영향을 받게 된다.

국내 여행이나 교육·관광·의료 서비스의 취약한 경쟁력은 이미 국민들로부터 외면받고 있다. 이들 서비스 산업은 그 동안 온실 속 화초처럼 폐쇄된 시장에서 자라왔지만 국제적인 경쟁력을 전혀 갖추지 못했음이 서서히 드러나고 있다. 그 결과 국내 소비자들이 비행기를 타고 서비스를 쇼핑하는 신풍속도가 신세기 초 우리 사회 트렌드로 정착되고 있다.

사실 최근 외화자금이 크게 빠져나가는 것은 외환규제가 잇달아 풀린 것과 무관치 않다. 정부는 외환위기 직후 국제통화기금의 주문에 따라, 한편으로 자생력을 잃은 외환시장을 키우기 위해 1999년부터 단계적으로 자유화조치를 시행해 왔다. 처음엔 기업과 금융기관의 해외영업 관련 거래규제가 대거 완화됐고, 2001년엔 개인의 자유로운 외환거래를 제약했던 규제들이 사라졌다. 그 결과 해외여행·유학·연수 등 체재비와 개인송금 제한이 사라졌고 개인들의 해외예금, 신탁, 증권투자 규제도 대거 완화됐다. 기업들의 대외채권 회수의무도 완화됐고, 동포들의 국내 부동산 매각대금 반출 한도도 폐지됐다. 사실상 개인들이 필요로 하는 대부분의 외환거래는 신고만 제대로 한다면 규모 등은 거의 제약받지 않는 상황이 왔다.

최근 정부와 감독기관이 고삐를 당기기 시작했지만, 이는 불법적인 자금유출에 적용될 뿐이다. 신고절차와 송금한도를 지킨 합법적인 자금유출은 어차피 물이 흐르듯 고수익 해외 투자상품이나 경쟁력 있는 해외 서비스 상품으로 흘러갈 수밖에 없다. 자금 및 사람의 한국탈출 (Out of Korea) 신드롬이 상당 기간 지속될 수밖에 없다는 얘기다. 더욱이 우리 경제 및 사회는 유례없는 전환기를 겪고 있다. 사회이념과 정치질서, 경제운용 방식, 향후 수익 모델 등 모든 것이 불확실하다. 그러나 자본은 태생적으로 불확실성을 싫어한다. 결국 자금의 해외유출은 대세로 굳어질 가능성이 높다.

세계화인가, 국부유출인가

돈과 사람의 바깥 쏠림(out bound)을 어떻게 봐야 하나. 꽁꽁 닫혀 있던 우리 경제와 사회가 드디어 글로벌라이제이션(globalization)으로 가는 길목에 들어섰다는 시각이 있는가 하면, 남미형 몰락의 길로 접어들었다는 경고도 심심찮게 들린다.

사실 개인자금의 유출액 중 해외투자 규모는 경제규모(GDP)에 비춰 볼 때 대단한 것은 아니다. 그 동안 외환규제에 묶여 있던 탓에 최근 급 증세가 커보일 수 있다. 더욱이 적절한 해외투자가 경상수지 흑자로 인한 원화절상 압력을 줄이는 효과도 가져올 수 있다.

여행·유학·연수 등의 개인자금 흐름은 유출 일변도로, 그리고 점차 대규모화하는 경향을 보이고 있어 걱정거리다. 다만 유학·연수 등은 인적자본의 가치를 증대시킨다는 점에서, 여행 역시 알게 모르게 우리 사회의 국제감각을 키운다는 점에서 쓰고 버리는 비용으로 치부하긴 어렵다.

남미와 우리 경제가 다른 결정적 차이는 제조업 경쟁력의 차이다. 단적으로 말해 국내 우량기업의 주식 및 채권에 대한 외국 투자가들의 매수세는 아직까지 지속되고 있지만, 남미 경제의 제조업 기반은 무너져 있다. 남미 자본 및 우수인력은 이미 미국 등지로 빠져나가 국가경제의 순환 고리에서 빠져 있다. 이 같은 상황이 앞으로 한국에서도 재현될까.

제조업 경쟁력 지표 중 하나가 경상수지 흑자다. 2004년 상반기에 기록적인 경상수지 흑자를 올렸지만 원화가치 상승의 역풍이 예상되는 향후 수 년 간 그 규모는 축소될 것으로 보인다. 중기적으로 주력산업의 구조조정이 더뎌지고, 그 기반도 점차 해외로 옮겨간다면 우리 경제의 성장잠재력은 심각한 도전에 직면할 것이다. 이것이 진정 우려할 만한 자본탈출의 서막이다.

통일신라는 당나라 해안지역에 일종의 '신라인 타운'인 신라방을 세웠다. 오늘날 한인들은 중국 산둥성 칭다오시를 사실상 한인타운으로 변모시키는 중이다. 지구촌 전역의 한인 수는 670만 명에 달한다. 국내 인력과 자본의 해외유출은 글로벌 네트워크를 형성, 활용할 수 있다는 점에서 우리의 자산이다. 교포사회의 육성은 우리나라 이미지와 상품 이미지 제고에 큰 영향을 끼친다는 실증분석도 나와 있다. 남미 이민을 육성해 대통령으로까지 당선시킨 일본의 사례는 무엇을 시사하는가.

그러나 이는 한인 네트워크의 허브(hub)가 될 한국경제 및 사회의 발전이란 토대 위에서 성립하는 것이다. 본국 경제의 성장잠재력이 의심을 받고 정치적 불확실성이 개선되지 않는다면 전세계 한인 타운은 고립된 이민자 타운으로 전락할 수밖에 없다. 한국탈출 현상이 생산적인 결실을 맺기 위해선 교육 등 서비스 부문의 체질개선과 투자규제의 철폐, 새로운 리더십의 확립 등이 전제돼야 한다.

진병채 bjin@lgeri.com

66

일과 취미가 하나되는 **취미 노동자**
일은 있으나 직장은 없다

우리 사회는 혁명적으로 변하고 있다. 개인들도 하루가 다르게 변모하는 환경을 따라가기 위해 발버둥친다. 하나의 목표를 위해 구성원들이 한 몸처럼 조화를 이뤄 살아가는 것이 미덕이던 시절이 있었다. 그러나 이젠 전체보다는 개인, 이념보다는 취미가 중요해졌다. 동일한 문화 코드를 지닌 사람들끼리 삼삼오오 모여 정보를 나누고 공동의 취미를 즐기는 시대가 온 것이다. 바야흐로 디지털 문명이 가져온 변화다.

직업 유목민의 시대

디지털 시대는 다양성의 시대다. 그 키워드 중 하나가 '직장으로부터의 해방'이다. 노동의 형태조차 개인의 특성이 가미된, 다양한 형태로 진화하는 것이다.

19세기 말 산업사회에 노동은 가정에서 직장으로 옮겨갔다. 대량생산이라는 당시의 산업 조류는 생산성이 떨어지는 가내(家內)노동을 허용할 수 없었다. 근로자들이 '같은 시간에 출근해 동시에 일하고, 함께 퇴근하도록' 강요했던 것이다. 더불어 '시간이 금' 이라는 잠언도 유행했다. 그러나 21세기엔 전체보다는 자신의 개성을, 직장보다는 자신의 삶을 더 소중히 여기는 시대가 될 것이다. 그 촉매는 바로 디지털이다.

디지털 문명이 고도화될수록 전통적인 직장의 개념은 더욱 모호해

CHAPTER 6 국내 경제 트렌드 | 돌다리도 두드려라   349

질 것이다. 어떤 미래 학자들은 앞으로 15년 안에 지금과 같은 대기업들이 더 이상 존재하지 않을 것이라고 주장한다. 기업 구성원들은 한 직장에 얽매이지 않고, 자신의 시장가치에 따라 또는 시장가치를 높이기 위해 옮겨다니는 경향이 늘어날 것이다. 독일의 미래학자 군둘라 엥리슈는 이처럼 여러 직업을 전전하는, 직장인 아닌 직업인들을 '직업유목민(Job Nomad)'이라 불렀다.

"저를 뽑아주신다면 회사에 저의 뼈를 묻겠습니다"

불과 몇 년 전 기업체 인사담당자가 신입사원 면접 때 가장 많이 듣던 말 중의 하나다. 그러나 지금은 인사치레로라도 그런 말을 하지 않는다. 입사한 지 얼마 안 되는 직원들 중에도 "능력을 인정해 주는 곳이라면 어디든 가겠다"라고 서슴없이 이야기하는 부류도 적지 않다. 실제로 금융·정보통신·컨설팅 등 전문직군 중에서 이런 현상이 두드러진다. 이제는 직장을 옮겨다니며 몸값을 높이는 사람이 능력 있는 사람으로 평가받는 세태가 됐다. '뭔가 문제가 있으니 옮겨다니겠지'라고 생각한다면 이미 신세대로부터 '꼰대' 소리를 듣는다.

2004년 한 인터넷 리크루팅 회사가 직장인들을 대상으로 설문조사를 벌였다. 그 결과 대상자의 44%가 "직장 생활을 하는 데 이직이 반드시 필요하다"고 생각하는 것으로 나타났다. '역량을 인정받기 위해서'(61%), 또는 '다양한 업계 경험을 쌓기 위해서'(21%)라는 이유에서다.

한 직장에서 경력을 쌓기 위해서 적합한 기간은 2~3년 정도라는 답변이 절반을 넘었다. 그만큼 직장에 대한 충성심이 엷어졌다는 얘기다. 외국계 경영컨설팅 업체의 김모 부장은 8년 직업 경력이 5개 회사에 걸쳐 있다. 그는 자주 옮긴 덕택에 성공한 사례다.

샐러던트와 투잡스족

지금까지는 능력이 넘치는 사람의 경우였다. 그러나 자의반 타의반 이곳 저곳을 유랑하는 부류가 사실 우리 사회엔 더 많다. 불가피하게 평생직장을 잃어버린 경우다. 한번 평생직장을 잃어버리면 평생직장의 개념도 희박해진다.

고용불안이 확산되면서 요즘 직장인들 중엔 회사에 다니며 미래를 준비하는 이가 늘고 있다. 직장에 다니면서(salaried), 학생처럼 공부하는(student) '샐러던트(saladent)'들이다. 한밤중에 이력서에 채워넣을 만한 경력·자격·학위 등을 얻기 위해 안간힘을 쏟는 샐러던트가 되지 않고서는 경쟁에서 뒤질 수밖에 없다.

번듯한 직장을 잡았으면서도 부업을 통해 불확실한 미래를 준비하려는 '투잡스(two jobs)족'들도 늘 것이다. 수입이 불안정한 연예계 인사들이 사실 투잡스의 원조들이다. 최근 통닭 가게를 열어 8개월 만에 1억 2,000만 원을 모은 개그맨 박모 씨가 대표적 사례다.

취미 노동자의 출현

2001년 한국직업능력개발원이 전국 16개 초등학교 5, 6학년생 1,150 명에게 그들의 '장래희망'을 물었다. 그 결과 "앞으로 프로게이머가 되고 싶다"는 응답이 가장 많았다고 한다. 장래희망이 '대통령', '장군', '과학자'가 되겠다던 세대로선 기가 찰 노릇이다. "그것도 직업인가?"라고 묻고 싶은 독자들이 많을 것이다. 하고 싶은 것이라면 주위 시선은 아랑곳없다는 최근 세태가 동심에도 그대로 반영된 결과다.

일본에는 '프리터(freeter)족'이 유행하고 있다. 프리(free)와 아르바이터(Arbeiter)의 합성어다. 조직에 구속되지 않고 아르바이트로 자유 분방하게 살아가는 젊은이들을 지칭하는 말이다. 이들은 한 직장에 구속되기보다는 자신이 원하는 취미생활에 더 정성을 쏟고, 필요한 돈은 아르바이트를 통해 조달한다는 생각을 갖고 있다. 10여 년의 장기 불황을 겪으면서 종신고용이라는 관습이 깨진 일본 사회에 불가피하게 나타난 현상일 수 있지만, 노동의 새 트렌드를 예고하는 것이기도 하다.

우리 사회도 청년실업난이 가중되면서 비슷한 현상이 벌어지고 있다. 직장 없이 아르바이트 등을 통해 최소의 생계비를 벌면서, 자유분방하게 사는 젊은이들이 늘어나는 것이다. 인터넷 사이트 '백수닷컴', '백수회관' 등에 접속해 보라. 수천 명의 회원이 아르바이트 정보를 나눈다. 심지어 '웰빙 백수'라는 신조어까지 등장하고 있다.

'취미 노동자'의 출현도 기대된다. 직장이 더 이상 생존의 수단이 아니라 직장에 다니는 것이 취미활동의 일환인 부류들이다. 취미 노동자는 자본주의의 역사가 비교적 오래된 유럽에서 최근 등장하기 시작한 신종 노동자들. 경제성장기에 막대한 부를 쌓은 부유한 부모 밑에서 살고 있는 30대 젊은이들이나, 50세까지 꾸준히 돈을 모아 앞으로 기본 생계는 유지할 수 있는 사람들이다. 이들은 삶을 즐기는 데 기꺼이 돈을 투자하지만, 기본적 생계에는 최소한의 돈을 들인다. 유럽 사회엔 소규모 명상 교실, 아프리카 미술품 전문 부티크, 와인 바, 1950년대 만화 대리점 등 취미와 장삿속이 섞인 듯한 독특한 점포들을 볼 수 있다.

청년실업이 심각해지면서 기업들은 구성원들에게 강한 충성심과 소속감을 주문하고 있다. 그러나 다양성의 시대, 디지털 시대에는 전통적인 직장 개념이 점차 약화될 수밖에 없다. 그 이유는 우리 사회 구성원들의 사고와 가치관이 바뀐 탓도 있겠지만, 공간의 한계를 극복하는 디지털 기술의 발전 때문이기도 하다.

chapter 7

글로벌 트렌드
아시아, 거인으로 등장하다

잠에서 깨어나는 아시아
미국을 바짝 좇는 유라시아
네오콘을 필두로 한 팍스 아메리카나
석유시장 불안으로 인한 에너지 전쟁
신소비대국으로 가는 중국

> 조용수 yscho@lgeri.com
>
> # 67
>
> ## 잠에서 깨어나는 아시아
> 아시아가 세계 경제의 슈퍼파워로 등극한다

600년 전 중국 명나라 3대 황제 영락제는 신임했던 환관 정화(鄭和)에게 남해(동남아) 원정을 명했다. 정화는 120m 길이의 대형 선박 300여 척에 2만 8,000명이나 되는 군사를 싣고 대원정에 오른다. 명의 남해원정대는 1405~33년 동남아 각국은 물론 멀리 인도양, 아프리카 동해안에 이르기까지 장대한 바닷길을 열었다.

아메리카 신대륙을 발견한 포르투갈의 콜럼버스가 길이 20m 안팎의 함선 3척으로 인도를 찾아 나선 것은 1492년. 정화보다 거의 한 세기나 늦다. 정화의 남해 대원정은 함대나 병력 규모, 실제 항해거리 면에서 당시 유럽인들로서는 엄두도 내지 못하는 초대형 프로젝트였던 셈이다. 제1차 세계대전이 일어났을 때까지 정화의 남해 원정대에 필적할 만한 함대는 지구상에 존재하지 않았다는 주장도 나온다.

정화의 원정을 새삼스레 꺼낸 이유는 무엇일까. 당시 인구·생산력·무역규모 등 경제적으로는 물론 학문·문화 등 모든 면에서 서구 문명을 압도했던 중국, 나아가 아시아의 힘이 21세기 들어 다시 지구촌을 장악하고 있기 때문이다.

8년마다 두 배로 커지는 중국

18세기 이후 서구 열강들의 침탈에 속수무책으로 당하면서 짧게는 100

여 년, 길게는 200여 년 동안 아시아는 숨죽여 왔다. 그런 아시아가 오랜 정체와 수탈의 늪에서 벗어나 세계문명, 지구촌 경제의 주역으로 당당히 복귀하고 있다.

아시아 부활의 상징은 13억 인구와 광대한 영토를 기반으로 아시아를 넘어 세계의 정치·경제·군사 대국으로 발돋움하고 있는 중국이다. 1970년대 후반 덩샤오핑의 개혁·개방정책 이래 무려 25년 동안 연평균 9%씩 초고속 성장을 해왔다. 누구나 세계 경제의 성장 엔진으로 중국을 지목한다. 과열성장에 부담을 느낀 중국 정부는 2004년 초 긴축정책을 내놓았지만 욱일승천하는 기세는 억누르지 못했다. 2004년 경제성장률 역시 9% 정도에 이를 것이며 향후 20년 동안 연평균 7%의 성장은 무난할 것이라는 게 일반적 관측이다. 서방세계는 8~10년마다 경제 규모가 두 배로 커지는 중국의 놀라운 성장세에 점차 긴장하고 있다. 세계의 공장을 넘어서 13억 소비시장으로 부상하고 있으며 전세계 달러 자본과 원유·철광석 등 국제 원자재의 '블랙홀'인 중국을 두고 서방에서는 '얼굴 노란 아시아 사람을 경계하자'는 황화론(黃禍論)이 폭 넓게 확산되고 있기도 하다.

초대형 아시아 성장 블록

아시아의 부활은 중국 경제의 도약으로만 설명할 수는 없다. 중국이라는 몸통에 이미 1960~70년대 경제성장 가도에 진입한 일본·한국·대만 등 아시아 경제권의 우등생들이 선두를 차지하고, 제2의 중국으로 부상하는 인도와 외환위기의 혼란을 수습하고 있는 ASEAN(Association of South East Asian Nations, 동남아시아국가연합) 국가들이 거대한 양 날개를 이루는 초대형 성장 블록이 형성되고 있기 때문이다.

우선 선두 그룹부터 살펴보자. 1990년대 초부터 10년 동안 지속된

장기불황에서 탈출한 일본은 차세대 미디어·로봇·바이오 등 미래형 첨단산업 분야에서 글로벌 리더십을 회복하기 위해 절치부심하고 있다. 게다가 전기전자·자동차·철강 등 주요 제조업 분야에서 일본에 버금가는 경쟁력과 더불어 세계 최강의 IT 인프라를 갖추고 있는 한국과 화교 자본의 본거지이자 탄탄한 중소기업들이 포진한 대만이 있다. 전세계 다국적기업의 아시아 지역본부가 자리한 홍콩과 싱가포르는 글로벌 금융과 물류 중심지로 거듭나는 중이다.

아시아 성장 블록의 두 날개는 또 어떤가. 무엇보다 우리의 눈길을 끌고 있는 것은 중국에 버금가는 10억 인구와 최근 연평균 7~8%의 성장률을 자랑하는 인도. 인도의 방갈로르, 뭄바이 등 첨단 산업지역에서는 영어를 자유롭게 구사하는 수십 만 명의 과학 인력들이 IT와 BT 분야에 종사하고 있다. 최근 내로라하는 세계 유수기업들이 중국 근로자와 달리 언어장벽이 낮은 인도 인력을 활용해 경쟁력 확보에 주력하고 있는 것은 인도가 지닌 잠재력과 역동성을 높이 평가했기 때문이다. 실제로 미국의 많은 IT기업이 인도를 세계에서 가장 매력적인 아웃소싱(outsourcing) 지역으로 지목하고 있으며, 은행이나 신용카드 회사, 보험회사 등 수많은 서방계 금융기관들이 인도에 콜센터를 세우고 있다.

인도네시아·태국·말레이시아·베트남 등은 인구와 자원, 그리고 시장 규모 면에서 결코 만만찮은 잠재력을 지닌 ASEAN 국가들이다. 1990년대 중반 외환위기로 국가부도 위기를 맞기도 했지만 이후 사스(SARS, 중증급성호흡기증후군), 조류독감 등 악재들을 이겨내고 연평균 7% 안팎의 고성장 가도를 달리고 있다. 특히 베트남의 경우 중국을 본받아 외자도입과 시장경제로의 체제전환에 박차를 가한 덕택에 동남아의 새로운 성장 모델로 부각되고 있다.

슈퍼파워로 부상하는 아시아

세계은행은 2025년 아시아권이 세계 GDP에서 차지하는 비중이 50%를 넘을 것으로 내다봤다. 1950년 19%, 1998년 33%에 이은 엄청난 도약이다. 과학기술이나 1인당 소득, 소비수준 등은 서방에 미치지 못하겠지만, 향후 10~20년에 걸쳐 세계 경제의 성장 엔진이 아시아로 이동하는 것만은 틀림없는 추세라는 분석이다. 이 같은 성장세가 미국이나 유럽을 압도하는 지구촌의 명실상부한 슈퍼파워로 이어질지는 아직 미지수지만 영향력이 커져가는 것은 분명하다.

최근 부쩍 논의가 활발해진 한·중·일 3국 간 FTA(자유무역협정) 및 한·중·일-ASEAN 간 FTA 논의에 주목하자. 각국이 산업발전 단계나 생산요소 면에서 서로 보완관계이므로 협상 과정에서 몇 가지 걸림돌만 해소된다면 10년 이내에 진전을 이룰 가능성이 크다. 동북아 FTA나 동북아-동남아 FTA는 종국적으로 인도 등 서아시아권을 포괄하는 아시아 FTA로 발전할 가능성도 점쳐진다. 일본에서 출발해 한반도, 중화권, 그리고 동남아, 인도에 걸친 인구 30억, 전세계 GDP의 절반 이상을 차지하는 방대한 규모의 자유무역지대가 형성된다면 그 파워는 가공할 수준에 이를 것이다. 아울러 아시아권이 경제적 연대를 발판으로 국제무대에서 발언력을 높인다면 미국·유럽 등 서구진영과 중국·일본을 중심으로 한 아시아 진영의 세계사적 한판 대결이 펼쳐지는 셈이다. 아시아권은 일본을 제외하면 대부분 피식민지 경험과 제국주의의 가혹한 수탈이란 공통분모를 갖고 있다. 강한 군사력을 갖춘 중국이 경제 역량을 바탕으로 아시아권의 단결과 단합을 주창하고 나서게 될 가능성에 주목해야 한다.

아시안의 부상

물론 아시아권의 '대동단결'은 시나리오 수준의 예측이다. FTA와 같은 느슨한 수준의 자유무역지대 구상을 실현하는 데도 산업발전 단계나 소득수준의 차이 탓에 곳곳에 걸림돌이 놓여 있다. 무엇보다도 아시아 중흥의 몸통이 돼야 할 중국이 국제관계에 적극 개입할 겨를이 없다. 자국경제의 성장과 근대화에 주력해야 하기 때문이다. 국경을 넘어선 지역공동체 구상을 운운할 때가 아니라는 판단이다.

정치적으로도 일본과 한국 등 상대적으로 민주화가 진전된 나라들과 기타 ASEAN 국가들 간의 격차가 적지 않다. 특히 미국의 아시아 전략을 받아들이는 외교노선에서도 큰 차이가 드러난다. 예를 들면 중국은 미국의 아시아 팽창 전략에 불편한 심기를 드러내고 있지만, 일본은 중국을 견제하려는 목적에서 미국의 아시아 지역에 대한 영향력 확대를 용인하고 편승하려는 입장을 보인다.

제2차 세계대전 이후 경제적·정치적·민족학적으로 비슷했던 서유럽 국가들이 오늘날 유럽연합(EU) 형태로 발전하는 데 약 30년의 세월이 걸렸다. 아시아의 경우 제대로 된 지역공동체가 출범하려면 최소한 반 세기 정도는 걸리지 않을까.

오랜 시간이 걸리겠지만, 정치·외교·경제·이념적으로 갈라져 있던 아시아권이 이질적 요인을 극복하면서 유기적 관련을 맺는 쪽으로 움직이는 것은 분명하다. 일본 열도에서부터 인도 대륙에 이르는 아시아권에 매우 점진적으로나마 '팬 아시아(Pan-Asia)' 시대가 열리고 있는 것이다.

최근 몇 년 간 경이적인 경제 성장으로 아시아인들의 부에 대한 열망은 강렬해졌다. 더불어 아시아권을 사분오열시켰던 각종 이념에 대한 집착도 점차 약화되는 추세다. 아시아권의 경제분업 관계가 본격화되면서 경제성장이 가속도를 내는 선순환 시스템에 점차 아시아인들 스스로도 놀라고 있다. 아시아 전역을 무대로 활동하며 아시아인이란 자부심을 느끼는 진정한 아시안(Asian)이 속출하고 있는 것이다. 상대적으로 유럽이나 아메리카, 아프리카 등의 정체가 두드러질 수밖에 없는 형국이다.

지난 한 세기 동안 아시아권은 서구인들에게 경멸과 비하의 대상이었고 후진의 상징이었다. 식민 지배의 이데올로기였던 오리엔탈리즘의 멍에에서 아시아인들은 영원히 벗어나지 못할 줄 알았다. 그러나 이제 세계사의 주인공이 될 수 있다는 자신감으로 새로운 도전에 나서고 있다.

오문석 msoh@lgeri.com

68

미국을 바짝 좇는 **유라시아**
3극 체제가 세계 경제 안정에 기여한다

"강한 달러를 지지하지만, 환율은 시장에서 자율적으로 결정돼야 한다."

2004년 11월 15일, 아일랜드를 방문하고 있던 존 스노 미국 재무장관은 조지 W. 부시 대통령의 재선이 확정된 이후 처음으로 미 행정부의 환율정책을 언급했다. 달러 시장은 스노 장관의 발언을 "미국이 달러 약세를 용인한다"는 뜻으로 받아들였고 약세 흐름을 타던 달러는 또다시 폭락했다. 같은 날 블룸버그 통신은 "10년 간 시장을 주도했던 '달러의 지배'가 저물고 있다"고 분석했다. 도대체 미국 경제에 무슨 일이 일어나고 있는 것일까.

1990년대 세계 경제는 미국의 독무대였다. 세계 경제의 성장과 산업 발전은 미국을 **빼면** 불가능했다. 미국의 이 같은 힘은 왕성한 성장 동력 덕택이었다. 1990년대 초반 경기침체에서 벗어난 이후부터 2000년대 초 IT버블 붕괴로 다시 침체를 맞을 때까지 미국은 무려 9년에 걸친 전후 최장기 호황을 누린다. 경제가 성숙할수록 성장률이 낮아진다는 통념도 여지없이 깨졌다. 1990년대 세계 경제 성장의 3분의 1은 미국이 담당했고 1998년엔 무려 45%나 기여하기도 했다. 당시 세계 경제는 미국이라는 '단발 엔진'으로 날고 있었던 셈이다.

장기 호황을 배경으로 아메리칸 스탠더드는 모두가 받아들여야 할 글로벌 스탠더드로 여겨졌다. 자유화, 민영화, 유연한 노동시장, 주주 중심의 자본시장 등으로 대표되는 미국식 자본주의는 유럽이나 일본의 경제체제보다 훨씬 우월한 것으로 인식됐다. 자연히 국제자본은 미국의 금융시장으로 몰려들었고 미국의 달러화는 강세를 보였다.

1990년대 후반에 불어닥친 아시아의 외환위기는 달러의 위력을 여실히 보여줬고 이후 아시아 국가들은 수천억에 달하는 달러를 중앙은행 금고에 채워넣어야 했다.

반면 유럽과 일본 등 다른 선진국들은 세계 경제에 큰 영향력을 미치지 못했다. 일본 경제는 '잃어버린 10년'이라는 장기불황에 허덕였다. 유럽의 맹주였던 독일 경제까지 통일 이후 장기 침체를 겪는 바람에 유럽권은 저성장, 고실업의 늪에서 헤어나지 못했다.

한층 가까워진 '메가 유럽'

그러나 2000년대 들어 변화의 조짐이 나타나고 있다. 세계 경제 무대에서 조명받지 못했던 '플레이어들'이 무대 중앙으로 서서히 진출하고 있는 것이다. 그 중에서도 특히 관심을 끄는 지역이 중국과 EU다. 중국을 중심으로 아시아와 통합 유럽이 미국과 함께 3극을 형성할 것이란 전망이 나오고 있다.

중국이 아시아의 부상을 이끄는 선두 주자가 될 것이라는 데 큰 이견은 없다. 다음으로 살펴봐야 할 곳이 유럽이다.

2004년 EU는 폴란드·체코·헝가리 등 동유럽 10개국을 정회원으로 받아들였다. 그 결과 총회원국 수는 25개국으로 늘었다. 2007년 경에는 루마니아와 불가리아가 가입할 것으로 예상되며, 2010년 이후에는 터키·크로아티아가 가세할 것이다. EU 가입을 희망하는 우크라이나 등 일부 독립국가연합(CIS) 국가들을 합치면 유럽의 경계가 어디까지 확장될지 누구도 단언하기 어렵다. 러시아 역시 유럽과의 경제 관계를 더 발전시켜 나갈 것으로 보여 유럽은 한반도에도 가까운 이웃이 된다.

EU는 이미 경제규모 면에서 미국과 어깨를 나란히 하고 있다. GDP 기준으로 11조 달러에 육박하는 거대한 시장이다. 물론 EU가 완전한 단일시장이 되기 위해서는 풀어야 할 숙제가 많다. 동유럽의 값싼 노동력이 기존 서유럽 회원국에 진입하는 길을 상당 기간 막아놓았다는 문제도 있고, 회원국 간 경제 양극화 문제도 심각하다.

그러나 유럽은 프랑화와 마르크화 등 통화주권을 포기하고 단일통화를 도입했다. 가장 어려운 관문을 통과한 만큼 유럽의 '경계 허물기'와 '몸집 불리기'는 더욱 진전될 것이 분명해 보인다. 유럽의 경계 허물기는 여러 구조조정 효과를 가져올 것이다. 예를 들어 과도한 규제,

경직적인 노동시장, 과다한 복지비 지출 등으로 몸살을 앓고 있는 독일에서 근로 시간을 늘린다든지, 임금을 동결하는 등 기현상이 나타나고 있다. 저임금 회원국들이 몰려왔기 때문이다.

'유로 2004' 축구 대회는 그 어느 때보다도 많은 축구 팬들의 관심을 모았다. 그런데 우승국은 영국·스페인·프랑스 등 전통 강국이 아닌 그리스였다. 비단 축구에서만 아니라 유럽권 내 선의의 경쟁이 치열하게 전개될 것임을 암시하는 대목이다. 광대해진 시장, 치열한 경쟁은 유럽 기업의 경쟁력을 한층 높여줄 것이다.

미국도 원하는 3극 체제의 대두

1990년대 미국은 장기 호황을 누렸지만 그 이면에는 쌍둥이 적자라는 치명적인 약점이 도사리고 있었다. 세계 경제를 미국이 이끌었다는 것은 다른 나라의 상품과 서비스를 미국인들이 왕성하게 사들였다는 것을 의미한다. 그 결과 미국의 경상수지 적자는 크게 늘었다. 1991년 잠시 균형을 찾았던 미국의 경상수지는 이후 적자로 돌아섰고, 특히 1997년 이후에는 적자폭이 급속도로 늘고 있다. 2004년 추정 적자는 GDP의 5.7%선이다.

외국 상품과 서비스를 사들이는 데 쓰이는 자금은 어디서 조달했을까. 다른 나라에 미국의 주식·채권·부동산 등을 팔면 가능하다. 실제로 미국 주식에 대한 외국인 소유 비중이 1997년에는 7%에도 못 미쳤으나, 2004년에는 약 11%로 늘었다. 미국 국채의 외국인 보유비중도 1994년 20%에서 10년 만에 48%로 급증했다. 대규모로 외자가 들어오니 달러 가치가 치솟고, 주가상승과 낮은 금리는 장기호황을 이끌었던 것이다.

그러나 국제자금이 언제까지 미국으로 몰려들 수 있을까. 분명한 것은 대규모 경상수지적자가 현실적으로 미국에도 큰 부담이 되기 시작했다는 것이다. 2004년 말 앨런 그린스펀 연방준비제도이사회(FRB) 의장은 "외국 투자자들이 달러화 자산을 계속 사들여 미 경상수지적자를 메워주지는 못할 것"이라고 강조하며 달러 약세와 주식 및 채권 가격의 폭락을 우려했다. 그의 우려대로 2004년 말부터 달러화는 주요국 통화에 대해 속락세로 돌아서고 있다.

처방은 단순하다. 미국인들이 씀씀이를 줄여야 하는 것이다. 즉 연방정부의 재정 적자를 줄이고 미국인들의 국내 저축률을 높여야 한다. 미국인들의 지출이 줄어야 경상수지적자가 줄고, 외국으로부터 차관하지 않아도 된다. 이러한 움직임은 이미 미국에서 일어나고 있다.

2004년 미국 재정적자는 GDP의 4%에 달할 것으로 예상되고 있다. 2004년 말 대선 캠페인 기간 중 부시와 존 케리 후보는 재정적자를 2008년까지 절반 수준으로 줄이겠다고 공약했다. 재정적자 감축의 필요성을 양측이 모두 인정한 것이다. 그러나 문제는 그 방법에 있다.

전쟁을 벌이고, 베이비 붐 세대가 본격적으로 은퇴하면서 정부의 씀씀이는 폭발적으로 늘어났다. 과연 부시 행정부가 재정적자 감축에 성공할 수 있을까. 이와 관련한 전문가들의 생각은 회의적이다.

미국은 쌍둥이 적자를 줄이면서도 경제를 안정시켜야 하는 아슬아슬한 외줄타기를 앞두고 있다. 쌍둥이 적자는 달러화의 가치를 계속 떨어뜨릴 것이다. 만약 미국인들이 씀씀이를 본격적으로 줄인다면 이는 경기침체로 연결된다. 세계 경제를 이끄는 '기관차' 라는 미국의 위상이 타격을 받는 것이다. 달러화 가치가 떨어지면 미국인들의 구매력 역시 약화된다.

미국이라는 성장 엔진을 잃게 되면 세계 경제는 어디로 향할 것인가. 아시아와 유럽이 좀더 기여하면 다행이겠지만 아직은 불확실하다.

아시아 및 유럽 경제가 살아나면 미국도 수출을 늘려 경상수지 적자 문제를 비교적 수월하게 풀어나갈 수 있다. 미국이 자신의 문제를 해결하기 위해서라도 유럽과 아시아가 성장의 역할을 분담하는 소위 '3극 체제'로의 전환이 필요하다.

이지평 jplee@lgeri.com

69

네오콘을 필두로 한 팍스 아메리카나
미국식 가치관을 강요받는 세계

제국(帝國)으로 가는 미국

2004년 미국 대선 당시 AP통신의 출구조사 결과에 따르면 지성을 중시하는 사람의 91%가 존 케리 민주당 후보에 투표한 것으로 나타났다. 반면 종교를 중시하는 사람의 91%는 조지 W. 부시 후보에 투표했다. 부시 진영은 열광적인 종교인을 선거운동에 동원하면서 대선뿐 아니라 상원선거에서도 공화당의 승리를 일궈냈다.

영국의 유력지인 〈가디언〉은 이 대선결과를 '공화당 혁명'으로 평가했다. 기독교와 시장, 그리고 미국 일방주의로 무장한 네오콘(neoconservatism, 신보수주의자)들이 행정부는 물론 입법부까지 장악했다는 것이다. 이라크 실정(失政)에 대한 미국 공화당 내부에서 제기된 기존 보수파의 비판도 자취를 감추기 시작했다.

2기 부시 행정부의 출범으로 미국의 일방주의 외교노선은 더욱 강화될 가능성이 높아졌다. 네오콘은 팍스 아메리카나(Pax Americana)를 노골적으로 지향하고 있기 때문이다. 팍스 아메리카나는 미국이 세계 유일 초강대국으로서의 지위를 유지하면서 미국의 힘에 기초한 세계평화를 유지하겠다는 신념이다. 5현제(賢帝) 시대의 로마가 강력한 군사억지력으로 제국의 치안을 확보하면서 태평성대를 구가했던 시기의 팍스 로마나(Pax Romana)를 본뜬 말이다.

네오콘들은 미군의 이라크 진출을 중세 '십자군'에 비유한다. 십자군을 통해 미국의 국익을 지키겠다는 의지가 이번 대선에서 드러났다. 네오콘의 득세와 함께 미국 사회도 보수화 흐름을 타고 있는 것이다.

칭기즈칸식 패권주의

네오콘의 일방주의는 2002년 9월 부시 독트린에서 분명히 드러났다. 냉전 시대의 트루먼 독트린은 봉쇄전략과 전쟁억지력을 강조한 반면, 부시 독트린은 직접적인 군사력에 의존할 것을 강조한다. 보복 위협만으로는 테러를 억지하기 어려운 만큼 대량살상무기를 활용한 테러가 미국 본토에 가해지기 전에 먼저 공격해야 한다는 것이다. 이후 미국 국방부와 의회는 소형 핵무기 개발에 대한 금지조치를 해제, 행동으로 옮겼다.

미국은 유럽 각국들의 반대 속에서 UN의 승인 없이 이라크 전쟁을 일으켰다. 이러한 일방주의 탓에 유럽 각국은 각종 국제적 이권과 헤게모니를 미국이 독점할 것으로 우려하기 시작했다.

미국의 일방주의는 부시 대통령이 '악의 축'이라고 규정한 이란·북한 등 '고분고분하지 않은' 국가에 집중될 가능성이 높다. 네오콘의 중동 구상은 이라크 다음에 이란·시리아를 민주화한 후 9·11테러범들을 가장 많이 '배출한' 사우디아라비아마저 민주화시키려는 것으로 알려져 있다. 미국의 보수화가 진행될수록 현실적인 이해득실을 도외시할 공산이 커 일방적인 행동을 취하기 쉽다. 이는 이라크 전쟁에서처럼 대량살상무기나 확실한 테러 증거 없이 침공하는 것이다.

테러는 테러를 부른다. 부시가 2기 행정부에서 테러전을 끝낼 가능성은 크지 않다. 결과적으로 테러전이 가져오는 불확실성은 여전할 것이며, 비즈니스 리스크 역시 만성화할 것으로 보인다.

미국 국방부는 본토 방위에 초점을 맞춘 해외미군 재배치 계획(global defense posture review : GPR)를 진행 중이다. IT 등 첨단기술을 활용해 군사 이동성을 높인다면, 국방비 부담을 줄이면서 분쟁 억지력도 높여 결국은 두 마리 토끼를 잡을 수 있다는 것이다.

일방주의라는 외교노선을 바탕에 둔 이 같은 군사전략은 칭기즈칸식 전략에 가깝다. 몽고는 동유럽·이슬람권·아시아 등 광대한 제국을 지배했지만 현지 주둔군은 최소화했다. 그러나 일단 군사적 소요가 발생하면 본국에서 기동력이 뛰어난 기마부대를 투입해 압도적인 무력으로 제압했다. 몽고의 전략은 '살아 있는 것은 다 말살하라'였다. 소요지역을 쑥대밭으로 만들어 다시는 봉기가 일어나지 않도록 공포심을 심어주자는 것이었다. 미국의 이라크전 개전 전략은 '압도적인 무력으로 제압하라'였다.

유라시아 연합의 태동

네오콘 주도의 미국은 국제사회에서 특별대우를 요구한다. 불량국가에 대해 소형 핵무기 사용도 불사하겠다고 위협한다. 그러면서도 다른 국가의 무력사용 및 군비확장에는 색안경을 쓰고 바라본다.

국제형사규범에 대해서도 미국은 자국 특수부대원들의 해외 활동에 제약이 가해진다며 참여를 보류하고 있다. 지구온난화를 방지하기 위해 이산화탄소 배출량을 규제하려는 교토의정서가 2005년 봄 발효되지만 미국은 불참 입장을 고수하고 있다. 이제 미국에 불리한 다자간 국제협약의 효력은 중대 위기를 맞게 됐다.

국제사회가 미국을 바라보는 시각은 계속 악화될 수밖에 없을 것이다. 미국기업, 미국인에 대한 혐오감 역시 커질 것이다. 팍스 아메리카나를 상징하는 미국계 브랜드에 대한 소비자들의 반감이 중동 지역뿐 아니라 다른 지역에도 확산될 것이다.

무리한 이라크 침공을 계기로 불거진 미국과 유럽 간 갈등이 치유될지는 미지수다. 유럽 각국 정부는 미국의 일방주의를 기초로 한 국제질서가 굳어지면 국가이익을 챙기기가 더욱 어려워진다. 그렇다고 미국과 대립노선을 취하는 것 역시 부담스럽기 때문에 곤혹스런 처지다.

이라크 전쟁은 프랑스·독일·러시아의 유대를 강화시켰다. 반면 미국은 영국·호주 등과 앵글로색슨 동맹관계를 더욱 강화할 것으로 보인다. 일본은 미국과 공동보조를 취하면서 한 발짝 더 군사대국으로의 변신을 시도하고 있다. 중국의 경우 내실을 키우며, 테러와의 전쟁에 국력을 쏟아 붓는 미국의 쇠락을 조용히 기다리겠다는 자세를 견지할 것으로 보인다. 다만 네오콘의 궁극적인 국가전략에 중국의 민주화도 포함되고 있다는 점에서 긴장을 늦추지 않을 것이다.

이 때문에 중국은 미국의 공화당 정부가 추진하는 테러와의 전쟁을 다민족통합에 활용하면서 프랑스·독일·러시아 등과 공동보조를 강화할 것으로 보인다. 이른바 앵글로 색슨 동맹에 대한 유라시아 동맹의 출현이다. 동북아에 국한시켜 지정학적 구도를 살펴본다면 중국과 일본의 정치적 파열음은 한층 커질 것으로 예상된다.

이지평 jplee@lgeri.com

70

석유시장 불안으로 인한 **에너지 전쟁**

석유시대 종말까지 치열한 에너지 전쟁이 전개된다

빠듯한 원유시장

"기름 한 방울은 피 한 방울."

제1차 세계대전을 승리로 이끈 프랑스의 크레망소 총리가 한 말이다. 그러나 크레망소 총리는 동시에 이런 얘기도 했다.

"기름이 필요하면 가게에서 사면 된다."

석유의 역사는 폭락과 폭등으로 점철돼 있다. 미국 텍사스 유전이 발견되기 직전 배럴당 100달러(현재 가치로 환산한 가치)를 넘나들었던 석유가격은 유전이 발견되자 불과 1달러로 떨어지기도 했다.

석유자원이 고갈될 것이란 우울한 전망은 너무나 익숙하다. 1970년대 후반 2차 오일쇼크 직후에는 배럴당 100달러 시대가 온다고 호들갑을 떤 학자들도 있었다. 2004년 9월 허리케인 아이반이 멕시코 만의 시추시설 등을 강타하자 우리나라에서도 국제 유가가 배럴당 80달러까지 치솟을 것이란 성급한 전망이 나오기도 했다.

2003년부터 시작된 국제유가의 고공행진은 테러에 따른 불안심리와 함께 중장기적인 공급불안을 반영하고 있다. 2004년 세계 원유수요는 전년보다 3.4% 늘어났다(국제에너지기구의 2004년 11월 추정치). 브라질·러시아·인도·중국 등 BRICs(Brazil, Russia, India, China) 경제의 고도 성장세를 예상하면 석유 수요는 더욱 늘어날 것이다.

특히 중국의 석유 소비가 왕성하게 이루어지고 있다. 이미 미국에 이어 세계에서 두번째로 원유를 많이 소비하고 있다. 2005년 중국의 석유소비량은 세계 전체 수요의 8%로 늘어나고, 향후 수년 내 10%를 초과할 것으로 보인다.

그러나 늘어난 수요에 걸맞게 공급이 늘지 않아 문제다. 1990년대 유가가 바닥수준을 면치 못하자 석유시설에 투자를 기피했기 때문이다. 미국의 석유정제 능력은 20년 전에 비해 오히려 줄었다. 석유수출국기구(OPEC)도 최근 10년 동안 거의 생산능력을 늘리지 못했다. 최근 원유 가격이 올랐지만 단기적으로 대응하지 못해 폭등세를 맞게 된 것이 그 이유다.

세계시장을 주도해 온 영미계 메이저 석유 회사들은 아시아 통화위기 이후 유가가 폭락했던 악몽을 잊지 않고 있다. 2004년 막대하게 수익을 올렸지만 투자를 늘리는 데는 여전히 조심스럽다. 메이저 업체들은 1, 2차 오일쇼크 때처럼 유전을 활발히 개발하기보다, 투자와 재고부담을 줄여 재무구조를 개선하겠다는 전략이다. 주주들은 이 전략을 지지하는 입장이다.

지구상엔 얼마나 많은 석유가 묻혀 있을까. 영국계 메이저 석유회사인 BP사의 추계에 따르면 1조 1,000억 배럴에 달한다. 현재의 생산량을 그대로 유지한다면 앞으로 41년 정도 더 퍼낼 수 있는 분량이다. 여기에 향후 탐사 및 시추기술의 발전을 감안하면 3~4조 배럴 정도로 늘어날 것으로 추정된다. 다만 채굴단가가 낮은, 유망한 대형유전이 줄어들고 있어 경제성에 문제가 생길 수 있다.

영미계 메이저의 쇠퇴 조짐

이처럼 원유시장의 수급 여건이 어려워지자 각국이 원유 확보에 사활을 걷기 시작했다. 메이저는 메이저대로, 원유 수입국은 수입국대로, 산유국은 산유국대로 이익 극대화에 나선 것이다.

우선 메이저들은 향후 고유가가 지속되면 신규 유전개발에 나서되 최대한 위험을 줄이는 전략을 채택하고 있다. 이들의 중동 전략은 기본적으로 이라크 등 산유국 국영석유회사의 민영화를 유도하고 합작 파트너로 유전개발에 참여하는 식이다. 멕시코, 아프리카, 베네수엘라, 옛 소련 지역 등지의 유전에 대해서도 비슷한 입장이다. 산유국들의 자원 민족주의를 무너뜨리고 OPEC의 해체 및 약화를 유도하겠다는 것이 메이저의 속셈으로 보인다. 이는 미국의 신보수주의자(네오콘) 그룹이 테러의 온상이 되고 있는 중동 각국의 재정을 악화시켜 민주화를 유도하겠다는 전략 방향과 어느 정도 일치하는 대목이다.

그러나 이라크의 정전 불안으로 이라크 석유생산 능력이 정체를 보이고 있고, 사우디아라비아 등의 원유수입은 크게 늘어나는 등 메이저들과 네오콘의 전략이 차질을 빚고 있다. 오히려 자원민족주의는 중동 지역에서 러시아 등 전세계로 확산될 조짐이다.

러시아 정부는 친미적 성향이 강한 석유회사 유코스를 해체, 국유화하는 수순을 밟고 있다. 가즈프롬, 루크오일 같은 러시아 국유 석유회사들이 국제시장에서 영향력을 행사하기 시작했다. 영미계 메이저들은 이들 러시아 석유회사의 도약을 경계하고 이들을 통제하겠지만 '강한 러시아'를 표방한 푸틴 정부의 정책적인 뒷받침 덕택에 국제적인 메이저로 등극하는 데 성공할 가능성이 높다.

산유국들은 영미계 메이저 서유회사를 배제하려는 경향을 점차 노골화하고 있다. 이슬람 원리주의 세력의 테러 표적이 되기 쉽다는 이유를 내세우고 있지만 더 이상 남 좋은 일 시키지 않겠다는 의지가 강하다. 반면 중국과는 자원협력 관계가 밀접해지고 있다.

중국은 자국 최대의 따칭(大慶) 유전 등이 노후화하고 있어 경제성장에 필요한 원유를 충분히 확보하는 것이 절대 과제다. 중동지역과의 연대를 강화하는 것은 자국 제품의 수출시장을 키우겠다는 목표와 맞물려 두 마리 토끼를 잡는 전략의 일환으로 접근하고 있다. 또 중국은 해외 유전개발에도 적극 나서고 있다.

일본이나 인도 등도 자원개발에 박차를 가할 것이다. 일본의 경우 조지 W. 부시 행정부의 압력에도 불구하고 이란과 대규모 유전개발에 합의, 이란 핵 위기가 완전 수습되는 대로 사업을 본격화할 전망이다. 또 시베리아 자원개발 프로젝트를 두고서도 중국과 치열한 외교전을 벌이고 있다. 시베리아의 광대한 땅에 묻힌 원유가 중국 북부의 정제시설로 새지 않고 일본 열도로 직접 전달될 수 있도록 하려는 것이다. 중국 역시 푸틴정부를 상대로 집요하게 석유 로비를 하고 있어 러시아의 대외 영향력이 덩달아 치솟고 있다.

에너지 시프트의 개막

새로 유전을 개발하더라도 지구상 석유자원에는 한계가 있다. 석유생산량이 최대치를 맞는 정점을 넘기면 과수요 현상이 발생해 유가가 급상승할 것이란 시나리오도 나온다. 더욱이 유전 및 정제시설에 대한 대형 테러나 극단적인 자원민족주의가 부활하는 등 불확실성 요인을 감안하면 대체 에너지 개발을 더 이상 미룰 수는 없을 것이다.

석유를 대체하는 주요 자원으로는 천연가스가 유망하다. 아시아 각국 주변에도 규모가 작은 가스전이 많다. 현재로선 경제성을 확보하는 것이 어렵지만 채굴기술이 발전하면 채굴 단가를 더 낮출 수 있다.

이와 함께 신에너지라고 불리는 수소 에너지를 활용한 연료전지, 태양 에너지 등의 개발도 가속화될 것으로 보인다. 전기자동차와 휘발유

자동차를 겸용한 하이브리드 자동차는 당초 예상보다 빨리 보급될 가능성이 높다. 또한 원자력이나 석탄 액화 프로젝트도 중국이나 미국과 같은 선진국에서 다시 활발해질 것으로 예상된다.

  석유시대의 종말을 준비하는 세계 각국의 노력은 대체 가능한 여러 에너지 분야에서 산발적으로 이루어질 것으로 보인다. 이에 따라 대규모 공장이나 공동주택에 다양한 에너지를 효율적으로 공급하는 '에너지 솔루션 비즈니스'도 확대될 것으로 보인다.

배영준 little@lgeri.com

71

신소비대국으로 가는 중국

보보스를 능가하는 차보스를 잡아라

1976년 겨울, 문화대혁명의 핏자국이 지워지지 않은 베이징의 스산한 저녁 거리. 행인들은 푸른 인민복을 입고 자전거를 타고 지나다닌다. 거리엔 버스 이외에 다른 탈 것을 찾아보기 어렵다. 퇴근길에 장을 보기 위해 들른 국영 상점에는 채소나 과일류 이외에 별다른 상품이 없다. 사람들은 모두 비슷하게 입고, 비슷하게 생각하며, 비슷한 음식을 먹는다. '새 것'에 대한 욕망 따위는 없어 보인다.

30년 전 중국을 방문했던 어느 서구인이 쓴 기행문 가운데 일부 내용이다. 만약 이 외국인이 2005년 베이징을 다시 찾는다면? 누군가 그의 놀라서 벌어진 입을 닫아줘야 할지 모른다.

출퇴근 길은 형형색색의 옷을 걸친 사람들로 북적거린다. 차도에는 벤츠, BMW, 폴크스바겐과 같은 명품차들이 줄을 잇는다. 국영상점은 사라졌다. 쇼핑은 까르푸나 월마트 등 대형 양판점 차지다. 중국인의 라이프스타일, 소비생활은 이처럼 혁명적으로 변했다.

중국 소비의 트렌드 세터, 차보스

35세의 전업주부 쑨링링(孫苓苓)은 베이징 근교의 고급 빌라에 거주한다. 남편은 해외 MBA 출신으로 미국계 기업에서 억대의 연봉을 받는다. 쑨 부인은 매일 아침 따뜻한 햇살이 쏟아지는 뒤뜰 벤치에서 가벼운 웨스턴 푸드로 식사한다. 식사를 마치면 근처 대형 헬스클럽에서 운동을 한 후, 명품매장 쇼핑을 하거나 뷰티센터를 찾아 피부 마사지를 받는다.

집안 일은 걱정할 필요가 없다. 가정부와 정원사가 있기 때문이다. 다만 한 가지 걱정이 있다면 출산 후 늘어난 체중이 좀처럼 줄지 않는다는 것뿐이다.

이쯤 되면 서울 강남의 부유층이 부러울 것 없다. 중국의 신흥 고소득 소비 계층인 이들은 보보스(Bohemia Bourgeois: BOBOS)에 빗대어 '차보스(China BOBOS : CHABOS)'라 불린다. 서구적인 라이프스타일을 추구하는 이들은 샤넬, 구찌 등 명품 브랜드에 익숙한 중국 소비시장의 '트렌드 세터(Trend-Setter)'다.

이들의 서구화 경향은 놀라울 정도다. 얼마 전까지만 해도 "식사했니?"란 말로 안부인사를 건넸다. 그러나 최근엔 "너 얼마나 말랐니?"로 바뀌었다는 우스갯소리도 나왔다.

초고소득 계층 500만 명

쑨 부인과 같은 초고소득 계층은 도시 인구의 1%가량으로 추정된다. 중국 13억 인구 중 도시 인구를 약 5억 명이라 한다면, 500만 명가량의 '쑨 부인'이 있다는 것이다. 상하이를 기준으로 살펴보면 '쑨 부인'은 약 10만 명에 달하며, 이들이 명품 구입에 쓰는 돈은 연간 20억 달러에 이른다. 20억 달러라면 상하이에서 일반 노무 근로자 300만 명을 1년 동안 먹여살리는 돈이다.

또 도시에는 쑨 부인의 생활을 동경하는 6,000만 명가량의 중산층이 존재하며, 그 비중은 급속히 늘어나고 있다. 소득을 기준으로 인구분포를 그리면 피라미드에서 럭비공 모양으로 바뀌고 있다. 한 사회조사 기관의 설문조사에 따르면 도시거주 인구의 26%는 스스로를 중산층이라 여기고 있다.

중국인들의 상상을 뛰어넘는 구매력을 설명해 주는 좋은 예가 있다. 최근 상하이의 한 수입 자동차 딜러는 대당 수십만 달러나 하는 고가 모델의 주문량에 대해 고심했다. 초고가 자동차이기 때문에 운송 및 통관 비용도 많이 들고, 팔리지 않으면 재고부담도 매우 커지기 때문이다. 결국 몇 대만 수입해서 전시한 후 고객들에게 선주문을 받기로 했다. 결과는 뜻밖이었다. 전시 첫 날 수입 물량이 모두 팔려버렸다. 며칠 되지 않아 수십 대의 구매주문이 밀려들었다고 한다.

베이징 중심가의 매머드 쇼핑몰인 '둥팡신톈띠(東方新天地)'에는 주말에 40만 명의 인파가 몰려든다. 이 곳에는 구찌, 버버리, 루이뷔통 등의 명품 브랜드 숍이 줄줄이 늘어서 있다. 도대체 누가 이런 명품을 사는 걸까.

재미있는 것은 중국에서는 사람의 차림새를 보고 그 사람의 부를 가늠하기 어렵다는 점이다. 우리 눈으로 보기에 세련되지 못한 차림새의 사람이 명품 매장에서 수백만 원어치 싹쓸이 쇼핑을 하고는 벤츠를 타고 유유히 사라지는 모습을 쉽게 목격할 수 있기 때문이다.

베이징의 가전 전문매장을 가보라. 눈이 휘둥그레진다. '한국보다 더 화려하다'는 말이 저절로 튀어나올 지경이다. TV 매장에 가면 PDP, LCD, 프로젝션 TV 등 전부 대형 TV만 눈에 띈다. 29인치 완전평면 TV는 원화로 30만 원 정도면 살 수 있는, 싸구려 품목으로 전락했다. 매장 점원에게 많이 팔리는지 물었다. "어떤 사람은 거실, 침실, 화장실에 하나씩 두겠다며 서너 대의 LCD TV를 사갔다"고 너스레를 떤다.

휴대폰 매장도 다를 바 없다. 카메라폰, PDA폰, MP3폰 등이 우리 돈으로 80만 원 이상의 가격임에도 날개 돋친 듯 팔려나간다. 브랜드도 노키아, 모토롤라, LG, 삼성, 소니-에릭슨 등 수입 브랜드가 주류를 이룬다. 가히 세계적인 브랜드의 격전장이라 할 수 있다.

탑 클래스 소비시장, 중국

중국 소비시장의 성장은 중국 정부의 내수 진작책과 관련이 깊다. 수년 전부터 실시해 온 주5일 근무제도와 연간 세 차례나 있는 7일 간의 황금연휴는 중국 소비자의 레저 관련 지출 증가로 이어지고 있다. 또 2%대의 낮은 금리, 주택과 자동차 구매자금의 대출제한 철폐 등으로 인해 부동산 및 자동차 시장이 폭발적으로 커지고 있다.

'신쓰지엔(新四件 : 주택·승용차·핸드폰·컴퓨터).'

최근 중국인들이 가장 가지고 싶어하는 네 가지 제품이다. 살 집을 마련하는 일은 결혼 적령기 남자의 필수 조건 중 하나다. 자동차·휴대폰과 같은 과시성이 강한 제품의 경우 살 형편이 안 되는데도 고가품을 찾는 경향이 있다. '미엔즈(面子, 체면)'를 중시하는 중국인의 특성 탓이다.

중국은 개혁개방 이후 줄곧 '세계의 공장'으로 불려왔다. 풍부한 양질의 노동력, 낮은 임금 수준, 지방정부의 매력적인 투자 조건 등은 글로벌 기업을 중국으로 끌어들였다.

그러나 이제는 중국의 막대한 소비시장을 주목할 필요가 있다. 중국의 소비자들은 우리가 생각하는 이상의 소비력을 갖추고 있다. 한국은 1인당 GDP(국내총생산)가 이미 1만 달러를 넘어선 데 비해, '중국은 아직 1,200달러 수준에 머물고 있는데'라는 생각은 버려야 한다. 이는 극빈층까지 감안한 '평균의 오류'다. '13억 인구에 껌 한 통씩만 팔아도 얼마야'라는 식의 막연한 생각도 버려야 한다. 13억 명의 사람이 '이렇다'고 천편일률적으로 단정짓는 것이 얼마나 우매한 생각인가. 오히려 이렇게 생각을 바꿔보자.

"인구의 1% 정도가 우리가 생각하는 수준의 '부자'라면, 13억의 1%만 해도 1,000만 명이 넘는다. 이들에게 명품을 판다면…."

2004년 중국의 GDP는 한국의 두 배가 넘는 약 1조 5,000억 달러 규모로 추정되며, 2010년에는 세계 최고의 경제규모를 갖출 것으로 전망된다. 게다가 현재 중국의 GDP 중 민간소비가 기여하는 비중은 50% 정도로 미국의 70% 비해 크게 낮다. 향후 중국 GDP는 연 8% 대의 고성장 기조를 유지할 것으로 보이며, 민간소비의 기여도 역시 지속적으로 커질 것으로 전망된다. 중국의 소비시장은 이미 엄청난 규모로 커졌다. 그러나 성장잠재력의 일부만이 드러난 셈이다.

우리나라 사람들은 중국이라는 국가 브랜드(country brand)를 막연히 '질이 낮다'고 생각하곤 한다. 하지만 중국은 엄청난 규모의 고부가가치 소비시장을 보유한 신소비대국으로 탈바꿈하고 있다. 우리의 편견을 깨지 않으면 큰 오류를 범할 수밖에 없다.

용·어·해·설

샤오황띠(小皇帝)

1979년부터 시행된 중국 정부의 산아제한 정책으로 형제가 없이 귀하게만 자란 신세대 계층. 중국 소비시장의 주류는 18~35세의 청장년층이지만, 소황제들은 부모를 독촉해 제품을 사게 하는 '의사결정 영향권자'다. 이 때문에 많은 기업들이 이들의 마음을 사로잡기 위한 마케팅을 벌이고 있다.

35세 '차보스' 여성과의 대화

- 어떤 인생을 살아야 한다고 보는가?

  "인생의 목적은 행복 추구 아니겠는가. 행복은 현재 생활을 충분히 즐기는 데 있다."

- 값비싼 명품이 그렇게 좋은가?

  "단순히 돈이 많기 때문에 명품을 선호하는 건 아니다. 벼락 부자들이 그렇게 한다. 나는 다르다. 내 품격에 맞는 제품을 사용하고 싶을 뿐이다."

- 돈을 쓸 때 다른 사람들의 눈치가 보이지 않는가?

  "하고 싶은 걸 하고, 사고 싶은 걸 살 수 있다는 게 바로 인생을 향유하는 것이다. 인생을 즐기는 데 남의 눈치를 볼 필요가 있을까?"

- 자녀는 어떻게 키울 생각인가?

  "하나뿐인 우리 아이한테는 최고의 교육 환경을 제공하고 싶다. 고등학교를 졸업한 후에는 가능하다면 미국이나 영국으로 유학을 보낼 계획이다."

  인용 : 2004년 9월 LG경제연구원의 중국 소비자 시장조사 결과

2010 대한민국 트렌드

지은이 / LG경제연구원
펴낸이 / 김경태
펴낸곳 / 한국경제신문 한경BP
등록 / 제 2-315(1967. 5. 15)
제1판 1쇄 발행 / 2005년 1월 15일
제1판 5쇄 발행 / 2005년 1월 17일
주소 / 서울특별시 중구 중림동 441
홈페이지 / http://bp.hankyung.com
전자우편 / bp@hankyung.com
기획출판팀 / 3604-553~6
영업마케팅팀 / 3604-561~2, 595
FAX / 3604-599

ISBN 89-475-2513-8

값 12,000원

파본이나 잘못된 책은 바꿔 드립니다.